निर्मल वर्मा के स्त्री विमर्श

(संदर्भ : कथा सांहित्य)

निर्मल वर्मा के स्त्री विमर्श

(सन्दर्भ : कथा साहित्य)

डॉ. वंदना केंगरानी

वाणी प्रकाशन

वाणी प्रकाशन

4695, 21-ए, दरियागंज, नयी दिल्ली 110 002

शाखा

अशोक राजपथ, पटना 800 004

फ़ोनः +91 11 23273167 फ़ैक्सः +91 11 23275710

www.vaniprakashan.in

vaniprakashan@gmail.com

NIRMAL VERMA KE STRI VIMARSH

by Dr. Vandana Kengrani

ISBN : 81-8143-647-4

Criticism

प्रथम संस्करण 2007

आवृत्ति संस्करण 2015

मूल्य : ₹ 495

हर्ष प्रिंटर्स, दिल्ली-110 093 में मुद्रित

वाणी प्रकाशन का लोगो मक़बूल फ़िदा हुसेन की कूची से

समर्पण

हमारी बिटिया कानन कुसुम
तथा
हमसफर संजय कुमार
को

अपनी बात

आपसी रिश्तों और उनके बीच गुजरते क्षणों के आंतरिक एहसास को पकड़ पाने की कोशिश में व्यक्ति अक्सर अकेला पड़ जाता है और यही अकेलापन उसे भीतर तक ले जाने को मजबूर करता है। इसी मजबूरी के तहत व्यक्ति सब तरफ से कटकर अंतर्मुखी हो जाता है। निर्मल वर्मा का समूचा लेखन इसी अंतर्मुखी व्यक्ति की अंतरंगता को अभिव्यक्ति देने का एक बेजोड़ सबूत है।

उनके पात्र रिश्तों को जीते हैं, गहन संवेदनाओं के केनवस पर विचारों के ब्रुश चलाते हैं और अनुभूतियों के स्पर्श से चित्रों को साकार करते हैं। वे शब्द जिनमें रिश्ते निहित होते हैं उनके इर्द-गिर्द एक गहरी ठंडक होती है, वे स्थिर चित्रों की तरह रुके-रुके से लगते हैं। वे अपने समय से दूर अनुभूतियों और संवेदनाओं के समंदर में गोते लगाते हैं।

रेशम के लच्छों की तरह उलझे रिश्तों की पर्त-दर-पर्त जैसे-जैसे हम निर्मल को पढ़ते जाते हैं, वैसे-वैसे उनके पात्रों के रिश्तों की गाँठें खुलती जाती हैं और हमारे सामने धुली-धुली चाँदनी में नहाए पात्र अपने जीवंत रिश्तों के साथ सामने आते चले जाते हैं।

यह निर्मल जी के शब्दों का कमाल है, जो आपको एक छुअन भर स्पर्श का एहसास भी कराता है, आपके चारों तरफ शब्दों का एक ऐसा तिलिस्मी माहौल पैदा कर देता है कि आप अपनी दुनिया से कट कर उनके पात्रों की दुनिया के बीच पहुँच जाते हैं, जहाँ स्पर्श है, संवेदना है, विचार है, और उसका रुका हुआ समय है।

निर्मल वर्मा के पात्र अपने अकेलेपन को पूरे एहसास के साथ जीते हैं। वे ख़ामोशी का सफ़र करते-से लगते हैं। उनकी ख़ामोशी रुकती नहीं है, चलती है, टूटती है तो पियानो की आवाज़ से, पत्तों के चरमराने की आवाज़ से...।

इन आवाज़ों से, ख़ामोशी से, उनका रिश्ता बेहद गहरा है। उनके पात्र बहुत ही छोटे-छोटे संवाद बोलते हैं। वे कोई लंबी भूमिका नहीं बनाते। वे जो कुछ करते हैं, कहते हैं, उसे केवल महसूस किया जा सकता है, उसको बाँटा नहीं जा सकता

क्योंकि वे केवल अनुभव हैं। निर्मल वर्मा के अपने अनुभव...। वे पहलू जिनके बारे में कुछ कहा जा रहा है वे घटित हो चुके होते हैं। उनके दुःख, उनके सुख बिल्कुल अलग तरह की परिभाषाएँ रखते हैं।

निर्मल वर्मा कुछ अलग तरह के रचनाकार हैं। उनकी जीवन शैली, उनके रचनाकर्म का ही एक हिस्सा है। वे जो भीतर हैं वही बाहर हैं। उनके बीच दोहरापन नहीं है और शायद यही वज़ह है कि उनके पात्र अंतर्मुखी होने के बावजूद दोहरी ज़िंदगी नहीं जीते। वे पलायन कर सकते हैं, लेकिन सच से भागते नहीं, सच को दुलराते हैं।

निर्मल वर्मा लोगों को बाँधते हैं। उन्होंने मुझे भी बाँधा है। उनकी भाषा जो एक खास ढंग की है, एक सम्मोहन है उनकी भाषा में। उन्हें वह कमाल हासिल है जिसके तहत वे जिस तरह से चाहें उसे बरत सकते हैं।

निर्मल वर्मा के तमाम सृजन का एक महत्त्वपूर्ण पक्ष अंतर्वैयक्तिक संबंधों के बीच निहित आत्मीयता और सहजता का चित्रण है। उनकी कहानियाँ वातावरण के एक कालखंड को पकड़कर गहराई से उसे रचने का प्रयास करती हैं। वे एक ऐसे छायाचित्र की तरह होती हैं जिसमें एक विशेष मूड पिन्हा (गुँथा) हुआ है। वहाँ प्रकाश की किरणें पूरे चित्र को उद्‌घाटित नहीं करती हैं, वरन किसी एक हिस्से पर आपकी नज़र को रोके रखती हैं। यह विशेषता निर्मल जी में है कि वे जिस खास जगह पर आपको रोकना चाहते हैं, आप वहीं रुक जाएँगे।

निर्मल वर्मा पर उनके समकालीन कथाकारों तथा आलोचकों ने कई तरह के आरोप जड़े हैं कि–वे जो कुछ रचते हैं, वह भारतीयता से कहीं दूर होता है। उनकी भाषा आयातित है, उनके पात्र इस दुनिया के पात्र नहीं लगते, वगैरह-वगैरह...।

शायद ऐसी ही किसी वजह से प्रेरित होकर और उनकी भाषा की सम्मोहिनी के जादू के असर के दायरे में क़ैद होकर मैंने निर्मल वर्मा के पात्रों पर कार्य करने का सोचा। यूँ भी निर्मल वर्मा के यहाँ पुरुष पात्रों के बजाय महिला पात्र ज्यादा महत्त्व रखते हैं। अब तक उनके पात्रों को लेकर कोई भी कार्य नहीं किया गया।

मैंने अपने शोध कार्य को आठ अध्यायों में विभक्त किया है। पहला अध्याय निर्मल वर्मा के व्यक्तित्व और कृतित्व से संबंधित है। दूसरा अध्याय उनके चिंतन के धरातल को आलोकित करता है। तीसरा अध्याय हिंदी कथा-साहित्य में नारी की बदलती भूमिकाओं को रेखांकित करता है। निर्मल वर्मा के नारी पात्रों का गहनता से अध्ययन करने के दौरान इस अध्याय की ज़रूरत महसूस हुई, जिसे मैंने एक अलग अध्याय में समेटा है। चौथे तथा पाँचवें अध्याय में निर्मल वर्मा के उपन्यासों तथा कहानियों के संपूर्ण नारी पात्रों का संक्षिप्त परिचय दिया गया है। छठा अध्याय समकालीन कथाकारों से निर्मल वर्मा के नारी पात्रों के तुलनात्मक अध्ययन का है। मैंने निर्मल वर्मा के समकालीन कथाकारों में उन्हीं कथाकारों को चुना है जो उनकी

रचना दृष्टि के ज्यादा करीब रहे हैं। साथ ही उनकी उन्हीं रचनाओं को लेने का प्रयास किया गया है, जिनमें निर्मल वर्मा की तरह ही उच्च मध्यम वर्ग के पात्र तथा परिवेश हों। समयावधि को समकालीनता मैंने नहीं माना है। सातवाँ अध्याय निर्मल वर्मा के नारी पात्रों के समीक्षात्मक अनुशीलन का है तथा आठवें अध्याय में निर्मल वर्मा के प्रदेय और मूल्यांकन को रखा गया है।

मेरी पूरी कोशिश रही है कि निर्मल वर्मा के नारी पात्रों की ख़ामोशी, उनके अकेलेपन की पीड़ा को पढ़ूँ। वे क्या करते हैं, क्या महसूस करते हैं और क्या महसूस कराते हैं?

इस शोध कार्य को अथ से इति तक पहुँचाने में, उनके पात्रों को समझने, गुनने में स्वयं निर्मल वर्मा तथा अन्य साहित्यकारों ने मेरी बहुत मदद की है। निर्मल वर्मा, मदन सोनी, उदयन वाजपेयी, ध्रुव शुक्ल ने दिल्ली और भोपाल में रू-ब-रू बातचीत कर तथा मेरे जिज्ञासा भरे पत्रों के उत्तर देकर मेरी सोच के पथ को आलेकित किया है, मैं उनका किन शब्दों में आभार प्रदर्शन करूँ समझ नहीं पा रही हूँ।

इनके अतिरिक्त राजेन्द्र यादव, विनोद कुमार शुक्ल, डॉ. राजेन्द्र मिश्र, डॉ. विभु खरे तथा डॉ. देवकुमार जैन जी ने भी मेरी जिज्ञासाओं को सही राह दिखाई है, मैं उनका तहेदिल से शुक्रिया अदा करती हूँ।

निर्देशिका डॉ. सुमन मिश्र जी ने शोध कार्य को लगन और मेहनत के साथ आपके सम्मुख उपस्थित करने में मेरी असीम मदद की है। मैं उनके सहयोग के लिए हृदय से आभारी हूँ।

मैं शासकीय छत्तीसगढ़ महाविद्यालय, अभनपुर महाविद्यालय, रविशंकर विश्वविद्यालय ग्रंथागार, गुरु घासीदास ग्रंथालय के ग्रंथपालों का भी आभार व्यक्त करती हूँ, बिना उनके सहयोग के मेरे लिए यह कार्य मुश्किल हो जाता।

मैं अपनी दीदी नीलम अहमद, जीजाजी एस. अहमद के प्यार-दुलार को कभी नहीं भूल पाऊँगी, यह उन्हीं की प्रेरणा का परिणाम है जो मैं आपके समक्ष इस शोध कार्य को प्रस्तुत करने में सक्षम हो सकी हूँ।

अंत में अपने टंकक श्री जगदीश अग्रवाल का भी मैं हृदय से आभार व्यक्त करती हूँ, जिन्होंने त्वरित गति से, कम से कम गलतियाँ कर मेरे शोध कार्य को टंकित किया है।

मैं उन सबको भी याद करना चाहूँगी, जिन्होंने गाहे-ब-गाहे मेरी राहों को निष्कंटक करने में सहयोग दिया।

रायपुर **वंदना केंगरानी**

अनुक्रम

प्रथम अध्याय

निर्मल वर्मा का व्यक्तित्व और कृतित्व

" 'हम क्या हैं' यह हम तभी जान सकते हैं, जब हम यह जान लें कि हमें क्या होना चाहिए, लेकिन हमें क्या होना चाहिए, यह तभी जाना जा सकता है जब हमें ज्ञात हो कि हम क्या हैं।"

टी.एस. इलियट

कंधे पर रंगीन कपड़ों के टुकड़ों से बना हुआ झोला, ब्ल्यू डेनिम जींस पर मोटे कपड़े का कुर्ता, उँगलियों में फँसी हुई सिगरेट, पाँव में कोल्हापुरी चप्पल और चेहरे पर एक सौम्य सी मुस्कुराहट...ये पूरा खाका है निर्मल वर्मा का, जो बेहद मितभाषी हैं। उनके व्यक्तित्व का पूरा ढाँचा कुछ इस तरह का है कि उन पर आभिजात्य होने का ठप्पा लग जाता है।

निर्मल वर्मा का पूरा कृतित्व एक अलग दुनिया का प्रतिनिधित्व करता है। उनके पात्र किसी भी मायने में आम आदमी नहीं कहे जा सकते, चाहे उनकी कहानियाँ हों या उपन्यास, उनके पात्र बार-बार दुहराए जाते मिलते हैं शब्दों की तरह....।

निर्मल वर्मा द्वारा रचित कहानियों का शिल्प एक लिहाज़ से नयापन लिए हुए है और संभवतः वे पहले रचनाकार होंगे, जिन्होंने पात्रों के साथ-साथ परिवेश को इतने सूक्ष्म नज़रिए से देखा, महसूसा है। कई बार तो ऐसा लगता है कि निर्मल वर्मा के कथाशिल्प में पात्र पीछे चले हैं और शिल्प उतरकर सामने आकर खड़ा हो गया है।

निर्मल वर्मा के पात्र अंतर्द्वंद्व के बीच जीते हुए लगते हैं, एक संघर्ष उनमें होता है, जो मुखरित नहीं हो पाता, लेकिन हर जगह विद्यमान रहता है। निर्मल वर्मा अपने रचना-कर्म में, सृजनात्मक चेतना-गत और बौद्धिक अंतर्यात्राओं तथा उसके रचनागत सरोकारों और उद्देश्यों का उसकी लेखकीय आस्थाओं और प्रतिबद्धता का प्रामाणिक दस्तावेज पेश करते चलते हैं।

निर्मल वर्मा बौद्धिक दृष्टि से कितने जागरूक रहे हैं, समकालीन प्रश्नों और समस्याओं के साथ कितनी शिद्दत से जूझते रहे हैं, इसका आभास उनकी रचनाओं में मिल जाता है। चीज़ों और स्थितियों को खोलने वाली और उनकी चीरफाड़ करने वाली पारदर्शी-वृत्ति उनकी रचनाओं को एक अलग मुकाम पर खड़ा कर देती है।

निर्मल वर्मा ने स्वयं कहा है कि, "हर लेखक की शुरुआत में उसका अंत छिपा रहता है और इन दोनों के बीच वह स्वयं है, पराजित भी, विजेता भी। यातना भोगता हुआ, लेकिन उस यातना का द्रष्टा भी...एक उबड़-खाबड़ ज़मीन जिस पर उसकी समूची दुनिया बसी है।"[1]

निर्मल वर्मा का जन्म 1929 में शिमला में हुआ और बचपन का एक लंबा हिस्सा पहाड़ों पर बीता और शायद यही वजह है कि उनकी कहानियों में पहाड़ों का उल्लेख अक्सर दिखाई देता है। पहाड़ों के संदर्भ में उनका यह वक्तव्य, जो उन्होंने अपनी डायरी 'शिमला से आयोवा तक' में दिया है, ग़ौरतलब है–"अर्से बाद मैं पहाड़ों को देखता हूँ, तो लगता है, वे मुझसे बात कर रहे हों–'तुम फिर आ गए?'...और वे खड़े रहते हैं, सफेद, निस्संग और ख़ामोश, न मेरा मज़ाक उड़ाते हुए, न मुझ पर दया करते हुए...सिर्फ मेरे लिए प्रार्थना करते हुए कि मैं लौट आया हूँ।"[2]

निर्मल जी की शुरुआती पढ़ाई शिमला में ही पूरी हुई, लेकिन बाद की पढ़ाई दिल्ली में हुई। उन्होंने इतिहास में एम.ए. किया। इसी दौरान मार्क्सवादी विचारधारा ने उन्हें इस तरह जकड़ा कि वे भारतीय कम्युनिस्ट पार्टी के सदस्य बन गए, लेकिन 1956 में हंगरी में हुई घटनाओं के संदर्भ में उभरे मतभेदों के कारण पार्टी से मोहभंग की स्थिति में त्याग-पत्र दे दिया। उनका यह कदम पार्टी से जुड़े हुए जड़ सूत्रवादियों की नज़र में भले ही प्रक्रियावादी दृष्टिकोण रहा हो, लेकिन मार्क्सवादी नज़रिए के तहत उनके इस कदम को उनकी वैचारिक स्वतंत्रता और जागरूकता का परिचायक ही माना जाएगा।

इसे भी एक विरोधाभास ही कहना चाहिए कि मार्क्सवादी विचारधारा से प्रभावित निर्मल के लेखन में–"रोज़मर्रा की ज़िंदगी से अलग और दूर रहे पात्र अतिरिक्त संवेदनशीलता और परिष्कृत भावुकता से आक्रांत है।"[3] "निर्मल का साहित्य आम आदमी के साधारण दिलो-दिमाग का साहित्य नहीं है। निर्मल का रचना संसार 'सोफिस्टिकेटेड' मानसिक रूप से अतिपरिष्कृत वर्ग का साहित्य है। ऐसा कहना निर्मल की रचनात्मक सीमाओं की ओर इशारा करना नहीं है, बल्कि उसकी विशेषताओं का जायजा लेना है।"[4]

निर्मल अपनी राजनीतिक प्रतिबद्धता को स्पष्ट करते हुए कहते हैं–"मैं राजनीतिक लेखक कभी नहीं रहा। उस समय भी नहीं जब मैं साम्यवादी पार्टी में सक्रिय था, किंतु मानवीय स्थिति को आँकने में हमारे युग में राजनीति का सामना करने से बचा नहीं जा सकता। जिस चीज से बचा न जा सके–वह बारिश हो या

राजनीति, बेहतर है उसका सामना सजग रूप से किया जाए। यहाँ पर भी मैंने अपने 'मैं' को ही कुरुक्षेत्र बनाना उचित समझा है, ताकि अपनी भ्रांतियों का दोष दूसरों पर न थोपा जाए। लेकिन, इसलिए भी कि जब तक हम राजनीति को एक कर्म की तरह अपने भीतर नहीं भोगते, तब तक हम इतिहास की अमूर्त धारा को एक नैतिक धर्म में नहीं बदल सकते।"[5]

"निर्मल के व्यक्तित्व की सबसे बड़ी विशेषता है उनका आभिजात्य होना, और वे जो कुछ भी हैं, वह उनका अपना है, ओढ़ा हुआ नहीं, क्योंकि ओढ़ा हुआ आभिजात्य व्यक्तित्व को चिकना, सपाट और फिसलन भरा बना देता है और निर्मल के पास जो है वह उनके खून में घुला हुआ एक संवेदनशील आभिजात्य है जो उनकी अपनी अलग अस्मिता प्रस्तुत करता है।"[6]

निर्मल वर्मा सौम्य भी हैं और मितभाषी भी। यह इस बात से भी ज़ाहिर है कि उनके साहित्यिक मूल्यांकन के नाम पर जहाँ उन पर मात्र व्यक्तिगत आक्षेप मढ़े जाते रहे तो उन्होंने उनका प्रतिकार करने के बजाय, रचनात्मक लेखन में जुटे रहना ज्यादा उचित समझा, लेकिन यह उनका साहसहीन पलायन नहीं था, बल्कि उनका यह कदम साहसपूर्ण बौद्धिक स्पष्टता से भरपूर चुनौती भरा था और अगर ऐसा न होता तो उन नामवर सिंह के बारे में, जिन्होंने उन्हें 'नई कहानी' का पहला कृतिकार घोषित किया, यह कहने से ज़रूर संकोच करते—"नामवर चाहते हैं कि हिंदुस्तान में एक तरह की नव-मार्क्सवादी आलोचना हो, जैसे कि 'अनर्स्ट फिशर', जिन्होंने मार्क्सवादी मताग्रह से हटकर कुछ काम किया है, उनका योगदान है, लेकिन नामवर में केवल एक मुद्रा भर रह गई है कि वे मतग्राही नहीं हैं, उन्होंने नव-मार्क्सवादी आलोचना का आधार कभी तैयार नहीं किया।"[7]

"निर्मल वर्मा ऐसे लेखकों में से हैं जो हमारी आलोचना के सामने एक नई चुनौती की तरह हैं। उनका साहित्य और चिंतन उत्तर-औपनिवेशिक समाज में कुछ बहुत मौलिक प्रश्न और चिंताएँ उठाता है, एक व्यक्ति लेखक की गहरी बौद्धिक और आध्यात्मिक विकलता व्यक्त करता है और भारतीय परंपरा और पश्चिम की चुनौतियों के द्वंद्व की नई समझ देता है। एक ऐसे साहित्य-परिवेश में जहाँ तथाकथित सामाजिक यथार्थ का आतंक-सा छाया रहता है और मुखर किस्म की सामाजिकता साहित्य को लगभग आत्महीन बनाने पर उतारू है। अगर निर्मल वर्मा अपनी रचना और चिंतन में पूर्णता और पवित्रता, उनकी खोज और सत्यापन, उनकी उपस्थिति और अनुपस्थिति, उनके अंतःसंघर्ष और तनाव को मूलाधार बनाते हैं तो यह ऐसा कुछ है जिसे आसानी से स्वीकार करने को आज भी आलोचना तैयार या उत्सुक नहीं हो सकती। यह एक रेडिकल चुनौती है।"[8] और यही वह स्थिति है जो निर्मल वर्मा को विवादों में घसीटकर विवादास्पद बनाती है।

निर्मल वर्मा साहित्य के प्रति पूरी तरह समर्पित हैं। वे अपने आपको समाज

के प्रति ऋणी मानते हैं और लेखन के माध्यम से वे उस ऋण से उऋण हो रहे हैं। वे स्वयं कहते हैं–"यदि कोई अचानक मुझसे यह पूछ बैठे कि इन वर्षों के दौरान मैंने लिखने से क्या पाया है–तो मेरा उत्तर बिल्कुल असंदिग्ध होगा–उसके द्वारा मैंने एक ऋण चुकाया है। इस धरती पर जन्म लेने का चमत्कार, जो केवल एक दूसरे चमत्कार को जन्म देने से ही चुकाया जा सकता है।"[9]

"लेखन उनका धर्म है, पूजा है। सुबह जब वे लिखने बैठते हैं तो प्रार्थना की मनःस्थिति में जैसे चर्च में होना चाहते हैं। संपूर्ण रूप से और पूरे तौर से शुद्ध मन, निश्छल, अपनी सारी चेतनाओं सहित।"[10]

"निर्मल वर्मा का पूरा मिजाज़, (गहराई) 'टेंपरामेंट' कवि मन का है। वही 'इंटेंसिटी', वही रूमानियत, वही अधखुली आँखों से यथार्थ को अबूर कर डालने की लापरवाही।"[11] वे कवियों की ही तरह शब्द और अर्थ को संपृक्त कर देने के विषय में पूरी अंतःपीड़ा के साथ चिंतित हैं। वे जानते हैं कि अगर हम सत्य को शब्द के सहारे से ही ग्रहण कर सकते हैं तो शब्द सत्य का माध्यम नहीं बनता, वह उससे जुड़ा होता है।"[12]

अपने भाषा-शिल्प के मामले में निर्मल वर्मा सजग रचनाकार हैं। "भाषा और मुहावरा निश्चय ही उनकी अपनी निजी खोज है और उनके एक-एक वाक्य को उसी एकांत एकाग्रता से पढ़ना होता है, जैसे एक सुंदर कविता को पढ़ा जाता है। उनकी भाषा की हर सांकेतिकता, हर बिंब, और ध्वनि, वातावरण को कोहरे की तरह अनजाने ही गाढ़ा करती जाती है और यह वातावरण ही पात्र की मानसिकता बनाता है। वे बेहद सावधान, चौकन्ने और बारीक शिल्पी हैं।"[13] वे मानते हैं–"हमारे मन में यह एक पुरानी धारणा है कि रूप या फार्म एक माध्यम है, एक उपकरण है और यह गलत है, क्योंकि किसी सत्य का बोध किसी रूप में होता है और उसके बिना सत्य भी खो जाता है चुनाँचे शब्द माध्यम नहीं होता है, वह एक प्रारंभिक शर्त बन जाता है।"[14]

"निर्मल वर्मा का लेखन शांत दोपहर में चौड़े पाट वाली नदी की तरह है, जहाँ नदी का बहाव दिखाई नहीं देता। लगता है वह ठहरी हुई है, शांत पानी में आकाश धीरे-धीरे डोलता है। कभी कोई मछली सूर्य को हिला देती है; अचानक बादलों के स्थिर प्रतिबिंब पानी में बहने लगते हैं। नदी दोनों ओर बहती दिखाई देती है। वह किसी एक दिशा में बह रही होगी पर अनुभूत वास्तविकता तो यही है कि नदी दोनों ओर बह रही है।"[15]

शब्दों के बीच पाठक और लेखक ऐसे बंधन में बँध जाते हैं जहाँ वे एक दूसरे से बँधकर भी मुक्त हैं और मुक्त होकर भी बँधे हुए हैं। निर्मल वर्मा के पास बाँधकर मुक्त छोड़ने वाले शब्दों की एक भरपूर दूसरी दुनिया है।

निर्मल वर्मा लंबे समय तक विदेश प्रवास पर रहे इसलिए उनके कथा-साहित्य

पर यूरोपीय आधुनिकतावादियों के कथा-साहित्य का पुरजोर असर है। यूरोप खास तौर से चेकोस्लोवाकिया में जहाँ रहकर उन्होंने चैक भाषा सीखी, और कई चैक लेखकों का हिंदी में अनुवाद किया। एक लिहाज़ से उनका प्रवास उनके भीतर के कथाकार के लिए लाभदायक रहा, क्योंकि उन्होंने वहाँ एक नई संस्कृति और साहित्य को करीब से देखा। इसी कारण बड़ी खूबसूरती से इसका वर्णन वे अपनी रचनाओं में कर सके हैं।

निर्मल वर्मा की रचना-प्रक्रिया में अनेक भारतीय लेखकों का प्रभाव देखा जा सकता है। उन्होंने स्वयं ही इसे स्वीकार किया है। उनका कथन है–"हिंदी में जैनेन्द्र और अज्ञेय का मुझ पर गहरा असर रहा था। जैनेन्द्र के शुरू के उपन्यासों और अज्ञेय के 'शेखर : एक जीवनी' का, 'शेखर' मैंने स्कूल के दिनों में पढ़ा था।"[16]

पश्चिमी लेखकों का भी उनके लेखन पर गहरा और स्थायी प्रभाव पड़ा है। चेख़व, तॉलस्तॉय, हेमिंग्वे, प्रूस्त तथा कैथरीन मेंसफील्ड या एक-दूसरे स्तर पर वर्जीनिया वुल्फ का इन पर गहरा असर पड़ा है। निर्मल वर्मा का कथन है–"पता नहीं बचपन से लेकर आज तक कितनी बार चेख़व की कहानियों को पढ़ते हुए मैं खुद अपने लेखन से कितना अतृप्त और असंतुष्ट हुआ हूँ। जीवन में झूठ छोड़ने का उपदेश सभी देते हैं, लेकिन लिखने में झूठ कैसे छोड़ा जाए, इसकी प्रेरणा केवल चेख़व से मिल पाती है।"[17]

निर्मल वर्मा स्वीकारते हैं कि पश्चिम के लेखकों से उनकी रचना-प्रक्रिया को एक तार्किक अंतर्दृष्टि मिली है जिसके माध्यम से उन्होंने अपनी संस्कृति के मिथक-बोध, बिंबों और प्रतीकों की गैर-तार्किक अंतश्चेतना को परखने की चेष्टा की है और साथ ही उन्हें आधुनिक तर्कशील तकनीकी सभ्यता के अंतर्विरोधों का भी अहसास होता रहा है।

"निर्मल वर्मा अपने देश वापस लौटकर भी नहीं लौटे हैं। वे एक अंतराल में हैं। इस अंतराल के एक छोर पर है अतीत, अनुभव के मिथ की तरह, दूसरे छोर पर है वर्तमान, अनुभव की वास्तविकता की तरह। अतीत एक जादू है जो स्मृति बनकर उन पर छाया हुआ है, वर्तमान उन्हें अपनी तरफ खींचता है, क्योंकि उसी में संभावना है। तनाव वे दोनों में महसूस करते हैं। वर्तमान के प्रति ललक है उनमें, पर आधे मन की या शायद आधे से भी कम मन की। वर्तमान का खुलापन उनकी दृष्टि में अटकता है, कहीं भीतर बींधता भी है, पर उससे ज्यादा नहीं। स्मृति का पलड़ा ज्यादा भारी है, वे स्मृति के जिए गए सजीव रेशों से बुनी अपनी दुनिया के पास से पासतर रहना चाहते हैं। हक़ीकत यह है कि रचना निर्मल वर्मा के लिए स्मृति में ही है। स्मृति में हर बार कुछ न कुछ छूट जाता है–समयबोध के जाल से छूटकर जिए क्षणों जैसा और यह कुछ छूटा हुआ ही बार-बार उन्हें रचने को प्रेरित करता है।"[18]

निर्मल वर्मा स्वयं कहते हैं–"मेरे लिए 'भोगे यथार्थ' को पुनर्जीवित करने की

आकांक्षा कभी नहीं रही—अगर कभी आकांक्षा रही तो उन खाली वीरान जगहों को भरने की, जो भोगते हुए क्षण की बदहवासी में अनछुए रह गए थे या जिन्हें छूने का साहस करना अपने आपसे परे की बात लगा था।''[19]

इसीलिए निर्मल वर्मा के यहाँ स्मृति एक प्रमुख वस्तु के रूप में आती है। रचनाकार के अनुभव जो भोगने की पीड़ा और उत्तेजना के हाथ से छूट गए थे, वह धीरे-धीरे स्मृति के दरवाज़े से भीतर आने लगते हैं अर्थात लेखक के लिए अनुभव महत्त्वपूर्ण नहीं, बल्कि स्मृति के वे झरोखे हैं जिनमें से गुज़रकर उनकी कहानियाँ बनती हैं। निर्मल वर्मा के अनुसार ''बाइबिल में लिखा है कि ईश्वर को पाने के लिए 'सँकरे दरवाज़े' से होकर गुज़रना पड़ता है। उसी तरह वे मानते हैं कि एक लेखक के लिए यह 'सँकरा दरवाज़ा' उसकी स्मृति है, जिससे गुज़रकर ही उसका अनुभव रचना में अपना संपूर्ण जीवन उपलब्ध कराता है।''[20]

इसीलिए निर्मल वर्मा मानते हैं कि रचना का सत्य रचनाकार के जीवन अनुभव से उत्पन्न होकर भी उससे बहुत अलग और दूर जा पड़ता है। इस तरह एक रचनाकार दुनिया के भीतर होते हुए भी उससे बाहर है। अतः वह दूसरों से भिन्न है और उसकी दृष्टि तटस्थ हो जाती है।

निर्मल वर्मा ने अपनी रचनाओं में सर्वत्र स्मृतियों का वर्णन किया है, लगता है, स्मृतियों का यह दंश लेखक की सर्जनात्मिका शक्ति का मूल प्रेरणा-स्रोत है। तभी तो वे लिखते हैं—''अरसे के बाद अपने इन स्मृति-खंडों को दोबारा पढ़ते समय मुझे एक अजीब-सा सूनापन अनुभव होता रहा है...एक दूरी का अभाव, जो सफरी सूटकेस पर विभिन्न देशों के लेबलों पर लटका रहता है, उन्हें न रख पाने का मोह रह जाता है, न फेंक पाने की निर्ममता ही जुड़ पाती है।''[21]

इसी कारण शायद नामवर सिंह उनकी कहानियों के संबंध में कहते हैं—''उनकी कहानियों को अगर किसी फार्मूले पर कसना हो तो मैं कहूँगा कि उनकी कहानियों का आधार-बीज रही हैं स्मृति-यादें। उनकी कहानियों को शीर्षक देना हो तो यह दिया जा सकता है—'बीते कल की यादें'। निर्मल की यह अपनी विशिष्टता है कि हिंदी में कोई कथाकार ऐसा नहीं कर पाया है।''[22]

निर्मल वर्मा का संपूर्ण साहित्य स्मृति-सृजन का साहित्य है। उन्होंने स्मृति के एहसास या पीड़ा को लेखन का माध्यम बनाने की कोशिश की है, लेकिन उनकी ये स्मृतियाँ नितांत वैयक्तिक लगती हैं। देश की सामूहिक अथवा जातीय स्मृति से उनकी स्मृतियों का कोई जुड़ाव नहीं है। इस कारण उनकी संवेदना में एक बहुत बड़ा अंतराल देखा जा सकता है। वे इस बात को एक बातचीत में स्वीकार भी करते हैं। कृष्णा सोबती ने भी उनकी इस कमज़ोरी को 'हम हशमत' में उठाया है।

निर्मल वर्मा में चीज़ों को, स्थितियों को जानने-समझने की गहरी ललक देखने को मिलती है। अपनी ज़बानी वे कहते हैं—''मैं समझता हूँ कि मुझमें चीज़ों को,

स्थितियों को जानने-समझने की एक गहन उत्सुकता है। वह उत्सुकता जो अपने भीतर होनी ही चाहिए—नैसर्गिक कई बातें होती हैं समझने-गुनने के लिए। लोगों को ही नहीं कई आवाज़ों को सुनना-गुनना होता है, पेड़ों को, प्रकृति को, आसपास इतना कुछ घट रहा होता है—न केवल मानव जगत में, बल्कि मानवेतर विश्व में भी।"[23] यही कारण है कि हम निर्मल वर्मा के कथा-साहित्य में प्रकृति को बहुत क़रीब पाते हैं। कहानी के परिवेश में पात्रों के वार्तालाप के मध्य निर्मल वर्मा यह याद दिलाते चलते हैं कि—हवा धीमे-धीमे पत्तों को उड़ाकर ले गई और उस बेंच पर जा बैठी, या धूप का एक टुकड़ा खिड़की से फुदककर मेज़ के नीचे खरगोश की मानिंद जा बैठा।

निर्मल वर्मा अपनी कहानियों की थीम कहीं से भी प्राप्त कर लेते हैं। इसी कारण उनकी कहानियों में थीम की नवीनता दिखाई देती है। एक नज़र होती है, कहानी को पकड़ने की, वह नज़र निर्मल वर्मा के पास है। वे कहते हैं—"यूरोप में पार्कों में, रेस्तराओं में, आपको अकेलापन भोगते कई लोग मिल जाएँगे। भारत में ऐसा नहीं है। भारत में सामाजिक जीवन इतने तानों-बानों में गुँथा है कि लोगों को अपने अकेलेपन का उतना एहसास नहीं होता और वे उस तरह इससे बचने के लिए भागते नहीं फिरते, लेकिन यूरोप में आपको ऐसे कई लोग मिलेंगे, जो आपसे बात करने को बहुत उत्सुक होंगे। अगर आप उनकी बातों को धैर्य से सहानुभूतिपूर्वक सुनें, तो उससे कहानी की रचना हो सकती है।"[24]

नामवर सिंह उनके संबंध में कहते हैं—"निर्मल वर्मा लंबे समय तक यूरोप में रहने के कारण कुछ हद तक एक प्रवासी जैसे हैं। वे अपने समाज, अपने माहौल के लिए कुछ हद तक एक अजनबी बन गए हैं। मेरे विचार से इसी कारण उनके व्यक्तित्व में, उनके मानस में, और उनकी रचनात्मकता में एकाकीपन एक तरह से समाहित हो गया है।"[25]

जब से निर्मल वर्मा विदेश से लौटे हैं, उन्हें अपने यूरोप प्रवास पर हैरानी होती है। वे सोचते हैं—"बीच के वर्ष जो मैंने बाहर गुजारे थे, मुझे छुई-मुई झिलमिले-से लगते हैं, जैसे जाने से पहले जो सूई रिकार्ड पर ठिठक गई थी, अब दुबारा उसी जगह से चालू हो गई है। वही संगीत अंग है, वही रिकार्ड, मैं जहाँ छोड़ गया था, वहाँ मेरी उम्र रुक गई थी। विदेश में गुजारा समय जैसे प्लेटफॉर्म पर गुज़ारी रात हो, उस बाकी रिकार्ड के हिस्से को सुनने की प्रतीक्षा में—यहाँ धूल है, गर्मियों की रातें हैं।"[26]

भारतीय जीवन के मूल सिद्धांतों, पद्धतियों और संस्कृति की जड़ों को पहचानने की ललक में उनके भीतर के यायावरी संस्कार बार-बार मचल उठते हैं और वे सोचने लगते हैं—"मेरी बड़ी इच्छा है, चाहे साल भर के लिए ही सही भारत में इधर-उधर घूमने की, भिक्षु या साधु की तरह नहीं बल्कि यूँ ही बेतरतीब घुमक्कड़ की तरह

मैं चलता रहूँ और कोशिश करूँ कुछ अनुभवों को पकड़ने की, कुछ दृश्यों, कुछ लोगों, को पकड़ने की। अफसोस की बात है कि बहुत थोड़े भारतीयों में यह प्रवृत्ति है—भारतीय जीवन के मूल को पकड़ने की। वह रूस में कितनी मिलती है, यह जानने की कि हमारे देश का जीवन यह है, खासकर 19वीं सदी में। गए साल जब मैं कुंभ गया था, तो मेले से वापस आने के बाद मुझे बहुत प्रेरणा मिली कि मैं ऐसा कुछ काम करूँ, कथानक या सामग्री जुटाने के इरादे से नहीं, बल्कि जो अनुभव किया उसे ही लिखने की दृष्टि से अपने अनुभव को 'डाक्यूमेंट' करने के ख़याल से।"[27]

निर्मल वर्मा अपनी रचना का प्रारंभ, किस तरह से हुआ इस संबंध में कहते हैं—"समय-समय पर दूसरे कामों में बहुत उलझा होने के कारण या उनसे मुक्ति पाने के लिए मैं लिखता था। एक ज़माने में जब मैं पढ़ता था या कम्युनिस्ट पार्टी में था, तो बहुत दबाव रहता था, लोगों से मिलने का, उससे बिल्कुल अलग—एक बिल्कुल व्यक्तिगत स्तर पर अपने भावनात्मक संसार में घुसने की सुविधा कहानी मुझे देती थी और यह शायद सबसे शुरू का एक सम्मोहन था।"[28] इसी कारण हम देखते हैं कि निर्मल वर्मा ने ज्यादातर कहानियाँ लिखी हैं। अपनी पहली कहानी की रचना-प्रक्रिया के संबंध में वे कहते हैं—"शुरू में तो स्कूल के दिनों में मैंने कुछ कहानियाँ लिखी थीं, कुछ कहानियों से प्रेरित होकर या उनकी नकल में। लेकिन, व्यवस्थित रूप से जो पहली कहानी मैं लिख पाया वह तब, जब मैं सेंट स्टीफन कॉलेज में था। वहाँ से हिंदी की एक पत्रिका प्रकाशित होती थी। मेरे भाई रामकुमार को पता था कि मैं लिखता हूँ और उनके कहने पर इस पत्रिका में प्रकाशित करने के लिए मैंने पहली कहानी लिखी। दुर्भाग्य यह रहा कि इसके दो-तीन वर्षों के बाद ही उस पत्रिका की संपादिका की मृत्यु हो गई। फिर दूसरी बार जब मैंने कहानी भेजी तो उसके छपने के बाद उस पत्रिका का प्रकाशन ही समाप्त हो गया। मुझे लगा कि मेरा दुर्भाग्य मेरा पीछा कर रहा है। इसके बाद पहली कहानी जो किसी अच्छी पत्रिका में प्रकाशित हुई वह 'कहानी' थी जो भैरवप्रसाद गुप्त इलाहाबाद से निकालते थे—'कल्पना' में, 54-55 में बद्रीविशाल पित्ती ने मेरी दूसरी कहानी प्रकाशित की। उस समय मैं एम.ए. पास कर चुका था।"[29]

निर्मल वर्मा पढ़ने के बेहद शौकीन रहे हैं। अपनी पढ़ाकू प्रवृत्ति के संबंध में वे कहते हैं—"मैं पढ़ने का बेहद शौकीन था, और उन दिनों रामकुमार भी (उनके बड़े भाई साहब) कहानियाँ लिखते थे। उनकी कहानियाँ मैं पढ़ता था—इतिहास में बहुत शौक़ था, और एक बार जब बहुत छोटा था तो इच्छा हुई कि मैं दुनिया का इतिहास जिसमें कि विभिन्न देशों के लोगों के रीति-रिवाज, उनकी अलग-अलग संस्थाओं के बारे में भी लिखूँ।"[30] उनकी इतिहास पढ़ने की रुचि और देश-विदेश के लोगों के रीति-रिवाज जानने-समझने और बताने की रुचि ने ही उन्हें निबंधकार के रूप में ख्याति दिलाई। उनके निबंधों में हमें न केवल इतिहास की सूक्ष्म झलक

देखने को मिलती है, वरन देश-विदेश के लोगों की संस्कृति, साहित्य, परंपरा के दर्शन भी होते हैं। रचना-प्रक्रिया की प्रेरणा उन्हें घर से ही मिली। वे कहते हैं—"इतिहास न केवल मेरे लेखन में, बल्कि मेरे, खुद मेरे क़रीब रहा है, देश-विदेश की घटनाओं से प्रभावित होने वाले 20वीं सदी के एक व्यक्ति के क़रीब। मैं व्यक्तिगत रूप से महसूस करता रहा हूँ कि ज्योतिष विज्ञान की तरह इतिहास भी हमारे जीवन में जैसे कहीं गहराई से जुड़ा है। मैं नहीं मानता कि ऐतिहासिक घटनाओं का हमारे जीवन पर कोई प्रभाव नहीं पड़ता। चाहे हम किसी खास घटना से सीधे जुड़े हों या नहीं। हिटलर, स्तालिन के जीवन और कर्म विभिन्न आंदोलन आदि व्यक्ति के निजी जीवन पर प्रभाव डालते हैं। तो लोग जब मुझसे इन बातों की सामाजिक उपयोगिता के बारे में सवाल करते हैं, तो मैं कहता हूँ कि मेरे लिए महत्त्वपूर्ण यह है कि जो कुछ घट रहा है और जो कुछ अख़बारों में छप रहा है, वह हमारी अव्यक्त भावनाओं, हमारे निजी जीवन में प्रतिध्वनित हो रहा है या नहीं, कोई लेखक अगर इस समांतर चेतना को अपनी रचना में बाँध पाता है, तो मेरे विचार से उसने बेहद महत्त्वपूर्ण काम किया है, क्योंकि यह न तो इतिहास में हो पाता है और न ही अख़बारों में।"[31]

जैसा कि सर्वविदित है कि निर्मल वर्मा पर कई आरोप भी लगे—उनकी भाषा अनुवादित है, उनका परिवेश अभारतीय है और उनके पात्र अपने ज़मीन के पात्र न होकर आयातित संस्कृति के परिचायक हैं, लेकिन इन सब आरोपों से न तो वे विचलित ही हुए और न ही उन्होंने अपने ऊपर लगे आरोपों का खंडन ही किया। लेकिन, एक बात ज़रूर है जो इनके सपोर्ट में कही जा सकती है कि उन्होंने अपनी कहानियों और उपन्यासों में वही कुछ बखान किया है, जिसको उन्होंने अपने बहुत क़रीब से गुज़रते हुए, भोगते और देखते हुए महसूस किया है, वह भी अपने एक ख़ास अंदाज़ से। पिछले दिनों उनसे हुई एक बातचीत में उन्होंने स्वयं इस तथ्य को स्वीकार करते हुए कहा था—"कोई भी घटना या स्थिति जिससे मेरा कोई सरोकार या संबंध नहीं है या वह मुझ तक नहीं पहुँचती है उसके बारे में मैं किस तरह सोच सकता हूँ, विचलित हो सकता हूँ। मैं केवल अपने अनुभवों को पाठकों से 'शेयर' करना चाहता हूँ, भले ही वह किसी लड़की के साथ सोना ही क्यों न हो...।"

निर्मल जी जीवन के लंबे आधे-दिनों तक दुनिया-भर की खाक छानकर स्मृतियों को इकट्ठा करते रहे। वे एक लिहाज़ से स्मृतियों के जीवंत कथाकार हैं।

1956 में चेकोस्लोवाकिया के 'प्राच्य विद्या संस्थान' की ओर से निर्मल जी को निमंत्रित किया गया था। वहाँ उन्होंने समकालीन चेक उपन्यासों तथा कहानियों का हिंदी में अनुवाद किया। इसी दौरान पूरे यूरोप का भ्रमण भी वे करते रहे। इस लंबे प्रवास के मध्य के अनुभवों तथा यूरोप की सांस्कृतिक, राजनीतिक समस्याओं पर लेख तथा रिपोर्ताज भी वे लिखते जो 'टाइम्स ऑफ इंडिया' और 'हिंदुस्तान टाइम्स' में प्रकाशित हुए। बाद में सारे लेख और रिपोर्ताज उनके निबंध संग्रह 'चीड़ों पर

चाँदनी' तथा 'हर बारिश में' में संकलित हुए।

निर्मल वर्मा हिंदी के उन विरले साहित्यकारों में हैं, जिन्हें लेखन के अतिरिक्त चित्रकला, संगीत, स्थापत्य और फिल्म में भी गहरी दिलचस्पी है। इन सबके साथ निर्मल वर्मा का हिंदी तथा अं. ` भाषा पर विलक्षण अधिकार भी है।

निर्मल वर्मा की एक कहा -माया-दर्पण' पर फिल्म भी बनी है, जिसे 1973 की सर्वश्रेष्ठ फिल्म का पुरस्कार मिला था।

यूरोप से लौटने के बाद 1972 में 'इंडियन इंस्टीट्यूट ऑफ एडवांस स्टडी' (शिमला) में निर्मल जी फैलो रहे, जहाँ उन्होंने 'मिथक चेतना' विषय पर काम किया। 1977 में 'इंटरनेशनल राइटिंग प्रोग्राम आयोवा' (अमेरिका) में भी वे सम्मिलित हुए।

निर्मल जी 1981-82 में 'मध्य प्रदेश-संस्कृति-विभाग' के अंतर्गत 'निराला पीठ' पर आसीन रहे। सृजनात्मक कार्यों के लिए उनका सृजनात्मक लेखन चलता रहा और जो मृत्यु पर्यंत जारी रहा।

निर्मल जी ने न केवल कहानी, उपन्यास ही लिखे हैं, बल्कि संस्मरण, डायरी और समाजशास्त्रीय लेख भी लिखे हैं। उनके लेखों की सबसे बड़ी विशेषता यह है कि वे खुली बहस के लिए हमें आमंत्रित करते हैं। न सिर्फ उपन्यासों और कहानियों के ज़रिए भारतीय समाज के ज्वलंत विषयों पर टिप्पणी की है, बल्कि निबंधों, संस्मरणों में भी उनकी यह टिप्पणी खुलकर व्यक्त हुई है।

नामवर सिंह आज के हिंदी लेखकों में निर्मल वर्मा को एक महत्त्वपूर्ण स्थान पर पदस्थ करते हैं। वे कहते हैं—"आज के हिंदी लेखकों में निर्मल वर्मा का एक विशेष स्थान है। उनके लेखन में नैतिक बल होता है। यह बल मानवीय मूल्यों के प्रति उनकी आस्था से ही उत्पन्न होता है, वे भारतीय समाज के किसी खास वर्ग के लिए नहीं, बल्कि पूरे विश्व और मानव की नीति के बारे में चिंतित नज़र आते हैं। मनुष्य की स्थितियों के प्रति पीड़ा उनके लेखन में स्पष्ट परिलक्षित होती है। इस पीड़ा के साथ एक और भी तत्त्व जुड़ा है, वह यह कि वे हमेशा भावपूर्ण लेखन करते रहे हैं।"[32]

निर्मल वर्मा ने अपने बाद के लेखन में परिवर्तन महसूस किया है। वे मानते हैं कि यहाँ तक आते-आते उनकी चेतना में ज्यादा संघर्ष आ पाया है, जिसे लिखने से पहले उन्हें चुनना-घोटना पड़ा, यानी प्रारंभिक लेखन की जो निर्दोषिता और सहजता है, वह अनुभवों में पड़कर मानसिक संघर्ष का रूप ले लेती है। वे अब अपने लेखन के प्रति अधिक सचेत हो गए हैं—अर्थात निर्मल वर्मा की शुरू की रचनाओं में जो भावुकता है उनकी बाद की रचना में इसका अभाव दिखाई पड़ता है। उनकी बाद की रचनाओं में अपने आसपास फैले यथार्थ की प्रतीति होती हैं। कह सकते हैं कि उनमें एक प्रकार की निर्मम तटस्थता दृष्टिगोचर होती है।

संक्षेप में उनकी मौलिक और अनूदित रचनाओं की सूची इस प्रकार है :

1. कहानी संग्रह

1. परिंदे 2. जलती झाड़ी 3. पिछली गर्मियों में 4. बीच बहस में 5. कव्वे और काला पानी 6. सूखा तथा अन्य कहानियाँ

2. उपन्यास

1. वे दिन 2. लाल टीन की छत 3. एक चिथड़ा सुख 4. रात का रिपोर्टर 5. अंतिम अख्य

3. निबंध संग्रह

1. शब्द और स्मृति 2. कला का जोखिम 3. ढलान से उतरते हुए 4. भारत यूरोप : प्रतिश्रुति के क्षेत्र की खोज 5. धुंध से उठती धुन 6. आदि अंत और आत्म 7. शताब्दी के ढलते वर्षों में

4. यात्रा-वृत्त

1. हर बारिश में 2. चीड़ों पर चाँदनी

5. नाटक

1. तीन एकांत

6. अनुवाद

1. रोमियो जुलियट और अँधेरा (चेक उपन्यास—ले. यान ओत्येनासेक), 2. बाहर और परे (ले. इर्शी, फ्रीड), 3. डेज़ ऑफ लॉगिंग (उपन्यास अंग्रेज़ी से अनूदित), 4. हिल स्टेशन (कहानियाँ अंग्रेज़ी से अनूदित), 5. कारेल चापेक की कहानियाँ (ले. कारेल चापेक)।

1955 की पहली कहानी से लेकर आज तक निर्मल वर्मा ने अपनी साहित्यिक यात्रा में कई उपन्यासों, कहानी संग्रहों, रिपोर्ताजों और निबंध संग्रहों का सृजन किया है। वे हिंदी कथा-साहित्य के उन समर्थ लेखकों में से एक हैं', जिन्होंने आधुनिक हिंदी कथा-साहित्य को अंतर्राष्ट्रीय आयाम दिया है। जीवन और कहानी के प्रति उनका अपना नज़रिया है। रूमानियत एवं संवेदनात्मक अभिव्यक्ति को उजागर करने के लिए उनके पास काव्यात्मक भाषाशैली है, अतीत की किसी भी मोहक स्मृति को पकड़ने के लिए कथ्य की अपेक्षा शिल्प की बुनावट की ओर उनका ध्यान विशेष तौर पर रहा है।

बकौल नामवर सिंह निर्मल वर्मा 'नई कहानी' के पहले कथाकार हैं और उनकी कृति 'परिंदे' इस कथा आंदोलन की पहली रचना है। नामवर सिंह की यह मान्यता जितनी विवादास्पद है, उससे ज़्यादा विवादास्पद है, निर्मल वर्मा का सारा लेखन।

निर्मल वर्मा उन लेखकों में से हैं जिनके लिए मानव संबंधों का उद्घाटन करना, मानवीय संवेदनशीलता का चित्रण करना एवं आज के युगबोध एवं भावबोध का अंकन करना उतना महत्त्वपूर्ण नहीं है जितना तथाकथित आधुनिकता की रक्षा करना है।

संदर्भ

1. निर्मल वर्मा : दूसरी दुनिया, फ्लैप से
2. पूर्वग्रह, जुलाई-अक्टूबर, 1978, सं. अशोक वाजपेयी, पृ. 7
3. कृष्णा सोबती : हम हशमत, पृ. 15
4. कृष्णा सोबती : हम हशमत, पृ. 14
5. निर्मल वर्मा : दूसरी दुनिया, पृ. 11
6. सुल्तान अहमद : कहानीकार निर्मल वर्मा, पृ. 2
7. पूर्वग्रह, अंक-27/28, 1978, सं. अशोक वाजपेयी, पृ. 30-31
8. पूर्वग्रह अंक-97, 1990, सं. अशोक वाजपेयी, पृ. 3
9. निर्मल वर्मा : दूसरी दुनिया, भूमिका से
10. पूर्वग्रह, अंक-27/28, 1978, सं. अशोक वाजपेयी, पृ. 25
11. कृष्णा सोबती : हम हशमत, पृ. 15
12. पूर्वग्रह, अंक-27/28, 1978, सं. अशोक वाजपेयी, पृ. 20
13. आलोचना, अंक-90, 1989, सं. नामवर सिंह, पृ. 26
14. पूर्वग्रह, अंक-27/28, 1978, सं. अशोक वाजपेयी, पृ. 20
15. पूर्वग्रह, अंक-97, 1990, सं. अशोक वाजपेयी, पृ. 85
16. सारिका, जून 1978, सं. कन्हैयालाल नंदन, पृ. 7
17. सारिका, जनवरी 1980, सं. कन्हैयालाल नंदन, पृ. 24
18. मलयज : संवाद और एकालाप, पृ. 15
19. निर्मल वर्मा : मेरी प्रिय कहानियाँ, पृ. 6
20. धर्मयुग, अप्रैल 1976, सं. धर्मवीर भारती, पृ. 18
21. निर्मल वर्मा : चीड़ों पर चाँदनी, पृ. 5
22. धर्मयुग, 30 अप्रैल 1989, सं. गणेश मंत्री, पृ. 24
23. धर्मयुग, 30 अप्रैल 1989, सं. गणेश मंत्री, पृ. 21
24. धर्मयुग, 30 अप्रैल 1989, सं. गणेश मंत्री, पृ. 21
25. धर्मयुग, 30 अप्रैल 1989, सं. गणेश मंत्री, पृ. 24
26. निर्मल वर्मा : बीच बहस में, पृ. 9
27. पूर्वग्रह, अंक-27/28, 1978, सं. अशोक वाजपेयी, पृ. 17
28. सारिका, जून 1978, सं. कन्हैयालाल नंदन, पृ. 6-7
29. पूर्वग्रह, अंक-97, 1990, सं. अशोक वाजपेयी, पृ. 22
30. सारिका, जून 1978, सं. कन्हैयालाल नंदन, पृ. 6
31. धर्मयुग, 30 अप्रैल 1989, सं. गणेश मंत्री, पृ. 21
32. धर्मयुग, 30 अप्रैल 1989, सं. गणेश मंत्री, पृ. 24

द्वितीय अध्याय

निर्मल वर्मा का चिंतन

"मैं मरने से पहले यह दर्ज कर देना चाहती हूँ कि मनुष्य की पीड़ा असीम है, किंतु उसका अतिक्रमण किया जा सकता है, प्रश्न उस पीड़ा के परे जाने का नहीं है। हमें उसे स्वीकार करना होगा, उसे अपनी ज़िंदगी का हिस्सा बनाना होगा।"

कैथरीन मेंसफील्ड

निर्मल वर्मा हिंदी कथा-साहित्य के एक समर्थ लेखक हैं। आधुनिक हिंदी कहानी को अंतर्राष्ट्रीय साहित्य मंच पर प्रतिष्ठित करने वाले गिने-चुने कहानीकारों में उनका नाम अग्रिम पंक्ति में गिना जाता है। जीवन और कहानी के प्रति उनकी अपनी दृष्टि है। प्रेम तथा सौंदर्य की अभिव्यक्ति के लिए उनके पास अपनी एक अलग पहचान बनाती हुई लयात्मक भाषिक संरचना है। अतीत की किसी मोहक स्मृति को रचना के रूप में उतार देने वाली शिल्प विधि जैसी निर्मल वर्मा के यहाँ है, ऐसी अन्यत्र देखने में नहीं आती।

निर्मल वर्मा के चिंतन को समझने के लिए उनके निबंध हमारे लिए प्रवेशद्वार का काम करते हैं। न केवल निबंध बल्कि उनके समीक्षात्मक लेख, पत्र-पत्रिकाओं में उनकी लिखी टिप्पणियाँ तथा वक्तव्य, यात्रावृत्त, उनसे ली गई भेंट-वार्ताएँ, उनकी अपनी डायरियों के अंश, उनकी अनेक रचनाओं (कहानी-संग्रह, उपन्यास, नाटक) की भूमिकाओं में बिखरे वे सारे विचारात्मक तथ्य उनकी सोच की दिशा के पथ को आलोकित करते हैं। निर्मल वर्मा के खासतौर से 'शब्द और स्मृति', 'हर बारिश में', 'ढलान से उतरते हुए' निबंध संग्रहों के निबंध अपने अतीत, समाज, कला, साहित्य, मनुष्य, प्रकृति, संस्कृति, विचारधारा आदि के संबंध में एक लेखक की गंभीर सुविचारित टिप्पणियों को समझने में एक महत्त्वपूर्ण भूमिका अदा करते हैं। ये किसी लेखक की महज़ टिप्पणियाँ ही नहीं हैं वरन यह डॉ. गंगाप्रसाद विमल के शब्दों में एक

लेखक की चिंता है। निर्मल वर्मा की दृष्टि उस गद्य-भाषा के खुलेपन की अपेक्षा से बाँधती है, जिसका रिश्ता सीधा समाज से है। डॉ. प्रेमसिंह चिंतक निर्मल वर्मा के बारे में कहते हैं—"निर्मल वर्मा हमारे समय के महत्त्वपूर्ण कथाकार और चिंतक हैं। उनका चिंतन एक रचनात्मक मस्तिष्क द्वारा प्रस्तुत चिंतन का बेहतरीन नमूना है। कला, जीवन, समाज, संस्कृति से जुड़े महत्त्वपूर्ण और ज़रूरी मुद्दों और सवालों को उन्होंने उठाया है और समुचित गहराई से अपना विश्लेषण प्रस्तुत करते हुए निष्कर्षों की मंज़िल तय की है। × × × उनका चिंतन उनकी संवेदना का अंग है और उनके निष्कर्ष जल्दबाजी में हासिल नहीं किए गए हैं, उनके पीछे गहरी पैठ का बल है। उन्हें पढ़ते हुए महसूस होता है कि उनकी चिंतन प्रक्रिया उनकी श्वास-प्रक्रिया के साथ अनुस्यूत है और उनकी मान्यताएँ उनके चिंतक का, जैसे कि उनकी कथा-कृतियाँ उनके कलाकार का सहारा प्रतीत होती हैं। अपने चिंतनपरक निबंधों में वे बड़ी सबलता के साथ यह तर्क लेकर उपस्थित होते हैं कि मनुष्य की चेतना इतिहास की बंदी नहीं है। वे लगभग समूचे पश्चिमी चिंतन को चुनौती देते हैं, मार्क्सवादी समेत जो 'सब देवताओं को ठुकराकर अंत में इतिहास के देवता के आगे घुटने टेक' देता है।"[1]

सर्वविदित है कि निर्मल वर्मा ने भारत भ्रमण तो किया ही है, लेकिन वे एक लंबे समय तक विदेशी प्रवास पर भी रहे हैं और उन्होंने पाश्चात्य दर्शन, साहित्य और संस्कृति को काफी गहरे स्तर पर महसूस किया है। गहरे स्तर से तात्पर्य यह है कि उन्होंने उन तत्त्वों को भी बड़ी सूक्ष्मता से महसूस किया है जो कि किसी देश की संस्कृति का निर्माण करते हैं और यही वजह है कि निर्मल वर्मा के चिंतन में दो संस्कृतियों का घालमेल साफ दिखाई देता है। कई बार पाश्चात्य आधुनिकता और भारतीय आधुनिकता में चुनाव करते वक्त उनके पूर्वग्रह उनके पात्रों के बहाने मुखरित होने लगते हैं।

निर्मल वर्मा का बौद्धिक कैमरा भारतीय और पाश्चात्य संस्कृति, विचारधारा, साहित्य-कला, आलोचना, भाषा, मनुष्य, साहित्यकार प्रकृति, परिवेश कला की नैतिकता, सृजन-प्रक्रिया, आधुनिकता आदि के बारे में कैसी तस्वीरें पेश करता है, उनके कैमरे के लेंस का एपारचर चित्र के किस हिस्से को प्रमुखता प्रदान करता है, उसका विवेचन नीचे किया जा रहा है।

संस्कृति के संबंध में निर्मल वर्मा की दृष्टि

संस्कृति क्या है? इस संबंध में निर्मल वर्मा मानते हैं कि "संस्कृति मनुष्य की आत्मचेतना का प्रदर्शन नहीं, उस सामूहिक मनीषा की उत्पत्ति है, जो व्यक्ति को एक स्तर पर दूसरे व्यक्ति से और दूसरे स्तर पर विश्व से जोड़ती है।"[2]

अब सवाल उठता है कि किसी भी देश की संस्कृति के निर्माण के लिए कौन

से तत्त्व होते हैं जो कि सांस्कृतिक वातावरण का निर्माण करते हैं। निर्मल वर्मा का कथन है कि, "मेरा अभिप्राय उस देश की फिल्मों, किताबों या नाटकों से उतना नहीं है हालाँकि यह सब चीज़ें एक देश के सांस्कृतिक वातावरण को रचने में सहायक होती हैं, बल्कि इन ठोस चीज़ों के पीछे छिपी उस अदृश्य और चिरंतन प्रेरणा से है जो उस देश के निवासियों का जीवन पैटर्न और उसके प्रतीकों को आलोकित करती हैं।"[3]

निर्मल वर्मा के चिंतन में एक मुख्य बात जो साफ तौर पर नज़र आती है वह है 'भारतीय संस्कृति' की वकालत। भारतीयता, भारतीय परंपरा का विश्लेषण करते समय उन्होंने किसी तत्ववादी ढाँचे को खड़ा नहीं किया है। उनकी दृष्टि में मुख्य मुद्दा यह है कि वे उस समग्र दृष्टि से हमें परिचित कराना चाहते हैं जो पश्चिम से अलग अपनी एक अहम जीवन पद्धति की सूचक है। एक ऐसी संस्कृति जिसके "जीवंत तत्व उस नाजुक कड़ी में बसे होते हैं जो हमें अपने अलग-अलग अनाथ अहमों से उठाकर समग्रता की पवित्र और सार्वभौमिक भावना से साक्षात कराता है। इस एक कड़ी में न जाने कितनी छोटी-छोटी शृंखलाएँ बँधी हैं—हमारे कर्मकांड, हमारे अनुष्ठानों, मिथकों और विश्वासों की शृंखलाएँ—जो जन्म से मृत्यु तक हमें धरती पर अपने होने का अहसास दिलाती हैं। जहाँ कहीं भी कोई शृंखला टूटती है हम वहीं थोड़ा-सा अर्थहीन, थोड़ा-सा अकेला हो जाते हैं।"[4]

निर्मल वर्मा की दृष्टि में इन विश्वासों, इन मिथकों की डोर उस ज़मीन से जुड़ी होती है जहाँ मनुष्य रहता है। किसान को अपनी धरती से गहरा लगाव होता है, उसका मिथक संसार उस धरती के आसपास होता है। धरती से अलग उसका कोई संसार नहीं होता। जब वह मील मज़दूर बन जाता है तो अपने मिथक संसार से कट जाता है, एक ऐसा पेड़ बन जाता है जिसके तने खोखले हो चुके होते हैं और जो कभी भी भरभरा कर गिर पड़ेगा।

निर्मल वर्मा मनुष्य की संस्कृति पर उद्योगीकरण के बहाने हो रहे घातक प्रहारों के प्रति बेहद चिंतित नज़र आते हैं। उनकी चिंता है—"जब एक नदी सूख जाती है, एक गाँव उजड़ जाता है, एक जंगल नष्ट हो जाता है, तो ये महज आर्थिक और पर्यावरण की दुर्घटनाएँ नहीं हैं, वे मनुष्य की संस्कृति पर घातक और मर्मभेदी घाव छोड़ जाती हैं, जिसके भीतर ही एक संस्कृति अपने अर्थों को संयोजित करती है।"[5]

निर्मल वर्मा भारतीय संदर्भ में संस्कृति के प्रश्न पर बुनियादी तौर से पुनर्विचार कर इस निष्कर्ष पर पहुँचते हैं कि—"संस्कृति को उन बिंबों, प्रतीकों और मिथकों से अलग करके नहीं देख सकते, जो हमारे जीवन के साथ अंतरंग रूप से जुड़े हैं। इनके माध्यम से न केवल हम अपने को पहचानते हैं, बल्कि ये वह आईना है जिनके द्वारा हम बाहर की दुनिया को परखते हैं। ये बिंब और मिथक एक अदृश्य कसौटी हैं, जिनसे हम धर्म और अधर्म, नैतिकता और अनैतिकता के बीच भेद करते हैं।"[6]

निर्मल वर्मा मानते हैं कि एक भारतीय का अपनी संस्कृति के साथ सहज संबंध अँग्रेजों के यहाँ आने से नष्ट हो गया। उनका यहाँ तक सोचना है कि अँग्रेज़ों ने ही हमारे जीवन के सहज प्रभाव को इतिहास के चौखटों में विभाजित कर परिभाषित किया। भारतीय मानस में इसके पूर्व अतीत, वर्तमान और भविष्य जैसे कठघरे नहीं थे। हमारे यहाँ काल की धारणा वृत्ताकार रही है जिसका कोई सिरा नहीं होता। पश्चिम ने यहाँ की मनीषा के लिए एक अतीत की खोज की। निर्मल वर्मा मानते हैं कि–"भारत के अंग्रेज़ी राज्य का सबसे अधिक दुःखदायी प्रभाव यह नहीं था कि हम आर्थिक और राजनीतिक रूप से गुलाम हुए, बल्कि यह कि इतिहास ने हमारी चेतना को पहली बार अतीत, वर्तमान और भविष्य जैसे कठघरों में परिभाषित किया। पश्चिम ने जब मेरे लिए एक अतीत की खोज की, उसी क्षण मैंने उसे अपने वर्तमान से उन्मूलित किया, क्योंकि मेरी सहज चेतना में पश्चिम के हस्तक्षेप से पहले इस तरह का कोई विभाजन मौजूद नहीं था। एक बार अपने अतीत से विलगित हो जाने पर मैं धीरे-धीरे अपनी उस समूची थाती से अलग हो गया जिसके बीच मैं जीता था,. मरता था, साँस लेता था और अपने जीवन का अर्थ ढूँढ़ता था। मैं खुद अपनी संस्कृति के बीच अपने को एक अजनबी पाने लगा। यह कुछ वैसा ही था जैसे इतिहास की कुल्हाड़ी ने मुझे अपनी ज़मीन से उखाड़कर अलग फेंक दिया हो और कहा हो यह तुम्हारा वर्तमान है और यह तुम्हारा अतीत था। यह तुम्हारे अतीत की परंपरा है और यह तुम हो जो इसे वर्तमान में ढो रहे हो। हमारी संस्कृति में पश्चिम का हस्तक्षेप इतिहास का हस्तक्षेप था जिसके परिणामस्वरूप एक भारतीय के भीतर एक अजीब उन्मूलन बोध और वीरानी की व्यथा उत्पन्न हुई।"[7]

एक भारतीय अपनी संस्कृति को बाहर से नहीं देखता, लेकिन विदेशी सभ्यता के आक्रमण ने व्यक्ति के भीतर के मानस को विनष्ट कर दिया। निर्मल वर्मा कहते हैं–"विदेशी सभ्यता के आक्रमण से जो विनाश हुआ वह कहीं बाहर नहीं मेरे भीतर था। अपने भीतर ही मैंने अपनी उस संलग्नता के सर्वव्यापी बोध को खो दिया है जो आज तक मुझे अपने समय, अपने परिवेश और अपनी संस्कृति से जोड़े था।"[8]

निर्मल वर्मा का दृष्टिकोण है कि अगर पश्चिमी हस्तक्षेप के बावजूद बची पुरातन भारतीय संस्कृति के तत्त्वों को संयोजित किया जाए तो वर्तमान के संकट को दूर किया जा सकता है और एक मानवीय और मौलिक विकल्प प्रस्तुत किया जा सकता है। इसके लिए निर्मल वर्मा उस पवित्र परिवेश को नष्ट होने से बचाने की बात की वकालत करते हैं जिसके चलते भारतीय संस्कृति में जीवन की समग्रता के बोध पर आधारित जीवन पद्धति का दर्शन प्रतिफलित हुआ। उनकी सोच है कि भारतीय संस्कृति के जीवन के प्रति समग्रता के बोध के बिखरे सूत्रों को संयोजित करके पुनः स्थापित किया जाए और पश्चिम संस्कृति के मूल में भी अहिंसा और समूची सृष्टि की पवित्रता जैसे मूल्य प्रतिष्ठित किए जाएँ तो इस प्रकार से बनी संस्कृति से मानव

जाति की नियति को सँवारा जा सकता है इसीलिए वे बार-बार भारतीय संस्कृति के बचाव की बात कहते हैं।

अतीत के आत्ममंथन की ज़रूरत

निर्मल वर्मा भारतीय संस्कृति को आम तौर पर एक नितांत खोट रहित संस्कृति के रूप में प्रस्तुत करते हैं और अगर कहीं आज इस संस्कृति और उसके प्रसूत जीवन पद्धति में कहीं कोई खोट आ भी गई है तो उसका दोष भी वे खुले रूप में विस्तारपूर्वक पश्चिमी संस्कृति के मत्थे मढ़ते हैं। वे अतीत के आत्ममंथन की बात करते हैं, लेकिन इसलिए नहीं कि वहाँ कुछ खोट है, बल्कि इसलिए कि हमारे पूर्वजों ने कुछ गलत फैसले ले लिए थे जिन्हें दुरूस्त करना जरूरी है। उनके अनुसार–"कोई भी जाति संकट की घड़ी में अपने अतीत-अपनी जड़ों को टटोलती है। संकट की घड़ी आत्ममंथन की घड़ी है। और सही आत्ममंथन हमेशा अतीत में लिए गए फैसलों के आसपास होता है क्योंकि ठीक उन फैसलों के बीच हमारी नियति की धड़कन व्याप्त रहती है।× × × संकट की घड़ी में अपनी परंपरा का मूल्यांकन करना एक तरह से अपना मूल्यांकन करना है, अपनी अस्मिता की जड़ों को खोजना है–हम कौन हैं यह एक दार्शनिक प्रश्न न रहकर खुद अपनी नियति से मुठभेड़ करने का तात्कालिक प्रश्न बन जाता है।"[9]

निर्मल वर्मा के चिंतन में कई बार विरोधाभासी विचार देखने में आते हैं। एक ओर वे अतीत को 'आत्ममंथन की घड़ी मानते हैं, जिसकी ओर झाँककर कोई भी जाति संकट की घड़ी से निजात पाती है, वहीं दूसरी ओर वे कहते हैं–"अतीत हमें कुछ नहीं सिखाता, वह उसी तरह तर्कातीत है, जैसे दिन के उजाले में पिछली रात का स्वप्न... ।"[10]

संस्कृति के संबंध में यूरोपीय दृष्टि

निर्मल वर्मा भारतीय संस्कृति की अवधारणा को पश्चिमी संस्कृति की अवधारणा से अलग मानते हैं। वे मानते हैं कि यूरोपीय संस्कृति का जन्म ही व्यक्ति की विकसित आत्मचेतना द्वारा संभव हुआ है। दूसरे शब्दों में पश्चिमी संस्कृति का प्रादुर्भाव एक खंडित चेतना में हुआ है जहाँ मनुष्य स्वयं को दूसरों से अलग पाता है। इस अलगाव बोध को धार्मिक आकांक्षाओं और परंपराओं की दुहाई देकर नहीं भरा जा सकता। उनकी नज़र में धर्म और परंपरा उसे सहारा दे सकते हैं, लेकिन उसके अकेलेपन को नहीं भर सकते।

निर्मल वर्मा मानते हैं कि "समूची यूरोपीय संस्कृति गैर धार्मिक या सेक्यूलर है, क्योंकि मनुष्य समस्त मूल्यों और मान्यताओं का अंतिम स्रोत खुद अपनी चेतना में ढूँढ़ता है।"[11] वहीं भारतीय संस्कृति के संबंध में उनका सोचना है, कि–"यहाँ

किसी भी समय मनुष्य की धार्मिक अंतर्दृष्टि और सांसारिक (सेक्यूलर) अनुभवों के बीच विभाजन रेखा नहीं खींची गई। मनुष्य अपने सांसारिक कार्यकलापों का अर्थ धार्मिक प्रतीकों द्वारा उद्घाटित करता था, दूसरी ओर उसके धार्मिक अनुष्ठान उसके दैनिक जीवन के आचार-व्यवहार से जुड़े थे। दूसरे शब्दों में, भारतीय संस्कृति एक समग्र, अखंडित और संपूर्ण चेतना पर आधारित थी। वह सतत रूप से समय में प्रवाहमान थी, किंतु अपने प्रवाह के लिए इतिहास पर निर्भर नहीं थी। पश्चिमी मनुष्य की तरह वह इतिहास से आतंकित नहीं थी, क्योंकि वह इतिहास को 'परिवर्तन का एजेंट' नहीं मानती थी। भारतीय मनीषा का निर्माण व्यक्ति के ऐतिहासिक बोध द्वारा नहीं, उन मिथकों, प्रतीकों, और संस्कारों के साशलिस्ट प्रवाह में लक्षित होता है, जो इतिहास को नकारते नहीं केवल उसकी लहरों को अपनी मूल धारा में समाहित कर लेते हैं।"[12]

भारतीय मनुष्य की सांस्कृतिक विरासत नदी में बहते जल के समान है जिसका प्रतिपल संबंध धरा से होता है, जिसे बाँधा नहीं जा सकता, जो निरंतर प्रवाहमान है, जो उन रिश्तों से जीवित रहती है जो आदमी को प्रकृति से, उसके परिवेश से जोड़ती है। वहीं निर्मल वर्मा कहते हैं पश्चिम वालों के लिए सांस्कृतिक विरासत म्यूज़ियम्स और संग्रहालयों की शोभा बढ़ाती हुई चीज़ें हैं। भारत में संस्कृति मनुष्य की साँस प्रक्रिया के साथ अनुस्यूत है। उसे टुकड़ों में नहीं बाँटा जा सकता। अतीत का समूचा मिथक संसार पोथियों में नहीं रिश्तों की अदृश्य पोथियों में सुरक्षित है। इसी कारण भारत में पर्यावरण का प्रश्न मनुष्य और उसकी संस्कृति के बीच पारस्परिक संबंध बनाए रखने का है तो पश्चिम में यही प्रश्न मनुष्य और भूगोल के बीच संतुलन बनाए रखने का है।

यही कारण है कि निर्मल वर्मा यह सोचने पर मजबूर हो जाते हैं कि आखिर स्वातंत्र्योत्तर भारत की सबसे बड़ी विडंबना (ट्रेजडी) क्या थी। उनका मानना है बिना सोचे-समझे पश्चिम की देखा-देखी भारतीय पश्चिम शिक्षित सत्ताधारियों द्वारा पर्यावरण की परवाह किए बिना औद्योगीकरण का बिगुल बजाना है, जिसका खमियाजा आज तक भारतवासियों को भुगतना पड़ रहा है।

अशोक वाजपेयी निर्मल वर्मा के बारे में कहते हैं कि—"इतिहास और स्मृति निर्मल वर्मा के प्रिय प्रत्यय (विषय) हैं। वे उन लेखकों में से नहीं हैं जो इतिहास नामक सामान्यीकरण की सुरक्षा के संसार को जाँचते-परखते हैं पर उसकी विशिष्टताओं से कतराते हैं। निर्मल वर्मा के चिंतन में इतिहास के ठोस और विशिष्ट अनुभव हैं। उनकी पूर्व और पश्चिम के द्वंद्व में, परंपरा में, औपनिवेशिक और अंतर-औपनिवेशिक परिस्थिति में सुपरिभाषित अवस्थिति है। वह इस शताब्दी का और भारतीय समाज का ठोस इतिहास है। निरा वैचारिक संपुंजन नहीं, जिसका अवधारणात्मक औचित्य भले ही समझ में आ जाए पर जिसमें अंतर्विरोध और ठोस सच्चाइयों के लिए जगह

नहीं है। इतिहास के इस अनैतिहासिक बोध के बरअक्स निर्मल वर्मा इतिहास की दुर्गंध भरी हड्डियों चीथड़ों की दुकान में उतर कर आज के व्यक्ति संबंधों की पड़ताल करते हैं।"[13]

निर्मल वर्मा के इतिहासबोध के बारे में वाजपेयी जी कहते हैं—"उनका इतिहास बोध बहुत कुछ को भुलाकर रचा गया इतिहास बोध नहीं है। वे लगातार इस भूलने की प्रक्रिया का प्रतिरोध करते हैं। स्मृति उनका मूलाधार है। उनकी स्मृति मनमाने ढंग से इतिहास को भूलती नहीं, बल्कि इतिहास को समझती और सहेजती है। निर्मल वर्मा भारतीय मनीषा में औपनिवेशिक अनुभव से पड़ी फाँक जो उससे प्रगट पूर्व और पश्चिम की परस्पर अन्यता को केंद्र में रखकर संपूर्णता की कल्पना करते हैं। वह इतिहास के अतिक्रमण या उसे हाशिए पर ढकेलकर पाई गई संपूर्णता नहीं है। वह इतिहास की लहूलुहान रंगभूमि के बीचों-बीच खड़े होकर संपूर्णता का स्वप्न है, वहाँ स्वप्न संभव ही स्मृति से होता है।"[14]

भारत और यूरोप की सांस्कृतिक विरासत

निर्मल वर्मा मानते हैं कि—"भारत की सांस्कृतिक विरासत यूरोप की तरह म्यूज़ियम्स और संग्रहालयों में कैद नहीं थी, वह उन रिश्तों से जीवित थी जो आदमी को उसकी धरती, उसके जंगलों, नदियों—एक शब्द में कहें उसके समूचे 'परिवेश' के साथ जोड़ती थी। अतीत का समूचा 'मिथक संसार' पोथियों में नहीं इन रिश्तों की अदृश्य तिथियों में मौजूद रहता था।"[15] उनका तो यहाँ तक सोचना है कि—"यूरोप में पर्यावरण का प्रश्न मनुष्य और भूगोल के बीच संतुलन बनाए रखने का है—भारत में यही प्रश्न मनुष्य और उसकी संस्कृति के बीच पारस्परिक संबंध बनाए रखने का हो जाता है।"[16]

निर्मल वर्मा ने जैनेन्द्र और अज्ञेय की तरह पर्याप्त चिंतन किया है। उस चिंतन में उनकी कला और सृजनशीलता के बारे में काफी विचार सूत्र मिलते हैं। उनकी कला चिंता विज्ञान, इतिहास, समाज, साहित्य, विचारधारा आदि कई क्षेत्रों में उलझती है और मानवीय सार्थकता के लिए निरंतर संघर्षशील कला विवेक की प्रस्तावना करती है।

विज्ञान और प्रकृति के संबंध में निर्मल वर्मा की दृष्टि

विज्ञान और प्रकृति के बिगड़े रिश्तों के संबंध में वे कहते हैं कि—"विज्ञान प्रकृति की निरंतरता का उल्लंघन करने के कारण और 'आडियालॉजी' भविष्य के लिए वर्तमान पर बलात्कार करने के कारण मनुष्य और कला का अमानवीकरण हुआ है।"[17]

निर्मल वर्मा का समूचा चिंतन समग्रता के आग्रह पर खड़ा है। खासकर भारतीय संस्कृति और मनुष्य के। निर्मल हमेशा विकास की आधुनिक प्रणाली की आलोचना

करते हैं। वे सोचते हैं प्रगति या संस्कृति इन दोनों को एक-दूसरे की कीमत पर ही बचाया जा सकता है। डॉ. प्रेमसिंह उनकी भारतीय संस्कृति की इस समग्रता की विशेषता में मानव ही नहीं, उसका समूचा परिवेश, प्रकृति, प्रतिवेश, पशु, पक्षी शामिल हैं, मानते हैं। निर्मल वर्मा निरे मानववाद के पक्षधर नहीं हैं। समग्रता का उनका यह विशाल आग्रह उन्हें गाँधी के करीब ले आता है। निर्मल वर्मा गाँधी को भारत का वास्तविक बुद्धिजीवी मानते हैं। वे यह भी मानते हैं, गाँधी जी ने ही उनके समय में भारतीय संस्कृति (जिसे निर्मल वर्मा ने माना है) की समस्त व्यावहारिक संभावनाओं को बड़े साहस के साथ यथार्थ की ठोस ज़मीन पर उजागर किया था। उन्हीं के शब्दों में—"वे एक मात्र ऐसे व्यक्ति थे जिन्होंने भारतीय स्वप्न के दोनों पहलुओं को समझा और परखा था—उसका बाहरी और प्रत्यक्ष पहलू जो हमें दिखाई देता है, किंतु उन्होंने उसके दूसरे अदृश्य पहलू को भी पहचाना था, जो शताब्दियों से भारतीय जनमानस की परतों तले दबा है और जो केवल इसलिए कम महत्त्वपूर्ण नहीं हो जाता, क्योंकि यह देखा नहीं जा सकता।"[18]

निर्मल वर्मा की इस मान्यता के संबंध में डॉ. प्रेमसिंह का नजरिया है जो किसी हद तक क्या बहुत कुछ ठीक जान पड़ता है कि—"गाँधी ने पश्चिमी संस्कृति को एक सिरे से खारिज करते हुए भारतीय संस्कृति को दुनिया के उद्धार का रास्ता नहीं माना था। गाँधी अपनी संपूर्ण स्वाभाविक बनावट में भारतीय थे, लेकिन भारतीयता अथवा भारतीय संस्कृति को लेकर उनके दिमाग का एक आलोचनात्मक कोना हमेशा सक्रिय रहता था। यह सर्वविदित तथ्य है कि अपनी संस्कृति और सामाजिक व्यवस्था की त्रुटियों और चूकों से निपटना उन्होंने पहले शुरू किया था और वे सामाजिक और सांस्कृतिक तरक्की की प्रक्रिया को अलगाकर भी नहीं देखते थे। गाँधी के चिंतन का यह महत्त्वपूर्ण पक्ष था, जिसे उस समय काँग्रेसी नेताओं ने उपेक्षित किया और आज गाँधी के नाम पर भारतीयता का मचान तानने में लगे बुद्धिजीवी अनदेखा करने की कोशिश कर रहे हैं। आज जो समग्र विश्व परिदृश्य है, विश्व संकट है, भारत का संकट है और मात्र आध्यात्मिक संकट न होकर जीवन की गरिमा और उसकी प्राथमिक ज़रूरत—भौतिक और मानसिक दोनों का संकट है, तो क्या भारतीय संस्कृति के बाहु उतने बड़े और कारगर हैं कि सब कुछ उनके छोटे से घेरे में आ जाए और सब कुछ ठीक-ठाक हो जाए? कई बार हम इस बड़े बोध के झूठे या सच्चे वहम के कारण ही अपनी समस्याओं और संकटों के सामने बौने हो जाते हैं। क्योंकि इस महान बोध का नए संदर्भों में कोई भी व्यावहारिक अर्थ नहीं रह पाता। गर्भ में घुसकर या घुसे रहकर आगे कैसे बढ़ा जा सकता है, अगर आगे बढ़ना भारतीय संस्कृति के खिलाफ जाता है तो कह सकते हैं कि जीवन कैसे जिया जा सकता है।"[19]

निर्मल वर्मा की समग्रता जहाँ उन्हें गाँधी के करीब खींच लाती है वहीं वे गाँधी से कहीं दूर भी दिखाई देते हैं। गाँधी जी ने भारतीय संस्कृति को ही मात्र विश्व

संस्कृति नहीं माना था, वे पश्चिमी संस्कृति को पूरी तरह खारिज करते थे। भारतीय संस्कृति की विद्वत्ता को नहीं पूजते थे। वहीं निर्मल वर्मा भारतीय संस्कृति को ही विश्व की सर्वश्रेष्ठ संस्कृति मानने और बनाने पर तुले हुए दिखाई देते हैं। एक मात्र यही संस्कृति विश्व को समग्रता के सूत्र में पिरोए रख सकती है।

निर्मल वर्मा भारतीय संस्कृति की अक्षुणता के प्रति बहुत सजग हैं, लेकिन वे भारतीय संस्कृति में कोई खोट नहीं देखते। उनकी दृष्टि में यहाँ कोई विकृति या बुराई है ही नहीं। वहीं गाँधी जी "अपनी सनातनता के प्रति अडिग रहते हुए भी हिंदू धर्म और संस्कृति की विकृतियों से आँख नहीं मूँदते।"[20] प्रेमसिंह कहते हैं निर्मल वर्मा "मध्ययुगीन भारतीय सांमती ढाँचे को ज्यों-का-त्यों बनाए रखना चाहते प्रतीत होते हैं।"[21]

यह मान्यता है कि वे मध्ययुगीन सामंती व्यवस्था को बनाए रखना चाहते हैं—उनके निबंधों से साबित होती भी जान पड़ती है। सामंती व्यवस्था के प्रति उनका लगाव दूर से ही दिखाई देता है। निर्मल वर्मा "राष्ट्रीयतावाद और रूढ़िवादिता के चलते एक सख़्त, गाँधीवादी, पश्चिम विरोधी, वामपंथ विरोधी, औद्योगीकरण विरोधी मुद्रा धारण करते हैं। वे औद्योगीकरण की बढ़ती रफ्तार की भर्त्सना करते हैं जिसके कारण क्षेत्रों में ग़रीब और उपेक्षित वर्ग के दुःखों का अंत नहीं है और साथ ही जो हमारे परिदृश्य को विकृत कर रहा है और हमारी पारिस्थिति की (इकॉलाजी) के साथ भयानक खिलवाड़ कर रहा है। वास्तव में वे सामंती व्यवस्था के प्रति व्याकुल प्रतीक होते हैं।"[22] निर्मल वर्मा की दृष्टि में यह व्यवस्था शोषण के बोझ के बावजूद मूल्यों पर आधारित पितृ सुलभ भाव वाली और जनता की संस्कृति में गहरी पैठ जमाई हुई एक व्यवस्था है। निर्मल वर्मा "हिंदू संस्कृति की, समग्रता और विश्वजनीनता के आधार पर वकालत करते हैं।"[23]

भारतीय मनुष्य

निर्मल वर्मा की दृष्टि में आज का भारतीय मनुष्य ऊपरी ज़िंदगी में भारतीय है और भीतर के अंडरग्राउंड अँधेरे में हिंदू, मुसलमान और सिख के टुकड़ों में बँटा है। स्वतंत्रता के पश्चात निर्मित धर्मनिरपेक्ष समाज में समग्र मनुष्य की भावना लुप्तप्राय है। निर्मल वर्मा कहते हैं—"एक भारतीय का सबसे मूल्यवान, स्मृति संपन्न और समृद्ध अंश अँधेरे में चला गया।× × × अँधेरे में कोई विश्वास पनपता नहीं, सड़ता है, इसीलिए जब कभी वह बाहर आता है, तो अपने सहज आत्मीय रूप में नहीं, बल्कि एक विकृत और दंभित भावना के रूप में। समय-समय पर होने वाले सांप्रदायिक दंगे हमें उस अँधेरे की झलक दिखाते हैं, जहाँ एक सेक्यूलर समाज ने धर्म को फेंक दिया है।"[24]

धर्म एक अफीम है। धर्म को अफीम कहने वालों ने बड़े सोच समझकर यह

बात कही है। भारतीय मनीषा के लिए सचमुच में ही धर्म अफीम से कम नहीं है जिसके नशे में व्यक्ति सब कुछ भूल बैठता है। निर्मल वर्मा धर्म के संबंध में कहते हैं, कल तक लोग धर्म की प्यास बुझाने के लिए, अपने जीवन की अर्थवत्ता ढूँढ़ने के लिए नानक, कबीर, अरविंद, गाँधी और परमहंस के पास जाते थे वे आज साईं बाबा, भगवान रजनीश और संत भिंडरावाले के पीछे भागते नज़र आते हैं, जिनका संबंध न आस्था से है और न धार्मिक बोध के पवित्र संबंध से। निर्मल वर्मा कहते हैं–"धर्म का पवित्र स्रोत सूखने के कारण लोग अपनी आध्यात्मिक प्यास बुझाने के लिए गँदले नाले के पास ही जा सकते हैं, जो सेक्यूलर समाज के रेगिस्तान के बीचोंबीच बहता है। हम यथार्थ में नहीं, एक ऐसी स्वप्न की छाया में रहते हैं, जो हमारे भीतर है।"[25] भारतीय लोगों के संबंध में निर्मल वर्मा का यह भी सोचना है कि भारतीय लोग भारतीयता को ओढ़ रहे हैं।

आधुनिकता क्या है? आधुनिकता ज्ञान, विज्ञान और टेक्नालॉजी के फलस्वरूप उत्पन्न मानवीय स्थितियों का नया, गैर-रोमेंटिक और अमिथकीय साक्षात्कार है। आधुनिक दृष्टि हमें नए सिरे से स्थितियों को सोचने-समझने को मजबूर करती है। वह हमें एक ऐसी दृष्टि देती है जो हमसे पहले किसी के पास नहीं थी। निर्मल वर्मा कहते हैं–"आधुनिकता यदि वह महज़ दिखावा नहीं है वह सब भ्रांतियों से मुक्त होकर सिर्फ अपने सत्य की खोज का दूसरा रूप है।"[26]

सत्य की खोज में यदि कोई व्यक्ति अपनी संवेदना के स्तर पर तुलसीदास की अपेक्षा तालस्तॉय से गहरे रूप में जुड़ता है तो वह व्यक्ति, एक को सिर्फ इसलिए स्वीकार नहीं करेगा कि वह भारतीय है और दूसरे को इसलिए तिरस्कृत नहीं करेगा क्योंकि वह विदेशी है। अगर व्यक्ति ऐसा करता है तो निर्मल वर्मा की दृष्टि में वह आधुनिक हो ही नहीं सकता। निर्मल की अवधारणा में यह बात है कि आज का भारतीय कलाकार स्वयं को 'भारतीयता' की भ्रांति से मुक्त नहीं कर सका है। इसलिए वह सामाजिक व्यवहार में ही नहीं वरन संस्कृति में भी वर्ण व्यवस्था का समर्थन करने लगा है। इसी कारण भारतीय मनुष्य पश्चिमी आधुनिकता से बहुत जल्दी संत्रस्त हो जाता है। निर्मल वर्मा मानते हैं कि जिन भारतीयों ने दकियानूसी विरोधों को नज़रअंदाज कर 'भारतीयता' का अतिक्रमण करने का साहस दिखाया था वे ही भारतीय अपने क्षेत्र में कुछ महत्त्वपूर्ण उपलब्धियाँ हासिल कर सके हैं–चाहे वे "राजा राममोहन राय के सामाजिक सुधार हो, अथवा रवीन्द्रनाथ के भाषा संबंधी प्रयोग...आश्चर्य नहीं उन सब पर एक ही आरोप लगाया जाता था कि वे भारतीय संस्कृति पर विदेशीपन थोप रहे हैं।"[27]

कला संबंधी अवधारणा

कला के संबंध में निर्मल वर्मा का सोचना है कि 'कला कला के लिए' जैसे तिरस्कृत

सवाल विज्ञान की स्थापनाओं की तरह एक बार 'ग़लत' साबित हो जाने के बाद भी हमेशा के लिए छोड़े नहीं जा सकते क्योंकि कला में ऐसा कुछ भी अंतिम रूप से सही अथवा ग़लत प्रमाणित नहीं किया जा सकता। "जो कुछ भी साहित्य (कला) में एक बार जीवंत रूप में रहा है, वह कभी मरता नहीं, उसके भीतर बची रह गई ज़िंदगी चारों तरफ हमारी बनाई हुई दीवारों पर दस्तकें देने लगती है, और वह तब तक शांत नहीं होती जब तक हम उसे स्वीकृत न कर लें।"[28]

कला की ज़रूरत

अनर्स्ट फिशर कला की ज़रूरत के संबंध में कहते हैं–"कला इसलिए ज़रूरी है कि आदमी दुनिया को समझ सके और बदल सके। लेकिन कला इसलिए भी ज़रूरी है कि उसमें जादू (आकर्षण) अंतर्निहित होता है।"[29]

निर्मल वर्मा भी कमोबेश यही ज़रूरत कला की बताते हैं। वे भी कला का स्थान इस दुनिया में बेहद ज़रूरी मानते हैं। इसी कारण वे कला की धुँधलाती तस्वीर के बारे में अत्यधिक चिंतित नज़र आते हैं। उन्हें लगता है हमारी दुनिया में कला का स्थान दिनों-दिन धुँधला, अनिश्चित और संदिग्ध बनता जा रहा है। इसी कारण वे कला का सबसे बड़ा जोखिम इस स्थिति को मानते हैं। वे कहते हैं–"बीसवीं शती के आरंभ में 'आधुनिक कला' ने जिस औद्योगिक सभ्यता की चुनौती में और उसके बीच–अपनी शक्तियों को समेटा था, आज इस शती की ढलती घड़ियों में आधुनिक सभ्यता ने मानो प्रतिशोध में स्वयं कला को मनुष्य के जीवन में संदेहास्पद बना दिया है। यदि केवल 'संदेह' की स्थिति होती, तो शायद बहुत चिंता की बात न होती, हर युग में कला कमोबेश संदिग्ध रही है, दुनिया की आँखों में–किंतु हमारे युग का विशिष्ट अभिशाप यह है, कि जहाँ कला एक तरफ मनुष्य के कार्यकलाप से विगलित हो गई है, वहाँ दूसरी तरफ वह एक स्वायत्त सत्ता भी नहीं बन सकी है, जो स्वयं मनुष्य की खंडित अवस्था को अपनी गरिमा से अनुप्राणित कर सके। कला का जोखिम शायद यही है कि वह आज की जड़ित, पराधीन होती हुई सभ्यता में संपूर्ण रूप से स्वतंत्र रह सके और स्वतंत्र रहकर भी अपने अलगाव का अतिक्रमण कर सके।"[30]

निर्मल वर्मा कला की ज़रूरत भी इसलिए मानते हैं कि–"वह रोशनी का एक ऐसा नाजुक हलका है जो धुँधले शीशे के आर-पार देखने में हमारी मदद करता है–सिर्फ अँधेरे का चरित्र ही नहीं, अपनी भूख की गहराई भी।"[31]

कला की सार्वलौकिकता के कारण

किसी रचना की सार्वलौकिकता ग्रहण करने के संबंध में निर्मल वर्मा की अवधारणा है कि वह चीज़ और कुछ नहीं वह संघर्ष है जो अपने व्यक्तिगत अकेले अनुभव

को एक ऐसी स्मृति में बदला देता है जिसमें सबका साझा होता है, जो अदृश्य होते हुए भी सबकी चीज़ होती है।

कलाकार की प्रतिबद्धता

निर्मल वर्मा उन लोगों की इस मान्यता को ख़ारिज़ करते हैं जो कि लेखक को किसी विचारधारा से प्रतिबद्ध होना चाहिए मानते हैं। वे कहते हैं, "वे लोग जो कलाकार से प्रतिबद्धता की माँग करते हैं, अक्सर यह आशा करते हैं कि वह अपने को 'सामूहिक अनुभव' के साथ जोड़ेगा—जबकि यह असंभव है, क्योंकि हर लेखक अपने अनुभव में नितांत अकेला है, लेकिन दूसरी तरफ वे 'एस्थीट' आलोचक जो कलाकार की प्रतिबद्धता का विरोध करते हैं उसे महज एक राजनीतिक मतवाद समझकर टाल देते हैं। अक्सर भूल जाते हैं कि लेखक चाहे अपने अनुभव में अकेला हो अपनी स्मृति में नहीं, जो अनुभव को 'बुलाती' है, उसे रचना में बदलती है जिसकी सामूहिकता के घेरे में हर कलाकार दूसरों से जुड़ा है।"[32] प्रतिबद्धता के प्रश्न पर निर्मल वर्मा साहित्यकार 'राब्स ग्रिए' के विचार से सहमत जान पड़ते हैं। वे कहते हैं—"लेखक एक नागरिक की हैसियत से प्रतिबद्ध हो सकता है, लेकिन यह ज़रूरी नहीं कि कलाकार की हैसियत से भी अपने को प्रतिबद्ध महसूस करे।"[33]

साहित्य में विचारधारा

साहित्य में विचारधारा के संबंध में निर्मल वर्मा का नज़रिया है कि जब भी साहित्य में विचारधारा की बात आती है तो लेखक अपने ऊपर कोई लेबल लगाने से डरता है—"जैसे विश्वास किसी अजीब तरीके से उसकी रचनात्मक आज़ादी को कैद कर देंगे या उसके अनुभव की पवित्रता को नष्ट कर देंगे। विचारधारावादी और अनुभववादी, दोनों एक ही तरह आस्था से आतंकित जान पड़ते हैं। दोनों को ही मनुष्य के विवेक या उसकी नैतिक मान्यताओं पर गहरा संदेह है।"[34] निर्मल वर्मा नैतिक चेतना से रहित किसी विचारधारा को साहित्य पर बोझ मानते हैं। वे कहते हैं—"वो विचारधारा साहित्य पर उसी तरह बोझ है जिस तरह वह 'अनुभव पंथ' जो मादक द्रव्य सेवित सपने ही उकसा सकता है, महान कविता को जन्म नहीं दे सकता।"[35]

कला की नैतिकता के संबंध में अवधारणा

निर्मल वर्मा कला में दो चीज़ों को आवश्यक मानते हैं—नैतिकता और सौंदर्य, जबकि साहित्य में दोनों चीज़ें धीरे-धीरे लुप्त होती नज़र आती हैं। वे कला का मूलाधार, हमेशा इन दो तत्त्वों के तनाव भरे संतुलन से उत्पन्न होता है, मानते हैं। कला की नैतिकता के संबंध में उनकी दृष्टि है कि कला हमारे संस्कारों या विश्वासों का समर्थन करे। इसके समर्थन के लिए वे दुनिया में जजों मौलवियों को नियुक्त करते हैं—"जो

हमें एक खास व्यवस्था में रहने और जीने की मर्यादा सिखाते हैं–क्या वैध है, क्या अवैध, हमें यह करना चाहिए, यह नहीं। कला सिखाती नहीं, सिर्फ जगाती है, क्योंकि उसके पास 'परम सत्य' की ऐसी कोई कसौटी नहीं, जिसके आधार पर वह ग़लत और सही, नैतिक और अनैतिक के बीच भेद करने का दावा कर सके।''[36]

निर्मल वर्मा कला को नैतिकता से उतना ही परे मानते हैं जितना मनुष्य का जीवन सामाजिक व्यवस्था से परे है–''जहाँ व्यक्ति का अनुभव इतना विलक्षण और अनूठा है कि उसे किसी भी व्यवस्था की मर्यादा अर्थ नहीं दे सकती है।''[37]

कला और मूल्यों का तनाव

निर्मल वर्मा कहते हैं कि आज कला और मूल्यों के तनाव का समाधान करने में समझौता परक रूढ़ तरीका अपना लिया जाता है जो कि ग़लत है। इस तरह कला खुद अपने मूल रूप में विद्रूप बन जाती है। इस बात की पुष्टि के लिए वे लेनिन और सार्त्र का उदाहरण देते हैं, जो मानते हैं कि साहित्य महज जनता की सेवा करने का उपकरण और एक नैतिक कर्म है–जबकि ये दोनों चीज़ें निर्मल के अनुसार साहित्य और मूल्यों की समस्या को सुलझाते नहीं बल्कि उससे कतराकर निकल जाते हैं। इसी कारण वे कला में कलात्मक आग्रहों के अलावा भी कुछ देखना चाहते हैं।

निर्मल वर्मा सार्त्र के इस कथन को असत्य साबित करते हैं कि, ''साहित्य रचना स्वयं ही एक नैतिक कार्य है।''[38] उनके अनुसार–''आस्था विश्वास करने की इच्छा है, किसी चीज़ में विश्वास करने का अर्थ है यह विश्वास करने की इच्छा करना कि उस चीज़ का अस्तित्व है और यह इच्छा मान्यता से नहीं संदेह से निकलती है। इस कारण कोई कलाकृति अपने आप में नैतिक कर्म नहीं है, जैसा कि सार्त्र का आशय प्रतीत होता है, बल्कि उसकी नैतिकता संदेह और विश्वास के घात-प्रतिघात में उसकी परम द्वैधता में निहित होती है।''[39]

निर्मल वर्मा मानते हैं कि–''कला की हर महत्त्वपूर्ण कृति मनुष्य जैसा है, उसे स्पष्ट करके उसे कैसा होना चाहिए के दायरे को आ़लोकित करती है। टी.एस. इलियट को उद्धृत करते हुए वे लिखते हैं–''हम क्या हैं' यह हम तभी जान सकते हैं, जब हम यह जान लें कि हमें क्या होना चाहिए, लेकिन हमें क्या होना चाहिए यह तभी जाना जा सकता है जब हमें ज्ञात हो कि हम क्या हैं।''[40] निर्मल वर्मा कहते हैं–''ज्यों ही हम वह क्या हैं के केंद्र बिंदु तक पहुँचते हैं, ''कैसा होना चाहिए' यह समझने में समर्थ होने लगते हैं। कला में आस्था अथवा विश्वास लेखक में कलात्मक अनुभव से अलग नहीं रहता, बल्कि वह उसी में अदृश्य रूप में विलय हो जाता है।''

साहित्य संबंधी दृष्टि

साहित्य के संबंध में निर्मल वर्मा का कथन है कि–''साहित्य हमें पानी नहीं देता,

वह सिर्फ हमें अपनी प्यास का बोध कराता है।''[41] वे कहते हैं–''जिन साहित्यकारों के सामने कम्युनिज्म और फासिज़्म का कोई अर्थ नहीं होता उनके लिए साहित्य का क्या अर्थ हो सकता है।''[42] इस प्रकार निर्मल वर्मा प्रमाणिकता और वास्तविकता के प्रति अधिक सचेत दिखाई देते हैं। डॉ. उषा चौहान का कहना है कि ''उनके साहित्य की प्रतिबद्धता और सर्जन, विचार और कृति के बीच उनके स्पष्ट संबंधों को अलगाने वाली कोई सीधी रेखा खींच सकना बहुत कठिन है।''[43]

साहित्यकार के संबंध में निर्मल वर्मा की सोच है कि–''लेखक को चाहिए कि वह अपने आसपास जो अँधेरा है उसे सही शब्द दे, ताकि उस शब्द के द्वारा वह उन परिस्थितियों को एक विशिष्ट अर्थ दे सके जो हर व्यक्ति के जीवन अनुभवों में ध्वनित होता है, ताकि लेखक और पाठक के बीच की दीवार ढह जाए।''[44] वे कहते हैं आज आवश्यकता इस बात की है कि ''साहित्य को स्वयं अपने विवेक की छानबीन करनी पड़ेगी।''[45]

आधुनिक भारतीय लेखन

आधुनिक भारतीय लेखन के संबंध में निर्मल जी का सोचना है कि–''कोई भी हम भारतीयों पर यह आरोप नहीं लगा सकता कि हम विश्वास करने वाले लोग नहीं हैं। हम दरअसल लगभग हर चीज़ पर विश्वास करते हैं, सिर्फ साहित्य को छोड़कर। अपने विश्वासों के जरिए 'साहित्य सेवा' की हमारी एक परंपरा रही है, पर साहित्य, स्वयं स्वतंत्र रूप से विश्वासों का वाहक हो इसमें हमारी ज़्यादा आस्था नहीं है। यही कारण है कि हमारा साहित्य शासन सत्ता को कभी सशक्त चुनौती नहीं दे सका, जैसी चुनौती उन्नीसवीं सदी में और एक हद तक आज भी रूसी साहित्य देता रहा है।× × × हमारे देश में साहित्य एक ऐसी संकोचजनक स्थिति में है, जहाँ उसके लिए कोई जगह नहीं है और उसे या तो धर्म या समाजशास्त्र या हमारी रूढ़, नैतिकता के साथ बारी-बारी से उनकी सेवा करते हुए आधी कुर्सी पर बैठना होता है।''[46]

राजनीति और साहित्य

निर्मल वर्मा राजनीति और साहित्य का घनिष्ठ संबंध मानते हैं। वे स्वीकार करते हैं कि साहित्य को राजनीति से प्रभावित नहीं होना चाहिए, बल्कि उससे स्वतंत्र और मुक्त होना चाहिए। राजनीति से प्रभावित साहित्य, साहित्य का मात्र भ्रम होता है, वह वास्तव में साहित्य नहीं होता। उनके कथनानुसार ''सत्ता द्वारा प्रचलित साहित्य कभी पूर्ण रूप से विश्वसनीय नहीं हो सकता।''[47] साहित्य को राजनीति से स्वतंत्र होने की बात की वकालत करते हुए वे कहते हैं कि–''कोई भी राजनेता चाहे वह कितना ही क्रांतिकारी, मानव कल्याण के आदर्शों से ओतप्रोत क्यों न हो जब मेरे संस्कारगत बिंबों, मेरे जीने की शर्तों को स्वयं परिभाषित करने लगता है, मैं जो हूँ,

उसकी अवहेलना करके, मुझे क्या होना चाहिए इसे आँकने की जिम्मेदारी अपने पर ओढ़ता है वहीं से मेरे विरोध की सार्थकता शुरू होती है।''[48]

पश्चिम और भारत की मूल समस्या

निर्मल वर्मा की दृष्टि में ''पश्चिम में आज समस्या कथात्मक कल्पना के मूल्य और प्रासंगिकता को ढूँढ़ने की है जो इस हद तक 'स्वायत्त' हो गई है कि अपनी जड़ों से कट गई है, तो भारतीय साहित्य की समस्या इसकी ठीक उल्टी है—बने बनाए मूल्यों, वैचारिक रहस्यीकरणों और नैतिक पूर्वग्रहों के सारे बोझ से मुक्त होने की जिसने कि कलात्मक कल्पना को प्राणवान बनाने वाली मूल प्रेरणा को ही कुंठित कर दिया है।''[49]

रचना की संप्रेषणीयता

निर्मल वर्मा का रचना की संप्रेषणीयता के संबंध में सोचना है कि यदि—''किसी युग में कोई कलाकृति लोगों को तुरंत समझ में नहीं आती या ठीक-ठीक संप्रेषणीय नहीं हो पाती तो इसका कारण सिर्फ यह नहीं होता कि वह कृति अपने में दुरूह है। इससे भी अधिक महत्त्वपूर्ण कारण यह हो सकता है कि वह कृति उन नैतिक मान्यताओं पर ही गहरी चोट करती है, जिसमें आम लोग रहने के अभ्यस्त हो चले हैं। वह भ्रम और सुखद भ्रांतियों पर शंका प्रकट करती है, जिन्हें हम अपनी सुख-सुविधा के लिए अपना लेते हैं।''[50]

इसीलिए निर्मल वर्मा कहते हैं, ''आज का श्रेष्ठ सृजनात्मक साहित्य आत्म प्रदर्शन और विद्रोह भंगिमाओं से बहुत दूर है। वह उस खाई के बीच अपनी यातना को परखता है, जो मनुष्य और शब्द के बीच खुल गई है।''[51]

भाषा के संबंध में निर्मल के विचार

भाषा के संबंध में निर्मल के विचारों के आईने में झाँका जाए तो पता चलता है कि वे भाषा की सही संप्रेषणीयता दूसरे तक अपना प्रामाणिक अनुभव पहुँचाना मानते हैं। लेकिन निर्मल वर्मा कहते हैं जब व्यक्ति स्वयं अपने अनुभवों को टेलीविजन और समाचारपत्रों से प्राप्त करने लगता है तो वह अपने 'सत्य' से कट जाता है, क्योंकि दूसरों तक जो अनुभव पहुँचाए जाते हैं, वह पहले से ही दूषित और प्रचार माध्यमों द्वारा नकली या अमौलिक हो चुके हैं। निर्मल वर्मा के शब्दों में—''आज के तकनीकी समाज में, जहाँ व्यापक पैमाने पर मशीनी साधनों (Mass Media) द्वारा शब्द को प्रसारित किया जाता है, भाषा का यह रूपक संस्कार नष्ट हो चुका है। दो औसत अनुभवों के बीच शब्द आज सूचना का साधन बन जाता है, स्मृति का वाहक नहीं। वह हमारे व्यक्तित्व के सबसे ऊपरी, सतही और उथले पहलू का स्पर्श करके खो

जाता है। यदि भाषा महज़ संप्रेषण का साधन बन जाती है तो अंततोगत्वा उसकी संप्रेषण शक्ति भी मुरझा जाती है।''[52]

इसी कारण निर्मल वर्मा कहते हैं—''आज के युग में मौन का महत्त्व इतना अधिक बढ़ गया है तो इसलिए नहीं कि बुद्ध दर्शन में जो मौन की महिमा है, हमने उसे समझ लिया है, बल्कि हमारा 'मौन' एक तरह की हताश ख़ामोशी है, जो संप्रेषण की असमर्थता के कारण उत्पन्न होती है।''[53] निर्मल वर्मा की दृष्टि में इसी कारण—''आज की युवा-पीढ़ी (विशेषकर पश्चिम में) शराब छोड़कर गाँजे, चरस को पसंद करती है, शराब पीकर आदमी बोलता है, किंतु 'ड्रग्स' का व्यसन हमें ख़ामोश बना देता है, हम अपने में ही सिमट जाते हैं, कुछ लम्हों के लिए हम भाषा और श्रोता दोनों से ही मुक्ति पा लेते हैं।''[54]

निर्मल वर्मा के चिंतन के विभिन्न पहलुओं के हमराही होकर हमने जाना कि वे किस शिद्दत से भारतीय संस्कृति, साहित्य, राजनीति और कला के संबंध में सोचते हैं। एक लेखक की प्रतिबद्धता, उसका यथार्थ से रूबरू होने की आवश्यकता को कितना महसूस करते हैं और उस पर बल देते हैं। वहीं दूसरी ओर उनके चिंतन में कुछ विरोधाभासी चीज़ें भी नज़र आती हैं। एक ओर वे उन लोगों की आलोचना करते हैं, जो लेखक को किसी विचारधारा से प्रतिबद्ध होना चाहिए मानते हैं (देखिए कोटेशन 30), दूसरा वे कहते हैं साहित्य में विचारधारा की बातें आते ही लेखक अपने ऊपर कोई लेबल लगाने से डरता है—''जैसे विश्वास किसी अजीब तरीके से उसकी रचनात्मक आज़ादी को कैद कर देंगे या उसके अनुभव की पवित्रता को नष्ट कर देंगे।''[55] वहीं दूसरी ओर वे कहते हैं—''जिन साहित्यकारों के सामने कम्युनिज़्म और फासिज़्म का कोई अर्थ नहीं होता उनके लिए साहित्य का क्या अर्थ हो सकता है।''[56] उनके विचारों को देखकर कभी-कभी लगता है कि उनका किसी लेखक की प्रतिबद्धता, उसकी विचारधारा के संबंध में कंसेप्ट आईने की तरह साफ नहीं है।

और तो और वे स्वयं कहते हैं कि ''लेखक को चाहिए कि वह अपने आसपास जो भी अँधेरा है उसे सही शब्द दें ताकि उस शब्द के द्वारा वह उन परिस्थितियों को एक विशिष्ट अर्थ दे सके।''[57] लेकिन उनके समूचे लेखन में हमें आसपास के, उस अँधेरे के कहीं दर्शन नहीं होते। इस संबंध में कृष्णा सोबती ने 'हम हशमत' में बड़ी सटीक टिप्पणी की है कि, ''प्यारे दोस्त, भले कन्सर्ट पर जाओ, बीथोविन सुनो, रविशंकर, अली अकबर खाँ, मगर जो तुम्हारी गली में थूथनी उठाए सूअर घूम रहे हैं उन्हें भी तो देखो। कुछ गौर करो। तुम्हारी लाजवाब क़लम से कोई यथार्थ तो उभरे, कोई एक यथार्थ ज़िंदगी से ज़िंदगी तक जुड़ा हुआ।''[58]

दिल्ली में जब उनसे बातचीत हुई और जब मैंने उनसे पूछा कि आपके कथा साहित्य में आपके आसपास का वो घिनौना यथार्थ अर्थात वह सांप्रदायिकता भरा माहौल, आतंकवादी गतिविधियों से सराबोर वह परिवेश, दिल्ली की भीड़ भरी सड़कों,

बसों का माहौल क्यों नहीं कभी आता? तो इस संबंध में उनका कहना था कि जब तक ये चीज़ें मेरे खुद के अनुभव से रूबरू नहीं होतीं मैं उनके बारे में नहीं लिख सकता। जब तक मेरी संवेदना इन चीज़ों के साथ गहरे रूप से तारतम्य स्थापित नहीं कर लेती मैं ऐसी कोई भी कहानी-उपन्यास नहीं लिख सकता, ये मेरी कमज़ोरी है मान लीजिए। अपने एक निबंध में भी निर्मल वर्मा इसी संदर्भ में कहते हैं–"बाहर की कोई भी घटना, चाहे वे ऐतिहासिक रूप से कितनी ही क्रांतिकारी क्यों न हो, लेखक को उस समय तक परेशान नहीं करती (अपने सृजन में) जब तक वह घटना स्वयं उसकी सृजन प्रक्रिया की अनिवार्य शर्त न बन जाए। लेखक का संदर्भ उसके लिए इसी अर्थ में जीवंत हो सकता है।...वरना वह उसके लिए अप्रासंगिक है।"[59]

निर्मल वर्मा बातचीत के मध्य स्वयं कहते हैं जो अनुभव चाहे वो एक लड़की के साथ गुजारी रात का क्यों न हो, मुझे हुआ है तो मैं उसे छुपाता नहीं, उसी संवेदना के साथ बेलाग ढंग से उसे अभिव्यक्त कर देता हूँ। लेकिन मेरे अनुभव से दो-चार हुए बिना मैं ऐसी कोई रचना नहीं लिख सकता।

आलोचकों ने इसी कारण निर्मल वर्मा के एकपक्षीय यथार्थ को अभिव्यक्त करने की प्रवृत्ति को देखकर उन्हें रोमांटिकवाद का कलाकार माना है और आरोप लगाया है, लेकिन इसके साथ ही नई कहानी की शुरुआत भी उन्हीं से मानी गई है। यह सही है कि निर्मल वर्मा की रचनाएँ आत्म चेतना के अधिक निकट हैं परंतु उनमें जीवन का गहन अध्ययन दृष्टिगत होता है तथा वे यथार्थ और अनुभव में अनेक स्तरों पर एक साथ छूती नज़र आती हैं। उनमें जीवनानुभव की आत्मिक और मनोवैज्ञानिक सच्चाई उभारने की अधिक कोशिश है।

निर्मल वर्मा एक आलोचक की हैसियत से जीवन वस्तु को विवेचनीय मानते हैं। उनका उलझाव भी अधिक रचनात्मक है, इसलिए अधिक जटिल और व्यक्तिगत भी है। कुँवर नारायण के अनुसार "निर्मल वर्मा का अस्तित्व बोध अधिक बुनियादी कारणों से उपजता है और अधिक स्थायी समाधानों को खोजता है। उनके चिंतन की भंगिमा दार्शनिक है। उनकी रचनाओं के पात्र निराशापूर्ण स्थितियों में भी अपने को साहसी और अपराजित देखना चाहते हैं, हताश और दीन नहीं। इसी तरह अस्तित्व के प्रति एक आत्मचेतन दृष्टि अपनाते हैं (आत्मकेंद्रित नहीं)।"[60]

निर्मल वर्मा का लेखन सस्ती लोकप्रियता पाने के लिए नहीं, बल्कि साहित्यिक रुचि से हुआ है। संवेदना और शिल्प की दृष्टि से उनकी रचनाएँ विशिष्ट हैं। निर्मल वर्मा ने स्थूल किस्म के नज़रिए की जगह यथार्थ के मूलाधारों को अपनी समीक्षा का विषय बनाया है। इस प्रकार कहा जा सकता है कि निर्मल वर्मा की दृष्टि एक नए सिरे से 'गद्य की ज़रूरत' पर विचार करने के लिए लेखकों को उकसाती है अथवा प्रेरणा देती है।

कुल मिलाकर निर्मल वर्मा व्यक्ति चेतना के ही नहीं, बल्कि समष्टि चेतना

के भी चिंतक हैं। उनका गतिशील चिंतन एक जागरूक समीक्षक का चिंतन है, संवेदना सम्मत विशिष्ट कला में सँजोया हुआ चिंतन। डॉ. नामवर सिंह के शब्दों में कहा जा सकता है कि उनकी दृष्टि में जीवन की गहरी समझ और कला का कठोर अनुशासन है।

संदर्भ

1. सं. डॉ. प्रेमसिंह : निर्मल वर्मा : सृजन और चिंतन, लेख–हस्तक्षेप के बाद, लेखक–डॉ. प्रेमसिंह पृ. 131
2. निर्मल वर्मा : शब्द और स्मृति, पृ. 69
3. निर्मल वर्मा : हर बारिश में, पृ. 13
4. निर्मल वर्मा : ढलान से उतरते हुए, पृ. 79
5. निर्मल वर्मा : ढलान से उतरते हुए, पृ. 79
6. निर्मल वर्मा : शब्द और स्मृति, पृ. 69
7. निर्मल वर्मा : ढलान से उतरते हुए, पृ. 71
8. निर्मल वर्मा : ढलान से उतरते हुए, पृ. 71
9. निर्मल वर्मा : शब्द और स्मृति, पृ. 68/69
10. निर्मल वर्मा : ढलान से उतरते हुए, पृ. 141
11. निर्मल वर्मा : शब्द और स्मृति, पृ. 70
12. निर्मल वर्मा : शब्द और स्मृति, पृ. 71
13. पूर्वग्रह, अंक-97, सं. अशोक वाजपेयी, लेख-राग विराग की गोधूलि, पृ. 4
14. पूर्वग्रह, अंक-97, सं. अशोक वाजपेयी, लेख-राग विराग की गोधूलि, पृ. 4
15. निर्मल वर्मा : ढलान से उतरते हुए, पृ. 102
16. निर्मल वर्मा : ढलान से उतरते हुए, पृ. 102
17. सं. डॉ. प्रेमसिंह : निर्मल वर्मा : सृजन और चिंतन, लेख–अकेलेपन से संन्यासवाद की ओर, लेखक–नित्यानंद तिवारी, पृ. 24/25
18. निर्मल वर्मा : ढलान से उतरते हुए, पृ. 85
19. सं. डॉ. प्रेमसिंह : निर्मल वर्मा : सृजन और चिंतन, लेख-हस्तक्षेप के बाद, लेखक–डॉ. प्रेमसिंह, पृ. 137/138
20. सं. डॉ. प्रेमसिंह : निर्मल वर्मा : सृजन और चिंतन, लेख-हस्तक्षेप के बाद, लेखक–डॉ. प्रेमसिंह, पृ. 138
21. सं. डॉ. प्रेमसिंह : निर्मल वर्मा : सृजन और चिंतन, लेख-हस्तक्षेप के बाद, लेखक–डॉ. प्रेमसिंह, पृ. 138
22. सं. डॉ. प्रेमसिंह : निर्मल वर्मा : सृजन और चिंतन, लेख–सार्थकता से रहित प्रतिभा, लेखक–जयदेव, पृ. 146
23. सं. डॉ. प्रेमसिंह : निर्मल वर्मा : सृजन और चिंतन, लेख–सार्थकता से रहित प्रतिभा, लेखक–जयदेव, पृ. 146
24. निर्मल वर्मा : ढलान से उतरते हुए, पृ. 97
25. निर्मल वर्मा : ढलान से उतरते हुए, पृ. 97

26. निर्मल वर्मा : हर बारिश में, पृ. 10
27. निर्मल वर्मा : हर बारिश में, पृ. 10
28. निर्मल वर्मा : शब्द और स्मृति, पृ. 21/22
29. अनर्स्ट फिशर : कला की जरूरत–अनुवादक–रमेश उपाध्याय, पृ. 37
30. निर्मल वर्मा : कला का जोखिम, पृ. 37
31. निर्मल वर्मा : कला का जोखिम, पृ. 37
32. निर्मल वर्मा : शब्द और स्मृति, पृ. 19
33. निर्मल वर्मा : हर बारिश में, पृ. 85
34. निर्मल वर्मा : शब्द और स्मृति, पृ. 29
35. निर्मल वर्मा : शब्द और स्मृति, पृ. 29
36. निर्मल वर्मा : ढलान से उतरते हुए, पृ. 15/16
37. निर्मल वर्मा : ढलान से उतरते हुए, पृ. 16
38. निर्मल वर्मा : शब्द और स्मृति, पृ. 22
39. निर्मल वर्मा : शब्द और स्मृति, पृ. 24
40. निर्मल वर्मा : शब्द और स्मृति, पृ. 27
41. निर्मल वर्मा : दूसरी दुनिया, पृ. 269
42. धर्मयुग–कथादशक, (निर्मल वर्मा साहित्यकार के बहीखाते से)
43. उषा चौहान : नई कहानी के कहानीकारों की आलोचनात्मक दृष्टि, पृ. 159
44. निर्मल वर्मा : शब्द और स्मृति, पृ. 50
45. निर्मल वर्मा : शब्द और स्मृति, पृ. 31
46. निर्मल वर्मा : शब्द और स्मृति, पृ. 30
47. निर्मल वर्मा : शब्द और स्मृति, पृ. 47
48. निर्मल वर्मा : शब्द और स्मृति, पृ. 64
49. निर्मल वर्मा : शब्द और स्मृति, पृ. 31
50. निर्मल वर्मा : शब्द और स्मृति, पृ. 49
51. निर्मल वर्मा : शब्द और स्मृति, पृ. 49/50
52. निर्मल वर्मा : शब्द और स्मृति, पृ. 45
53. निर्मल वर्मा : शब्द और स्मृति, पृ. 46
54. निर्मल वर्मा : शब्द और स्मृति, पृ. 46
55. निर्मल वर्मा : शब्द और स्मृति, पृ. 29
56. धर्मयुग–कथादशक, (निर्मल वर्मा साहित्यकार के बहीखाते से)
57. निर्मल वर्मा : शब्द और स्मृति, पृ. 50
58. कृष्णा सोबती : हम हशमत, पृ. 17
59. निर्मल वर्मा : शब्द और स्मृति, पृ. 36
60. उषा चौहान : नई कहानी के कहानीकारों की आलोचनात्मक दृष्टि, पृ. 168

तृतीय अध्याय

हिंदी कथा-साहित्य में नारी चरित्रों की बदलती भूमिकाएँ : सामाजिक संदर्भ में

"औरत न मनोरंजन का साधन है और न पुरुष की वासना का शिकार। वह व्यक्ति की चाह की वस्तु नहीं, बल्कि वह तो पुरुष का दूसरा ध्रुव है। उसका अस्तित्व पुरुष का अनिवार्य पूरक है।"

डी.एच. लारेन्स

"विश्व के प्राचीनतम उपलब्ध ग्रंथ ऋग्वेद की ऋचाओं में इसका संकेत है कि आरंभ में न तो असत् था और न सत्, न पृथ्वी थी और न उसके ऊपर आकाश, आवरण कहाँ था? सभी वस्तुओं का आश्रय कहाँ था? क्या गहन गंभीर जल था? अर्थात, कोई वस्तु नहीं थी उस समय सर्वप्रथम काम उत्पन्न हुआ। यह मन का प्रथम बीज था। इस काम के उदय के साथ ही सबसे पहली प्रक्रिया यही हुई—पुरुष और नारी की सृष्टि। बिना दोनों के अस्तित्व के काम भी तो निष्क्रिय हो जाएगा। इसलिए ब्रह्म ने अपने ही को दो भागों में विभाजित किया। एक अंर्द्धांश से पुरुष बना, दूसरे अर्द्धांश से नारी और उसी में उन्होंने विराट को उत्पन्न किया। इस प्रकार यह कहना अतिशयोक्ति नहीं है कि नारी सृष्टि के मूल में है।"[1]

अगर हम विश्व के दूसरे संप्रदायों के धार्मिक ग्रंथों पर नज़र डालें तो वहाँ भी नारी को सृष्टि का मूल ही माना गया है, क्योंकि नारी बीज को धारण करती है, बल्कि उसे अंकुरित भी करती है बिल्कुल पृथ्वी की तरह।

कुरान में भी स्त्री को सृष्टि का मूल माना है और सम्मानित किया गया है। इस्लाम मातृत्व को समाज में सबसे ऊँचा दरजा देता है। वह समझता है कि बिना स्त्री के सृष्टि संभव नहीं है। कुरान में एक आयत है जिसका सार यह है कि—"वह खुदा ही तो है जिसने तुमको एक शख़्स (आदमी) से पैदा किया और उसकी बची

हुई मिट्टी से उसका जोड़ा बना डाला ताकि उसके साथ रहे सहे।'' उसी आयत में आगे कहा गया है–''वो तुम्हारी पोशाक है और तुम उनकी पोशाक।'' आगे कुरान कहता है–''पूरी दुनिया पूँजी है लेकिन, बेहतरीन पूँजी नेक औरत है। पैगंबर मोहम्मद ने तो यहाँ तक फरमाया है कि माँ के कदमों में जन्नत होती है। विवाह के बारे में उनका कथन है कि विवाह मिलन का दृढ़ बंधन है।''[2]

साहित्य के शुरुआती दौर में नारी की निंदात्मक और प्रशंसात्मक दोनों दशाओं का चित्रण हुआ है। मध्यकालीन साहित्य में नारी के प्रति वैराग्यजनित कुंठाओं का चित्रण हुआ है तो रीतिकाल में नारी को विलासिता का केंद्र बिंदु मानकर साहित्य लिखा गया। वैदिक काल में नारी के सशक्त व्यक्तित्व को स्वीकार किया जाता था। इस काल में उन्हें पुरुषों के समान ही अधिकार प्राप्त थे। धार्मिक कार्यों में उनकी उपस्थिति अनिवार्य मानी जाती थी, लेकिन धीरे-धीरे उनकी शारीरिक दुर्बलताएँ उनका अभिशाप बन गईं। नारी का सम्मान केवल सैद्धांतिक रूप में ही सिमटकर रह गया। नारी की स्थिति के पीछे देश की विषम परिस्थितियाँ थीं। पुरुष ने भी उसकी इस गिरती हुई दशा को सुधारने का प्रयत्न नहीं किया। ''उसने कहीं इस स्त्री को देवता की दासी बनाकर पवित्रता का स्वांग भरा कहीं मंदिर में नृत्य करवाकर कला की दुहाई दी और कहीं अपने मनोविनोद के लिए वस्तु मात्र बनाकर अपने विचार में गुण ग्राहकता ही दिखाई।''[3]

आधुनिक काल में भारतीय नारियों ने जितनी प्रगति की है वह उल्लेखनीय है। यही वह समय है जब नारियों ने अपने सामाजिक और राजनीतिक अधिकारों के लिए संघर्ष किया। नारी और पुरुष एक-दूसरे के बिना अधूरे हैं। 19वीं शताब्दी के आसपास जब हिंदी उपन्यास साहित्य का आविर्भाव हुआ तब भारत में नारियों की स्थिति बहुत अच्छी न थी और दूसरे यूरोपीय देशों की अपेक्षा वे अत्यधिक पिछड़ी हुई, सामाजिक बंधनों और रूढ़ियों में बँधी हुई जी रही थीं।

लेकिन जब भारत में ब्रिटिश शासन की स्थापना हुई उसी के साथ-साथ भारतीयों में नवचेतना का सूर्य चमका। पुनरुत्थान की भावना से लोगों ने नारी की शोचनीय स्थिति की ओर ध्यान दिया और फिर नारी सुधारवादी आंदोलनों का सूत्रपात हुआ। इसके बाद नारियाँ स्वयं भी अपनी शिक्षा, सामाजिक हैसियत और अधिकारों के प्रति सजग हो उठीं।

इस नवजागरण की आँधी से हिंदी उपन्यासकार भी अपने आप को नहीं बचा सके और उन्होंने भी नारी मुक्ति आंदोलनों तथा नारी की स्थिति का वर्णन करने के लिए अनेक नारी पात्रों का सृजन करना शुरू कर दिया। चेतना के इसी दौर में हिंदी उपन्यासों में प्रेमचंद का आगमन हुआ। प्रेमचंद ने अपनी रचनाओं में लांछित और मौन नारी को आवाज़ दी।

स्त्री शिक्षा ने नारी को अपने अधिकारों के प्रति जागरूक तो बनाया ही, बल्कि

उसे स्वयं के अस्तित्व और व्यक्तित्व के प्रति भी सजग बनाया। पहले घर के सीमित दायरे में रहते हुए उसके सम्मुख आर्थिक, सामाजिक और राजनीतिक प्रश्न नहीं थे, किंतु हीन स्थिति के प्रति उसके भीतर कहीं विद्रोह तो था, लेकिन दबा हुआ, शिक्षा ने उसको बाहर आने के लिए राह दिखाई। शिक्षा के परिणामस्वरूप नारी में आत्म-सम्मान की भावना का समावेश हुआ।

शरच्चंद्र से लेकर प्रेमचंद तक आते-आते उपन्यासों में नारी कुछ मुखरित हुई। अगर शरच्चंद्र के उपन्यासों में नारी अपने कर्तव्यों और सामाजिक बंधनों के बोझ तले दबी हुई दिखाई देती है तो प्रेमचंद के उपन्यासों की नारी अपने अधिकारों की प्राप्ति के लिए संघर्ष की उतावली तो है लेकिन, पहल करने से सकुचाती हुई प्रतीत होती है, लेकिन उसमें एक सुलगन है जो साफ दिखाई देती है।

स्वतंत्रता के बाद के उपन्यासकारों ने नारी पात्रों का सृजन करते समय विदेशों में हुए नारी सुधार आंदोलनों के कारण आए बदलाव को मद्देनज़र रखकर उनकी कल्पना की। इधर समाज में पाश्चात्य शिक्षा के कारण आए सामाजिक परिवर्तन का असर न केवल समाज वरन नारियों पर भी पड़ा जो कि सामाजिक ढाँचे का महत्त्वपूर्ण अंग थीं, वह भी दिखाई दे रहा था।

साहित्य कभी भी नारियों की उपेक्षा नहीं कर सका है। प्रत्येक राष्ट्र, प्रत्येक साहित्य, प्रत्येक प्रगतिशील कलाकार ने नारी की महत्ता को स्वीकार किया है। दृष्टिकोण में भेद हो सकता है, लेकिन इस दृष्टिकोण भेद के कारण भी साहित्य ने कभी भी नारी को नकारने का साहस नहीं किया है। कहने को साहित्य समाज का दर्पण होता है और समाज की रचना नारी और पुरुष दोनों के परस्पर सहयोग से होती है, इसीलिए साहित्य में भी नारियों का चित्रण समान रूप से हुआ है।

यह अलग बात है कि नज़रिए के फेर के कारण कुछ साहित्यकारों ने अपने नारी पात्रों को चहार-दीवारी में बंद रहने वाली निर्जीव गठरियों की तरह चित्रित किया है, तो कुछ लोगों ने उन्हें बिल्कुल हाशिए में रखकर खामोशी में सुला दिया है। जैसे—'प्रेमचंद' का 'रंगभूमि' और 'प्रेमाश्रम'; इन दोनों उपन्यासों में जन-जीवन का चित्रण और घटनाओं का जितना वृहत तरह से उल्लेख हुआ है उतना नारी पात्रों का नहीं। इसके अतिरिक्त 'अश्क' की 'गिरती दीवारें', 'वृंदावनलाल वर्मा' का 'संगम', 'प्रत्यागत', 'भगवतीचरण वर्मा' के 'तीन वर्ष' और 'राहुल सांकृत्यायन कृत 'जीने के लिए' कुछ ऐसे ही उपन्यास हैं, जिनमें नायिकाएँ हाशिए पर हैं या यूँ समझिए की उन्हें महत्त्व न के बराबर दिया गया है। यह बात और है कि उपन्यास पुरुष प्रधान होते हुए भी नायिकाएँ अपनी उपस्थिति का आभास ज़रूर कराती रहीं।

प्रेमचंद तक तो उपन्यासकार जीवनगत तथा बाहरी समस्याओं के चित्रण को लेकर जूझते रहे। वे जीवन की व्यापकतम सीमाओं को समेटकर युग का विशद चित्र उपस्थित करना चाहते थे लेकिन, प्रेमचंद के बाद जैनेन्द्र तक आते-आते दृष्टि बदल

चुकी थी। जैनेन्द्र ने 'परख' में प्रथम बार अंतरमन की व्याख्या करने का प्रयास किया।

होता क्या है कि हमारे समाज का ढाँचा कुछ इस प्रकार का है कि जिसमें सामाजिक रूप से कुछ इस तरह के नियंत्रण हैं जिसके कारण यौन भावनाएँ या इच्छाएँ अंतर्मुखी होकर अचेतन मन में दब जाती हैं। इन दमित और अतृप्त यौन संबंधी कामनाओं से परिपूर्ण अवचेतन मन के समक्ष हमारा चेतन मन दुर्बल हो जाता है। लेकिन, सवाल यह उठता है कि ये अवचेतन मन की कार्य प्रक्रियाएँ हैं क्या आखिर? और इन्हीं प्रक्रियाओं के अध्ययन को मनोविश्लेषण के माध्यम से उजागर करने का प्रयत्न कुछ उपन्यासकारों ने किया। मनोविश्लेषण की इस प्रवृत्ति में उन्हें नारी पात्रों से विशेष सहायता प्राप्त होती है और शायद यही कारण है कि अधिकतर उपन्यासकारों ने नायिकाओं का ही चित्रण किया है। सबसे महत्त्वपूर्ण बात यह है कि नारी और पुरुष की सबसे महत्त्वपूर्ण समस्या काम-वासना है। नारी और पुरुष जो एक-दूसरे की तरफ आकर्षित होते हैं उसके मूल में काम-वासना ही होती है। पर हमारा समाज काम-वासना की स्वतंत्रता की अनुमति नहीं देता और फलस्वरूप नारी और पुरुष दोनों को ही अपनी काम-वासना का दमन करना पड़ता है।

फ्रायड के अनुसार हमारे जीवन की अतृप्त वासनाएँ, कामनाएँ और अपूर्ण इच्छाएँ अवचेतन मन में एकत्र होती रहती हैं। हम उनका पूर्ण रूप से दमन करने में सफल नहीं हो पाते और यह अवचेतन मन हमारे चेतन मन से कहीं अधिक शक्तिशाली होता है तथा हमारे जीवन की गति को नियंत्रित करता है।[4]

स्त्री-पुरुष का आदिकाल से ही संबंध रहा है। पश्चिमी देशों में आदम और हव्वा और भारत में अर्धनारीश्वर की कल्पना आदिकाल से ही चली आ रही है। चूँकि स्त्री-पुरुष का संबंध सृष्टि के क्रम का साधन है इसलिए वासना का स्थान प्रमुख हो जाता है, लेकिन फिर भी नारी के कई रूप हैं, क्योंकि वासनात्मक संबंध हर स्त्री से तो बनाए नहीं जा सकते। इसलिए नारी एक तरफ पत्नी, प्रेमिका, वेश्या के रूप में है तो दूसरी तरफ माँ, पुत्री और बहिन भी होती है।

हिंदी के उपन्यासकारों ने भी नारी को विभिन्न रूपों में चित्रित किया है, लेकिन शरच्चंद्र से निर्मल वर्मा तक आते-आते हिंदी उपन्यासों में नारी चरित्रों ने ढेरों आयाम देखे हैं, लेकिन नारी के भीतरी मन की तहों को खोलने का क्रम 'जैनेन्द्र' से शुरू हुआ है। मनोवैज्ञानिक ढंग से नारी चरित्र को विश्लेषित करने के लिए जैनेन्द्र ने उसके अचेतन मन की परतों को खोला, परखा और फिर उसे शब्दों में बाँधा। 'अज्ञेय' तो कुछ कदम और आगे चले गए और उन्होंने ऐसे चरित्रों का निर्माण किया जो अपने में स्वतंत्र थे। उनके सभी पात्र अपने स्वभाव के अनुकूल चलते हैं। उन्हें समाज का भय नहीं है। इसलिए उनके उपन्यास व्यक्तिवादी हैं। अज्ञेय के सभी पात्र यौन आकर्षण से घिरे हुए हैं तथा अत्यंत बौद्धिक होने के कारण काव्य दर्शन तथा कला

की व्याख्या में अज्ञेय का स्वयं का चिंतन जो कि टी.एस. इलियट से प्रभावित है, पात्रों के माध्यम से दिखाई देता है। 'शेखर : एक जीवनी' की 'शशि' के संबंध में 'प्रभाकर माचवे' ने लिखा है कि–''शेखर : एक जीवनी' की 'शशि' पता ही नहीं चलता कि किस क्षण भगिनीत्व की सीमा को लाँघकर प्रेमिका के समकक्ष आ बैठती है जैसे वह माता के कुछ ही नीचे अपना स्थान बनाए है और अज्ञेय का यह नारी चित्रण बड़ा कुतूहलास्पद जान पड़ा है, जो न माता, न कन्या, न वधू, रवींद्रनाथ ठाकुर की उर्वशी के समान किसी गंभीर भावालोक से उठकर गहरे भावजगत ही में विलय हो जाती है।''[5]

वैसे अज्ञेय के तीनों उपन्यासों में कुल जमा पाँच ही पात्र हैं और तीनों उपन्यास एक ही कड़ी को आगे बढ़ाने का सिलसिला लगते हैं। अज्ञेय के शब्दों में 'सुपात्र' हैं। इन पात्रों में जितना ही अधिक मोहक तत्त्व है, उतना ही अधिक इनमें अंतर्विरोधी तत्त्व भी है। अगर एक तरफ ये एक ही क्षण में जीने वाली नारियाँ हैं, तो दूसरे ही क्षण अपने को विनष्ट कर देने वाली नारियाँ भी हैं। ''शशि, रेखा, गौरा में, संकीर्ण, स्वार्थी, असुंदर विकृति कहीं भी इनके व्यक्तित्व पर इसकी छाप नहीं आई है। सब जैसे जीवन की अबाधता में प्रकट हुए द्वीप की तरह हैं।''[6] ''हम जीवन की नदी के अलग-अलग द्वीप हैं–ऐसे स्थिर नहीं होते, नदी निरंतर उनका भाग्य गढ़ती चलती है...द्वीप अलग-अलग होकर भी निरंतर घुलते और पुनः बनते रहते हैं, नया घोल, नए अणुओं का मिश्रण, नई तलछट, एक स्थान से मिटकर दूसरे स्थान पर जमते हुए नए द्वीप... ।''[7]

इसी तरह 'नदी के द्वीप' की 'रेखा' एक ओर अपनी खुली प्रवृत्ति के कारण भुवन से संबंध स्थापित करना चाहती है, लेकिन वहीं दूसरी ओर सामाजिक मर्यादाओं की सीमा में बँधे रहना भी चाहती है। रेखा की मनःस्थिति और उसके चरित्र को समझने के लिए उसके ही द्वारा लिए लिखे कुछ शब्द–''मेरी यह देह जैसे तुम्हारी ओर उमड़ी थी वैसे कभी नहीं उमड़ी। शिरा-शिरा ने तुम्हारा स्पर्श माँगा, तुम्हारे हाथों का स्पर्श, तुम्हारी बाँहों की पकड़, तुम्हारे देह की उत्तेजित गर्माई लेकिन, तुममें डर था, डर नहीं दूर का कोई अनुशासन, कोई एक मर्यादा जिसके स्रोत तक मेरी पहुँच नहीं थी और जिससे छुआ जाकर जैसे मेरा तूफान सहसा शांत हो गया। मैं फिर उसी तल पर पहुँच गई जिस तल पर ताल सदा से था ढँका हुआ, निश्चल, खड़े पानी का एक उद्देश्यहीन जमाव।''[8]

इससे स्पष्ट है कि रेखा काम संबंधों में केवल शारीरिक तृप्ति की ही कामना करती है, मानसिक शांति उसके लिए अधिक महत्त्व नहीं रखती।

अब थोड़ा पलटकर पीछे चलें और प्रेमचंद के बाद के हिंदी उपन्यासों में नारी के क्रमिक विकास पर नज़र डालें तो साफ दिखाई देता है कि समाज और परिवेश में हो रहे परिवर्तनों का असर नारी चरित्रों की पुनर्स्थापना पर भी पड़ा है।

'सेवासदन' में प्रेमचंद ने वेश्या समस्या को उठाया है। इस दौर में नारी के मानसिक स्तर में परिवर्तन का रूप स्पष्ट हो चुका था और हिंदी के सामाजिक उपन्यासों में ऐसे नारी पात्रों का सृजन हो रहा था—"जो अपनी समस्याओं को सामाजिक समस्या न मानकर अपनी व्यक्तिगत समस्या मानती थीं। और स्वयं अपने स्तर पर ही सुलझाने का प्रयत्न करती थीं, जिसमें उन्हें अनेक संकटों के बीच से भी होकर गुजरना पड़ा। वे अपने पक्ष को लेकर जीवन में हारी भी और जीती भी पर प्रयत्न करना नहीं छोड़ा।"[9]

नए दौर में न केवल सामाजिक परिवर्तन हुए वरन सांस्कृतिक विचारों, राजकीय और धार्मिक विचारों में भी परिवर्तन आया। समय के गतिशील परिवर्तन ने व्यक्ति के पुराने आचार-विचार, नैतिकताओं, मान्यताओं और प्राथमिकताओं को पीछे ढकेल दिया और नए विचारों की नींव डाली जिसके तहत नारी का जो मूल्य—पहले उसके कौमार्य की पवित्रता पर निर्भर करता था, की मान्यता को धीरे-धीरे ढीला कर दिया गया। "स्त्री-पुरुष के प्रेम को स्वाभाविक प्रक्रिया मानकर विवाह पूर्व प्रेम या विवाह के बाद प्रेम को यथार्थ रूप में प्रस्तुत किया गया। भले वह स्वीकार्य हो या न हो। हिंदी उपन्यास साहित्य में युग के परिवर्तन के साथ उन्मुक्त प्रेम को दिखाया गया। यौन आकर्षण हर स्त्री-पुरुष में है और यह आकर्षण एक महान शक्ति के रूप में प्रज्वलित है। फ्रायड, युंग, एडलर ने इस शक्ति को अपने-अपने सिद्धांतों के अनुसार एक महान शक्ति घोषित किया है। इस शक्ति का दमन करने से व्यक्ति की चेतना एक भयंकर रूप धारण कर लेती है। उसकी अहं भावना पर चोट पहुँचती है।"[10]

प्रेमचंद ने प्रेम समस्या को सामाजिक समझकर उठाया फिर छोड़ दिया, फिर जैनेन्द्र ने उसी मुद्दे को अपनी लेखनी का केंद्र बिंदु बनाया, लेकिन उन्होंने उस मुद्दे को सामाजिक न मानकर वैयक्तिक माना और औपन्यासिक पात्रों की मनःस्थिति ही बदल डाली। लेकिन, हिंदी उपन्यास के क्षेत्र में "अज्ञेय का आगमन, उनकी विचार भूमि एक ऐसी संधि रेखा है, जहाँ मनोविज्ञान और मनोविश्लेषण की उपलब्धियों से मन का गहन अंधकार और प्रकाश दोनों ही रूप दिखाई देने लगते हैं। इसलिए स्वतंत्र व्यक्तित्व सामने आने लगा। उसमें व्यक्ति की कुंठा, दमित-वासना, मानसिक विकृति का चित्रण उभरने लगा।"[11]

उदाहरण बतौर हम जैनेन्द्र के 'त्यागपत्र' की 'मृणाल' को ही ले लें। उसके अनमेल विवाह से, उसके जीवन का मार्ग ही बदल जाता है। उसके प्रेम की परिभाषा उसका दृष्टिकोण नितांत व्यक्तिगत और निजी अनुभूति बन जाता है।

'इलाचंद्र जोशी' के नारी पात्रों में यौन समस्या अधिक मात्रा में है। उनके सारे पुरुष पात्र 'अहं' के ध्वंसात्मक बल में आकर प्रत्येक स्त्री का बदला यौन व्यापार से लेता हुआ आगे बढ़ता है।

"अज्ञेय के उपन्यासों में 'शेखर : एक जीवनी' की 'शशि' और 'शेखर' की

काम भावना का स्वरूप स्वयं पीड़ित एवं वेदना की अनुभूति (Sadeism) करने वाली है। कहने को शशि और शेखर के बीच यौन व्यापार कुछ ही मात्रा में दिखाया गया है, लेकिन यह बात साफ हो जाती है कि दोनों के हृदय में दमित वासना है जो उभरना चाहती है पर अनेक बंधनों के कारण पूर्ति नहीं हो पाती हैं।''[12]

यह अलग बात है कि इस तरह के पात्रों के रचने पर 'अज्ञेय' की कड़ी आलोचना भी हुई। इसी तरह 'नदी के द्वीप' की रेखा और भुवन की काम प्रवृत्ति को सामाजिक मूल्यों के आधार पर देखा जाए तो भले ही असामाजिक लगे पर वह है तो पूर्ण वैयक्तिक। वे अपने लिए पूरे स्वतंत्र हैं। वे अपने को समाज से न तो नियंत्रित मानते हैं और न नियमित।

यह तथ्य निर्विवाद रूप से स्थापित हो चुका है कि ''मानव की जो प्रवृत्तियाँ वंशानुक्रम से संस्कार रूप से प्राप्त हुई हैं, उनमें यौन प्रवृत्ति का सबसे अलग अपना महत्त्व है। मानव जीवन में यौन प्रवृत्ति अत्यधिक महत्त्वपूर्ण दिखाई देती है।''[13] कारण कुछ भी हो सकते हैं। वैसे हमारा सामाजिक परिवेश, हमारे लिंग भेद को अधिक उभारने वाले आवरण, उत्तेजक चलचित्र, पुस्तकें आदि-आदि को भी यौन भावना का उद्दीपक माना जा सकता है। यौन भावना के झुकाव के कारण विवाहपूर्व स्त्री-पुरुष के बीच संबंधों के बीज फूटना भी स्वाभाविक ही है। क्यों, क्योंकि विवाह तो बहुत से निजी, सामाजिक और आर्थिक कारणों पर निर्भर करता है, जबकि यौन भावना जवानी की दहलीज पर कदम रखते ही अपनी संतुष्टि के मार्ग खोजना शुरू कर देती है। क्योंकि विपरीत लिंग के प्रति आकर्षण, स्वयं के शरीर में हो रहे परिवर्तनों के प्रति विस्मय के अतिरिक्त आवेश और उद्दीपन एक अजीब तरह के सम्मोहन के बीच घेरे रहता है जहाँ उनकी अपनी एक अलग दुनिया होती है...इन संबंधों के पनपने में हमारा सामाजिक परिवेश भी एक महत्त्वपूर्ण भूमिका अदा करता है।

'रुकोगी नहीं राधिका' (उषा प्रियंवदा) की 'राधिका' भी विवाह पूर्व यौन संबंध स्थापित कर भविष्य के लिए एक प्रश्नचिह्न बन जाती है। सारी ज़िंदगी तृप्ति और सुख की खोज में देश-विदेश भटकती रहती है। वह असामान्य है...वह अपनी माँ की मृत्यु के पश्चात पिता को ही अपना सब कुछ मान बैठती है। उसके मन में पिता के लिए अत्यधिक झुकाव है। वह कहीं न कहीं अचेतन रूप से अपने पिता के साथ दैहिक धरातल पर जुड़ी हुई है और शायद यही कारण है कि विमाता आ जाने पर वह भीतर ही भीतर उससे जलने लगती है और अपनी विमाता को अकेले कमरे में सोते देखकर तसल्ली महसूस करती है।

उसके जीवन में 'डैन', 'मनीश', 'अक्षय' अपने पूरे पुरुषार्थ के साथ आते हैं, लेकिन 'डैन' उसे 'हिम कन्या' कहता है! क्यों? क्योंकि वह उसे वह गर्मी नहीं दे पाती जो एक जवान लड़की से पुरुष प्रेमी अपेक्षा करता है।

'राधिका' की ग्रंथि को उद्‌घाटित करते हुए 'मनीश' कहता है—''यानी कि

तुम पुरुष में पति या प्रेम नहीं पिता ढूँढ़ती हो। जीवन के एक संघर्षमय क्षण में 'डैन' ने तुम्हें सँभाला, तुम कृतज्ञता में उसके साथ रहने लगीं, अब 'अक्षय' देखभाल कर रहे हैं तो शायद विवाह कर लो...। क्योंकि तुम जीवन में लंगर चाहती हो।''[14]

इसके बरअक्स 'अंतराल' (मोहन राकेश) की 'सीमा' नई लहर से प्रभावित है। वह खुलेपन के जीवन को पसंद करती है। उसकी नज़र में शादी के पहले अपने प्रेमी मित्र के साथ किसी रेस्ट्राँ में बैठकर सिगार या शराब पी लेना कोई बुराई का कार्य नहीं है। वह अपनी माँ और अपनी बड़ी बहन जो कि विधवा है और एक ही घर में साथ रहती हैं को अपने विचारों को बताते हुए कहती है—''मैं यहाँ मम्मी के साथ रहते हुए भी एक तरह से उनके साथ नहीं रहती क्योंकि छोटी-छोटी बातों को लेकर उनका चिड़चिड़ाना मुझे बरदाश्त नहीं...। मैं रात-बेरात देर-सबेर जब भी आऊँ, जिसके साथ जाऊँ, अब उनकी नींद नहीं टूटती। मेरे दो-एक ब्वॉय फ्रेंड हैं जिनके साथ मैं शाम को बाहर जाती हूँ।''[15]

एक लिहाज़ से सीमा आधुनिक धारा के नजरिए से अति आधुनिक हो गई है। वह अपनी परंपरागत मर्यादाओं और वर्जनाओं के विरुद्ध चल रही है, लेकिन उसका विद्रोह, मौन न होकर खुला और आमंत्रण देता हुआ है। अपने खुले यौन-संबंधों को वह सामाजिक आदर्शों के आवरण में ढाँपती नहीं है वरन सामने से गले लगाती है। एक जगह वह कहती है—''मुझे इस दकियानूसीपन से बहुत चिढ़ होती है। आदमी को नाम और जात पूछकर पसंद नहीं किया जाता, तुम मुसलमान से विवाह करोगी?...मैं पूछती हूँ ब्याह करना हो तो भी हर्ज क्या है...।''[16]

'अंतराल' की 'सीमा' एक बोल्ड चरित्र है। वह सीमाओं को तोड़ना ही आधुनिकता का पर्याय मानती है। अपने सारे कार्यकलापों पर वह कभी भी यह नहीं सोचती कि वह कुछ ग़लत कर रही है। वरन वह इन पर अति गौरव का अनुभव करते हुए अपनी माँ और बड़ी बहिन के सामने स्वीकार कर, भीतर कहीं आत्म-संतुष्टि के भाव से भर जाती है।

नारी तो आदिकाल से ही छली जाती रही है। कभी किसी रूप में, कभी किसी रूप में...। लेकिन हर रूप में उसको छलने वाला पुरुष ही होता है अलग-अलग मुखौटे लगाए हुए।

'बदनाम बस्ती' (कमलेश्वर) की 'बंसिरी' को ऊँची हवेलियों वाला सरनामसिंह छलता है और बंसिरी हवेली की ऊँचाइयों से उतरकर नीचे गली की बस्तियों में जाकर वेश्या बन जाती है, लेकिन वह सरनामसिंह की बेवफाई को भूलती नहीं बल्कि मन की आग में तपाकर उसमें आग पैदा करती रहती है...और जब वह सामने पड़ता है तब वह उस पर टूट पड़ती है—''इस तन पर पड़े हुए इतने दाग, इतने घाटों का पानी, और मन की जलन कहाँ ले जाएगी तुझे...यह हाय तुझे राख करके छोड़ेगी सरनाम...। पर तू अकेला मरेगा...अनजाने आदमियों के बीच...। किसे अपना

कहेगा...? किसी दिन मोटर में बैठा-बैठा मर जाएगा, कोई पेट्रोल छिड़ककर जला देगा या भागते-भागते किसी लहराती नदी में घड़ियाली कुएँ के बीच फेंक आएगा...। यही होगा तेरे साथ। एक दिन मैं सुनूँगी। तेरी ख़बर मुझ तक आएगी सरनाम। उस दिन घी के दिए जलाकर रात-भर दिवाली मनाऊँगी।''[17]

कमलेश्वर की 'बदनाम बस्ती' की बंसिरी कोमलांगी होने के बावजूद अपने अपमान को भूली नहीं और वह बदले की भावना से भीतर ही भीतर जल रही है...उसके भीतर का ज़हर शब्दों का जामा ओढ़कर बाहर निकल आता है।

अब आया जाए आलोच्य कथाकार निर्मल वर्मा के नारी पात्रों पर। निर्मल वर्मा भी प्रेमचंदोत्तर काल के हैं। उनका साहित्य में प्रवेश धमाके के साथ 1960 में हुआ, जब उनका पहला संग्रह 'परिंदे' प्रकाशित हुआ था। ऐसा नहीं है कि 'परिंदे' संग्रह से पहले उन्होंने कुछ लिखा ही न हो, लेकिन चर्चाओं के बीच वे 'परिंदे' से ही आए। बकौल नामवर सिंह—''नए बिंब वस्तुतः नए कहानीकारों के विकसित ऐंद्रिय बोध के सूचक हैं और जो कहानीकार जितना ही संवदेनशील है, उसकी कहानी का वातावरण उतना ही मार्मिक और सजीव हुआ है। इस दृष्टि से निर्मल वर्मा की कहानियाँ सबसे अधिक प्रभावशाली हैं। संगीत की सूक्ष्म संवेदना निर्मल ने व्यंजित की है, वह नई कहानी की बहुत बड़ी उपलब्धि है।''[18]

निर्मल वर्मा ने अपने पात्रों को विभाजित नहीं किया, वे जहाँ हैं, वहाँ हैं जस के तस। उन्होंने उनको वहाँ से उठा भर लिया है पूरी ईमानदारी के साथ।

निर्मल वर्मा का लिखा कुछ पढ़ते समय लगता है जैसे कि अनजाने में ही सब कुछ 'स्लोमोशन' में चला गया है। धीमी रफ्तार के साथ चलते हुए दृश्य बिल्कुल ऐसे ही लगते हैं जैसे हम किसी सपने की दुनिया के बीच से गुजर रहे हों...

निर्मल जी के यहाँ न केवल मानव से मानव के रिश्ते हैं वरन उसके वस्तुओं के साथ भी गहन आत्मीय संबंध हैं। उनकी कहानियों में ''आपसी रिश्तों की भीतरी तहें हैं, गाँठें हैं, टूटनें हैं, असमंजस हैं, पीड़ाएँ हैं...एक पुरानी पीड़ा का टेप जिसका संबंध किसी दूसरी दुनिया से है। चीज़ें और आदमी कितनी अलग हैं।''[19] लेकिन अलग होते हुए भी बहुत पास ''मेरे पास बरसाती है, किताबें हैं, रिकार्ड प्लेयर हैं... क्या कमी है मुझे...।''[20] ''उनकी कहानियों में जुनून नहीं है, न ही तूफान है, एक उदास और भद्र किस्म की फिक्र है, अनुभव की अपेक्षा अनुभूति के सबसे ज्यादा चोट खाए या चोट खाते हिस्सों को सावधानी और संकोच और संकोच से खोलकर दिखाती हुई।''[21] ''वह क्षणभर देहरी पर ठिठक गया। मैं चलता हूँ। उसने कहा। पता नहीं यह बात उसने किससे कही थी, किंतु जहाँ वह बैठी थी वहाँ से कोई आवाज़ नहीं आई। वहाँ उतनी ही घनी चुप्पी थी जितनी बाहर अँधेरे में जहाँ वह जा रहा था।''[22] (एक दिन का मेहमान)

निर्मल वर्मा के कथा-साहित्य उपन्यासों, कहानियों में प्रकृति, परिवेश उनकी

भीतरी भावनाओं और विचारों की दिखाई पड़ने वाली ऊपरी सतहें हैं जो बहुत ही नर्म, मुलायम और संवेदनशील हैं। जितनी सूक्ष्मता से निर्मल जी प्रकृति और परिवेश को महसूस करते हैं उससे कहीं अधिक अपने पात्रों के मन की तहें खोलते हैं। ''तुम रो रही हो।'' उसने कुछ ऐसे कहा, जैसे स्वयं बिट्टी को उसके रोने की सूचना दे रहा हो।

बिट्टी ने सिर हिलाया।

''सचमुच नहीं।'' बिट्टी ने कहा, ''मेरे पार्ट में रोना बदा है।''

उसका ऊपरी होंठ जरा-सा सिकुड़ गया, जैसे वह आधा मजाक हो, आधा सच। ''फिर क्या तुम्हारे आँसू असली नहीं थे?''

''तुम्हें वे बनावटी लग रहे थे?''

''बनावटी की बात नहीं...लेकिन अगर तुम पार्ट में रो रही थीं तो वे असली कैसे हो सकते हैं...?''[23]

यहाँ पर नाटक और जीवन के पात्र कुछ इस तरह गड्डमड्ड हो जाते हैं, छाया-प्रतिछाया की तरह कि उनको अलग करके देखना न केवल बेमानी बल्कि ग़लत भी लगने लगता है।

''जी हाँ घोड़ों को देखकर मैं हमेशा हैरान रह जाती हूँ। कभी आपने उनकी आँखों में झाँककर देखा है? लगता है जैसे वे किसी बहुत ही आत्मीय चीज़ से अलग हो गए हैं, लेकिन अभी तक उस अलगाव के आदी नहीं हो सके हैं...किसी चीज़ का आदी न हो पाना इससे बड़ा और कोई दुर्भाग्य नहीं। वे लोग जो आखिर तक आदी नहीं हो पाते या तो घोड़ों की तरह उदासीन हो जाते हैं या फिर मेरी तरह 'धूप के एक टुकड़े' की खोज में एक बेंच से दूसरी बेंच का चक्कर लगाते रहते हैं।''[24]

''निर्मल वर्मा के पात्रों की दुनिया में भीतर कहीं कुछ भी नहीं बदलता, सिर्फ अलग-अलग कोणों से यही झलक पाते रहते हैं कि भीतर कहीं बहुत कुछ आत्मीय है जिसे खोलते हुए प्रमुख खुद डरता है, एक भुर-भुरी-सी मूर्ति जो हवा लगते ही बिखर जाएगी।''[25] ''बस यही बिखर जाने का 'फोबिया' करीब-करीब निर्मल के हर पात्र में है, चाहे यह 'परिंदे' की 'लतिका' हो या 'वे दिन' की 'रायना' या फिर 'एक चिथड़ा सुख' की 'बिट्टो', इन सबको बिखरने और टूटने का डर है...जो भीतर ही भीतर उन पर इस कदर हावी है कि वह चाहते हुए भी निष्क्रिय बैठे हुए अकेलेपन का एकालाप करते रहते हैं। निर्मल वर्मा के पात्रों को पहाड़ों का अकेलापन, भुतहे खंडहर, सुनसान पार्क, खाली-खाली प्लेटफॉर्म ज्यादा रास आते हैं और तो और वे काई लगी दीवारों पर अपने नाम तलाशते रहते हैं, सामने जीवित पात्र हों या दीवार उनका 'एटीट्यूड' वही भुतहा और खँडहरी एकांत होता है।''[26]

''मैं उसी तरह उसकी देह को टोह रही थी जैसे कुछ लोग पुराने खंडहरों पर

अपने नाम खोजते हैं, जो मुद्दत पहले उन्होंने दीवारों पर लिखे थे...लेकिन मेरा नाम वहाँ कहीं नहीं था...।'' (धूप का टुकड़ा)[27] और शायद इसी तरह की खोज निर्मल वर्मा का हर पात्र करता है। स्तर और संभावनाएँ अलग-अलग हो सकती हैं लेकिन, संवेदनाएँ कमोबेश एक-सी हैं।

देह और शराब निर्मल वर्मा के उपन्यासों और कहानियों में पूरी गर्माहट और खनक के साथ मौजूद रहती है। अगर छुट्टियों के बाद की 'मार्था' प्यार को महज एक फन और शारीरिक अनुभव के रूप में लेती है तो 'वीकएंड' की लड़की 'दो देहों के बीच पसरे सुख के सन्नाटे को भोगते हुए'[28] कहती है—''कभी-कभी उसका मुँह उसके कंधे पर उठकर उसके गले पर आ टिकता है और तब वह सब कुछ भूल जाती, गले पर आग लगती जान पड़ती। जहाँ-जहाँ उसके होंठ जाते वहाँ-वहाँ मांस गलने लगता, जैसे उसके होंठ मोमबत्ती की लौ हों...। छोड़ो—वह धीरे से कहती...। लगता जैसे उसकी झनझनाती नसें खून में भीगे सिग्नल हों, समूची देह को चेतावनी देते हुए जैसे वह ज्वार चढ़ने की घड़ी हो और वह नीचे झुक जाती, ज्वार को अपने ऊपर से बह जाने देती, और जब ऊपर आती तो सारी देह भीगी होती और वह देर तक काँपती रहती।''[29]

निर्मल वर्मा के कथा-साहित्य में कुछ ऐसे मुद्दे हैं जो कि बार-बार दोहराए जाते हैं, जैसे नायिकाएँ या तो छोटी उम्र की इन्नोसेंट (मासूम) हैं। 'लाल टीन की छत' की 'काया' को ही ले लें, उसकी सबसे बड़ी समस्या अपनी मासूमियत को खो देना है। इसके विपरीत 'एक चिथड़ा सुख' की 'बिट्टो' और 'इरा' अपने से उमर-दराज पुरुषों के साथ प्यार करती या संबंध बनाती हैं या फिर ऐसा भी है कि नायक छोटा है और नायिका बड़ी। (वे दिन) विवाह के पूर्व और विवाहेतर शारीरिक संबंधों की पूरी स्वतंत्रता भी इनके यहाँ है। 'वीकएंड', 'छुट्टियों के बाद', 'वे दिन' (मारिया के संदर्भ में), 'लाल टीन की छत', 'रात का रिपोर्टर' आदि। निर्मल जी के यहाँ संबंधों का हो जाना या टूट जाना कोई तर्क का विषय नहीं है।

'काया' (लाल टीन की छत) की तरह ही 'दहलीज' की 'रूनी' भी मासूम है, लेकिन वह भी अपने नव विकसित अंगों का बोझ लिए कुछ घटने का इंतजार करती रहती है, क्योंकि बेर की झाड़ी के पीछे, 'जेली' (उसकी बड़ी बहन) और 'शम्मी भाई' को वह अक्सर देखती है और फिर चट्टान के पीछे चले जाने और देर से लौटने के कारण उपजी पीड़ा ने उसको उसकी उम्र से पहले बड़ा कर दिया है।

'माया दर्पण' की नायिका 'तरन' विवाह योग्य है, लेकिन उसे अपने पिता के कारण अकेलेपन का दुःख भोगना पड़ रहा है। इसी तरह 'परिंदे' की 'लतिका' भी अपने अतीत के प्रेम के कारण अकेलापन भोग रही है। 'तरन' अपने अकेलेपन से निकलना चाहती है, लेकिन मेरे बाद मेरे अकेले पिता का क्या होगा का सवाल खड़ा हो जाता है और वह पिता की छाया से बँधी रह जाती है, जबकि उसके सामने

'इंजीनियर बाबू' एक संभावना की तरह मौजूद हैं लेकिन क्या कुछ होना संभव है...?

इसी तरह 'लतिका' के सामने भी डॉ. मुखर्जी हैं, और वे उसको प्रेरित भी करते हैं कि–"स्मृतियों के प्रति ईमानदार रहकर भी नए संबंध बनाए जा सकते हैं। जानबूझकर न भूल पाना, हमेशा जोंक की तरह अतीत से चिपटे रहना यह ग़लत है लेकिन, लतिका अपनी स्मृति से नहीं निकल पाती।"[30]

इस तरह यह बात किसी हद तक स्थापित हो जाती है कि "निर्मल वर्मा के पात्र अपनी निजता में डूबे रहते हुए एक अलग तरह से समाज का प्रतिनिधित्व करते हैं, बल्कि उस तबके के बौद्धिक प्रतिनिधियों की तरह अपनी निजता से उत्पन्न स्थितियों का साधारणीकरण और दार्शनिकीकरण भी करते हैं। अपनी स्थिति को सामान्य मानव स्थिति और अपनी नियति को सामान्य मानव नियति घोषित करते हैं।"[31]

संदर्भ

1. डॉ. शंकरप्रसाद : सामाजिक उपन्यास और नारी मनोविज्ञान, पृ. 3
2. डॉ. शंकरप्रसाद : सामाजिक उपन्यास और नारी मनोविज्ञान, पृ. 7
3. महादेवी वर्मा : शृंखला की कड़ियाँ, पृ. 90
4. डॉ. शंकरप्रसाद : सामाजिक उपन्यास और नारी मनोविज्ञान, पृ. 55
5. डॉ. प्रतिभा वर्मा : हिंदी उपन्यास सामाजिक परिवर्तन की प्रक्रिया और स्वरूप, पृ. 261
6. डॉ. विमल सहस्र बुद्धे : हिंदी उपन्यासों में नारी का मनोवैज्ञानिक विश्लेषण, पृ. 358
7. सच्चिदानंद हीरानंद वात्स्यायन अज्ञेय : नदी के द्वीप, पृ. 315
8. सच्चिदानंद हीरानंद वात्स्यायन अज्ञेय : नदी के द्वीप, पृ. 141
9. डॉ. विमल सहस्र बुद्धे : हिंदी उपन्यासों में नारी का मनोवैज्ञानिक विश्लेषण, पृ. 151
10. डॉ. विमल सहस्र बुद्धे : हिंदी उपन्यासों में नारी का मनोवैज्ञानिक विश्लेषण, पृ. 152
11. डॉ. विमल सहस्र बुद्धे : हिंदी उपन्यासों में नारी का मनोवैज्ञानिक विश्लेषण, पृ. 152
12. डॉ. विमल सहस्र बुद्धे : हिंदी उपन्यासों में नारी का मनोवैज्ञानिक विश्लेषण, पृ. 153
13. डॉ. शंकरप्रसाद : सामाजिक उपन्यास और नारी मनोविज्ञान, पृ. 69
14. उषा प्रियंवदा : रुकोगी नहीं राधिका, पृ. 69
15. मोहन राकेश : अंतराल, पृ. 175
16. मोहन राकेश : अंतराल, पृ. 176
17. कमलेश्वर : बदनाम बस्ती, पृ. 29
18. नामवर सिंह : कहानी : नई कहानी, पृ. 34
19. आलोचना, अंक-90, 1989, सं. नामवर सिंह, पृ. 15
20. निर्मल वर्मा : एक चिथड़ा सुख
21. आलोचना, अंक-90, 1989, सं. नामवर सिंह, पृ. 18
22. निर्मल वर्मा : कव्वे और काला पानी, पृ. 166
23. निर्मल वर्मा : एक चिथड़ा सुख, पृ. 13
24. निर्मल वर्मा : कव्वे और काला पानी, पृ. 12
25. आलोचना, अंक-90, 1989, सं. नामवर सिंह, पृ. 23
26. आलोचना, अंक-90, 1989, सं. नामवर सिंह, पृ. 23

27. निर्मल वर्मा : कव्वे और काला पानी, पृ. 15
28. आलोचना, अंक-90, 1989, सं. नामवर सिंह, पृ. 35
29. निर्मल वर्मा : दूसरी दुनिया, पृ. 37
30. निर्मल वर्मा : परिंदे, पृ. 174
31. आलोचना, अंक-90, 1989, सं. नामवर सिंह, पृ. 68

चतुर्थ अध्याय

निर्मल वर्मा के उपन्यासों के नारी पात्र

"उपन्यास जीवन की एक संपूर्ण किताब है।"

डी.एच. लारेन्स

निर्मल वर्मा के नारी पात्र बहुत अधिक मुखर नहीं हैं अमुखर हैं। अमुखर इस लिहाज से कि वे शब्दों से कम काम लेते हैं, लेकिन, अपने व्यक्तित्व की अभिव्यक्ति में मौन रहकर भी अपनी संचेतना से भरी उपस्थिति दर्ज कराते हैं, क्योंकि उनका मौन शब्द से ज्यादा बोलता हुआ लगता है। निर्मल वर्मा अपने पात्रों को उसके अकेलेपन में अभिव्यक्त होने देते हैं और कहीं यह विश्वास काम करता है कि इसकी उपस्थिति में आदमी जो काम करता है, वह उसके चरित्र का जीवंत दस्तावेज नहीं है। उनके दूसरे जो भी सहयोगी पात्र हैं वो शायद आपको अकेला करने के लिए ही आते हैं। वे अपने साथ-साथ आपके अकेलेपन को और गहरा और गहरातर करने चले जाते हैं।

निर्मल वर्मा के मौन पर श्रीकांत वर्मा का कथन है कि—"उनका मौन पियानो के भीतर का मौन है। हर चरित्र एक छोटा-सा 'NOT' है। एक मौन बिंदु से दूसरे मौन बिंदु तक प्रतीक्षारत, वे प्रतीक्षा करते हैं, उन्हीं के स्पर्श के, हल्के से दबाव की, और इस दबाव के उनके स्तर हैं।"[1]

निर्मल वर्मा के नारी पात्रों को केवल नारी की तरह देखना उनके साथ नाइन्साफी की बात हो सकती है। क्योंकि, उन्होंने नारी को केवल नारी न समझकर उसे 'ह्यूमन' समझा है। और शायद 'अज्ञेय' के बाद निर्मल वर्मा ही ऐसे कथाकार हैं जिनके यहाँ नारी केवल एक वस्तु न होकर जीते-जागते 'मन' के साथ, अपनी पूरी संवेदनाओं के साथ मौजूद हैं। यह और बात है कि यह प्रभाव उनको 'कीट्स' से मिला है।

निर्मल वर्मा के उपन्यास

1. 'वे दिन'

'वे दिन' निर्मल वर्मा का प्रथम उपन्यास है, जो कि 1964 में प्रकाशित हुआ था। 'वे दिन' को उपन्यास न कहकर कुछ आलोचकों ने लघु उपन्यास कहा है। 'वे दिन' उपन्यास उन तीन दिनों का बखान है जो 'कथानायक' और 'रायना' ने प्राग के शांतिपूर्ण वातावरण में, बर्फ, धूप, पुराने गिरजाघर और पुराने शहर के पुलों के बीच छुट्टियों के खालीपन के एहसास के साथ बिताए थे...और इन खाली और अवसादपूर्ण दिनों के बीच एक सुलगती टहनी की तरह प्रेमकथा चुपचाप चलती रहती है। युद्ध के बाद के सारे दिन...लेकिन, युद्ध की छाया से अभिशप्त उपन्यास का प्रत्येक पात्र है। वह चाहता है कि अपने अतीत की यातनामय पीड़ा से मुक्ति पा ले...लेकिन...चाहते हुए भी मुक्ति कहाँ...? क्या 'रायना', क्या फ्रांज, मारिया सब अपने-अपने अतीत से जूझते हुए जी रहे हैं।

उपन्यास की सबसे महत्त्वपूर्ण बात है उसका नयापन। लेकिन, कैसा नयापन? इसका खुलासा सुरेश सिन्हा के शब्दों में—"अगर कहना चाहें तो यह है कि कथानायक और रायना के लिए कोई समाज नहीं है, मान्यताएँ एवं परंपराएँ नहीं हैं, संस्कृति नहीं है और न कोई नैतिक मूल्य है, वे अलग-अलग इकाई हैं और इस तथ्य में विश्वास करते हैं कि मूल्यों के निर्माता वे स्वयं हैं और उनके सामने कोई सीमा नहीं है। वे पूर्णतया स्वतंत्र हैं।"[2]

'वे दिन' आधुनिकता-बोध की अभिव्यक्ति करने वाला सशक्त उपन्यास है, जिसके सभी पात्र अपने निजी विचार रखते हैं। यह व्यक्तिपरक दृष्टिकोण उन्हें अलगाववादी बना देता है। वे समाज के प्रति प्रतिबद्ध न होकर स्वयं के प्रति प्रतिबद्ध हैं। जिस क्षण को वे जी रहे हैं, वही उनकी दृष्टि में सत्य है। माधव प्रसाद तिवारी के शब्दों में—"यह उपन्यास शताब्दी के टूटते हुए मूल्यों और परिवेश के स्वीकार के बिंबों को ही छितराता प्रतीत होता है।"[3] अपनी अलगाववादी प्रवृत्ति के कारण ही 'रायना' पति से संबंध विच्छेद कर लेती है। कहने को 'कथाकार' और 'रायना' के बीच आत्मिक संबंध बँध जाने के बावजूद दोनों के बीच एक दूरी दिखाई पड़ती है, क्योंकि वह कथानायक से प्रेम नहीं करती है, उसका समर्पण वक़्त काटने के लिए होता है न कि भावुकता के वशीभूत होकर...।

'वे दिन' उपन्यास युद्ध की त्रासदी को भोगे हुए यूरोप के युवाओं की मनःस्थिति को बखूबी उजागर करता है, जहाँ धर्म, नैतिकता कोई अर्थ नहीं रखती है। वर्तमान से आतंकित युवामन अपने भविष्य के प्रति भी सशंकित है और इसीलिए उनका ज़िंदगी के प्रति असंतोष का रुख है। प्रत्येक व्यक्ति अपने अंतास् में अकेला है, खोखला उत्साहहीन है, लेकिन इसके बावजूद वह अपनी आकांक्षाओं की पूर्ति के

प्रति बहुत सजग है और मौका मिलते ही वह उस क्षण को पूरी तरह जी लेना चाहता है।

उपन्यास 'वे दिन' में जहाँ तक नारी पात्रों का सवाल है कुल जमा चार पात्र हैं। जिनमें प्रमुख रूप से तो उपन्यास की नायिका 'रायना' ही है और दूसरे तीन पात्र मारिया, मिसेस तानिया और मारिया के रूममेट जिनको हम ख़ामोश पात्र कह सकते हैं, लेकिन वे ख़ामोश होते हुए भी अपनी जगह महत्त्वपूर्ण हैं, क्योंकि उन पात्रों के माध्यम से कथाकार ने परिवेश और परिस्थितियों का खुलासा किया है।

'वे दिन' उपन्यास के नारी पात्रों का विश्लेषण करने के लिए सबसे पहले हम 'रायना' को ही ले लें। पूरे उपन्यास की कथा भूमि को समझने के बाद 'रायना' के बारे में जो बातें ज़ेहन में इकट्ठी होती हैं वे यह हैं :

'वे दिन' उपन्यास 'रायना' (कथानायिका) और 'मैं' (कथानायक) के उन चंद दिनों का लेखा-जोखा है, जो उन्होंने प्राग में क्रिसमस से पहले साथ-साथ गुजारे थे। ये तीन दिन 'रायना' के लिहाज से युद्धकाल में गुजारे जीवन के आवेगों को जीवित रखने मात्र का बहाना है। क्यों, क्योंकि 'रायना' का पूरा जीवन अतीत की प्रतिच्छाया भर है...। वह वर्तमान को जीते हुए भी अतीत के झरोखों में झाँकती रहती है। उस पर हमेशा अतीत में गुजारे जीवन की छाया हावी रहती है।

लेकिन प्राग में गुजरे तीन दिनों के बीच कुछ ऐसे क्षण भी गुजरे जब उसने विगत के बारे में कुछ नहीं सोचा। वह एक जगह कहती है–"आज मैंने पूरे दिन नहीं सोचा–"उसने हँसते हुए कहा–"ऐसा बहुत कम होता है।"

"किसके बारे में...?"

"वियना के"...उसने कहा..."बहुत अजीब है...मेरे संग ऐसा पहले कभी नहीं हुआ।"

"सुनो–तुम्हारे साथ चलते हुए मुझे लगता है...यह मैं नहीं हूँ...जैसे लड़ाई कभी नहीं हुई...जैसे वह ठिठक गई–फिर अपनी आँखें मुझ पर उठा दीं...जैसे मेरे पीछे वियना नहीं है...?"[4]

'वे दिन' की 'रायना' का वर्तमान जीवन विगत जीवन की छाया मात्र है। युद्धकाल में जिया जीवन उसके आवेगों को जीवित तथा ताज़ा रखने की चाह 'रायना' के भीतर दिखाई देती है।

'वे दिन' में 'अकेलेपन' की भयावह यंत्रणा मुख्यधारा के रूप में दिखाई देती है। अकेलेपन की दमघोंटू अनुभूतियाँ अपनी पूरी विवशता के साथ हर पात्र बखूबी भोग रहा है। द्वितीय महायुद्ध की भीषण त्रासदी के परिणामस्वरूप, पात्रों का जीवन के प्रति निराशापूर्ण दृष्टिकोण है, जो व्यर्थता के एहसास में तबदील होकर उनको उदासी, भावशून्यता और तटस्थता के कगार पर लाकर खड़ा कर देती है। उपन्यास के केंद्रीय पात्र कथानायक (मैं) और 'रायना' दोनों अपने जीवन में अकेले हैं। 'रायना'

कथानायक के साथ तीन दिन प्राग शहर में बिताती है और इन तीन दिनों के बीच वह कथानायक के साथ मानसिक तथा दैहिक धरातल पर नजदीकतर चली आती है। 'रायना' के जीवन में महानगरीय सभ्यता के परिणामस्वरूप असुरक्षा की भावना घर कर गई है। जिसे वह किसी न किसी के साथ रहकर दूर करना चाहती है और कई बार ऐसा करने की चाह में सारी सीमाओं को तोड़ डालती है जिसका कि उसे भास भी नहीं होता है...। एक प्रकार से वह ऐसी मनःस्थिति के बीच रह रही होती है, जिसमें कि वह क्या कर रही है इस सबसे निस्संग रहती है, एक तरह से वह उस समय अवचेतन अवस्था में जी रही होती है, लेकिन जैसे ही उसे एहसास होता है कि वह मात्र छायाओं के बीच रह रही है वह तुरंत उससे विलग हो जाती है।

रायना के सामने सुख की परिभाषा बहुत सादी है...और प्रैक्टिकल भी..:। वह सोचती है कि सुख दो तरह के होते हैं—एक छोटा सुख और एक बड़ा सुख। बड़ा सुख हमेशा पास रहता है और छोटा सुख कभी-कभी मिलता है, जैसे सिगरेट पीना, ठंड में आग सेंकना उसके लिए छोटे सुख थे और बड़ा सुख यानी...साँस लेना, सहज हवा में साँस ले सकना...इससे बड़ा सुख कोई और नहीं है।

वह भयभीत भी रहती है अपने अतीत से। उसे अपना घर एक कन्सट्रेक्शन कैंप की तरह लगता है। कहने को वहाँ उसका पति है, जिसके साथ वह युद्ध के दिनों में रहती थी और शादी भी की थी, लेकिन वह वहाँ भी एक अजीब से डर से बिंधी हुई भयभीत रहती है। वह अपने विगत को भूलना चाहती है, लेकिन पिछली ज़िंदगी की परछाइयाँ साथ-साथ चलती रहती हैं।

रायना विवाह को अर्थहीन मानती है और इसी आधार पर अपने पति जॉक से संबंध विच्छेद कर लेती है, लेकिन इन सब बातों से उसमें अकेलेपन की भावना इस बुरी तरह घेर लेती है कि वह अपने आपको शराब के प्यालों में डुबो देती है, क्योंकि इस तरह से उसे लगता है कि शायद वह अपने अतीत की परछाइयों से मुक्त रह पाएगी। इतना ही नहीं, वह अपने पुत्र से अलग ही रहती है। एक जगह कथानायक जिज्ञासावश रायना से पूछता है...''क्या मीता आपके पास ही रहता है?'' वह उत्तर देती है—''हमेशा नहीं...। हम उसे बाँट लेते हैं...?''[5] वह बहुत शांत और सहज लहजे में जवाब देती है...उसके स्वर से लगता है कि इसमें कुछ भी अस्वाभाविक नहीं है। उसकी नज़र में पुत्र को बाँटा जाना कोई बहुत महत्त्वपूर्ण घटना नहीं है। महत्त्वपूर्ण तो है स्वयं को सुरक्षित रखना...?[6]

'रायना' एक प्रकार से खंडित चरित्र है। जिसके सामने जीवन का कोई आदर्श नहीं है। वह अपने पुत्र से अधिक ध्यान शराब पीने की ओर देती है। इस प्रकार वह अपने सामाजिक उत्तरदायित्वों के प्रति उपेक्षा का दृष्टिकोण अपनाती है।

पूर्व में लिखा जा चुका है कि युद्धोत्तर यूरोप में युवाओं के मन में वर्तमान से आतंकित और भविष्य के प्रति सशंकित होने का भाव कुंठा की हद तक बैठ

गया है। लेकिन, वे अपनी भौतिक आकांक्षाओं के प्रति बहुत ही सजग रहते हैं। अपने छोटे-छोटे सुखों की प्राप्ति, चाहे वह बियर पीने से लेकर अपनी प्रेमिका के साथ सोना तक हो, को पूरी तरह वे पाना चाहते हैं, अपने पूरे आवेगों के साथ...। लेकिन, वे फिर रहते अतृप्त ही हैं। रायना का चरित्र भी कुछ ऐसा ही है। वह सब कुछ करना चाहती है, करती भी है, लेकिन फिर भी उसको ऐसा लगता है कि मानों कहीं कुछ छूट गया है। वह (रायना) भी वर्तमान से आतंकित है, भयभीत है, अकेलापन उसकी शिराओं में घर कर गया है। तन्हाई उसको काटने दौड़ती है। वह अकेलापन सहन नहीं कर पाती और जगह-जगह विवस्त्र होती है। क्योंकि वह बहुत दिनों तक अकेली नहीं रह सकती। इसके पीछे उसकी गहरी अनुभूति है कि किसी चीज़ को पूरी तरह खोया और पाया नहीं जा सकता। इसी बात को वह उपन्यास में एक जगह कहती है—जब वह कथानायक के कमरे से बिदा होने लगती है तो कहती है कि—वह कल वियना लौट रही है। कथानायक हतप्रभ रह जाता है। उसने सोचा ही न था। वह उससे कुछ दिन और रहने का आग्रह करता है। तब वह कहती है—"सुनो...जो हमें मिला है...वह काफी नहीं है।"

"मालूम नहीं।"

"मुझे मालूम है...लेकिन तुम विश्वास नहीं करते...।"

"तुम करती हो?"

"सिर्फ इन दिनों में...इसके बाहर नहीं..."[7]

'वे दिन' के हर पात्र का अपना 'मैं' है और वह आत्मकेंद्रित है। वे केवल स्वयं को सुरक्षित रखना चाहते हैं। यह एक प्रकार से वैयक्तिक दृष्टिकोण है और 'वे दिन' में व्यक्तिवादी विचारधारा पूरी तरह विद्यमान है। मारिया के साथ भी वही होता है। वह फ्रांज की (लड़की) प्रेमिका है। लेकिन फ्रांज अपने स्कूल के टीचरों के नजरिए के कारण प्राग छोड़कर जाने का निर्णय ले लेता है बिना मारिया को कुछ बताए, जबकि वे दोनों एक साथ रहते हैं...एक-दूसरे के दुःख बाँटते हैं...लेकिन इतना महत्त्वपूर्ण निर्णय लेते वक़्त फ्रांज ने मारिया को कुछ नहीं बताया, जबकि उसके दोस्त जानते हैं?

उपन्यास 'वे दिन' में मानव संबंधों की व्याख्या अस्तित्ववादी चिंतन के आधार पर जगह-जगह की गई है। रायना और कथानायक प्रत्येक प्रकार के शारीरिक संबंधों के बीच से गुजरते हैं, लेकिन वे कभी भी आत्मीय नहीं बन पाते। उनके बीच अजनबीपन बराबर बना रहता है। यह प्रसंग मानव संबंधों की उसी कृत्रिमता और खोखलेपन की ओर संकेत करता है जिनके बारे में सार्त्र का कहना है कि—"यह हमारे अस्तित्व में दीमक के कीड़ों की तरह है, जो हमारी वास्तविकता समाप्त करते हैं और हम पर इतना दबाव डालते हैं कि हम सहज ढंग से व्यवहार भी नहीं कर सकते। काफ्का ने तो अपनी डायरी में यहाँ तक लिखा है कि ये हमारी मानवीयता को समाप्त करते

हैं और हमें ठीक ढंग से मनुष्य नहीं बने रहने देते।"[8]

रायना को इतनी समझ तो है कि क्या सही है और क्या ग़लत है? नैतिकता के प्रश्न पर जो उसकी सोच है उसके दर्शन होते हैं तब, जब वह कथानायक के साथ उसके हॉस्टल आती है, दोनों के शरीरों में एक 'चाह' की मोमबत्ती-सी काँप रही होती है और मर्मांतक चाह ने दोनों को अपने में घसीट लिया तब वह कहती है—"यह शायद अनैतिक है...।"[9] लेकिन उन्माद के उबाल में ठहराव आ जाने के बाद वह कहती है—"इट इज़ सो विविड एंड वंडरफुल...।"[10]

वैसे जो कुछ भी प्राग में हुआ वह रायना के लिए नया नहीं था। लेकिन, जो कुछ नया था, वह था अनुभव। 'रायना' के लिए 'विविड' लेकिन कथानायक के लिए यह संबंध सहज चेतना की सतही परत को छूकर ही नहीं गुज़र गया, वरन चेतना की गहनतम परतों को विक्षुब्ध करने वाला सिद्ध हुआ और वह रायना को अकेले भोगने के लिए विवश हुआ। कथानायक के लिए ये 'वे दिन' हैं, जिन्हें न तो वह छोड़ सकता है न ही दुबारा पकड़ सकता है।

लेकिन रायना के लिए प्राग के इन ठिठुरन भरे दिनों में कथानायक के आत्मीय संबंधों की ऊष्मा पाकर जॉक के साथ अनुभूत ज़िंदगी के सुलगते क्षणों की स्मृतियाँ फिर से दहक उठती हैं।

रायना के लिए कथानायक के संबंध के दिन, उसकी पूर्व स्मृतियों को उत्प्रेरित करने वाले दिन हैं।

कुल मिलाकर 'वे दिन' उपन्यास की नायिका रायना के बारे में यह कहा जा सकता है कि वह अपने अकेलेपन को हरने और बीते दिनों की स्मृतियों की पीड़ा से निजात पाने के लिए अपने आपको कष्ट देती है...कई स्तरों पर...मानसिक, शारीरिक...।[11]

अब आया जाए उपन्यास 'वे दिन' के गौण पात्रों की तरफ। वैसे तो 'वे दिन' उपन्यास में नारी पात्र मात्र तीन ही हैं—'रायना' (नायिका), 'मारिया' (दोस्त की प्रेमिका) और 'मिसेस तानिया' (क्लाक रूम अटेंडेंट)।

'रायना' के अतिरिक्त 'मारिया' ही एक ऐसा नारी पात्र है जो कि पाठक का ध्यान अपनी तरफ खींचता है। यूँ तो पूरे उपन्यास में, निराशा, अकेलापन, ऊब अपने आपसे, व्यवस्था से बिखरी पड़ी है और मारिया उसका जीवंत उदाहरण है कि युद्ध की समाप्ति के बाद की युवा पीढ़ी अपने पुनरुत्थान के लिए किस तरह से संघर्ष करती है और उस संघर्ष यात्रा में अगर उसके हाथ निराशा आती है तो वह किस तरह से हताश होकर पलायन का रास्ता अख्तियार करता है। वैसे तो मारिया बिंदास चरित्र है।

मारिया फ्रांज की प्रेमिका है। वे दोनों साथ रहते हैं, लेकिन फिर भी उसके जीवन में कोई ऐसा कोना जरूर है, जहाँ वह भी अकेली है...सिर्फ अकेली...।

मारिया फ्रांज के साथ प्राग से बाहर जाना चाहती है। पिछले दो सालों से लगातार वह वीज़ा के लिए कोशिश करते रहे हैं, लेकिन वहाँ के कानून के मुताबिक देश की चेक लड़कियाँ तभी बाहर जा सकती हैं, जब वे किसी विदेशी की पत्नी हों।

मारिया को वीज़ा नहीं मिल रहा है और इससे फ्रांज झुँझला रहा है। उसका व्यवहार बदला हुआ है, लेकिन अगर मारिया को वीज़ा नहीं मिल रहा है, तो वह क्या कर सकती है? यह मारिया का सवाल है...लेकिन फ्रांज वीज़ा की शर्त पर शादी करने को तैयार नहीं है और वह अकेले प्राग से वापस अपने घर जाने का निर्णय ले लेता है, बिना मारिया को सूचित किए...लेकिन, यह बात उसके सारे दोस्तों को मालूम है। उपन्यास में एक जगह कथानायक मारिया से पूछता है—''मारिया''—मुझे अपना स्वर कुछ अजीब-सा लगा।

''क्या''—उसने तौलिए से पोंछते हुए मेरी तरफ देखा।

''तुम इस बार फ्रांज के साथ क्यूँ नहीं चली जाती...।'' एक नीरव क्षण तक मुझे देखती रही...।

''उसे मेरी ज़रूरत नहीं है।''...वह धीरे से हँस दी। वह हँसी खाली थी...उसमें हल्की-सी लापरवाही थी, जैसे फ्रांज के जाने से उसे कोई रंज नहीं है। कभी उसने अपना दुःख दूसरों को दिखाया हो याद नहीं आता। उसकी बातों में हमेशा एक 'स्लीपवाकर' की-सी निर्भयता छिपी रहती थी जो खतरे के सामने होते हुए भी उसके पास बढ़ता जाता है बिना किसी डर के आखिरी लम्हे तक।[12]

मारिया की ज़िंदगी का कोई रफ ड्राफ्ट नहीं था। जो कुछ भी था अगर कहीं ग़लत भी था तो वह उसकी पहली स्वच्छ कापी थी और उसको सही करने की इच्छा उसे कभी महसूस ही नहीं होती थी।

मारिया फ्रांज से कुछ नहीं कहती उसे मालूम है कि फ्रांज प्राग से बाहर जा रहा है, लेकिन यह बात उसे फ्रांज ने नहीं बताई है। वह यह भी नहीं जानती है कि शायद फ्रांज अब लौटेगा ही नहीं, फिर भी वह चुप रहती है और एक दिन क्रिसमस से पहले के दिन वह अचानक बिना किसी को बताए अपने गाँव चली जाती है।

और उधर जब कथानायक फ्रांज से मारिया के वीज़ा के बारे में कहता है कि—''तुम चाहो तो मिल सकता है...।''

''मेरे चाहने से...तुम सोचते हो वह वीज़ा के लिए मुझसे शादी करेगी?''

''तुम साथ रहते हो...।''

''हम सिर्फ साथ रहते हैं...।''[13]

यहाँ पर यूरोप की वर्तमान पीढ़ी की नैतिकता और कर्तव्यों से पलायन का बोध साफ दिखाई देता है।

मारिया का मानना था कि संभव है वे लोग इस बार संग ही बाहर जाएँ...लेकिन वीज़ा की अड़चन उसको रोक देती है।

मारिया की ख़ामोशी अर्थपूर्ण है। कहीं भीतर उसे यह विश्वास था कि फ्रांज वीज़ा दिलाने के मामले में उसकी मदद करेगा, लेकिन फ्रांज की उदासीनता उसको कहीं भीतर तक झकझोर देती है और वह ख़ामोशी से अकेलेपन को चुनकर, बीच से अचानक उठकर बाहर चली जाती है, बिना किसी को बताए...।

'वे दिन' उपन्यास में जो सहयोगी पात्र हैं, वे बहुत महत्त्वपूर्ण नहीं हैं। अगर वे नहीं भी होते तो कथानक की रूपरेखा में कोई फर्क पड़ने वाला नहीं था, जैसे—स्लाविया रेस्ट्राँ की क्लाक रूम अटेंडेंट 'मिसेस तानिया'।

'मिसेस तानिया' कथानायक से परिचित हैं। वे उसे और उसके मित्रों को अरसे से देखती आ रही हैं और उन्हें उस पर ताज्जुब होता था, जब वह हर तीन-चार महीने के उपरांत किसी नई लड़की के साथ वहाँ आता था। पहले उन्हें दुःख होता था...अब सिर्फ कौतूहल। कथानायक उनके दुःख को सहने का आदी हो चुका था, लेकिन जब से दुःख कौतूहल में बदल गया था, उसे शर्म-सी आने लगी है।

मिसेस तानिया के माध्यम से कथानायक और उनके बीच जो पीढ़ी का अंतराल है, उसको झलकाने का प्रयास कथाकार ने किया है। मिसेस तानिया उम्र के उस पड़ाव पर हैं, जहाँ उन्हें तो कोई फ्लर्ट नहीं कर सकता और जिस पीढ़ी का वह स्वयं प्रतिनिधित्व करती हैं, उनके समय में फ्लर्ट होने या करने के लिए समाज में इतना खुलापन था भी नहीं...और अब जब नई पीढ़ी के लड़के-लड़कियाँ एक निःसंकोच खुलेपन से मिलते..., बियर पीते तो उन्हें बड़ा आश्चर्य होता था।

और जब कथानायक 'वे दिन' की नायिका 'रायना' के साथ पहली बार 'स्लाविया' में जाता है, तो मिसेस तानिया उस पर एक अर्थपूर्ण नज़र डालकर पूछती हैं—

"यह चेक नहीं लगती..."

"नहीं...विदेशी है।"

"मैं पहले ही जान गई थी?"

"हमारी चेक लड़कियाँ इतनी खूबसूरत नहीं होती।"[14]

यहाँ मिसेस तानिया के स्वर में एक अवसाद और ईर्ष्या छिपी हुई थी, जो यह दर्शाती है कि वे अपने देश की लड़कियों के कम सुंदर होने से दुःखी हैं।

एक बात और ग़ौरतलब है कि जब कथानायक रेस्तराँ के बाहर जाने के लिए उनके काउंटर पर आता है तो मिसेस तानिया ख़ामोशी से उनका कोट उन्हें दे देती हैं। इस बार वे कुछ कहती नहीं...शायद वे कथानायक से नाराज़ दिखती हैं और कथानायक सोचता है वह फिर किसी दिन आकर उन्हें मना लेगा।

बहरहाल 'वे दिन' की रायना के चारित्रिक विश्लेषण का लब्बेलुआब यह है कि अकेलापन उसकी शिराओं में बुरी तरह घर कर चुका है। लड़ाई क़े दिनों में कान्सेन्ट्रेशन कैंपों में भेड़-बकरियों की तरह गुजारे दिनों की पीड़ा उसके हवास पर हमेशा छाई रहती है।

कहने को 'वे दिन' कहानी लड़ाई के बाद के शांतिपूर्ण दिनों की है, लेकिन लड़ाई के बाद भी वह अपने आपको अपने बीते दिनों से बाहर नहीं ला पाती है, क्योंकि लड़ाई के दौरान कान्सेन्ट्रेशन कैंपों में उसने मौत को इतने करीब से देखा और महसूसा होता है कि एक अनजाना-सा डर उसके अवचेतन मन में कुंडली मारकर बैठ गया लगता है। जॉक उसके बीते दिनों का साक्षी है। और बीते दिनों को याद करके वह सहम जाती है। "हम दोनों साथ रहते थे...लेकिन हमें लगता था जैसे हमने कोई चीज़ हमेशा के लिए खो दी है...मुझे कभी-कभी अजीब-सा डर लगता था...।"[15]

और उस अजीब से डर से दूर रहने की खातिर और 'उस' खोई हुई चीज़ को पाने की लालसा में वह जॉक से अलग हो जाती है...। एक जगह वह कहती है—"जब मैं उसके साथ रहती थी...मुझे कभी-कभी लगता था जैसे हम दोनों अभी भी किसी कान्सेन्ट्रेशन कैंप में रह रहे हैं...एक ही घर में। उसके बाहर जाकर...वह जीवित नहीं था...मैं भी नहीं...।"[16]

लेकिन रायना का 'घर' कान्सेन्ट्रेशन कैंप किस तरह था...? इसका खुलासा कथाकार ने भी नहीं किया है। लेकिन संभावनाओं के आधार पर कहा जा सकता है कि शायद जॉक का रायना के प्रति 'बरफीला' व्यवहार या फिर जीवन की 'एकरसता' ने ही 'रायना' को जॉक से अलग होने के लिए प्रेरित किया हो क्योंकि, कई बार 'रुटीन' ज़िंदगी अपने आप ही बोझिल और उबाऊ लगने लगती है और व्यक्ति अपनी बँधी-बँधाई जीवनचर्या को तोड़ने के लिए कई बार सीधी सड़क से उतरकर पगडंडियों पर चलना शुरू कर देता है।

शायद रायना भी अपने 'रुटीन' ज़िंदगी से ऊब चुकी थी और 'उस' ऊब को मिटाने के लिए वह जॉक से अलग हो गई।

ऐसा ही जब कथानायक 'रायना' से उसके पति जॉक के बारे में पूछता है तो वह केवल इतना कहती है—

"हम अक्सर मिलते हैं शनिवार की शाम को...या कभी सड़क पर चलते हुए...एक शहर में रहने का यह फायदा है...।"[17]

लेकिन जब जॉक पास नहीं रहा तो अकेलेपन का दमघोंटू अँधेरा न केवल उसके मन वरन शरीर में भी उतर गया...। शरीर के अँधेरे की पीड़ा जब असहनीय हो जाती है तो वह यात्रा पर निकल जाती है...।

जैसे इस बार वह कथानायक के साथ प्राग में हैं। कथानायक जब रायना से पूछता—"क्या तुम्हारे संग अक्सर ऐसा होता है...।" तब वह कहती है—"दूसरे शहरों में"...होता है..."मैं ज़्यादा दिन अकेली नहीं रह सकती।"[18]

रायना एक अत्यधिक संवेदनशील स्त्री है। उसके जीवन में दूसरे पुरुषों का आगमन उसकी सहजता और संवेदनशीलता के कारण होता है, लेकिन वह अपराधबोध

से पीड़ित नहीं होती...दूसरे पुरुष के साथ रात बिताना उसके लिए केवल उस अँधेरे कोने को भरना-भर होता है...जो उसके अचेतन मन में खाली पड़ा हुआ होता है। उसकी नज़र में शरीर केवल शरीर न होकर एक संवेदनशील स्लेट है जिसके ऊपर हर बार नई 'इबारत' लिखी जा सकती है और मिटाई भी। प्राग में कथानायक के साथ बिताए क्षण उसके अकेलेपन से 'उस' अँधेरे को हरने की कोशिश है, जो उसकी शिराओं में पारे-सा थरथरा रहा होता है और कथानायक; वह तो साधन मात्र है...क्योंकि जैसे ही रायना को आभास होता है कि वह उसमें ज्यादा ही कुछ तलाश रहा है तो वह तुरंत उससे विलग हो जाती है...क्यों? क्योंकि वह छायाओं को समेटना तो चाहती है...लेकिन उनके पीछे भागना नहीं चाहती...।

'लाल टीन की छत'

'लाल टीन की छत' निर्मल वर्मा की दूसरी औपन्यासिक कृति है, जिससे निर्मल जी ने 1970 में लिखना आरंभ कर अप्रैल 1974 में पूर्ण किया था। दिल्ली, लंदन और शिमला में लिखे गए इस उपन्यास में निर्मल वर्मा की रचनात्मकता अपने पूरे उत्कर्ष पर दिखाई देती है। उपन्यास 'लाल टीन की छत' में उपन्यास का पुराना तंत्र टूटता हुआ दिखाई देता है, लेकिन पुराने तंत्र को तोड़ने और नए (आधुनिक) तंत्र को उसकी जगह बिठाने का भी अपना एक अलग अंदाज है।

'लाल टीन की छत' उपन्यास में औपन्यासिक धागों से ताना-बाना नहीं बुना गया है। इस उपन्यास में प्रत्यक्ष कुछ भी नहीं होता लेकिन, अप्रत्यक्ष में सब कुछ घटता रहता है। बकौल इंद्रनाथ मदान के–"यह उपन्यास यादों के सहारे यादों की बारात न होकर यादों का जनाज़ा है।"[19]

उपन्यास 'काया' के उम्र के उस अनुछए दौर, बचपन और किशोरावस्था के बीच की संधिस्थल का मन है, जहाँ एक ओर बचपन पीछे छूट रहा होता है वहीं दूसरी ओर आने वाले बरसों की अनचीन्ही आकांक्षाएँ संभावनाओं का दामन पसारे खड़ी होती हैं और जब तब मुग्ध किए रहती हैं। यह मन एक अकेली लड़की 'काया' का है जो अपने छोटे भाई, माँ और नौकर के साथ लाल टीन की छतों वाले शहर शिमला में रहती है। सरदी की लंबी छुट्टी के दिनों में वह एक-एक दिन गिनकर अपने बापू का इंतज़ार करती है, क्योंकि वें उन दिनों मैदानी शहर दिल्ली चले गए होते हैं। वह सारा दिन इधर-उधर भटकती रहती है। समवयस्क साथियों के अभाव ने उसको अपने एकांत में सोचने का आदी बना दिया है।

काया अंतर्मुखी पात्र है। वह बहुत कम बोलती है, और जो कुछ भी बोलती है, वह उसके नहीं बोलने का बहुत थोड़ा हिस्सा होता है। काया की आँखों के सामने जो कुछ भी घटता है वह उसमें चुपचाप डूबी रहकर उन्हें आत्मसात करती है। दिन भर अपने द्वारा की गई हरकतों का आत्म विश्लेषण वह रात में बिस्तर पर पड़े-पड़े

करती है चाहे वह 'लामा' की याद हो या 'बाबू' का इंतज़ार।

'लाल टीन की छत' उपन्यास का परिवेश एक ऐसा पहाड़ी कस्बे का है, जहाँ के मकानों की छतें लाल रंग की हैं और उपन्यास की नायिका यानी काया खुद भी एक ऐसे मकान में रहती है जिसकी छत लाल टीन की है।

काया उम्र की ऐसी दहलीज पर खड़ी है जहाँ बचपन पीछे छूट रहा होता है और किशोरवय हाथ पसारे स्वागत के लिए तैयार खड़ा है। काया को अपने शरीर में हो रहे परिवर्तनों के प्रति जिज्ञासाएँ तो हैं, लेकिन उन जिज्ञासाओं के बीच उसने अपनी एक अकेली दुनिया बसा रखी है, जहाँ अकेलापन है, भ्रम और आतंक है और रहस्य से घिरी स्वयं द्वारा उपजाई परिस्थितियों से जूझती स्वयं काया। ऐसा नहीं है कि काया नितांत अकेली है, उसके बाबू हैं, जो सर्दियों में दिल्ली चले जाते हैं, घर में माँ, छोटा भाई और नौकर मंगतू है, हाँ पड़ोस में एक बूढ़ी ईसाई महिला भी रहती है, बावजूद इन सबके काया अकेली है, उसका समवयस्क कोई नहीं है, और इसी अभाव ने काया को आत्मकेंद्रित बना दिया है, अपने से जूझने की प्रवृत्ति डाल दी है।

काया की बुआ की लड़की 'लामा' का कुछ दिनों के लिए घर आना होता है। वह काया से उम्र में कुछ बड़ी है और शहर से आई होती है। निस्संदेह वह अपने शरीर के बारे में काया से काफी अधिक जानती है और काया लामा की संगति में रहकर बहुत कुछ ऐसा जान लेती है जिसकी जिज्ञासा उसे बहुत पहले से थी। यह कुछ अस्वाभाविक भी नहीं है। किशोरवय की जिज्ञासाओं का ही परिणाम है कि लामा को घर में पली कुतिया गिन्नी की छटपटाहट अपनी छटपटाहट लगती है। जब कुतिया कमरे के बंद दरवाज़े के बाहर पंजों से दरवाज़े को कुरेदती है तब लामा की आँख खुल जाती है और वह काया से कहती है–"सुनो, गिन्नी की आँखें खोलो तो कुछ दिखाई देता है...? जानती हो गिन्नी रात-दिन तड़फती है, हर रात मेरे दरवाज़े पर चीखती है। तुम जानती हो?"

"नहीं।"

"काया, तुम कैसे सुनोगी? तुम बहुत स्वार्थी लड़की हो...। सुनो, गिन्नी छुटकारा चाहती है, जैसे मैं चाहती हूँ...। मालूम है छुटकारा कैसे मिलता है?"[20] काया फिर भी नहीं समझ पाती। उसे ये सारी बातें रहस्यपूर्ण लगती हैं।

काया अपने मन में बचपन से ही पहाड़ी आतंक को अचेतन में बैठा लेती है। उसे रात के सन्नाटे में पहाड़ियाँ जादुई जाल-सा बुनती दिखाई देती हैं। मिस जोसुआ काया को कामिक्स में पढ़ी हुई जादूगरनी-सी लगती हैं। उसे उनका कमरा, लान के कोने में लगा सूखा पेड़ और दरवाज़े पर लटका लेटर बॉक्स सब जादुई चीज़ों-सा लगता है। काया रोज़ चुपके-से लेटर बॉक्स को खोलकर देखती है और हर बार उसे ऐसा लगता है कि जैसे उसे कोई देख रहा है, घूर रहा है। कुछ देखने

और प्राप्त करने की चाह में काया अपने भीतर आतंक और भय का मलबा इकट्ठा कर लेती है। उसे अपनी माँ का बढ़ता हुआ पेट देखकर भय होता है और फिर वह सोचने के लिए विवश हो जाती कि आखिर उसका (काया का) पेट इतना छोटा क्यूँ है? इसी जिज्ञासा के तहत वह अपनी माँ का प्रसव भी छिप कर देखती है। माँ की जाँघों से बाहर निकलती हुई एक सुर्ख लिसलिसी फैन की लोथ, एक स्वप्न एक छुई-मुई सी छलना।

घर के सारे लोग (यानी माँ और नौकर मंगतू) काया की हरकतों से परेशान हैं। कारण, कोई नहीं चाहता कि काया को कोई गंदी आदत या मनोविकार लगे। इधर काया यौन भावना और वयसंधि की सारी कठिनाइयों को झेलती है, "उसका बाल सुलभ मन चाहता है कि वह भी चंडिका की तरह शक्तिशाली बन जाए और दुनिया उसके नंगे शरीर को पूजे।"[21]

'लाल टीन की छत' उपन्यास की मुख्य पात्रा 'काया' जो कि उपन्यास की नायिका भी है, के संबंध में स्वयं निर्मल वर्मा ने अपने एक कथन में कहा है कि—"काया ही एक ऐसा चरित्र है जो किसी एक खास लड़की को लेकर नहीं रचा गया है बल्कि मैं अगर यह कहूँ कि काया मेरे बचपन के सब स्मृति अंशों का एक पुंजीभूत चरित्र है तो ज्यादा सही होगा। काया मेरे लिए एक रूपात्मक अभिव्यक्ति रही है, बचपन से उन वर्षों के बदहवास और विक्षिप्त किस्म के अकेलेपन की जो हम हर बरस शिमला में बिताते थे। 'लाल टीन की छत' ही एक ऐसा उपन्यास है जिसको मैंने उम्र के एक खास समय खंड पर फोकस करने की कोशिश की है। दो-तीन साल का बहता समय, बचपन के अंतिम कगार से किशोरावस्था के रूखे पाट पर बहता हुआ समय जहाँ पहाड़ों के अलावा कुछ भी स्थिर नहीं है।"[22]

यह सच भी है, 'लाल टीन की छत' में कोई भी स्थिर नहीं है न काया, न लामा, और न ही बाबू, माँ, चाचा, बीरू, बुआ, मिस जोसुआ और पहाड़ी औरत...सब अपनी-अपनी धुरी पर घूम रहे हैं लेकिन किसी की भी गति सामान्य नहीं है। काया यादों से खेलती रहती है। उम्र के जिस दौर से वह भीग रही होती है वहाँ उसकी नज़रें संसार के रंगीन मायाजाल को हतप्रभ और जिज्ञासु की तरह ताकती हैं। काया निर्णय लेने में स्वयं को अक्षम पाती है। वह अपने आपको कमज़ोर समझती है और शायद यही वजह है कि उसके विचारों में भटकाव है। उसकी नज़र में सुख की कोई निश्चित परिभाषा नहीं है। लेकिन जब माँ, बुआ की लड़की 'लामा' के संदर्भ में कहती है कि—

"काया...।" वह मुस्कुराते हुए कहती है—"तुम्हें मालूम है लामा की शादी—हो गई, वह अब बहुत सुखी है, वह अब सारा घर सँभालती है।"

काया उनके होंठों को हिलते हुए देखती है।

जब सुख का शब्द बाहर आता तो विश्वास न होता...लगता माँ पहली बार

झूठ बोल रही है। फिर लगता जैसे वह शायद सच है। माँ के लिए बाहर की दुनिया इतनी कठोर, इतनी भयानक, इतनी पथरीली कि उनके लिए लामा जैसे लड़की के लिए कोई भी चहार-दीवारी जहाँ वह अपने को समेटकर रख सके सुख की निशानी थे।[23]

उपन्यास 'लाल टीन की छत' में कुल जमा छह महिला पात्र हैं। जिनमें से एक महिला पात्र 'लामा' अदृश्य है। उसकी केवल स्मृति ही कई जगह कौंधती दिखाई देती है। उपन्यास का केंद्र बिंदु काया है और लामा जो काया की बुआ की लड़की है, परिधि में है जो कुछ दिनों के लिए काया के साथ रहने आई थी। वह तो चली जाती है लेकिन काया के लिए स्मृतियों का पुलिंदा छोड़ जाती है।

निर्मल वर्मा के इस उपन्यास में मृत्युबोध भी है और अकेलापन भी, लेकिन काया जो कि अपनी बनाई हुई दुनिया में जीती है, को उपन्यास में उपस्थित कई प्रसंग जगा नहीं पाते, यथार्थ के धरातल पर उसको उतार नहीं पाते "चाहे वह गिन्नी की मृत्यु हो या मिस जोसुआ की मौत या फिर मृत शिशु का जन्म–ये तीनों ही जीवन के बंद सिरे हैं। जो चीज़ काया को पूरी तरह जगा देती है, वह मृत्यु का ठंडा स्पर्श नहीं, बल्कि पहाड़ी स्त्री की अनगढ़ गर्म और कामुक निकटता है।"[24]

अकेला भटकता बचपन, कोई संगी न साथी केवल माँ ही नहीं काया स्वयं भी अपने अकेले बनैले नाखूनों की खराशें अपने मन की भीतरी तहों तक में महसूस कर रही होती है। उसे ऐसा लगता है मानो उसका जीवन व्यर्थ है, वह निरुपाय-सी एक अदृश्य शक्ति के हाथों मात्र खिलौना बन निष्क्रिय-सी अपनी धुरी पर बेबस घूम रही है।

"शाम के सन्नाटे में जब वह हिलते दरवाज़ों की खटखटाहट सुनती तो अचानक यह भ्रम होता है कि मकान बिल्कुल खाली है, उजाड़ और खाली शहर के और मकानों की तरह जिनके मालिक सर्दियों में बाहर चले जाते थे। उसे भयानक-सा खयाल आता कि अगर वह पीठ मोड़कर उल्टी दिशा में चलने लगे तो भी उसे कोई नहीं बुलाएगा, अगर वह रातभर अपने घर के सामने अँधेरे में खड़े रहे तो भी किसी को उसका अभाव नहीं अखरेगा। यह मकान उसके प्रति इतना ही उदासीन रहेगा, जितना चारों तरफ खड़े पहाड़, जो सब कुछ देखते हैं, लेकिन अपनी जगह से एक इंच भी डाँवाडोल नहीं होते। उन दिनों काया ने पहली बार अपने अकेलेपन को देखा था...साफ-साफ अँधेरे में।"[25]

काया के भीतर कहीं गहरे यह बात पैठ रही थी कि वह एक बेकार-सी फालतू वस्तु है जिसकी किसी को कोई फिक्र नहीं है।

काया के अकेलेपन को दूर करने के लिए माँ उसको चाचा के घर भेजना चाहती है लेकिन, काया के लिए यह एक सजा ही थी। वह सोचने लगती है कि शायद मैं सब पर बोझ हूँ तभी तो सब मुझसे छुटकारा पाने के लिए मुझे दूर भेजना

चाहते हैं। दुःख से उपजी निराशा ने उसमें उदासीनता का भाव ला दिया जहाँ सुख-दुःख, समय कोई अर्थ नहीं रखते हैं। काया उदास है, उदासीनता सब तरफ से काटकर अपने आप पर केंद्रित करती है, लेकिन इस स्थिति में भी तो लंबे समय तक नहीं रहा जा सकता। अतः अपनी ही उदासीनता से घबराकर काया फिर से अपने ही लोगों के बीच लौटना चाहती है।

एक लिहाज से काया का चाचा के घर चले आना अच्छा ही रहा। जीवन के बहुत से अनछुए रहस्य उसके सामने उजागर हो गए। औरत और मर्द के बीच के संबंधों पर से परदा उठ जाता है, वह वहाँ मानसिक और शारीरिक रूप से काफी बड़ी हो जाती है। अब वह बहुत कुछ समझने लगी है। पहाड़ी औरत जब काया को जंगल में झरने के किनारे ले जाती है और अपना निर्वस्त्र शरीर दिखाती है और फिर काया से पूछती है—"तेरे खून आता है...।"[26] काया सुनकर सन्न रह जाती है...। माँ भी यही पूछती है—"तुझे कुछ होता नहीं।" [27] काया सोचती है यह कुछ होना क्या होता है?

लामा की उफनती हुई जवानी छोटे भाई का तनता हुआ शरीर सब कुछ बताते हैं कि स्त्री के शरीर में कोई ऐसी चीज़ है जो बहुत आनंद देती है। वह उस पहाड़ी औरत के साथ सोने की कल्पना करती है। "वह उसकी देह को अपनी देह से दबाने लगी...छटपटाती साँसें ऊपर उठती थीं काया को सुलगाती हुई...जंगल के मैले आलोक में उसका चेहरा मुँदता था, फिर खुल जाता था, और तब उसे लगा नथवाली औरत की बाँहों में लिपटी हुई वह चारों तरफ आकाश देख सकती है...बादलों के पीछे जलता सूरज...चीड़ की जलती सुइयाँ...।"[28]

काया आत्मरति और समलैंगिक संपर्क से शरीर के अनजाने रहस्यों को सुलझाना चाहती है। एक लिहाज से 'लाल टीन की छत' काया की किशोरी से युवती बनने की कहानी है। किशोरी और युवती के बीच का जो अंतराल है वह अगर एक तरफ अकेलेपन, भोलेपन, भ्रम, भय और रहस्य से भरा हुआ है तो दूसरी तरफ यौवन की आरंभिक प्रवृत्तियाँ आकर्षण और सम्मोहन पैदा करती हैं।

जहाँ तक काया के चरित्र का सवाल है, वह एक असामान्य परिस्थितियों के बीच से गुजर रही है। असामान्य परिस्थितियों से मेरी मुराद उसके परिवार के दूसरे लोगों का काया के साथ रिश्ते, व्यवहार से है। सबसे पहले पिता को ही ले लें—उपन्यास के कथ्य से साफ जाहिर होता है कि काया अपने पिता के ज्यादा करीब है बनिस्बत माँ के, लेकिन पिता सर्दियों की उदास, भीगी, लंबी छुट्टियों के बीच दिल्ली अपने काम पर चले जाते हैं। काया के लिए यह भी एक त्रासद घटना है। अब आया जाए माँ पर। माँ अपनी बीमारी के कारण अपने कमरे में बिस्तर पर लेटी रहती हैं। वह चाहते हुए भी काया पर ध्यान नहीं दे पाती हैं। रह गया छोटा भाई और नौकर मंगतू...उनके बीच काया अपना अकेलापन तो बाँट नहीं सकती, न ही अपनी

जिज्ञासाओं का खुलासा कर सकती है।

अब आया जाए 'लामा' पर। लामा काया की बुआ की लड़की है। समवयस्क लेकिन उफनती जवानी का भार लिए जो कुछ दिनों के लिए काया के साथ रहने आती है, लेकिन काया के सामने अनगिनत अनसुलझी पहेलियाँ छोड़ जाती है, जिनको काया उसके जाने के बाद अकेले में सुलझाने का प्रयास करती है।

उपन्यास अकेलेपन का एकालाप है जहाँ हर पात्र के इर्द-गिर्द अकेलेपन की गंध मँडराती रहती है। 'मिस जोसुआ' भी निपट अकेली हैं। उम्र के आखिरी पड़ाव के नज़दीक वह अपने आसपास से पूरी तरह कट चुकी हैं और अपने अंतिम सफ़र का इंतज़ार कर रही हैं। उन्हें मौत का भय है जो भीतर ही भीतर उन्हें कँपाता रहता है।

इसी तरह काया की माँ को भी भावी का डर है। वह अकेले कमरे में बिस्तर पर लेटी रहती हैं। माँ और बेटी के बीच पथरीला संबंध है। पूरे उपन्यास में अकेलापन, आतंक, भय और बेगानेपन की धुंध छाई रहती है जो न केवल शहर के परिवेश में वरन भीतर भी छाई रहती है। उपन्यास में मृत्युबोध भी है। 'मिस जोसुआ' तथा कुतिया 'गिन्नी' की मृत्यु के माध्यम से पूरा "माहौल दहशत भरा है और काया भीतर और बाहर दोनों तरफ से कटकर इसे सहन करती है। माँ और बेटी में अलगाव है, अपना घर पराया है, बाबू दिल्ली में हैं, चाचा का घर अकेला है। काया समय को छोटे-छोटे खानों में बाँटती रहती है; दिन, महीना।"[29]

जब रात आती है तो काया बिस्तर पर लेटे-लेटे किसी के ममता भरे स्पर्श की इच्छुक होती है, पर कहीं कोई सहारा नहीं। दुःख उत्तेजना के आवेग में न तो वह रोकर अपने बोझ को हल्का कर पाती है और न ही चिंताओं की डोर का कोई सुलझा हुआ छोर निकाल पाती है, दुविधापूर्ण मनःस्थिति में वह अनजाने में घर के नौकर के करीब चली जाती है।

रात के सन्नाटे और अकेलेपन में जब वह अपने बिस्तर पर होती है—"तो उसकी नींद काफूर हो जाती, दिन भर का अकेलापन, गुस्सा, तृष्णा, हताशा आपस में गुँथकर एक धुंध का गोला-सा बन जाते हैं जो न इतना कोमल होता है कि आँसुओं में पिघलकर बाहर आ सके, न इतना साहस होता कि वह इसकी पकड़ में आकर किसी सूझ, किसी समझदारी की सांत्वना में बदल सके। वह धुंध उसके बिस्तर पर चाँदनी-सी फैल जाती और मंगतू उसे कंबल ओढ़ाकर जाने लगता तो वह अंतिम बार उसके कोट के सिरे को पकड़ लेती, ठहरो अभी मत जाओ...।"[30]

काया स्नेह और प्यार की भूखी है। कहने को उसे प्यार स्नेह रूप में टुकड़ों-टुकड़ों में मिलता रहा है, माँ, बुआ, भाई, पिता के सहज स्पर्श के रूप में, लेकिन जो प्यार वह चाहती थी 'अपोजिट सेक्स' का वह उसको पहली बार अपने बाल-सखा जो कि उसके नौकर का लड़का था 'भोलू' से मिला। भोलू और काया समवयस्क हैं।

विपरीत लिंग के प्रति एक सहज आकर्षण है कोई वासनात्मक आवेग नहीं, दोनों का बचपन साथ-साथ गुजरा है, दोनों ने एक दूसरें की पीड़ाओं, समस्याओं और खालीपन को साथ-साथ भोगा है, महसूस किया है। ऐसी स्थिति में एक-दूसरे के प्रति अनुराग सहज ही प्रेम के रूप में व्यक्त होता है। काया और भोलू ने एक-दूसरे के अकेलेपन को भरने का प्रयास किया, लेकिन काया भोलू की सहानुभूति पाकर बरबस बरस पड़ी। दिनों-दिन का अकेलापन जो उसके भीतर घर कर गया था, आँखों के रास्ते वह बह निकला, लेकिन काया की आँखों से बरसते आँसू भोलू को यथार्थ की पथरीली जमीन पर लाकर खड़ा कर देते हैं, जहाँ काया और भोलू दो विपरीत ध्रुव हैं। "और फिर ऐसा कुछ हुआ जिसे काया नहीं जान पाई। बरामदे में सीधे चलने के बजाय भोलू बीच में ही रुक गया, उस तरफ मुड़ गया जहाँ उसे नहीं जाना था या शायद उसे वहीं जाना था जहाँ काया खड़ी थी। वह कुछ देर उसके सामने खड़ा रहा आमने-सामने एक दूसरे की साँसों को सुनते हुए, फिर उसने टटोलते हुए हाथ आगे बढ़ाए और काया वहीं खड़ी रही। पहली बार किसी पराये पुरुष की उँगलियाँ उसके चेहरे को छू रही थीं, सहला रही थीं, अंधी टटोलती उँगलियाँ, जिनकी कोई दिशा या गति नहीं थी, लगभग निश्चेष्ट, लगभग मुर्दा फिर भी हिलती हुई, काया के चेहरे को ढाँपती हुई छूती हुई उसकी आँखों को, धूल से अँटी भौंहों को, माथे को, माथे पर बिखरी रूखी बालों की लटों को और तब काया को लगा जैसे वह खुद उसकी उँगलियों से अपने घाव छू रही है जैसे उसके आँसू भी उसकी उँगलियों का हिस्सा हैं जो उसकी आँखों से नहीं भोलू की उँगलियों से निकल रहे हैं, उसके चेहरे को नहला रहे हैं, पिछले दिनों की बेचैन बदहवास पीड़ा को धो रहे हैं।"[31]

माँ काया की बेचैनी को समझ रही होती है, उसका बुझा-बुझा पीला चेहरा, सूखे बाल और निष्क्रियता उनसे छिपी न रही...कोई भी तो उसके पास नहीं है, बाबू का दिल्ली चले जाना, लामा की शादी और स्वयं उनकी बीमारी के कारण हर समय कमरे में बिस्तर पर लेटे रहना और इन सबके बीच काया का दिन-दिन-भर भटकते रहना...। उसके सवालों की गुत्थी सुलझती है जब वह अपने चाचा के यहाँ जाती है और वहाँ रहती पहाड़ी औरत से मिलती है, जिसके अवैध संबंध चाचा के साथ होते हैं...उसी से काया को पता चलता है कि स्त्री और पुरुष क्या होते हैं और उनके बीच संबंधों का मतलब क्या होता है।

यहीं पर वह कल्पना में पहाड़ी औरत के साथ आत्मरति में लीन होती है। लामा उसके दिमाग में जो संकेत छोड़ गई होती है, उन संकेतों की पूरी तस्वीर वह पहाड़ी औरत से समझती है।...आम हालात में सामान्य किशोरियाँ अपनी युवती बनने की प्रक्रिया के बीच न तो इतनी उत्तेजित रहती हैं और न ही इतनी जिज्ञासु, लेकिन काया की परिस्थितियाँ अलग थीं। अगर काया को अपनी माँ का सान्निध्य लगातार मिलता रहता तो संभव है वह अकेली ही न रहती और अगर लामा उसके घर न

आई होती तो भी संभव है कि वह यह न जान पाती (समय से पहले) कि उफनती जवानी क्या होती है, गिन्नी क्यों तड़फती है...और स्त्री के शरीर में कोई ऐसी चीज़ होती है जो आदमियों को बहुत आनंद देती है...।

बहरहाल यह बात तो निर्विवाद रूप से स्वीकार की जा सकती है कि काया असामान्य परिस्थितियों के बीच जी रही थी तभी उसमें इस तरह के मनोविकार पनपे।

'एक चिथड़ा सुख'

'एक चिथड़ा सुख' निर्मल वर्मा का तीसरा उपन्यास है, जो कि सन् 1979 में प्रकाशित हुआ था। इस उपन्यास में सुख की तलाश में दुःख के मन को लेखक ने परखना चाहा है। पूरे उपन्यास में दुःख, पीड़ा, अपने पूरे तेवरों के साथ विद्यमान है। ऐसा दुःख जो ज़िंदगी के चमत्कार के साथ-साथ मृत्यु के रहस्य को भी उजागर करता है।

उपन्यास का हर पात्र अपने जीवन के भीतर मर्मांतक हद तक सूनेपन के बीच जीते हुए हमारी चेतना को बहुत गहरे तक झंकझोरता है। कहने को हर पात्र के बीच पारस्परिक संबंधों की निकटता भी है, लेकिन फिर भी हर पात्र की अपनी अलग दुनिया है।

अपने इस उपन्यास में निर्मल वर्मा ने दुःख क्या है? को पहचानने की कोशिश की है। निर्मल वर्मा कोई पहले व्यक्ति नहीं हैं जिन्होंने 'दुःख' की व्याख्या या 'दुःख' शब्द पर चिंतन किया हो। उनके पहले भी अलग-अलग स्तरों पर दार्शनिकों, कवियों, चित्रकारों और उपदेशकों ने दुःख को अपने-अपने नज़रिए से पहचानने की कोशिश की है।

'दुःख क्या है' यह प्रश्न बहुत बार उठा है और उठता रहेगा और मानव हर बार उत्तर का एक प्रारूप तैयार करके पेश करता रहेगा, लेकिन अनुत्तरित प्रश्न का उत्तर किसी के द्वारा दिए गए उत्तर के ढाँचे में फेरबदल करके पेश करने से न तो कभी काम चला है और न चलेगा।

बुद्ध ने कहा है—दुःख आदि सत्य है और दुःख से आदि मुक्ति भी सत्य है। आम तौर से हर लेखक अपनी कृति में कुछ निजी सवाल पूछता है और स्वयं ही की पीड़ा और यंत्रणा के बीच उत्तर खोजता है। निर्मल वर्मा ने भी कुछ ऐसा ही किया है, अपने पिछले उपन्यासों की तरह, बस फर्क सिर्फ इतना है कि इस उपन्यास का कैनवास कुछ बड़ा हो गया है और उसी लिहाज से हर पात्र की पीड़ा, यंत्रणा, सूनापन भी बढ़ गया है।

अपने इस उपन्यास के संबंध में निर्मल वर्मा का कहना है कि—"इस उपन्यास के बारे में अभी सिर्फ इतना ही कह सकता हूँ कि यह 'लाल टीन की छत' से अलग है। बहुत कुछ उस जीवन के बारे में जहाँ अप्रमाणिकता है और क्रियाकलाप में

अकृत्रिमता है। मैं सोचता हूँ ऐसे में एक आत्म अन्वेषक व्यक्ति की कृति क्या है, हमारा मध्यम वर्ग एक डेमोक्रसी में रहता है, दुविधाओं में जीता है, उससे इस व्यक्ति का रिश्ता क्या होगा? ताकि एक खास सपना, एक खास किस्म की निर्मलता और प्रामाणिकता तय हो सके। एक बिल्कुल अलहदा रूप में नॉयकाल सरीखे भारतीय जीवन के आलोचक उसमें उसकी जीवन पद्धति में एक किस्म की अप्रामाणिकता देखते हैं लेकिन वह एक बाहरी व्यक्ति की मानसिकता लगती है कि वे भावनात्मक रूप में उसमें शामिल नहीं हैं। इस चिंता के घेरे में मैं उपन्यास को कैसे बदलता हूँ। क्योंकि उसे अनुशासित करने वाली सर्वव्यापी चिंता मेरी दूसरी है। सचेत रूप से मेरी यह चिंता, चिंता नहीं है कि यह उपन्यास पुराने ढाँचे को तोड़ेगा या नहीं? 'लाल टीन की छत' में शायद वो प्रयास था किसी हद तक...।''[32]

"निर्मल का यह उपन्यास हमें भीतर जाने को कहता है। हम बहुत भीतर अपने जिस मन को जानते हैं वह दुःख का मन है सुख को सपने की तरह जानता हुआ दुःख का मन है। निर्मल के उपन्यास में यह दुःख है—आदमी का दुःख और उसका अकेलापन जिसमें लोगों के साथ होने, उसका बने रहने की व्याकुल इच्छाएँ, लेकिन इन इच्छाओं को लीलता हुआ एक व्यक्ति का मन। बेशक, इस व्यक्ति का मन भी है लेकिन, अनुभव एक विशेष व्यक्ति का वर्ग को धारण करने वाले व्यक्ति का। यह सच्चा, खरा दुःख है जो निर्मल के इस उपन्यास का मानवीकरण करता है, उसे हमसे जोड़ता है और हम उन पात्रों को पढ़कर उनको जानते भर नहीं हैं, उनके साथ होते हैं।''[33]

उपन्यास 'एक चिथड़ा सुख' में लेखक निर्मल वर्मा ने बिट्टी के कज़िन मुन्नू के माध्यम से, डेरी, इरा, नित्ती भाई और बिट्टी के जीवन और उसकी मनःस्थिति पर प्रकाश डाला है। पूरा उपन्यास डायरी के पन्नों में बंद स्मृति की तरह आगे बढ़ता है।

बिट्टी उपन्यास का केंद्रीय पात्र है जो इलाहाबाद जैसे कस्बाई शहर से दिल्ली में नाटकों की दुनिया में अपने लिए जगह खोजने आती है।

उपन्यास में जहाँ तक महिला पात्रों का सवाल है बिट्टी के अतिरिक्त इरा, डेरी की बहन और नित्ती भाई की पत्नी (लेकिन पत्नी ख़ामोश पात्र है। उसका केवल पूरे उपन्यास में उल्लेख भर आता है) भर हैं।

बिट्टी एक मध्यमवर्गीय परिवार की लड़की है लेकिन, उसके मन में इच्छा है कि वह अपने जीवन में कुछ नया करे, जीवन को अपने नज़रिए से देखे, खुले वातावरण में साँस ले लेकिन मध्यवर्गीय संस्कृति वाले परिवार का सदस्य होने के कारण, न केवल वह लड़की होने के नाते उपेक्षा की शिकार है वरन उस पर तरह-तरह के प्रतिबंध भी हैं। वह अपने परिवार से जिस तरह की आत्मीयता और अपनेपन की अपेक्षा करती है वह परिवार उसको दे नहीं पाता सो उसके जीवन में एक सूनापन घिर जाता है और वह उसके बीच छटपटाने लगती है और यही छटपटाहट उसे अपने

परिवार से विलग करने पर मजबूर करती है। लेकिन, यह और बात है कि परिवार से बाहर नितांत अजनबियों के बीच तमाम तरह के संबंधों और आत्मीयता के बावजूद उसके जीवन में 'सुख', जिस सुख और अपनेपन को पाने के लिए वह अपने परिवार को छोड़ आती है, नहीं मिल पाता है।

बिट्टी के मापदंड दोहरे हैं। वह एक तरफ तो अपनों के बीच रहकर अपने जीवन के निर्दिष्ट पर पहुँचना चाहती है। लेकिन दूसरी तरफ उसे यह भी मालूम है कि उसके संबंध, पारिवारिक मान्यताएँ उसको अपने लक्ष्य पर पहुँचने नहीं देंगे और शायद इसीलिए वह मुन्नू को अपने साथ दिल्ली ले आती है और तरह-तरह के बहाने बनाकर उसे रोके रखना चाहती है। वह सोचती है कि मुन्नू के माध्यम से वह पारिवारिक आत्मीयता से जुड़ी रहेगी लेकिन, एक भ्रम है जिसमें वह जीती है, मुन्नू उसकी अपनी आत्मीयता की आवश्यकता बन चुका होता है।

इससे पहले कि उपन्यास के नारी पात्रों के चरित्र का विश्लेषण किया जाए आइए उपन्यास की कथा पर एक नज़र डाल लें।

यूँ तो उपन्यास 'एक चिथड़ा सुख' न तो घटना प्रधान है और न ही भावना प्रधान उपन्यास है। उपन्यास "अपने ढेर सारे पात्रों के साथ उनके अधूरेपन की गाथा कहने वाला नायक विहीन उपन्यास है। इसमें बहुत से पात्र हैं, परंतु उन पात्रों में बिट्टी डेरी, नित्ती, इरा से लेकर मुन्नू तक कोई भी पात्र नायक की तथाकथित संभावनाओं पर पूरा नहीं उतरता। महानगरीय अँधेरा और पात्रों की भटकन तथा अधूरापन ही अपने पूरे परिवेश की संवेदना के साथ यहाँ परंपरागत नायक का स्थान ले लेता है। आधे-अधूरे क्लीव टूटे हुए पस्त आधुनिक पीढ़ी के युवक-युवतियाँ जिन्हें एक अनजानी चीज़ की खोज है, इस गाथा के हिस्से हैं। अपने घरों और परिवार वालों से बिछुड़े हुए अपने शर्मनाक दुःख को छिपाने में लगे रहते हैं। काले दुःस्वप्नों में भटकती जिंदा प्रेत आत्माएँ जीवन के सुख और दुःख की परिभाषा में भटकने लगती हैं। हर पात्र एक चिथड़े सुख की तलाश में है। इसी सुख की तलाश में रिश्ते बनते बिगड़ते हैं।"[34]

उपन्यास में तो हर पात्र अपने भीतर निहित सुख को पाने की आकांक्षा में अपने वर्तमान जीवन को नारकीय बनाते हुए जी रहा है और सुख जो उड़ता हुआ सुख है, किसी के सामने सुख की कोई निश्चित परिभाषा नहीं है। क्या 'बिट्टी', क्या 'डेरी', और क्या 'इरा', 'नित्ती भाई' सब ही अपना पूरा जीवन उस उजड़े हुए सुख की तलाश में भटकते हुए लगा देते हैं, लेकिन सुख है कि दिखता ही नहीं। तब फिर सबको लगता है कि वह घूमकर उसी धुरी पर आ गए हैं जहाँ से शुरू की तलाश में यात्रा शुरू की थी और वहाँ पर भी सब दिग्भ्रमित हैं। तब बिट्टी महसूस करती है कि शायद उसने नया जीवन (या दूसरा जन्म) पा लिया है जहाँ से लौटना संभव नहीं है।

उपन्यास की पृ.भूमि दिल्ली है। हवाले के तौर पर इलाहाबाद भी आता है, जहाँ से बिट्टी अपने परिवार से विरोध करने कुछ नया करने की चाह में दिल्ली आती है। बिट्टी वयस्क है, मुक्त जीवन जीना चाहती है और साथ ही अपनी अस्मिता की खोज भी करना चाहती है। दिल्ली के मध्यमवर्गीय, बुद्धिजीवी, इरा, डेरी, नित्ती, बिट्टी और मुन्नू। मुन्नू को छोड़कर सभी वयस्क हैं। बिट्टी डेरी के निर्देशन में नाटक करती है और उनसे प्रेम भी करती है। कहने को डेरी की आयु बिट्टी से अधिक है। प्रेम तो इरा भी नित्ती भाई से करती है और उसी प्रेम की खातिर वह इंगलैंड से उनके पीछे-पीछे दिल्ली आ जाती है।

डेरी को एक उदासीन प्रेमी समझा जा सकता है, क्योंकि वह अपने शुरुआती जीवन में इतने नीचे जा चुके होते हैं कि अब ऊपर आकर भी उन्हें ऊँचाई का ध्यान नहीं रहता।

नित्ती भाई सेट डिजाइनर हैं...घर गृहस्थी वाले हैं, लेकिन इरा का प्रेम अपरिहार्य है, परंतु गृहस्थी के तंग गलियारों में 'इरा' का गुजर नहीं हो पाता और उन्हें लगता है कि वो न तो प्रेम को बचा पा रहे हैं और न ही घर को तो हारकर आत्महत्या कर लेते हैं।

'इरा' जो नित्ती के प्रेम की खातिर इंगलैंड से दिल्ली आती है, जब देखती है कि नित्ती न तो उसका वरण कर पा रहे हैं तो वह इंगलैंड वापस लौटने का इरादा कर लेती है।

मुन्नू इस उपन्यास का एक ऐसा पात्र है जो अवयस्क है, लेकिन उपन्यास में आरंभ से अंत तक रहता है। अगर बहुत ध्यान से देखा जाए तो मुन्नू लेखक की चिंता है, जो उनकी आस्थाओं के गृह खोलता चलता है। मुन्नू एक किशोरवय का लड़का है। वह बिट्टी का कज़िन है। उसे हर समय बुखार रहता है। इस लंबे बुखार से वह त्रस्त रहता है। मन और आबोहवा बदलने के खयाल से दिल्ली आया हुआ है। अब वह है, दिल्ली है और अकेलापन है और इस अकेलेपन के कुहासे भरे अँधेरे में दूसरे पात्र खोते, भटकते मिलते हैं, जिस तरह से नाटक के किसी दृश्य में किसी पात्र का काम खत्म हो जाता है तो वह फ्रेम से बाहर चला जाता है मानो इस रोल में उस पात्र का उतना ही काम था, दृश्य बदल जाता है, परिवेश बदल जाता है, चेहरा बदल जाता है।

उपन्यास 'एक चिथड़ा सुख' सही मायनों में बदलते दृश्यों का क्रमबद्ध कोलाज है, डायरी के पन्नों की तरह, जो मुन्नू की डायरी में दर्ज है। यह उसका उन सबके बीच रहकर भी निस्संग रहते हुए लिया गया अनुभव है।

उपन्यास 'एक चिथड़ा सुख' के नारी पात्रों में प्रमुख रूप से तो 'बिट्टी' को ही गिना जा सकता है। बिट्टी के अतिरिक्त 'इरा' जो नित्ती भाई की प्रेमिका है और इंगलैंड से दिल्ली उनके पीछे प्यार पाने के लिए आई है। इसके अतिरिक्त डेरी

की बहन (छोटी फ्राक पहने लड़की) जो परछाईं की तरह एक दृश्य में इंट्री लेती है और गायब हो जाती है। और एक और शैडो पात्र है। नित्ती की पत्नी जो कि न होने के बराबर है। सबसे पहले बिट्टी को ही लेते हैं।

बिट्टी एक ऐसी लड़की है जो कहने को मध्यमवर्गीय परिवार की उपज है, लेकिन उसकी नज़र आसमान पर रहती है। वह अपनी ज़मीन, घर की चहारदीवारी में नहीं, बल्कि उसके बाहर खुले आसमान तले बनाना चाहती है। उसकी आकांक्षाएँ अपेक्षाएँ परिवार के सीमित दायरे में घुटती-सी रहती हैं, तो वह उस घुटन से बाहर आने का निश्चय करती है और अपनी ज़िद के आगे परिवार को झुकने पर मजबूर कर देती है और दिल्ली चली आती है, नाटकों में अपने लिए नई दुनिया को खोजने...।

दिल्ली...खुला आकाश, एक नई दुनिया, नए लोग, नया परिवेश जहाँ का हर पात्र एक नई दुनिया से आया हुआ लगता है। अगर हम मुन्नू की डायरी के पन्नों के आईने में देखें तो–"वे एक ऐसी दुनिया से आते थे, जिसका उससे कभी वास्ता नहीं पड़ा था। वह उससे हँसी-मजाक भी करते तो भी लगता यह भ्रम है, यह सतह है, उसके नीचे गड्ढा-सा दिखाई देता, जहाँ पहुँचते-पहुंचते उसका धीरज छूट जाता है। वह मुड़ जाता है, उनके सामने से हट जाता है। ऐसे मौकों पर उसे हमेशा 'इनविजिबल मैन' की कहानी याद आ जाती, क्या ऐसा नहीं हो सकता कि जब चाहे वह भी अदृश्य हो सके, वह सबको देखे लेकिन उसे कोई न देख सके।"[35]

यह मुन्नू की निगाह है जहाँ उसे सब, चाहे वह बिट्टी हो या डेरी या फिर नित्ती या इरा, सब दूसरी दुनिया के लगते हैं...।

मुन्नू जो कस्बाई मध्यमवर्गीय परिवेश का किशोर है, एक लिहाज से उस वर्ग का प्रतिनिधित्व करता है...उसको बिट्टी और बिट्टी के दोस्तों का क्रियाकलाप फैंटेसी के पात्रों की तरह लगता है।

बिट्टी अपने परिवार से कटी हुई अकेला जीवन जीती है। सर्वविदित है व्यक्ति अकेला नहीं रह सकता, यह भी सब ही जानते हैं कि अकेला व्यक्ति चिंतन की त्रासद यात्रा को साथ लिए जीता है। बाहरी दृष्टि से भले ही व्यक्ति अकेला दिखाई दे पर भीतर, मानसिक धरातल पर वह हर पल किसी न किसी से संपर्क बनाए ही रखता है, यादों के सहारे...।

और बिट्टी को भी अकेलेपन ने अत्यधिक संवेदनशील बना दिया है–"यह अकेलापन वह नहीं है जो भीड़ के बीच अकेले रहने से उभरता है। दरअसल अपनी नियति के अंधकार में जहाँ तमाम तरह की लौकिक उपस्थितियों संबंधों से परे होकर मनुष्य अपने को खोजने-पाने और खो देने का विवशता भरा संघर्ष करता है, वहाँ वह सचमुच अकेला होता है।"[36] और बिट्टी ही क्या 'एक चिथड़ा सुख' के सारे पात्र ही इस अँधेरी खोह में भटकते हुए दिखाई देते हैं। यह जो अकेलापन है इसके घिराव में सब हैं, बिट्टी, डेरी, इरा, नित्ती–"इरा और बिट्टी, जैसे अपने भीतर के

अँधेरे में बाहर का उजाला ढूँढ़ती है वैसे ही वे सब एक-दूसरे के भीतर अपने लिए अपने प्रेम के लिए ढूँढ़ते हैं। एक-दूसरे का अँधेरा है—डेरी बिट्टी का, इरा नित्ती का। स्ट्रिनबर्ग, चेखव, ब्रेश्ट, बियर, बहस, रिकार्ड और पुस्तकों के उजाले में जाकर वे एक-दूसरे को समझना चाहते हैं, लेकिन वहाँ भी वे सिर्फ इस समझने का बहाना करते हैं, पार्ट करते हैं...दे आर रूईनिंग देयर लाईव्ज़।...वे एक-दूसरे से अलग नहीं हो सकते...मुक्ति के लिए वे ऐसा चाहते हैं...वे सब भ्रम में जीते हैं...क्या बिट्टी और क्या दूसरे सब...।''[37]

बिट्टी प्रतीक है उन सबका जो संस्कृति और सभ्यता का नकाव चढ़ाए नितांत अकेलेपन में जीते हुए अपना जीवन व्यतीत कर रहे हैं लेकिन, विडंबना यह भी है कि वे अपनी इस पीड़ा को किसी को खुले रूप से बता भी नहीं सकते कि हम अकेले हैं...।

बिट्टी अपने अकेलेपन को ऐसे व्यतीत करती है जैसे जीवन की साड़ी पर पड़ी दुःख की सलवटों को प्रेस करके छिपा दिया है। छिपाना ही उसके अस्तित्व को और केंद्र में लाता है। सब जानते हैं जो जितना अनगढ़ है उतना ही वह जिज्ञासा का केंद्र बिंदु होता है। ''बिट्टी...जब तुम स्टेज पर जाती हो तो घबराती नहीं...इतने लोगों के सामने...?''

''मैं उन्हें देखती नहीं...।''

''किसी को भी नहीं देखती...?'' उसने कुछ हैरानी से पूछा। बिट्टी सोचने लगती है...''और सोचने का मतलब होता है, जैसे वह अपने भीतर के अँधेरे में बाहर का उजाला ढूँढ रही हो। एक छाया चेहरे पर बैठ जाती है...।''[38]

बिट्टी का सोचने बैठ जाना शायद इस बात की तरफ इशारा करता है कि क्या वह ज़िंदगी में अब तक जो कुछ बिता आई है...क्या वह उसको सचमुच नज़रअंदाज कर सकती है...। जो कुछ भी वह बाहर देखती है वह उसे कभी नहीं चुभता चाहे वह दर्शकों की तालियाँ हो या प्रतिक्रियाएँ। बिट्टी ज़िंदगी के यथार्थ से इतनी अधिक परिचित हो चुकी होती है कि वह उन सारे लोगों के प्रति शून्य होने का अभिनय करती है, जो उस पर प्रतिक्रियाएँ व्यक्त करते हैं, और अभिनय करते-करते उसे अब ऐसा लगने लगा है कि नाटक में उसकी भूमिका ने उसकी ज़िंदगी के भीतर भी पाँव पसार दिए हैं...।

''तुम रो रही हो...'' उसने कुछ ऐसे कहा, जैसे स्वयं बिट्टी को उसके रोने की सूचना दे रहा हो...।

बिट्टी ने सिर हिलाया...।

''सचमुच नहीं...।'' बिट्टी ने कहा...''मेरे पार्ट में रोना बदा है...।''

उसका ऊपरी होंठ जरा-सा सिकुड़ गया जैसे वह आधा मज़ाक हो, आधा सच...।[39]

'इरा' उपन्यास का दूसरा महत्त्वपूर्ण महिला पात्र है, जो बिट्टी की सहेली है, इग्लैंड से दिल्ली आई है, हॉस्टल में रहती है। इरा भी बिट्टी की तरह नाटकों में काम करती है लेकिन वह इंग्लैंड से दिल्ली नाटकों में काम करने नहीं आई है, वह तो नित्ती भाई के पीछे आई है। इरा नित्ती से प्यार करती है और उनके संग रहना चाहती है। नित्ती भाई पहले से शादीशुदा हैं, उनको केवल इरा के लिए घरबार छोड़कर उसके साथ रहना मुश्किल नज़र आता है। कहने को वह इरा को बहुत चाहते भी हैं, लेकिन घर छोड़ने का साहस नहीं कर पाते।

"इरा तुम्हें पछतावा है?"

"पछतावा कैसा...?"

"यहाँ आने का...?"

"नहीं, पछतावा नहीं।" लेकिन...वह एक क्षण रुकी और अचानक हँसने लगी..."मुझे लगता नहीं, मैं हिंदुस्तान में हूँ...।"

"फिर कहाँ हो...?"

"थिएटर में...।"[40]

यह एक ऐसा व्यंग्य है जिसकी बहुत-सी बातें अपने आप उघड़ी हुई शक्ल में सामने आ खड़ी होती हैं...। यहाँ पर निर्मल वर्मा पर लगा आरोप कि "वे देश लौटकर भी नहीं लौटे हैं"[41] साबित होता दिखाई देता है।

इरा जब लंदन में थी तो पिता से देश चलने के लिए जिद करती थी। और जब वह स्वयं अपने पिता के देश में है तो वह बार-बार लंदन वापस जाने की बात करती है...उसका यह विरोधाभास है जिसमें वह उस तथ्य को स्वीकार नहीं कर पाती कि वह नित्ती के पीछे दीवानों की तरह क्या लेने आई थी, जो जीवन वह हिंदुस्तान में जी रही होती है उसमें और लंदन के जीवन में क्या फर्क है...? कौन-सी सीमा रेखा है जहाँ दो संस्कृतियों को विभाजित किया जा सकता है? क्या इरा नित्ती भाई के पीछे लंदन से उनको कोई भूला हुआ पार्ट याद दिलाने आई थी...क्योंकि जैसे ही मुन्नू ने नित्ती भाई को इरा का लिखा हुआ कागज़ का टुकड़ा दिया, चमत्कार जैसा असर हुआ, चाकू की नोक से ज्यादा नुकीला सच, ज्यादा असली और नित्ती भाई उस पुरजे को पढ़कर अचानक जिस रोल को वे बरसों से भूल गए थे उन्हें याद हो आया। उन्हें मालूम था उन्हें क्या करना है...। उन्होंने कुछ ऐसा किया जो बिट्टी और उसके दोस्त कभी नहीं कर सके...।

'इरा' लंदन में नित्ती भाई से मिलने से पहले घर से निकलने से भी डरती थी, लेकिन नित्ती भाई से मुलाकात होने के बाद उसके भीतर न सिर्फ प्रेम जागा, बल्कि एक आत्मविश्वास की कड़ी भी जुड़ी...और नित्ती की आँखों से लंदन के थिएटर को देखा...और उसी विश्वास की कड़ी से बँधकर वह हिंदुस्तान आ गई। वह वापस भारत आना चाहती थी...उसके दिल में एक भ्रम था कि कहीं वह भी अपने पिता

की तरह मजबूरी में ही परदेश में सिर्फ इस डर से रहती रहे कि इस उम्र में मुझे कौन हिंदुस्तान में नौकरी देगा? यह उसके पिता का डर था। लेकिन, जब वह नित्ती के पीछे हिंदुस्तान आ गई तो यहाँ आकर उसे नित्ती का 'पूर्ण' साथ नहीं मिला तो उसका मोह भंग हो गया...क्योंकि, वह 'अकेली' नहीं रह सकती थी संन्यासिनी की तरह...। और वह बार-बार लंदन वापस जाने की रट लगाने लगती है।

बिट्टी तकिए से कुहनी उठाकर बैठ गई...''पता नहीं तुम बार-बार लंदन लौटने के बारे में क्यों सोचती हो...?''

इरा अँधेरे में चुप बैठी रही...।

''मैं यहाँ क्या करूँगी...।''

''तुम जब हिंदुस्तान आई थीं तो कितना कुछ करना चाहती थीं''...बिट्टी ने कहा...।

''हिंदुस्तान में...?'' कुछ देर इरा का स्वर अँधेरे में टँगा रहा, ''बिट्टी, मैं सच कहूँ तो इस देश के बारे में कुछ भी नहीं जानती, मुझे हमेशा डर-सा लगा रहता है...।''

''डर...?'' बिट्टी ने कहा...''डर कैसा?''

''लोगों से, अपने से...अगर डेरी न होते तो मैं थिएटर भी नहीं कर पाती...।''

''उन्हें भी तुम पर बड़ा गर्व है।''

''कैसा गर्व...?''

''इंगलैंड से अपने घर बार छोड़कर यहाँ आना ऐसा कितने लोग करते हैं?''

''तभी वापस जाने को कहती हूँ...।'' वह धीरे-से हँसी, ''बिट्टी, मुझे तुम पर बहुत हैरानी होती है...पता नहीं, तुम कैसे इतनी अकेले रह लेती हो...?''

''अच्छा...।'' बिट्टी की हल्की हँसी अँधेरे में चमकने लगी...। एक बरसाती, किचन, रिकार्ड प्लेयर, इतना सुख आराम...संन्यासिनें इस तरह रहती हैं...?''

''यह नहीं'' इरा ने धीरे-से कहा—''तुम अकेले रह सकती हो...?''

''क्या तुम नहीं रहतीं?''

''अगर मैं रह सकती तो उनके पीछे हिंदुस्तान नहीं आती।''[42]

यही वह बिंदु है जहाँ पर इरा अपने आपको उघाड़कर सामने रख देती है। उसके मन में दैहिक सुख की प्रबल कामना है और इसी के नशे में वह नित्ती भाई के पीछे हिंदुस्तान चली आती है।

लेकिन हिंदुस्तान आकर जब वह यह देखती हैं कि नित्ती भाई उसे केवल एक सुविधा के बतौर लेते हैं तो वह न चाहते हुए भी उनसे विलग होने की कामना करने लगती है। उसे लगता है कि वह एक छाया का पीछा कर रही है। इरा को नित्ती के व्यवहार से दुःख पहुँचता है। जिस सुख कों पाने के लिए वह इंगलैंड से दिल्ली आती है वह उसे मिलता दिखाई नहीं देता और वह सोचने लगती है कि जिस

सुख को पाने के लिए वह घर से भाग आई है वह बिना रिश्तों में बँधे मिल पाना संभव नहीं है और एक लंबे अंतराल के बाद वह वापस इंगलैंड लौट जाने का निर्णय ले लेती है। नित्ती को इरा के वापस जाने का निर्णय भीतर तक कचोट जाता है, वह टूट जाते हैं। इरा से प्यार के दिनों के दौरान अपनी पत्नी और बच्चों से वे इतने दूर हो चुके होते हैं कि वापसी में उन्हें डर लगता है और हारकर वे पलायन कर जाते हैं...यानी आत्महत्या...।

मृत्यु निर्मल वर्मा के कथा-साहित्य में कई जगह आती है। 'लाल टीन की छत' में भी मृत्यु बोध है और 'एक चिथड़ा सुख' में भी...''लेकिन एक चिथड़ा सुख की मृत्यु हमारी चेतना को और गहरे स्तर पर पकड़ती है। वह उससे जुड़ जाती है, यहाँ और वहाँ का अंतर झरने लगता है, हम अपने को मारकर इसी जीवन में नया जन्म ले सकते हैं, किसी की मौत हमें नया जन्म दे सकती है। हम जीवन भर मर सकते हैं...क्या मैं जिंदा हूँ...? क्या जिसे मैं चाहता हूँ उसे यह मालूम है कि मैं मर चुका हूँ...? इस तरह के बहुत से सवाल नित्ती भाई की मृत्यु लेकर सामने खड़ी होती है...।''[43]

इरा के मन में नित्ती भाई की पत्नी के लिए दया है, वह उनसे मिलना चाहती है और माफी भी माँगना चाहती है, लेकिन उसे न तो अपने किए पर पछतावा है और न ही दुःख।

इरा दिल्ली जैसे आदमियों के जंगल में भी अकेली है..., अपने भीतर से अकेली...। वह घूमती भी, अँधेरे में शब्दों की तरह। वह शब्द सिर्फ अँधेरे में खुलते थे और मुँद जाते थे...वह कभी-कभी...डेरी के बंगले की फेंस के अंतिम छोर पर जहाँ बंगले की रोशनी मद्धम पड़ चुकती है...अपनी तन्मयता और तल्लीनता के बीच अपने आपसे पूछती या कि हवा से पूछती या फिर पेड़ों की पत्तियों से पूछती घूमती रहती।

''विल यू लेट मी गो?''

''वह किससे पूछ रही है...कौन है वहाँ...? क्या यह उसका पार्ट है–रिहर्सल का टुकड़ा है...या शायद वह कुछ देर के लिए खाली है...नाटक के बीच का खाली अंतराल जिसे लाँघकर वह वहाँ से इधर चली आई है, अँधेरे में, जहाँ डेरी और उसके साथी झिलमिलाते स्टेज पर स्ट्रिनबर्ग का नाटक कर रहे हैं।''[44]

और इनसान जब अकेले में बोलता है तो वह असली होता है...उस नाटक से परे जो वह ज़िंदगी में पूरे जीवन भर खेलता रहता है..., क्योंकि अकेले में तुम कुछ भी किसी से कह सकते हो... ''कितने सुनने वाले हैं...? झाड़ियाँ, पेड़-पत्तियाँ, घास...और वे बाहर हैं–लेकिन बाहर की दुनिया में वे उतने ही अकेले हैं जितने घर के भीतर लोग, वे सब कुछ सुनते हैं।''[45]

गले में गुलेल लटकाए, हाथ में पत्थर लिए भरी बनैली आँखों वाली लड़की

जो अपने पूरे हावभाव से सामान्य नहीं लगती। वह एक अकेले बड़े बंगले में रहती है...और अदृश्य छायाओं से जो उसके घर की तलाशी के लिए आने वाली है, की आशंका से लड़ती रहती है, चौकन्नी रहती है। वह जवान होती, अकेली रहती लड़की है, जिसका नाम कथाकार निर्मल वर्मा ने डेरी की बहन रखा है। निर्मल वर्मा ने डेरी की बहन के माध्यम से डेरी की बिहार के नक्सलवादियों के बीच जाने और उनके जाने के बाद घर में उपजी आतंक की परिस्थितियों के इशारे मात्र दिए हैं।

लड़की डेरी के दोस्तों को पसंद नहीं करती। उसकी नज़र में थिएटर, समय बरबाद करना है। वह सोचती है, कि डेरी के दोस्त, एक्टर लड़कियाँ सब जानवर हैं साथ ही वह अजीब तरह की मनःस्थिति में जीती हुई लड़की है, लेकिन उसके माध्यम से कथाकार निर्मल वर्मा ने जीवन के सत्य को उजागर करने की कोशिश की है।

व्यक्ति कितना ही भटक ले, बाहर की दुनिया में अंततः वह अपने घर की दुनिया में पलट ही आता है। एक जगह वह मुन्नू से पूछती है–

''तुम यहाँ कितने दिन रहोगे?'' उसने पूछा।

''कुछ दिन और।''

''फिर...?''

''मैं इलाहाबाद लौट जाऊँगा।''

''यहाँ नहीं रहना चाहोगे।''

''जहाँ मेरा घर है।''

''तुम्हारी कज़िन का घर भी वहीं है, लेकिन वह यहीं रहती है।''

''उसकी बात अलग है।'' उसने कहा–''वह अपना घर छोड़कर आई है।''

वह धीरे-से हँसी।

''वे सब लौट आते हैं।''

'कहाँ से लौट आते हैं...?

''बाहर से।'' वह एक क्षण उसे देखती रही।

''बाहर की दुनिया से...।'' उसने कहा।[46]

वह न सिर्फ बिट्टी को नापसंद करती है, वरन हर एक्टर उसकी नज़र में पागल है। बंगले के लान में हो रही रिहर्सल की आती धीमी-धीमी आवाज़ों को सुनने के लिए वह निश्चल खड़ी रहती है। वह सुन रही थी, उसके बीच सन्नाटा था और वह इतना गहरा था कि उसे लगा, जैसे वह उसके सुनने को सुन सकता है, जैसे उनकी आवाज़ें पहले उसके पास आती हों और फिर उसके कानों से छन कर उसके पास...। ''तुम्हारी कज़िन की आवाज़ है?'' उसने कहा–''क्या नाम है उसका...?'' ''बिट्टी...'' वह हँसने लगी, ''मैं उसकी आवाज़ हमेशा पहचान लेती हूँ।''

पता नहीं क्यों उसे लगा जैसे उसके स्वर में हिकारत सी भरी हुई थी–एक

छिछोरा-सा मजाक—उसका मुँह सूख गया।

"यह उसका पार्ट...?" एक अजीब हिकारत में उसके होंठ खुल गए।

"वे अपने आपको धोखा दे रहे हैं।"

"धोखा...?"

"जानते हो..."

वह हँस रही थी।

"बर्बाद कर देना, खत्म कर देना, तबाह कर देना।" उसने कहा।[47]

सब कुछ न कुछ पाना चाहते हैं। कौन हैं वे और क्या पाना चाहते हैं? पर वह क्या है जिसे ढूँढ़ने बिट्टी दिल्ली आई है इलाहाबाद से...। और बिट्टी के दोस्त डेरी, जो अपनी आधी ज़िंदगी बिहार के जंगलों में बिताकर लौटे हैं—अपने बीते पल के बारे में डेरी कहते हैं—"वह अलग समय था—और हम दूसरे लोग थे—हम सोचते थे, एक दिन में सब कुछ बदला जा सकता है। वह पागलपन था।"[48]

लेकिन डेरी तो पागल नहीं हुए, लौट आए दिल्ली और करने लगे थिएटर—उन चीज़ों को छोटा करते हुए, भूलते हुए, जिनका कोई हल नहीं।

या फिर नित्ती भाई अपने परिवार और इनके बीच झूलते हुए...अधूरे से नित्ती भाई जो कुछ पाने की चाह में इतना उलझे कि ज़िंदगी से ही पीछा छुड़ा लिया...वह बाहर आ गए। वह टब के पानी में लेटे थे...।

लेकिन इससे किसी को क्या मिला? क्या नित्ती भाई जो नहीं रहे, उनके न रहने से किसी को कुछ मिला, क्या उनकी पत्नी बच्चे को कुछ मिला—या फिर इरा को जो नित्ती के पीछे लंदन से सिर्फ इसलिए चली आई थी कि वह अकेली नहीं रह सकती थी।

अकेली तो डेरी की बहन भी है। एक अकेली जवान होती लड़की...साथ हैं उसके सिर्फ अतीत की भयानक यातनामयी त्रासद रातें। जब डेरी के जंगल चले जाने के बाद वह कभी भी आ धमकते थे तलाशी लेने...।

किसने क्या खोया...क्या डेरी ने...? नहीं शायद नहीं...लेकिन वह लड़की, बनैली आँखों वाली लड़की जो एक तेज चाकू हमेशा अपने पास रखती है और रातों को जागती रहती है सिर्फ इसलिए कि वह कभी भी आ सकते हैं—वह दुःखी है लेकिन उसके दुःख को कोई नहीं समझता, कोई उसके पास नहीं आता, न डेरी और न उसके दोस्त। वह न तो बिट्टी को पसंद करती है और न ही डेरी के दूसरे दोस्तों को। उसकी नज़र में वे पागल हैं, अपने आपसे खेल रहे हैं।

कुल मिलाकर यह कहा जा सकता है कि निर्मल वर्मा का तीसरा उपन्यास 'एक चिथड़ा सुख' सुख की चाहना की मरीचिका है—रेत में चमके टापू, कभी-कभी पानी होने का भ्रम उत्पन्न करते हैं।

एक चिथड़ा सुख के सभी पात्र रेगिस्तान की मरीचिका के शिकार हैं—वे सब

बहुत कुछ जानते हैं, सोचते हैं, लेकिन यह नहीं सोचते कि वह स्वयं क्या हैं...?

उन सबको खोज है, सुख की लेकिन किन अर्थों में–"अर्थ की खोज अर्थ हो नहीं सकती और अर्थ मिलता नहीं। इस विडंबना से साक्षात्कार और पलायन में उम्र बीत जाती है। जीवन में यह एहसास इतनी आसानी या स्पष्टता से नहीं होता। वहाँ तो पलायन और साक्षात्कार का अंतर भी धूमिल रहता है। आखिर यह दोनों ही शब्द प्रासंगिक हैं और प्रसंग जुड़ा होता है तथ्यों से और तथ्य...? और शायद इसीलिए निर्मल वर्मा ने यह कथा एक लड़के की डायरी के माध्यम से कही है–डायरी जो समय को नहीं क्षणों को बाँधकर रखती है–वह मरी हुई तितली है, उड़ते हुए रंग का निर्जीव लोथ। यह एक तरह का सौदा है–देखने, मरने और याद करने के बीच।[49]

कोई भी कलाकार अपनी रचना के निर्माण की प्रक्रिया के बीच, अनुभूति, जिज्ञासा और अनुभव के सोपानों से ज़रूर गुजरता है। अनुभूति जो कि पहले पहल नितांत निजी होती है और वह मानव के साथ जुड़ी हुई एक सनातन प्रक्रिया है और एक लिहाज से व्यापक अर्थों में मनुष्य होने की शर्त भी है। अनुभूति और अनुभव के बीच अंतर इतना सूक्ष्म होता है कि उसे पकड़ पाना आसान नहीं होता है और अनुभूति की मानवीय अनुभव तक पहुँचाने की प्रक्रिया भी बहुत जटिल और जोखिम भरी यात्रा के समान होती है।

और शायद इसीलिए अपने आरंभिक प्रभाव में 'एक चिथड़ा सुख' को पढ़ने से "ऐसा लगता है कि लेखक (निर्मल वर्मा) 'पाश्चात्य अभिजात (एलीट) मनोवृत्ति' से आतंकित हिंदी पाठक पर पश्चिमी ढंग के रहन-सहन, बोल-चाल और अभिजात भाषा के द्वारा एक ऐसी अनुभूति को आरोपित करना चाहते हैं जो वास्तव में भारतीय अनुभूति है ही नहीं, जिस वर्ग के पात्रों को लेखक ने उपन्यास में समेटा है वे संदर्भित मनोदशा के एकदम विलोम लगते हैं।"[50]

रात का रिपोर्टर

'वे दिन', 'लाल टीन की छत', 'एक चिथड़ा सुख' के बाद 'रात का रिपोर्टर', निर्मल वर्मा का चौथा उपन्यास है, जो अन्य तीनों उपन्यासों से भिन्न पृ.भूमि को लेकर रचा गया है।

'रात का रिपोर्टर' उपन्यास आज की राजनीतिक विसंगतियों के शिकार एक बुद्धिजीवी रिपोर्टर रिशी के मानसिक द्वंद्व और संकट का ब्यौरा मात्र है। रामाश्रय राय के शब्दों में "निर्मल वर्मा ने 'रात का रिपोर्टर' में रिशी के द्वारा अपने आंतरिक संकट और इस संकट के कारण स्वयं अपने जीवन और अपने निकटतम व्यक्तियों के साथ अपने संबंधों के पुनरावलोकन और पुनर्मूल्यांकन की कहानी प्रस्तुत की है।"[51]

अभिव्यक्ति की स्वतंत्रता और व्यवस्था का परस्पर विरोध और उससे उपजे

तनाव आज के युग की सबसे बड़ी और मुख्य समस्या है और जब भी इनके संबंध बिगड़ते हैं, तब-तब आपातकाल की-सी स्थिति का जन्म होता है। 'रात का रिपोर्टर' में भी यही सारी स्थितियाँ हैं।

रिशी को अपने आसपास बुने जा रहे जाल का पता उस वक्त लगता है, जब एक अजनबी, 'दयाल' से उसे यह सूचना मिलती है कि अनूप भाई को गिरफ्तार कर लिया गया है और स्वयं उससे (दयाल साहब से) भी खुफिया पुलिस के लोगों ने गहन पूछताछ की है, साथ ही रिशी का नाम भी उन लोगों की लिस्ट में है। उन्होंने उसे यह भी बताया कि–"उसके बारे में भी पुलिस ने पूछताछ की, उसे रिशी के लिखे कुछ लेख दिखाए, एक फोटो जब रिशी किसी जुलूस में था कोई पिटीशन जिस पर रिशी ने दस्तख़त किया था"[52], भी दिखाई और फिर चलते-चलते दयाल ने यह भी कहा था कि–"आप कुछ ऐसा न करें जिससे उन्हें आप पर कोई शक हो...। आप अपनी माँ से कह दीजिए कि जब आप घर में न हों तो किसी को भीतर न आने दें, कोई फोन आए तो यह भी कहने की ज़रूरत नहीं कि आप कहाँ हैं और आप फिलहाल उनकी (अनूप भाई की) पत्नी से नहीं मिलिए, वरना वे उन्हें भी परेशान करेंगे।"[53]

आंतरिक संकट की शुरुआत यहीं से होती है और उसका पूरा जीवन जैसे अस्त-व्यस्त हो जाता है–आशंका, अविश्वास उसके चारों तरफ उसी दिन से मँडराने लगती है, जिस दिन उसे दयाल साहब ने सूचना दी होती है कि तुम्हारा नाम खुफिया पुलिस की संदिग्ध सूची में है, तब ही से उसे न सिर्फ आंतरिक बल्कि बाहरी जगत भी एकाएक भयपूर्ण लगने लगता है। एक असुरक्षा की भावना उसे ग्रसित कर लेती है। भय उसे पहले भी लगा था, लेकिन इस बार का भय पहले के भय से कुछ अलग था। उसे ऐसा लग रहा था कि उसके भीतर के डर के साथ बाहर का डर भी घुल गया है। इस डर का सीधा संबंध उसकी जन्म-पत्री से था–"जो उनकी फाइलों में बंद थी और जिसे वे कभी भी खोल सकते थे। वे सारे निजी और प्राइवेट भेद, जिन्हें वह अब तक अँधेरे में गुनता आया था, सहसा थिगलियों की तरह बाहर निकल आए थे...अपनी गंध और गंदगी के साथ जिसे कोई भी बाहर से देख सकता था। उसे हर कदम पर भ्रम होता था कि लोग सशंकित निगाहों से उसे देख रहे हैं।"[54]

शायद और लोग तो आपको खतरों की गंध के बीच घिरा पाकर कतराकर निकल सकते हैं, लेकिन आपके अपने प्रियजन तो ऐसा नहीं कर सकते। रिशी का भय उनको भी भयाक्रांत कर देता है और फिर जाग्रत होती है, असुरक्षा की भावना और इसी भावना के अंतर्गत मूल्यांकन होता है पारस्परिक संबंधों का। रिशी के भय ने उसका अंतर अंधकारमय कर दिया है। लेकिन–"इस अंधकार के पर्दे से आत्म-विश्लेषण की एक ऐसी क्षीण रोशनी भी निकलती है, जिसकी झिलमिल आभा

में अपने प्रियजनों, माँ, पत्नी और प्रेमिका के साथ उसके संबंध का स्वरूप भी उभरता है और उनके प्रति उसके दायित्व की आकृति भी निखरती है, परंतु बाहर का डर अंदर के डर से घुल-मिलकर रिशी के जीवन में तूफान खड़ा कर देता है जिससे न भागा जा सकता है और न ही भोगा जा सकता है।''[55]

उपन्यास 'रात का रिपोर्टर' का कथानायक रिशी एक ऐसे पत्रकार के रूप में है, जिसका आंतरिक संकट उसके बाह्य सामाजिक यथार्थ से उपजा है। हालात ने उसे अस्वस्थ और शंकालु बना दिया है। वह अपने ही डर से डरा हुआ है। उसके दिन और रात अविश्वास और निश्चय के बीच डोलते हुए बीत रहे हैं। उसके चारों ओर अँधेरे (अदृश्य) का साम्राज्य है और उस अँधेरे की गिरफ्त में उसका अंतर्मन भी है।

उपन्यास 'रात का रिपोर्टर' नायक प्रधान है, जिसका नायक 'रिशी' एक रिपोर्टर है। रिपोर्टर बनने से पहले वह किसी कॉलेज में अध्यापन का कार्य भी कर चुका है, लेकिन अध्यापन का कार्य उसके अपने भीतर बैठे बुद्धिजीवी रिशी को रुचिकर नहीं लगता, क्योंकि वह सोचता था कि समाज में व्याप्त विसंगतियों को देखकर अनदेखा नहीं किया जा सकता, इन सबका विरोध होना चाहिए और वह अपनी अभिव्यक्ति के लिए रिपोर्टर बन जाता है।

उपन्यास की शुरुआत आतंक से होती है और अंत तक आतंक और भय से जूझते रिशी की अपनी व्यथा पूरी तरह विद्यमान रहती है। उपन्यास में थोड़ा-सा उल्लेख बस्तर का आया है वरना तो पूरा उपन्यास शक और डर की डोर से बँधा हुआ है।

रिपोर्टर रिशी ने पत्रकारिता को सोद्देश्य अपनाया था। सामाजिक, राजनीतिक स्तर पर जो मूल्यों का क्षरण हो रहा था, उसकी प्रतिरक्षा में वह अपने कलम का उपयोग करना चाहता था और कर रहा था, जबकि उसके एडिटर मि. राय का कहना था कि—''अच्छा रिपोर्टर वह है जो कर्म के सम्मोहन से बच सके।''[56] यह एक ऐसी स्थिति है, जहाँ पर बौद्धिक जगत और व्यावहारिक जगत में अंतर है, लेकिन रिशी कर्म सम्मोहन से अपने आपको निर्लिप्त नहीं रख पाता क्योंकि वह अपने लेखों के माध्यम से सरकारी तंत्र की आलोचना और प्रतिआलोचना तो करता ही है साथ ही सरकार के ख़िलाफ निकलने वाले जुलूसों में भी हिस्सा लेता और पिटीशनों पर दस्तख़त भी करता है, भले ही वह चाहे-अनचाहे हो।

''कहने की जरूरत नहीं कि आज की बौद्धिक अस्त-व्यस्तता और उलझनों के मूल में धरना की स्वायत्तता और आत्म पर्याप्तता, संपूर्णता की धारणाएँ, व्याधियों की तरह उपस्थित हैं और इसके कारण व्यक्तिगत और सामूहिक संकट गहराता ही जाता है। रिशी भी इसी संकट से आक्रांत है और इसलिए उसका आंतरिक अनिश्चय और असुरक्षा की भावना दोनों ही जड़ीभूत हैं।''[57]

यह तो रही उपन्यास की कथा वस्तु, अब आया जाए कथावस्तु के पात्रों की तरफ। उपन्यास में जहाँ तक नारी पात्रों का सवाल है कुल चार ही पात्र हैं। इन चारों पात्रों में कथा के सूत्र तो पात्र रिशी की पत्नी उमा, माँ और प्रेमिका बिंदु के आसपास घूमते हैं, लेकिन अनूप भाई की पत्नी तथा पिटीशन पर दस्तखत कराने आई लड़की को भी नज़रअंदाज नहीं किया जा सकता। ये दोनों पात्र भी अपनी जगह से पूरी कथावस्तु को पकड़कर रखते हैं। सबसे पहले आया जाए पिटीशन पर दस्तख़त लेने वाली पीले चेहरे वाली लड़की पर, क्योंकि आतंक के धागों का एक सिरा उस तक भी जाता है। वह भी इसलिए कि वह एक खास विचारधारा के मानने वाले तीन लड़कों, जिनको कि फाँसी हो चुकी है, फाँसी की सज़ा के विरुद्ध बुद्धिजीवियों की सहमति बटोरती और इसी कारण रिशी के पास भी चली आती है।

एक शाम जब रिशी अपने घर का जीना उतर रहा होता है, तब सीढ़ियों पर हल्की सी आहट होती है और वह ठिठक जाता है। तब एक लड़की सीधे उसके सामने चली आई—"हम आपसे मिलने आए थे...हम चाहते हैं आप भी इस पर दस्तख़त करें, हम लेखकों, जर्नलिस्टों, सबसे सिग्नेचर करवा रहे हैं...।" यह कहते ही उसने एक मैला मुड़ा-तुड़ा-सा कागज उसके आगे कर दिया। वह पिटीशन थी, उन हजारों पिटीशनों में से एक जो उन दिनों लोगों के पास घूमा करती थीं। उसने जो पढ़ा उसे पहले से ही मालूम था। पिटीशन में उन्हें रिहा कर देने की माँग की गई थी।

"तुम सोचती हो दस्तख़त करने से वे छूट जाएँगे।"

"हम कोशिश तो कर ही सकते हैं।"

"इन लोगों पर हत्या का चार्ज है।"

"हाँ, लेकिन आपको मालूम है—उन्होंने यह किस हालत में...।"

"देखिए मैं हमेशा हिंसा के विरोध में रहा हूँ।"

"क्या फाँसी हिंसा नहीं है?"

"और हत्या क्या उसकी सज़ा कोई नहीं है?"

"जो खुद हिंसा करते हैं, उन्हें सज़ा देने का क्या हक़ है?"[58]

उसने हताश होकर लड़की की तरफ देखा और वाद-विवाद में न पड़कर उस पीले चेहरे वाली लड़की से पीछा छुड़ाने की गरज़ से उसी के पेन से कागज़ को दीवार के सहारे टिकाकर हस्ताक्षर कर दिए।

वह पीला इन्टेंस चेहरा, जिस पर अजीब कुँआरी चमक में घुली हुई दो निष्पाप आँखें टँकी हुई थीं, जिनमें ढेर सारे प्रश्न चमक रहे थे, फिर नहीं आता है उपन्यास में, लेकिन प्रश्न छोड़ जाता है रिशी के लिए, जिनको वह अर्से से टालता, अपने से परे करता आया था—"उसे क्या मालूम था कि ये प्रश्न एक दिन अँधेरे जीने से उतर कर उसकी ज़िंदगी के चौराहे पर आ खड़े होंगे...अचानक उसे पकड़ लेंगे।"[59]

जहाँ तक पीले चेहरे वाली लड़की के चारित्रिक विश्लेषण का सवाल है, वह जिस आत्मविश्वास के साथ उपन्यास में थोड़ी देर के लिए उपस्थित होती है...वहाँ वह अपनी उपस्थिति का न सिर्फ आभास कराती है, बरन ढेर सारे सवालों को, जो कि व्यवस्था के सरकारी तंत्र के ऊपर तीखा इशारा करते हैं, छोड़ जाती है।

वह लड़की जैसा कि उपन्यास में उसके चरित्र से जाहिर हो रहा है कि वह एक खास विचारधारा से संबंध रखती है...जहाँ सबकी सोच एक समूह की समग्र सोच है...और वह इसीलिए अपनी बात कहते समय 'मैं' का प्रयोग न कर 'हम' का प्रयोग करती है जो कि उसकी सोच की समग्रता का प्रतीक है।

'रात का रिपोर्टर' उपन्यास में अनूप भाई की पत्नी का जिक्र कई बार आता है, लेकिन उनकी उपस्थिति एकाध बार ही हुई है और वह भी तब, जब अनूप भाई गिरफ्तार हो जाते हैं, और रिशी अपने मानसिक द्वंद्व से जूझ रहा होता है। तभी वह उससे मिलने लाइब्रेरी आती है। 'पर दोस्तों की पत्नियाँ' अपने घरों के बाहर दोस्तों के बगैर कितनी बेबस जान पड़ती हैं।' रिशी ने उसको आते देख सोचा था।[60]

अनूप भाई की पत्नी को मालूम था कि उसके पति की दोस्ती रिशी से है, क्योंकि वह अक्सर उसको अपने घर की बैठकों में पाती थीं और जब अनूप भाई गिरफ्तार हो गए तब वह एकदम से अकेली हो गईं। जो लोग उनके करीबी थे, अब उनसे कतराकर निकल जाते थे। बहुत बेबसी के दिनों के बीच वह रिशी को अनूप भाई का संदेशा देने उनके पास आती हैं, कि अगर उनके पास उनके पत्र या लेख जो भी सामग्री हैं उसे नष्ट कर दें। साथ ही, वे यह भी बताती हैं कि उनका यहाँ की जेल से ट्रांसफर कर दिया गया है, लेकिन कहाँ वे नहीं जानतीं।

"उन्हें ट्रांसफर कर दिया गया है।"

"क्या मतलब।"

"अब वे इस शहर में नहीं हैं।"

वे यह कहते हुए बहुत क्लांत दिखाई दे रही थीं। उनकी दिली इच्छा थी कि उन्हें यह पता लग जाए कि अनूप भाई को कहाँ रखा गया है, लेकिन वे रिशी को किसी संकट में भी फँसाना नहीं चाहती थीं।

"लेकिन सुनिए, मैं नहीं चाहती आप अपने को किसी मुश्किल में डालें।"

आँसुओं के बाद उनकी आँखें चमक रही थीं। अनूप भाई की पत्नी को वह बरसों से देखता आया है। लेकिन औरत के रूप में तुम्हें सिर्फ तब देख पाता था जब वे अपनी ओर से बिल्कुल बेख़बर होती थीं। तब वे न पत्नी दिखाई देती थी, न माँ, सिर्फ एक दोस्त की दोस्त, जिसे वह हमेशा जानता आया था—"मुश्किल कैसे—?"

"वह कभी नहीं चाहेंगे कि आप पर कोई संकट आए। उन्हें यह पता नहीं चलना चाहिए कि मैं आपके पास आई थी।"[61]

अनूप भाई की पत्नी अपने जीवन के कर्म में न सिर्फ विचार बल्कि अपने पूरे वजूद के साथ अपने पति अनूप की हमराह थी...।

उपन्यास 'रात का रिपोर्टर' अनूप भाई की पत्नी के चरित्र की परछाईं-भर ही उपस्थित होती है लेकिन, पूर्ण गरिमा के साथ...उनकी सबसे बड़ी चिंता होती है कि उनके पति के, विचारों के, साथियों पर कोई जोख़िम न आए...साथ ही वे सचेत भी हैं। वे यह भी नहीं चाहतीं कि इन मुसीबत के दिनों में जो उन पर अचानक ही आई, के बीच हताश दिखाई दें। जब रिशी उनसे कहता है—''देखिए...अगर आपको कोई जरूरत हो...।''

वे चलते-चलते ठहर जाती हैं, और कहती हैं—''आप फिक्र न करें...मैं पढ़ाने जाती हूँ... कुछ टाइपिंग का काम भी मिल जाता है, मुझे किसी चीज की जरूरत नहीं, अगर सिर्फ...।''[62]

यहाँ पर यह बात साफ तौर पर सामने आ जाती है कि वे अपने पति के दोस्त से किसी भी तरह की आर्थिक मदद स्वीकार करने की जरूरत नहीं समझती हैं। उनका रिशी के पास आने का उद्देश्य तो सिर्फ इतना ही है कि वह सिर्फ इतना ही पता कर दें कि वे (अनूप भाई) कहाँ हैं...? और तो और, वे पति के दोस्तों के हित के प्रति इतनी अधिक सचेत हैं कि उन्हें अपने साथ आने तक को मना कर देती हैं—''अब आप हमारे साथ मत आइए...मैं नहीं चाहती कोई आपको हमारे साथ देखे।''

और फिर जैसे कोई भूली हुई बात याद आ जाती है। वे ठिठककर कहती हैं—''उनकी जो भी चीज़ आपके पास हो उसे जला दीजिए, वे यही चाहते हैं। इसमें देर मत कीजिएगा। और धीरे से वे रिशी का हाथ अपने हाथ में थाम लेती हैं और उसे दबा कर छोड़ देती हैं।''[63]

जहाँ तक अनूप भाई की पत्नी के चारित्रिक विश्लेषण का सवाल है वे एक पढ़ी-लिखी स्वतंत्र विचारों वाली आधुनिक महिला के रूप में उपस्थित होती हैं, जिनका पति है। वे एक छोटी-सी बच्ची की माँ हैं। उपन्यास में उनके मातृत्व पक्ष की तरफ कोई इशारा नहीं किया गया है। वहाँ वे सिर्फ एक ऐसी पत्नी हैं, जिनका पति आपात्काल के दौरान अपने विचारों के कारण, व्यवस्था का शिकार हो गया है। एक पत्नी के रूप में उनकी बेचैनी साफ पढ़ी जा सकती है। वे बेचैन हैं, दिखाई भी देती हैं, लेकिन उनकी बेचैनी में हताशा नहीं है, एक दृढ़ता है और एक संकल्प है, अपनी लड़ाई स्वयं जारी रखने का। और अगर मदद भी चाहती हैं तो उनका पहला आग्रह अपने मददगारों से यही रहता है कि वे उनकी खातिर अपने आपको जोख़िम में न डालें।

निर्मल वर्मा के उपन्यासों और कहानियों में माँ के रूप में महिला चरित्रों का गठन कम ही हुआ है। ऐसा नहीं है कि वे 'माँ' से परहेज करते हैं, उन्होंने जहाँ

पर भी 'माँ' के चरित्र को ज़रूरी समझा है, उसको चित्रित किया है। यह और बात है कि निर्मल वर्मा के यहाँ माँ के रूप का मतलब होता है, एक डरी, सहमी, बूढ़ी माँ जिसकी कमर और कंधे कुछ झुके हुए हैं, जैसे सारे जीवन भर वे 'भार' ढोती रही हों...। चाहे वे 'पिछली गर्मियों में' की माँ हों या फिर 'रात का रिपोर्टर' की, कहीं कोई अंतर नज़र नहीं आता।

'रात का रिपोर्टर' की माँ भी अपने बेटे रिशी, जो रिपोर्टर है, से कुछ सहमी-सहमी-सी रहती हैं। दोनों (माँ और बेटे) के बीच पूरे उपन्यास में बातों के बहुत से मौके आते हैं, लेकिन वहाँ पर दोनों के बीच एक मौन पसरा रहता है। वैसे यह बात भी सच है कि पति के मरने के बाद पत्नी अपने बच्चों पर ही आश्रित हो जाती है, शायद अनजाने ही उन्हें ऐसा लगने लगता हो कि उनका आधार, जिसके सहारे वे खड़ी हुई थीं, ढह गया है। अब तो जो कुछ भी है, वह उनका बेटा ही है और संभव है यही वह सोच होती होगी जहाँ माँ अपने ही बेटे से एक अजीब से रहस्यात्मक डर, या असुरक्षा महसूस करने लगती होगी। 'रात का रिपोर्टर' की माँ के आसपास यही डर मँडराता दिखाई देता है, जिसमें थोड़ा-सा डर उस अकेले घर में जीने का भी है जिसका "एक हिस्सा काल और दूसरा कंकाल में बँटा दिखाई देता है।"[64]

भय उन्हें उस टेलीफोन का भी है जो रात-बिरात बज उठता है—रात के गहरे सन्नाटे को तोड़ती हुई टेलीफोन की घंटी की आवाज़ उन्हें अपने घेरे से बाहर निकालती ही नहीं, वरन उन्हें एक अनजाने रहस्यात्मक सन्नाटे में भँवर के बीच पहुँचा देती, ऐसी स्थिति में वे रात को घर में रहने के बजाय अस्पताल में रहना ज़्यादा पसंद करती हैं, जहाँ उनके बेटे की पत्नी अपने मानसिक विकास का इलाज करा रही है। रिशी जब उनसे कहता कि आज वे घर में रह जाएँ वो अस्पताल जाकर डॉक्टर से मिलकर उनका हाल पूछ आएगा—वे आतंकित सी हो उठती हैं और कहती हैं—

"नहीं...नहीं, मैं यहाँ अकेली नहीं रह सकती"—अचानक उन्होंने कहा।

"क्यों...क्या बात है?"

"जब से तू लौटा है, नुझे डर लगता है।" उसका दिल ठहर-सा गया..."कैसा डर?"

"जब तू बाहर होता है तो बार-बार कोई फोन करता है। मुझे पता भी नहीं चलता कि फोन कट गया है या वह अब भी सुन रहा है।"[65]

माँ बेटे की मजबूरी और बहू के ग़म को समझती है और बहू यानी रिशी की पत्नी अपने पति के साथ-साथ अपनी सास की कही हुई बातों पर भी भरोसा नहीं करती है—उन्हें लगता है कि बेटे ने अपनी माँ को सिखा रखा है—वे कहती हैं जो वे उनके मुख से कहलाना चाहते हैं।...माँ रिशी से कहती हैं—"वह शायद मेरा विश्वास नहीं करती।"

"तुम क्या कह रही हो?"

"ठीक कह रही हूँ। वह सोचती है, मैं उससे वही कहती हूँ जो तुमने मुझे सिखा रखा है। वह इस पर भी विश्वास नहीं करती कि तुम बस्तर गए थे...उसे लगता है, वह सिर्फ एक बहाना है।"[66]

माँ शाम की पलटती धूप की तरह है, निस्तेज, गरमी रहित जो धीमे-धीमे मलिन हो रही है। पूरे उपन्यास में माँ की केवल एक ही जगह इंट्री है। जिस तरह नाटक में किसी पात्र की जितनी भूमिका होती है, बिल्कुल उसी तरह उपन्यास 'रात का रिपोर्टर' की माँ का बहुत छोटा-सा ही रोल है—जो अपने हिस्से का रोल अदा कर जल्दी ही फ्रेम से बाहर हो जाता है।

वैसे उनके चरित्र के विश्लेषण का सवाल है तो, रात का रिपोर्टर की माँ एक डरी, सहमी, जीर्ण अवस्था की हैं, लेकिन उनका डर कुछ समझ में नहीं आता, क्योंकि उपन्यास का जो परिवेश है उस लिहाज से उनका भय, और वह भी अपने बेटे से भले ही वह उस पर आश्रित ही क्यों न हो, समझ में नहीं आता है।

दूसरी एक बात और भी ग़ौरतलब है कि उनका टेलीफोन की घंटी की आवाज़ या फिर सिर्फ इतना पूछ कर रख देना कि "रिशी है कि नहीं?" से भयभीत होना भी कुछ समझ में नहीं आता है, क्योंकि रिशी ने अपनी परेशानियों से उन्हें तो परिचित कराया ही नहीं था—एक अनावश्यक-सा डर क्यूँ है उनके पास?

आप किसी को टेलीफोन करते हैं, घंटी जाती है और दूसरी तरफ टेलीफोन पर मौजूद व्यक्ति आपकी 'हेलो' के जवाब में कुछ न कहे, सिर्फ साँसें और लंबी चुप्पी के अजीब से सन्नाटे की साँय-साँय...पसरी रहे, तब आप सोचिए क्या हाल होगा आपका, जबकि लाइनें जुड़ी हों...एक अजनबीपन 'इस' से 'उस' के बीच थमा हुआ रहता है, भले ही वह कुछ पलों का ही क्यों न हो, लेकिन होता तो है...। रिशी और बिंदु भी इसी तरह आपस में जुड़े हुए हैं, लेकिन दोनों के संबंधों के बीच अजनबीपन का साया भी साथ-साथ रहता है।

लेकिन उपन्यास में इस अजनबीपन को सिर्फ बिंदु ही महसूसती है। अक्सर कुछ ऐसे क्षण उन दोनों के बीच जरूर आते हैं, जब बिंदु को लगता है...कि कुछ फासला है..., सन्नाटा है..., जहाँ सिर्फ हवा है, साँय-साँय करती हुई।

रिशी कभी-कभी अपने और बिंदु के शरीरी संबंधों को लेकर पाप और पुण्य के 'गिल्ट' की ऊहा-पोह के बीच उतराने लगता है। लेकिन, जब एक दिन रिशी की पत्नी रिशी की माँ से कहती है कि—"उसने रिशी को मुक्त कर दिया है—तब रिशी को लगा था कि वह पापमुक्त हो सकता है।" तभी वह बिंदु से कहता है—"सुना, अब हमारे बीच कोई पाप नहीं है। अब हम जहाँ चाहें—"बिंदु ने काउंटर से मुड़कर उसकी ओर देखा, उसमें कुछ इतनी उदासी थी कि उसे लगा वह उससे कह रही हो—रिशी तुम कैसे पागल हो जो पागलों की बात का विश्वास करते हो।—वह जड़वत

मूर्ति-सा बैठा रहा—बिंदु को निस्सहाय निगाहों से देखता रहा उसके चमचमाते चेहरे, माथे पर सुलगती बिंदी, कानों पर झूलते बालों की लटों के बीच आकांक्षा की जो नदी बहती थी, उसमें अपने पाप को धोकर छुटकारा नहीं पा सकता था, सिर्फ पानी को गँदला कर सकता था—वे ऐसे ही ठीक हैं—एक दूसरे को दूर से देखते हुए, हर बार अपनी आकांक्षा का जुर्माना भरते हुए।[67]

रिशी जिस आतंक के साये में इन दिनों अपने आपको घिरा हुआ महसूस कर रहा था--उसके दायरे से वह बिंदु को बाहर रखना चाहता है—वह उसे कुछ नहीं बताता—लेकिन उससे जानना चाहता है कि उसके आसपास कुछ अनहोनी तो नहीं हो रही है—उसके बारे में किसी ने कुछ पूछा तो नहीं—और जब से 'उस' व्यक्ति ने उसे सचेत किया है कि अपनी डायरी, चिट्ठियाँ जो कुछ भी है सब नष्ट कर दो तो वह बिंदु से अपने बस्तर प्रवास से संबंधित पत्रों को बड़े सधे हुए अंदाज में वापस देने की माँग कर बैठता है—तब अचानक बिंदु संदेह में आ जाती है, उसे कुछ विस्मय होता है, वह पूछती है—तुम्हें क्या अपने पत्र वापस चाहिए?

"सिर्फ कुछ दिनों के लिए।"

"क्या यही बात तुम्हें कहनी थी?"

"और क्या? मैं समझा नहीं?"

"नहीं, शायद मैं नहीं समझी।"[68]

और शायद यह जुमला "नहीं, शायद मैं नहीं समझी?"—बिंदु और रिशी के संबंधों के बीच फैले रेतीले सन्नाटे की तरफ एक ख़ामोश इशारा करता दिखाई देता है। इतना ही नहीं, पूरे उपन्यास में बिंदु के चरित्र का ढाँचा ही कुछ इस तरह से बिखरा-बिखरा कर खड़ा किया गया है कि वह अपने आपमें पूर्ण दिखाई ही नहीं देता है।

इसी तरह उपन्यास में एक और जगह—

"बिंदु, तुम्हें किसी ने फोन तो नहीं किया?"

"किसका फोन?"

"किसी ने तुमसे मेरे बारे में तो नहीं पूछा?"

"तुम्हारे बारे में—क्या तुमने किसी से कहा था?"

"नहीं...नहीं,—अगर कोई मेरे बारे में पूछे तो कहना तुम्हें कुछ नहीं मालूम?"

"क्या कोई—लेकिन क्या—?"[69]

अचानक सब कुछ जैसे थम गया हो—बिल्कुल उस नाले की तरह जो रेगिस्तान में आकर गुम हो जाता है सिर्फ एक गीली लकीर रेत पर छोड़ जाता है। बिंदु को लगा कि संबंधों की नदी सूनी रेत में कहीं गुम हो गई है—वह उठ खड़ी हुई।

"मैं दफ्तर जाऊँगी, यहाँ बैठने का कोई मतलब नहीं।" उसकी आवाज़ थरथरा रही थी।

"तुम—तुम मुझे टुकड़ों-टुकड़ों में बताते हो?"[70]

बिंदु को ऐसा लगता है कि मानो रिशी उस पर पूरा भरोसा नहीं कर रहा है, वह बार-बार प्रतिवाद करती है, उस अविश्वास के साये का जो उसके जीवन में लगातार अँधेरा भरता जा रहा है, एक अजीब-सी धुंध उसके और रिशी के संबंधों के बीच घिरती चली जा रही है और उसे लगता है कि जैसे वह इस धुंध में अपने वजूद से पूरी तरह निस्संग हो जाएगी।...यह कोई पहली बार नहीं हुआ है—इसके पहले भी उसने जब भी रिशी के घर जाकर अकेली माँ की सेवा करनी चाही या उसकी पत्नी से मिलने की इच्छा की—तब-तब रिशी ने उसको रोका था।

"सुनो—तुम चाहो तो मैं कुछ दिन तुम्हारी माँ के पास रह सकती हूँ?"

"इससे क्या होगा?"

"फिर तुम सारा समय अस्पताल में लगा सकते हो। इन दिनों क्या यह ठीक नहीं रहेगा?"

"इन दिनों?" तब उसे लगा, "वे दिन सचमुच अलग हैं, अपने घर से छुटकारा, फोन, आदमी, खटके, एक झटके से उन्हें अलग किया जा सकता है।"[71]

बिंदु का ऑफर निःस्वार्थ था। उसमें रिशी के लिए कुछ करने की इच्छा थी लेकिन इसके बरक्स रिशी उसको एक झटके से मना कर देता है।

"नहीं...नहीं बिंदु।"—उसने एक झटके से उस लड़की को बीच में रोक दिया जिसे वह पिछले तीन सालों से अपने स्वार्थ में डुबोता आया था।—"तुम अपने माँ-बाप से अलग मेरे घर रहोगी और मैं अपनी पत्नी के साथ?"

"रिशी, तुम्हें मेरी ज़रूरत नहीं?"

"तुम क्या कह रही हो?"

"मैं अस्पताल नहीं जा सकती, तुम्हारी पत्नी को देखने, न मैं तुम्हारे घर आ सकती थी—मैं तुम्हारे लिए कुछ भी नहीं हूँ?"[72]

बिंदु की मन की परतों में यह बात पूरी तरह घर कर गई है कि रिशी की पत्नी की 'इस' हालत की जिम्मेदार वह स्वयं है और अपने उस अपराधबोध को हल्का करने की गरज से वह उसकी पत्नी के पास जाना चाहती है। कहने को रिशी उसके इस संदेह को निराधार बताता है। उसका कहना है कि—"जब तुम नहीं मिली थीं तब भी वह 'डिप्रेशन' का शिकार होकर अस्पताल जाती थी।"[73]

कुल मिलाकर बिंदु के चारित्रिक विश्लेषण को कुछ बिंदुओं के आधार पर परखा जा सकता है।

बिंदु एक पढ़ी-लिखी स्वतंत्र विचारों वाली परिपक्व युवती है जो आर्थिक रूप से अपने पाँव पर खड़ी हुई है। रिशी उसका दोस्त ही नहीं बल्कि उसका अंतरंग है। इतना अधिक करीब जहाँ किसी भी प्रकार की कोई वर्जनाएँ नहीं हैं।

निर्मल वर्मा अपने पात्रों का सृजन एक रहस्यात्मक वातावरण में करते हैं।

बिंदु के इर्द-गिर्द भी रहस्य की एक झीनी चादर तनी हुई है। वह जो कुछ भी बात कहती है, उसका आशय उतना साफ नहीं होता है, जितना उसकी नहीं कही हुई बात में होता है। "मैं तुम्हें तो जानती हूँ—यह क्या कुछ भी नहीं है—लेकिन वह—रिशी, मैं तुम्हें समझा नहीं सकती, लेकिन जब मैं अकेली होती हूँ तो अचरज होता है कि मैं तुम्हारे साथ हूँ और कुछ भी नहीं कह सकती।"[74]

एक अजीब-सा अंतर्द्वंद्व है बिंदु के चरित्र में। वह रिशी से दूर हो जाना चाहती तो है, लेकिन हो नहीं पाती। "मैं भाग जाना चाहती थी—तुमसे कभी नहीं मिलना चाहती थी।"[75]

एक लिहाज से उपन्यास 'रात का रिपोर्टर' की बिंदु एक ऐसा उलझा हुआ चरित्र है जिसके अपने पूर्वग्रह हैं—लेकिन उन सबके बावजूद वह रिशी के प्रति बहुत ही संवेदनशील है। लेकिन, दोनों के संबंधों के बीच एक अजीब तरह की चुप्पी थी जो एक-दूसरे के साथ जुड़ी हुई थी, दोनों तरफ को आर-पार भेदती हुई, जिनके भीतर अनगिनत व्यथाएँ छिपी हुई थीं और इस चुप्पी के बीच इंतजार था कि कौन इस चुप्पी को तोड़े।

अकेलेपन का भूरा सन्नाटा निर्मल वर्मा की अपनी विशेषता है। 'रात का रिपोर्टर' उपन्यास में भी यह भूरा सन्नाटा न सिर्फ अपने पूरे परिवेश में आतंक के बतौर विद्यमान रहता है चाहे वह रिशी की माँ का अकेलापन हो या उसकी पत्नी उमा का। पत्नी के इर्द-गिर्द दुःख और वेदना से उपजा सन्नाटा है, कोख के सूनेपन का सन्नाटा उसके पूरे वजूद पर तारी हो चुका है। वह जब भी रिशी की तरफ ताकती तो उसे वहाँ मिलती उपेक्षा। इसी उपेक्षा के कारण वह आत्मग्लानि से डिप्रेशन का शिकार हो जाती और अक्सर अस्पताल के सूने कमरों में भेज दी जाती, जहाँ होता उनका अकेलापन, सफेद दूधिया चादर पर बिछा हुआ।

उपन्यास 'रात का रिपोर्टर' के पूरे कलेवर पर आशंका और शक के भूतों का डेरा है। रिशी को डर है कि न जाने कहाँ उसको सलाखों के पीछे ढकेल दिया जाएगा। उसकी पत्नी उमा का शक है कि रिशी उससे बेवफाई कर रहा है। रिशी जब भी कहीं बाहर रिपोर्टिंग पर जाने के लिए तैयार होता तो वह उसका सामान ट्रंक से निकाल कर फेंक देती और ट्रंक को स्टोर में रख देती। रिशी स्वयं भी जानता है कि वह उसका विश्वास नहीं करती, लेकिन उसके पास उनके शक का कोई हल भी था नहीं।

जब भी उमा डिप्रेशन का शिकार होकर अपने भाई के घर चली जाती तब आधी-आधी रात को फोन करके रिशी का पता करती। ऐसी ही एक रात जब रिशी बिंदु के साथ अपने कमरे में था—तब अचानक फोन की घंटी बज उठी। माँ के बताने पर रिशी फोन सुनने गया, जब लौटा तो बिंदु पूछ बैठी—"किसका फोन था?"

"उसका। वह इन दिनों भाई के घर है।"

"इतनी रात को?"

"हाँ, इतनी रात को...?"

"आखिर वह चाहती क्या है?" बिंदु का प्रश्न बहुत देर तक अँधेरे में ताकता रहा।[76]

रिशी कुछ जवाब ही नहीं दे पाता क्योंकि उसके पास हिम्मत ही नहीं है कहने के लिए कि उमा क्या चाहती है?

सचमुच में उमा उसे ही चाहती है। इस बात को वह समझता है, लेकिन उसके पास उसे देने के लिए कुछ भी नहीं है। और शायद यही वजह है कि वह (उमा) पति और भाई के घरों के बीच डोलती रहती है और जब तकलीफ असहनीय हो जाती है तो अस्पताल की शरण ले लेती है। गोलियों के सहारे सोना होता है और बिजली के झटके से जागना। लेकिन, इन दोनों प्रक्रियाओं के बीच जब भी वे होश में आतीं, वे यह जानने के लिए ही उत्सुक रहती हैं कि रिशी बस्तर चला गया है कि दिल्ली में है। कैसे कह सकते हैं कि यह पागलपन है। नहीं, शायद यह उनका दुःख है जो चारों तरफ मँडराता रहता है। अस्पताल के कमरे के बाहर होने वाली हर आहट उसे रिशी के होने का भ्रम देती और वह पुकार उठती–रिशी, तुम हो...।

उमा उपन्यास में उपस्थित नहीं है, लेकिन फिर भी पूरी तरह उपस्थित है, एक दुःख की तरह। उनकी पीड़ा का कोई अंत नहीं है उपन्यास में भी नहीं होता। उनका दुःख सबको अपने घेरे में लिए रहता है। क्या रिशी, क्या माँ और क्या बिंदु सब अपने-अपने ढंग से उनके दुःख की छाया से घिरे हुए हैं।

उमा के मन में रिशी के प्रति आक्रोश है। वे अपने प्रति रिशी के रवैए को लेकर बेहद तनाव में रहतीं और इसी तनाव के कारण उन्हें बार-बार डिप्रेशन के दौरे पड़ने लगते और वे अस्पताल की शरण में जाने के लिए मजबूर हो जातीं। उमा रिशी को प्यार करती है। उनकी अदम्य इच्छा है कि वे रिशी के बच्चे की माँ बने, लेकिन रिशी चाहते हुए भी कोई सहयोग नहीं कर पाते। उमा उसके लिए केवल एक बेमेल विवाह का दुष्परिणाम मात्र थीं।

उमा अस्पताल के सूने कमरे में बेहोश पड़ी रहतीं या अगर होश में भी आतीं तो अपने आप में न होतीं, न जाने क्या-क्या कहती रहतीं, लेकिन टूटी और बिखरी बातों के बीच वे रिशी के बारे में जानने की बेहद इच्छुक रहतीं कि वे कहाँ पर हैं, बाहर या दिल्ली में, और कभी-कभी वे रिशी से छुटकारा पाने की इच्छा भी व्यक्त करतीं। एक पागल विक्षिप्त-सी हँसी के मध्य...वे न रिशी का विश्वास करतीं और न ही माँ का, क्योंकि वे माँ की कही हुई हर बात को इस अंदाज़ से देखतीं कि शायद बात को रिशी ने ऐसा ही कहने के लिए माँ को कह रखा होगा।

पिछले दिनों जब रिशी बस्तर के दौरे पर था तब उमा रिशी के दफ्तर जाकर उसके संपादक राय से भी मिली थीं, यह जानने के लिए क्या वे सचमुच बस्तर गए

हुए हैं?

रिशी ने अस्पताल के डाक्टर के द्वारा पूछे जाने पर कि आखिर कौन-सा ऐसा कारण है जो इन्हें बार-बार इस हालत पर पहुँचा देता है? रिशी कहते हैं कि–"वह मुझ पर विश्वास नहीं करती।"

"क्या मतलब?"

"जब मैंने उन्हें बतलाया कि मैं कुछ दिनों के लिए बस्तर जा रहा हूँ तो वे हँसती रहीं। काफी देर तक हँसती रहीं।"[77]

स्मृति के सहारे उमा का उपन्यास में प्रवेश होता है। उपन्यास में कहीं किसी भी चीज़ का कोई हल नहीं है। सारे पात्र एक-दूसरे के लिए केंद्रीय धुरी बने हुए हैं चाहे वह बिंदु हो, उमा हो या माँ और रिशी। रिशी के लिए बिंदु, पहले प्रेम की यातना की तरह थी। दूसरी तरफ माँ अस्पताल की बेंच पर ऊँघती हुईं और इन सबसे अलग पत्नी जो होश और दवा की बेहोशी के बीच झोंके लेती हुई थी। अंतर्द्वंद्व दोनों तरफ है, रिशी भी भुलावे की दुनिया से बाहर आना चाहता है। अक्सर बेहोशी की हालत में वह उसके पलंग की पाटी पर बैठा, उसको देखता रहता, उसके हाथ उसकी देह को छूने लगते। एक ही इच्छा भीतर ही भीतर जलने लगती। उसकी पत्नी को जो चीज़ इतने झटके से किसी दूसरी दुनिया में ले जाती है, किसी तरह उसे घसीटकर अपनी दुनिया में ला सके। अपनी दुनिया...? "राय साहब जिसे 'नार्मल लाइफ' कहते थे। उसके हाथ बर्फ से हो जाते, नहीं यहाँ नहीं उमा, जहाँ तुम हो वहाँ ठीक हो।"[78]

और दूसरी तरफ उमा जब नींद की गोलियों और बिजली के झटकों के बाद चेतना में लौटतीं तो देह का ड्रामा फिर शुरू हो जाता। वह आँखें खोले लेटी रहतीं, दीवारों की सफेदी और छत की दरारों को अपनी पुतलियों पर ढुरकाती हुईं। जो आँसू भी न होते, सिर्फ भीगे पलस्तर पर कोई खोई हुई स्मृति एक डबडबाती शक्ल में दिखाई देती और फिर अचानक एक हिचकी के झोंके में लोप हो जाती। वह एकटक रिशी को देखने लगतीं जो बरसों से उसका पति रहा था, कौन है यह आदमी? कौन पाटी पर सिर टिकाए उसके पास बैठा है, सफेद होते हुए बाल, सुर्ख और सूखी आँखें, बिना शेव किया हुआ चेहरा...? उसका हाथ चादर के बाहर आता और उसके बालों को सहलाने लगता–"सब कुछ सूखने के बाद यह कौन-सा नाला है जो ऊसर में बहता है? उँगलियों के पोर खुलने लगते, भीतर एक ग्लानि-सी उमड़ने लगती। अस्पताल की छुआछूत में माँ जी अपना घर-बार, रसोई-चौका छोड़कर मेरे पलंग पर बैठी हैं–अपने पर भयानक शर्म सी आती–वह वहाँ से भाग जाना चाहती, छटपटाने लगती, अपने पति के सहलाते बालों को नोचने लगती, चीखने लगती।"[79]

उमा का चरित्र...कुछ अजीब सी उलझनों और तनावों से घिरा हुआ चरित्र है जो न तो स्वयं ही सुख से रह पा रही है और न ही दूसरों को कोई सुख दे पा

रही है। उमा के चरित्र में जो सबसे बड़ी बात है वह है उसका रिशी के प्रति समर्पित प्यार...। यह कुछ अलग तरह का है...क्योंकि आम तौर से निर्मल वर्मा के पात्रों का जीवन उनका निजत्व होता है, जहाँ वे सबसे बेपरवाह केवल अपने आप में केंद्रित होकर जीते हैं। लेकिन, उमा न सिर्फ रिशी की चिंता करती है, बल्कि माँ की बेचैनी को लेकर भी परेशान होती है। इस परिप्रेक्ष्य में कहा जा सकता है कि उमा का चरित्र निर्मल वर्मा के दूसरे चरित्रों से अलग एक व्यापक कैनवास में फैला हुआ है।

बहरहाल उपन्यास 'रात का रिपोर्टर', रिपोर्टर रिशी के तनाव का लेखाजोखा है।

संदर्भ

1. नामवर सिंह : कहानी : नई कहानी, पृ. 57
2. डॉ. सुरेश सिन्हा : हिंदी उपन्यास, पृ. 356
3. माधव प्रसाद तिवारी
4. निर्मल वर्मा : वे दिन, पृ. 128
5. निर्मल वर्मा : वे दिन, पृ. 85
6. डॉ. सुरेश सिन्हा : हिंदी उपन्यास, पृ. 357
7. निर्मल वर्मा : वे दिन, पृ. 230
8. डॉ. सुरेश सिन्हा : हिंदी उपन्यास, पृ. 357-358
9. निर्मल वर्मा : वे दिन, पृ. 208
10. निर्मल वर्मा : वे दिन, पृ. 98
11. चंद्रभान सोनवणे : हिंदी उपन्यास : विविध आयाम, पृ. 293-297
12. निर्मल वर्मा : वे दिन, पृ. 69
13. निर्मल वर्मा : वे दिन, पृ. 98
14. निर्मल वर्मा : वे दिन, पृ. 50
15. निर्मल वर्मा : वे दिन, पृ. 210
16. निर्मल वर्मा : वे दिन, पृ. 211
17. निर्मल वर्मा : वे दिन, पृ. 119
18. निर्मल वर्मा : वे दिन, पृ. 208
19. डॉ. इंद्रनाथ मदान : आधुनिकता और हिंदी उपन्यास, पृ. 112
20. निर्मल वर्मा : लाल टीन की छत, पृ. 48
21. डॉ. शंकर प्रसाद : सामाजिक उपन्यास और नारी मनोविज्ञान, पृ. 206
22. पूर्वग्रह, अंक–97, सं. अशोक वाजपेयी, पृ. 37
23. निर्मल वर्मा : लाल टीन की छत, पृ. 33
24. आलोचना, जून-74, सं. नामवर सिंह, लेख–भाषा से परे, लेखक–कुँवर नारायण, पृ. 76
25. निर्मल वर्मा : लाल टीन की छत, पृ. 52
26. निर्मल वर्मा : लाल टीन की छत, पृ. 174
27. निर्मल वर्मा : लाल टीन की छत
28. निर्मल वर्मा : लाल टीन की छत, पृ. 174
29. डॉ. इंद्रनाथ मदान : आधुनिकता और हिंदी उपन्यास, पृ. 114

30. निर्मल वर्मा : लाल टीन की छत, पृ. 35
31. निर्मल वर्मा : लाल टीन की छत, पृ. 58
32. पूर्वग्रह, जुलाई 78, पृ. 31
33. पूर्वग्रह, जुलाई 78, पृ. 49
34. वही
35. निर्मल वर्मा : एक चिथड़ा सुख, पृ. 28
36. पूर्वग्रह, अंक–18, सं. अशोक वाजपेयी, पृ. 42
37. सं. डॉ. प्रेमसिंह, निर्मल वर्मा : सृजन और चिंतन, लेख–एक चिथड़ा सुख पर कुछ नोट्स, लेखक–मदन सोनी, पृ. 60
38. निर्मल वर्मा : एक चिथड़ा सुख, पृ. 12-13
39. निर्मल वर्मा : एक चिथड़ा सुख, पृ. 13
40. निर्मल वर्मा : एक चिथड़ा सुख, पृ. 41
41. मलयज : संवाद और एकालाप, पृ. 15
42. निर्मल वर्मा : एक चिथड़ा सुख, पृ. 84
43. पूर्वग्रह, अंक–38, सं. अशोक वाजपेयी, लेख–पीड़ा भेदने का उन्मत्त प्रयास, लेखक–सुधीरचंद्र, पृ. 38
44. निर्मल वर्मा : एक चिथड़ा सुख, पृ.78
45. निर्मल वर्मा : एक चिथड़ा सुख, पृ. 78
46. निर्मल वर्मा : एक चिथड़ा सुख, पृ. 71
47. निर्मल वर्मा : एक चिथड़ा सुख, पृ. 67
48. निर्मल वर्मा : एक चिथड़ा सुख, पृ. 116
49. सं. प्रेमसिंह : निर्मल वर्मा : सृजन और चिंतन, लेख–पीड़ा भेदने का उन्मत्त प्रयास, लेखक सुधीरचंद्र, पृ. 63-64
50. बटरोही : कहानी संवाद का तीसरा आयाम, पृ. 162
51. पूर्वग्रह, अंक–97, अशोक वाजपेयी, लेख–रात का रिपोर्टर या रिपोर्टर की रात, लेखक–रामाश्रय राय, पृ. 41
52. निर्मल वर्मा : रात का रिपोर्टर, पृ. 13
53. निर्मल वर्मा : रात का रिपोर्टर, पृ. 14
54. निर्मल वर्मा : रात का रिपोर्टर, पृ. 17
55. पूर्वग्रह, अंक–97, सं. अशोक वाजपेयी, लेख-रात का रिपोर्टर या रिपोर्टर की रात, लेखक–रामाश्रय राय, पृ. 42
56. निर्मल वर्मा : रात का रिपोर्टर, पृ. 23
57. पूर्वग्रह, अंक–97, सं. अशोक वाजपेयी, लेख–रात का रिपोर्टर या रिपोर्टर की रात, लेखक–रामाश्रय राय, पृ. 45
58. निर्मल वर्मा : रात का रिपोर्टर, पृ. 20
59. निर्मल वर्मा : रात का रिपोर्टर, पृ. 20
60. निर्मल वर्मा : रात का रिपोर्टर, पृ. 60
61. निर्मल वर्मा : रात का रिपोर्टर, पृ. 65-66
62. निर्मल वर्मा : रात का रिपोर्टर, पृ. 67
63. निर्मल वर्मा : रात का रिपोर्टर, पृ. 67

64. निर्मल वर्मा : रात का रिपोर्टर, पृ. 27
65. निर्मल वर्मा : रात का रिपोर्टर, पृ. 29
66. निर्मल वर्मा : रात का रिपोर्टर, पृ. 28
67. निर्मल वर्मा : रात का रिपोर्टर, पृ. 100
68. निर्मल वर्मा : रात का रिपोर्टर, पृ. 52
69. निर्मल वर्मा : रात का रिपोर्टर, पृ. 52
70. निर्मल वर्मा : रात का रिपोर्टर, पृ. 53
71. निर्मल वर्मा : रात का रिपोर्टर, पृ. 55
72. निर्मल वर्मा : रात का रिपोर्टर, पृ. 55-56
73. निर्मल वर्मा : रात का रिपोर्टर, पृ. 56
74. निर्मल वर्मा : रात का रिपोर्टर, पृ. 56
75. निर्मल वर्मा : रात का रिपोर्टर, पृ. 56
76. निर्मल वर्मा : रात का रिपोर्टर, पृ. 35
77. निर्मल वर्मा : रात का रिपोर्टर, पृ. 41
78. निर्मल वर्मा : रात का रिपोर्टर, पृ. 85
79. निर्मल वर्मा : रात का रिपोर्टर, पृ. 86

पंचम अध्याय

निर्मल वर्मा की कहानियों के नारी पात्र

"उनकी कहानियों को अगर किसी फार्मूले पर कसना हो तो मैं कहूँगा कि उनकी कहानियों का आधार-बीज रही हैं स्मृति, यादें। उनकी कहानियों को अगर शीर्षक देना हो तो यह दिया जा सकता है–'बीते कल की यादें'। निर्मल की यह अपनी विशिष्टता है, हिंदी में कोई कथाकार ऐसा नहीं कर पाया है।"

नामवर सिंह

निर्मल वर्मा नई कहानी के अग्रणी कथाकार हैं। उनकी कहानियाँ वर्तमान के बजाय अतीत की बयानबाजी हैं। उनकी कहानियों में तनाव के अप्रत्याशित क्षणों के दौरान पात्रों की मनःस्थिति की अभिव्यक्ति ख़ामोशी के माध्यम से होती है। उनके यहाँ ख़ामोशी ऐसी है कि पात्र आपस में जुड़े हुए रहते हैं, तनाव के माध्यम से कुछ देर के बाद तनाव हट जाता है और शेष रह जाता है वातावरण।

निर्मल वर्मा ने अपनी कहानियों में आधुनिक संदर्भों में निरंतर अकेले होते जा रहे व्यक्ति के अंतरमन की अनुभूतियों को परखा है।

निर्मल की कहानियों में निहित पात्रों की दुनिया आंतरिक, एकांत, स्थिर और गतिहीन है। इस लिहाज से उनके पात्र ठहरे हुए लगते हैं। उन्होंने अपनी कहानियों में यथार्थ को लेकर सर्वथा नए दृष्टिकोण को अपनाया है। उनकी कहानियों में हमें सर्वत्र एक गहरे दर्द और अवसाद की गहरी चुभन का बोध होता रहता है। उनकी कहानियों में हमें स्थितियों के अंतर्विरोध तो देखने को मिलते हैं लेकिन, जब वे पात्रों के अंतर्विरोध को उनके अंतर्द्वंद्व को आत्मसंघर्ष को चित्रित करते हैं तो लगता है कि वाकई हमारा यथार्थ के किसी सर्वथा नए पहलू से परिचय हो रहा है।

निर्मल वर्मा की कहानियों में व्यक्तिगत स्थितियों का रूप मानवीय संबंधों के संदर्भ में प्रस्तुत हुआ है। उनकी कहानियों में हमें आज के परिवेश के अलगाव, बेगानेपन, एलिनियेशन की एकदम ताजा समझ दिखाई देती है। मानवीय संबंधों के

सिलसिले में समय की कारगुजारी को अत्यंत सूक्ष्मता और संवेदना के साथ चित्रित करना ही उनकी सार्थकता है।

इस अध्याय में निर्मल वर्मा की कहानियों के नारी पात्रों का अध्ययन किया गया है। निर्मल वर्मा ने स्वयं को अपने नारी पात्रों के भीतर छिपाया है। इस बात को वे स्वयं भी स्वीकार करते हैं। उनकी कहानियों में उनकी अपनी विचारधाराएँ दिखाई देती हैं।

कहानी संग्रह 'परिंदे'

बकौल नामवर सिंह निर्मल वर्मा 'नई कहानी' के पहले कथाकार हैं और उनकी कृति 'परिंदे' इस कथा-आंदोलन की पहली रचना। पूरा संग्रह अकेलेपन, रोमांटिसिज्म और काव्यात्मक संवेदना से भरा पूरा है। पूरे संग्रह की कहानियों में जीवन की उन अनुभूतियों को अभिव्यक्ति दी गई है, जिन्हें एकांतिक अनुभूतियाँ कहते हैं जो अंतर्मुखी और व्यक्तिपरक होती हैं, उनका प्रकाश बाहर नहीं आंतरिक होता है। समाज के स्थूल और बहिर्मुखी यथार्थ की ठोस वास्तविकताओं के चित्रण के विपरीत निर्मल वर्मा की चेतना आधुनिक संदर्भों में निरंतर अकेले होते जा रहे व्यक्ति के अंतर्मन की अनुभूतियों को अभिव्यक्ति करने की ओर इस संग्रह में मुड़ी है। 'परिंदे' की दुनिया स्वातंत्र्योत्तर भारत के तत्काल बाद की मध्यवर्गीय दुनिया है।

संग्रह में कुलजमा सात कहानियाँ हैं—'डायरी का खेल', 'माया का मर्म', 'तीसरा गवाह', 'अँधेरे में', पिक्चर पोस्टकार्ड', 'सितंबर की एक शाम' और 'परिंदे'। अब हम संग्रह की प्रत्येक कहानी के नारी पात्रों का परिचय देंगे।

'डायरी का खेल'

'डायरी का खेल' कहानी अतीत की स्मृतियों का लेखाजोखा है। कहानी बिट्टी की स्मृतियों के इर्द-गिर्द घूमती है। कहानी की नायिका तपेदिक की मरीज़ है। उसमें जीने की अदम्य लालसा है, लेकिन वह तिल-तिल मर रही है। मौत को खुली आँखों से देखने की उत्कंठा में उसे ट्रेन में रात-भर नींद नहीं आती। वह कहती है—"मुझे ट्रेन में बैठकर हमेशा यह लगता है कि किसी समय भी पहिए लाइन से उतर जाएँगे और ट्रेन उलट जाएगी। आखिर छोटे-छोटे पहिए ही तो हैं, कब घूमते हुए फिसल जाएँ, कौन जाने? मरने से पहले सोते रहना कैसा अजीब होगा, इसी डर से नींद नहीं आती।"[1]

कहानी कुलजमा इतनी है कि बिट्टो की सगाई कानपुर में एक जगह हुई थी। लेकिन ये जाहिर हो जाने पर कि वह तपेदिक की मरीज़ है, टूट जाती है। सगाई टूटने की कचोट लिए वह तिल-तिल मरती है। दूसरी जगह सगाई करने के लिए वह कानपुर से माँ के साथ दिल्ली चाची के घर लाई जाती है, जहाँ उसकी

पुनः सगाई हो जाती है, लेकिन बिट्टो का स्वास्थ्य दिन-पर-दिन गिरता जाता है, इस डर से कि शादी से पहिले कहीं ससुराल वालों को यह पता न हो जाए कि वह तपेदिक की मरीज़ है उसे दिल्ली से दूर कानपुर ले जाया जाता है।

दिल्ली आने पर कथावाचक बब्बू, जो उसके दूर के रिश्ते का भाई है, से उसकी अच्छी दोस्ती हो जाती है। उससे बिट्टो खुलकर अपने मन की बात कहती है—"मैं कल चली जाऊँगी।" जिसके प्रतिउत्तर में बब्बू लिखता है—"चाची कहती हैं, तुम स्वस्थ होकर सावन के महीने में लौट आओगी।" बिट्टो लिखती है, "क्या मालूम?"[2] और बिट्टो चली जाती है।

पूरी कहानी कथावाचक नैरेट करता चलता है। कहानी एक स्मृति की रील की तरह चलती है जो अंत में—"आज उस बात को बीते साल गुजर चके हैं"[3], के साथ टूटती है।

कहानी में कुलजमा चार पात्र हैं, जिसमें तीन तो महिला पात्र हैं—बिट्टो, चाची और बिट्टो की माँ। कहानी नायिका प्रधान है, जिसकी नायिका बिट्टो है।

'डायरी का खेल' कहानी बिट्टो के आसपास घूमती है। बिट्टो तपेदिक की मरीज़ है। बचपन में काफी स्वस्थ थी, घने काले-कजरारे बाल, लेकिन अब उसकी सेहत और बाल दोनों ही नहीं रहे। अब वह—"महज हड्डियों की एक ठठरी से अधिक कुछ न थी। ब्लाउज से जरा ऊपर गले से नीली उभरी हुई नस, नीचे धँसा हुआ वक्षस्थल, आँखों के नीचे चमकती हुई चाँद-सी दो परछाइयाँ, जैसे बारिश के बाद भीगी-सी धूप में बाल की चिप्पियाँ हवा में ठिठकी रह गई हों।"[4]

बिट्टो अपनी सगाई टूट जाने के बाद ख़्वाब देखती है—"कभी-कभी मैं सोचती हूँ बब्बू, लड़कियाँ जब दुल्हन बनती हैं तो कैसा लगता होगा?"[5] उसके मन में जीने की अदम्य लालसा है, लेकिन इस हकीकत से वह वाकिफ है कि उसकी ज़िंदगी दो पलों का मेहमान है, लेकिन वह उस बची ज़िंदगी को भी भरपूर जी लेना चाहती है। उसे मरने से डर नहीं लगता, पास आती मौत से वह खुशी-खुशी गले मिलना चाहती है। लेकिन, वह कहती है—"मरने से डर नहीं लगता, लेकिन मरने के बाद क्या होगा, कहाँ जाना होगा यह सोचते ही लगता है।...मरने से पहिले बहुत जी भर कर जीना चाहिए बब्बू, जैसे हम पहली बार जी रहे हों, जैसे हमसे पहिले कोई न जिया हो... ।"[6]

बिट्टो के मन में पढ़ने की बड़ी साध है, लेकिन उसकी यह कामना पूरी नहीं होती। बिट्टो अपनी मन की बात का साझा कोई सहेली न होने की वजह से अपनी उम्र से बहुत छोटे बब्बू से करती है। बब्बू को आधी रात के वक्त उठा वह चैपल के पास वाली मेरी की मूर्ति तक लुके-छिपे घसीट ले जाती है। बब्बू से वह कहती है—"अच्छा बब्बू, क्या मैं बहुत बड़ी हो गई हूँ?"[7] ऐसा लगता है बिट्टो मनोवैज्ञानिक रूप से बीमार है। बचपन में उसका रुझान आनंदमयी माँ, जो कि संन्यासिन हैं,

की तरफ रहता है और वह भी संन्यासिन की तरह रखना चाहती है, लेकिन घर के प्रतिबंध उसे ऐसा करने नहीं देते। बब्बू के साथ वह शाम के धुँधलके में काली माई के मंदिर जाती है, मन्नत माँगने कि उसकी शादी हो जाए। उसके मन में दुल्हन बनने की गहरी साध है। लेकिन वह अपनी नियति से वाकिफ है। बब्बू से वह कहती है—''फोटो की बिट्टो तुम्हें अच्छी लगी थी, लेकिन वो मैं कहाँ थी बब्बू? मैं जो आज हूँ। किसी से कहना नहीं...सगाई दूसरी बार टूट गई तो बउआ बहुत दुःखी होंगी।''[8] बिट्टो मुक्त हो जाना चाहती है। सगाई टूट जाने के बाद अगली जगह दिखाए जाने की आशंका भरी थरथराहट से वह काँप जाती है।

कहानी में एक जवान होती लड़की की महत्वाकांक्षा की टूटन की पीड़ा को लेखक ने बड़ी शिद्दत के साथ जिया है।

कहानी की दूसरी महिला पात्र बिट्टो की माँ है। बिट्टो की माँ एक आम माँ का चरित्र है, जिसकी दिली ख़्वाहिश है कि जल्द-से-जल्द उसकी बिटिया, जो कि तपेदिक की मरीज़ है, की शादी हो जाए। माँ यह नहीं सोचती कि शादी के पहिले बिट्टो को पूरी तरह बीमारी से निजात दिला दे और फिर शादी करे। उसका सोचना है कि लड़की का अपने घर जाकर जो हो सो हो, लड़की की क्या इच्छा है, उसे पूरी करने की तो दूर, उसे जानने की कोशिश भी वे नहीं करतीं। उनकी नज़र में लड़की को ज्यादा पढ़ा-लिखाकर कलेक्टर तो बनाना नहीं है। उसका तो अंतिम पड़ाव घर की चहारदीवारी और चौका-बर्तन है। एक ठेठ भारतीय परिवार की बुजुर्ग माँ के चरित्र को उजागर करती हैं बिट्टी की माँ, जो अपनी बिटिया की बीमारी को तब तक ससुराल वालों के सामने उजागर नहीं करना चाहतीं, जब तक उसकी शादी न हो जाए।

चाची भी माँ की विचारधारा को आगे बढ़ाती हैं। चाची एक सहयोगी चरित्र की हैसियत से कहानी में आई हैं।

'माया का मर्म'

अस्तित्व की अस्मिता के प्रति उत्पन्न जागरूकता ने ही अस्तित्व की निरर्थकता की अवधारणा को जन्म दिया है। ज्यों-ज्यों सामंती समाज का ह्रास हुआ और पूँजीवाद का जन्म हुआ, वैयक्तिक चेतना में एक तीव्र ज्वार आया। इस ज्वार में जीवन के पुराने मूल्य टूटने लगे, सामूहिक परिवार ध्वस्त होने लगे, व्यक्ति अकेला होने लगा और अपने आपको अकेला महसूस करने लगा। जब व्यक्ति अपने आपको पुराने मूल्यों के ह्रास और जीवन के नए मूल्यों की अनुपस्थिति में एक व्यापक मूल्यहीनता की स्थिति में पाता है तो उसे अपने जीवन, संबंध, चिंतन, परंपरा सभी कुछ में एक निरर्थकता दिखलाई पड़ने लगती है।

'माया का मर्म' कहानी इसी निरर्थकता की अभिव्यक्ति है। कहानी एक

मध्यमवर्गीय युवक के बेकार होने और उस स्थिति की मनःस्थिति को चित्रित करती है। कहानी का पात्र अपनी बेकारी के कारण अपने आपको भी बेकार समझने को मजबूर हो जाता है। यहाँ तक कि बेकारी से निजात पाने की किसी सोच को भी वह अपने जैसा ही बेकार मानने लगता है। "मेरा सोचना मेरे जैसा ही बेकार है, इसलिए आज नहीं सोचूँगा। भीगा हुआ पलस्तर, जिसने अपने को ढाँप रखा है, जिस दिन भी गिरे, उसे आज नहीं कुरेदूँगा... ।"[9]

उस युवक की जीवन-दृष्टि यकायक एक छोटी-सी घटना बदल देती है। वर्षा की शाम कागज़ की नाव लिए एक छोटी-सी अबोध बच्ची जिसे बच्ची समझे जाने पर सख्त एतराज़ है और जो चाहती है कि उसे लता माथुर के नाम से जाना जाए। बच्ची को विश्वास ही नहीं होता कि कोई आदमी इस तरह हमेशा छुट्टी पर भी रह सकता है। बच्ची के सामने कथानायक (बेकार युवक) अपनी बेकारी को बिना किसी हया-शरम के तस्लीम कर लेता है। वह कहता है—"छुट्टी? हाँ। हमारी छुट्टी ही छुट्टी है। वैसे भी तो हर रोज़ छुट्टी ही रहती है।"[10] इस स्वीकृति में उसे लगता है—"मैंने पहली बार बेरोज़गारी के इस लंबे और उदास अर्से पर से दरिद्रता की राख को बिना दर्द के कुरेद दिया। जो अभाव की रिक्तता अब तक चुभती थी, वह भी है, किंतु जैसे वह अपनी न रहकर परायी बन गई है, जिसे मैं बाहर से तटस्थ भाव से देख सकता हूँ—जिसने अब छुट्टी का सहज भाव अपना लिया है।"[11]

एक ओर कहानी में लंबी बेकारी और दरिद्रता की दूर तक पसरी छाया है, तो दूसरी ओर उस बच्ची की जीजी द्वारा सुनाई गई कहानियों की कल्पना-प्रसूत दुनिया है। उसे विश्वास है कि उसके द्वारा बनाई गई कागज़ की नाव एक दिन ज़रूर उस दुनिया में पहुँचेगी जहाँ "बहुत दूर, सात समंदर पार एक छोटा-सा देश है जो हीरे-मोतियों की चमचमाती पहाड़ियों पर बसा है और जिसके चारों ओर चाँदी की रेत हवा में उड़ती है। जहाँ किसी को कोई काम नहीं करना पड़ता। उसकी जीजी ने बताया है कि वहाँ सबके घर में अपनी-अपनी झीलें हैं, जिनके जल में दिन-रात सोने की मछलियाँ तैरती हैं। झीलों पर रंग-बिरंगे फूलों के पुल बने हैं, जिन पर हर शाम लोग सैर के लिए जाते हैं। उस बच्ची को यह भी बताया गया है कि वहाँ फूल लड़कियाँ ही तोड़ सकती हैं और वह भी सिर्फ अपने बालों में लगाने के लिए लेकिन वास्तविक ज़िंदगी में इन दोनों चीज़ों का ताल-मेल कभी नहीं बैठ पाता। "सब कुछ भीगी धूप के काँपते, सिहरते आँचल पर नीली धुंध की चिप्पियों-सा उड़ रहा है। सपनों की बासी गंध मानो तितली के रंगीन परों से बूँद-बूँद ढुरक कर विस्मृति की कब्रों पर उगी हुई पीली घास में खो गई है...जहाँ कुछ फूल उग आए हैं। भीग-से फूल... ।"[12]

लता माथुर की मुलाक़ात युवक को अभिभूत कर जाती है और उसे अपनी ज़िंदगी बिल्कुल हल्की लगने लगती है। इस घटना के बीत जाने के एक अर्से बाद

भी वह बेकार है, लेकिन अब उसकी 'एंप्लायमेंट एक्सचेंज' के दफ़्तर जाने की आदत छूट गई है। वह अक्सर अपने कमरे में बंद रहता है। जब कभी मेह बरसने लगता है तो वह सिगरेट पीने के बहाने बाहर आ जाता है। नाले में बहते हुए पानी को देखते हुए वह कुछ सोचने-सा लगता है, उसे लगता है कि हवा में काँपती, भीगी घास, ढलान से पानी में झुकी हुई झाड़ियाँ और नाले में नहाती हुई चिड़ियों की फड़फड़ाहट सब एक धीमे स्वर में धीरे-धीरे कुछ गुनगुना रहे हैं। एक अपरिमेय रहस्यमयता की सुर-लहरी में माया का मर्म गरजने लगता है और वह लता माथुर द्वारा सुनाई गई सात समंदर पार के उस छोटे-से देश की कहानी सुनने लगता है।

कहानी में मात्र एक बच्ची का पात्र है। पूरी कहानी नायक प्रधान है और उसी के आसपास घूमती है। बच्ची तो सिर्फ युवक की मनःस्थिति को उजागर करने के लिए कहानी में दाखिल हुई है। बच्ची को देखकर लगता है कि वह आठ-नौ साल की वय : संधि की लड़की है। जो इस दुनिया में जीने की जद्दोजहद की पीड़ा से वाकिफ नहीं है। उसके सामने प्रश्न यह है कि कैसे कोई आदमी हमेशा छुट्टी में रह सकता है। उसकी तो स्कूल में एक ही दिन छुट्टी होती है और बाकी दिन सभी को काम पर जाना होता है। बच्ची काफी जिज्ञासु और अचंभित-सी लगती है। उसके खेल भी अजीबो-गरीब हैं। नाले में कागज़ की नाव बहाकर सात समंदर पार के देश के लोगों के पास भेजना और उनके आने की प्रतीक्षा करना, लगता है वह काफी भावुक और आइसोलेटेड है।

बहरहाल कहानी में निर्मल वर्मा ने आज के मध्यवर्गीय परिवार के एक ऐसे युवक के जीवन के सर्वथा अनछुए पहलू को उठाया है जो बेकारी में जी रहा है और असमंजस की स्थिति में ज़िंदगी की रेल को प्लेटफार्म से जाते देख रहा है एकटक...।

'तीसरा गवाह'

तीसरा गवाह कहानी एक ऐसी लड़की की प्रेम कहानी है, जो दुनिया से कटी हुई अनुभवहीन, डरी, सहमी-सी, अवरुद्ध व्यक्तित्व वाली लड़की है, जो अपनी सूनी ज़िंदगी को लिए वर्षों से अपनी बीमार माँ की सेवा में अकेले लगी हुई है। उसकी खामोशी और करुण स्थिति से प्रभावित होकर नायक उसके जीवन में सायास प्रवेश करता है और विवाह का प्रस्ताव रखता है। सब कुछ तय हो जाने के पश्चात शादी के अंतिम क्षण में नीरजा कोर्ट रूम से सिर्फ इसलिए भाग जाती है कि तीसरा गवाह आया नहीं है और लोग उसे खासकर, जज का क्लर्क उसे घूर-घूर कर निहार रहा है और संदेह कर रहा है कि शायद उसे भगाकर लाया गया है। उस एक पल का, कोर्ट का बोझिल माहौल, उसे भीरु बना जाता है और वह बिना बताए कोर्ट रूम से लौट आती है और शाम की गाड़ी से माँ को लेकर मुरादाबाद चली जाती है।

कहानी कथानायक रोहतगी साहब खुद नैरेट करते चलते हैं, जो उनके जीवन का दुखद पहलू बन चुकी है। जब वे लोगों को प्रेम और विवाह के संबंध में अपनी घिसी-पिटी धारणाएँ प्रकट करते देखते हैं तो वे धीमे स्वरों में कहते हैं कि—"हम केवल अनुमान ही लगा सकते हैं, वकील साहब, सच्ची बात उस लड़की के अलावा कोई नहीं जान सकेगा और मुझे संदेह है कि क्या वह खुद भी सही कारण जान पाएगी?"[13] रोहतगी साहब प्रेम को अगर कोई ऐसी चीज़ है तो बहुत महत्त्वहीन और आकस्मिक परिस्थितियों में आरंभ हुआ मानते हैं और उसका अंत भी उतना ही छोटा और अर्थहीन कारणों से हुआ मानते हैं।

नामवर सिंह कहते हैं कि—"(क्या वह खुद भी सही कारण जान पाएगी?) इस कथन के पीछे जीवन की जटिलता की ओर कितना संजीदा संकेत है—इसका ठीक-ठीक अहसास उस समय होता है जब हम बड़े-बड़े लोगों को हर मसले पर दनादन राय देते हुए देखते हैं।"[14]

"तीसरा गवाह कहानी इस बात को जैसे साबित करने के लिए लिखी गई है कि स्वयं अपने ही जीवन में घटी हुई घटना भी कितनी जटिल होती है कि कभी-कभी स्वयं हमारे लिए ही उसे ठीक-ठीक समझना मुश्किल हो जाता है। इस प्रकार यह कहानी वास्तविकता के प्रति एक नए दृष्टिकोण की ओर संकेत करती है।"[15]

कहानी में कुलजमा दो ही महिला पात्र हैं—एक तो कथा की नायिका नीरजा और दूसरी नीरजा की माँ।

नीरजा एक मध्यवर्गीय परिवार की लड़की है। ख़ामोशी उसका गहना है। वह काफी आत्मकेंद्रित लड़की है, आइसोलेटेड। उसे अकेलेपन से डर नहीं लगता न ही कुछ अजीब। वह कहती है—"मैं हमेशा से ऐसी ही रहती आई हूँ। मुझे कभी अजीब नहीं लगता।"[16]

नीरजा की ज़िंदगी में माँ-बाप के अलावा किसी तीसरे की उपस्थिति रोहतगी साहब से पहले कभी नहीं रही। वह स्वप्नों की दुनिया में खोई लड़की लगती है। बातें भी नपे-तुले शब्दों में करती है। उसके अस्तित्व की रेखाओं की विशेषताओं को पढ़ पाना हर किसी के बूते की बात नहीं है। रोहतगी साहब कहते हैं—"क्या मैं उसे समझ पाया हूँ? कई बार मैंने उसके अतीत के संबंध में प्रश्न पूछे थे। वह मेरे प्रश्न का उत्तर एक-दो शब्दों में दे दिया करती थी और फिर चुप हो जाया करती थी। लगता था मानो जो बातें हमें एक-दूसरे से करनी चाहिए, वे हम अपने से ही कर लिया करते थे और कहीं दूर जाकर उस मौन को समेट लिया करते थे जो बातों से बाहर था, किंतु दोनों का अपना था।"[17]

नीरजा बचपन में काफी डरपोक लड़की रही है। रात को कमरे की बत्ती जलाकर माँ के पास सोने वाली, कहीं बाहर निकलने में आज भी उसे डर लगता है। माँ-बाप को बिना बताए वह कोर्ट मैरिज का फैसला ले लेती है, लेकिन कोर्ट के—"अजीब

भयानक से ठंडे और अँधेरे कमरे में हृदयहीन वातावरण के प्रभाव से भाग आती है। उसका भागना एक छोटी-सी ग़लती का परिणाम होता है, लेकिन वास्तव में उसका भागना कोई संयोग नहीं लगता, यह उस लड़की के कमज़ोर और जड़बद्ध व्यक्तित्व के लंबे अभ्यास का स्वाभाविक परिणाम लगता है।''[18]

माँ का चरित्र कहानी में एक पारंपरिक मध्यवर्गीय माँ की तरह है जो एक जवान लड़की की माँ है, जिसकी आकांक्षा है कि किसी तरह उसकी शादी हो जाए लेकिन, वह अपनी बीमारी से बुरी तरह त्रस्त भी हैं। इलाज के लिए वह दिल्ली जैसे शहर में रहना नहीं चाहतीं लेकिन, अपनी लड़की की ज़िद के आगे मजबूर हैं।

कहानी में माँ की उपस्थिति किसी घटना की तरह नहीं होती, बल्कि वह एक सुप्त अवस्था में रहती हैं। कहानी में वह सिर्फ दिल्ली आने का माध्यम बनती हैं, बाकी कहानी नीरजा और रोहतगी साहब के इर्द-गिर्द घूमती रहती है।

'अँधेरे में'

दांपत्य संबंधों में पसर गए अनतबीयत के अँधेरे को उजाले में लाने वाली कहानी है 'अँधेरे में'। कहानी एक परंपरागत बंद समाज में टुकड़ों में बँटी स्त्री की पीड़ा भरी छटपटाहट को बेलाग ढंग से अभिव्यक्त करती है।

कहानी कहने वाला पात्र 'बच्ची' अपनी माँ के कारुणिक प्रेम का गवाह है। वह वीरेन चाचा और माँ के बीच के संबंध को बखूबी समझता है। वह यह भी जानता है कि—''पिछले कुछ महीनों से माँ और बाबू अलग-अलग, अपने-अपने कमरे में सोते हैं।''[19] उसे यह सब कुछ अजीब-सा लगता है लेकिन—कुछ चीज़ें हैं जिसे वह किसी से नहीं कहता, मन के एक ऐसे कोने में सब की आँखों से छिपाकर अपनी जिज्ञासाओं को सुला देता है।

कहानी की बच्ची बीमार है। जिसकी माँ हर इच्छा पूरी करती है इसलिए नहीं कि वह उसे चाहती है, बल्कि इसलिए वह उससे छुटकारा पाना चाहती है ताकि वह अपनी स्थितियों में गुम हो सके। बच्ची को यह भली भाँति ज्ञात है कि माँ जो सोच रही है—उस सोच से उसकी बीमारी का कोई सरोकार नहीं—ख़यालों की दुनिया में वे किसी और के पास हैं...वीरेन चाचा के पास।

निर्मल वर्मा ने गहरी कलात्मक सजगता से एक बच्ची की सहज जिज्ञासा से बँधे रहकर, इच्छा के विरुद्ध विवाह के दुष्परिणामों का संकेत और माँ का व्यक्तित्व टुकड़ों के बँट जाने की छटपटाहट को उद्‌घाटित किया है—जो हर अलग-अलग अंग को जोड़ने के बाद भी फिर उस संपूर्णता को कभी नहीं पा सकी, जो कभी उसकी अपनी थी।

कहानी में कुलजमा दो महिला पात्र हैं—एक तो कहानी की नायिका माँ पोनो है और दूसरी बच्ची की दोस्त बानो। कहानी नायिका प्रधान है। पूरी कहानी प्रेम-त्रिकोण

पर केंद्रित है।

कहा जाता है कि लड़की अपना पहला प्यार कभी नहीं भूलती। अपने प्रेमी के साथ गुज़ारे दिनों की यादें, किसी और के साथ ब्याह दिए जाने के बाद भूत की तरह उसका पीछा करती हैं। कुछ ऐसा ही 'अँधेरे में' कहानी की नायिका 'पोनो' के साथ होता है। इस सामंती मूल्यों वाले समाज में स्त्री की भावनाओं की सहज अभिव्यक्ति अनेक वर्जनाओं एवं निषेधों में जकड़ दी जाती है। लड़की की अपनी इच्छा-आकांक्षा को जहाँ अपराध मान लिया जाता है, उसी समाज की स्त्री है पोनो, जो परंपरागत बंद समाज के कायदे-कानूनों का खमियाजा भुगत रही है, टुकड़ों-टुकड़ों में बँटकर।

पोनो गहन अवसाद के क्षणों में जीती हुई माँ है, जो न माँ का दायित्व ही भली भाँति निबाह पा रही है और न पत्नी का। अपनी बीमार बच्ची की देखभाल करते-करते वह अपने अतीत की दुनिया में खो जाती है—"उन्होंने मेरे बालों को अपनी उँगलियों से सहलाते हुए कहा—दूसरे क्षण वह मुझे भूल गईं। उनकी उँगलियों के अनिश्चित, अर्ध-सोए स्पर्श से मुझे पता चल जाता है कि वह स्वयं मुझसे कोसों दूर खो गई हैं।"[20]

बच्ची का बाबू से ज्यादा ख़याल वे ममता के वशीभूत होकर नहीं रखतीं, बल्कि इसलिए रखती हैं कि बच्ची उसे ग़लत न समझे, वे अगर कहीं चली जाएँ तो उसे बुरा न समझें—तब मैंने धीरे से उनके हाथ पर अपना हाथ रख दिया। वह एकदम हड़बड़ाकर चौंक गईं। मुझे लगा जैसे मैं उन्हें जबरदस्ती कहीं बहुत दूर से खींच लाया हूँ। वह मुझे कुछ देर तक घूरती रहीं। फिर अचानक मेरे होंठों को चूम लिया। मैंने कमीज़ की बाँह से अपने होंठों को पोंछा वह मुस्कराने लगीं।

"बच्ची, एक बात पूछूँ?"

"क्या?"

"अगर मैं कहीं चली जाऊँ, तो क्या तुम मुझे समझोगी?"[21]

निर्मल जी ने बच्ची के द्वारा अपनी माँ पोनो के गहन अवसाद के संकेतों को बड़ी कुशलता के साथ बुना है।

पोनो गहरी हताशा और अंतर्द्वंद्व के बीच जीती माँ है, लेकिन वह अपनी हताशा और अंतर्द्वंद्व छुपाना चाहती है, लेकिन उसमें सफल नहीं हो पाती। खोखली हँसी उसकी आंतरिक पीड़ा को जैसे अभिव्यक्त कर देती है—जीवन में पति-बच्चे के होने के बावजूद वह निपट अकेलापन महसूस करती है। बच्ची कहता है—"मैं बहुत दिन पहले बाबू के संग उसके एक मित्र के घर गया था। वापिस आते हुए हमें पहाड़ी नाले के संग-संग ऊपर चढ़ना पड़ा था। ऊपर आकर हम पेड़ों के घने अँधेरे झुरमुट के बीच कुछ देर के लिए सुस्ताने खड़े हो गए थे। मैं उस जगह की वीरान चुप्पी से डर गया था। आज जब कभी मैं माँ को देखता हूँ, तो जाने क्यूँ मुझे उस रात

जंगल के झुरमुट का घना-घना-सा अँधेरा याद आ जाता है।''[22]

पोनो शादी से पूर्व वीरेन चाचा को चाहती हैं। उन्होंने उनके साथ शिमले में उतराइयों को नापा है, लेकिन शादी के बाद भी वे उन्हें नहीं भूल पातीं। अतीत की सुइयाँ चुभोती मीठी स्मृतियों से वो आक्रांत हैं। बच्ची को प्रेम करते वक्त भी ख़यालों में कहीं वीरेन चाचा की तस्वीर रहती है। उस दिन वीरेन चाचा की कॉटेज से लौटते हुए वे दोनों चुपचाप शाम के झुरमुटे में चलते रहते हैं। माँ की चाल उसे इतनी धीमी लगती है, जैसे वह नींद में चल रही हों। और फिर यकायक वह मेरे पास आ गईं–''आँखें ऊपर उठाकर एक लंबे क्षण तक अपनी आकुल विवश निगाहों से मुझे निहारती रहीं, फिर झपटकर उन्होंने मुझे अपने पास घसीट लिया और बार-बार ठंडे सूखे होंठों से मुझे चूमने लगीं...।''[23] यहाँ बच्ची सिर्फ माध्यम है–दरअसल वह वीरेन चाचा ही हैं, जो उसके रूप में, अनुपस्थित होकर भी उपस्थिति रहते हैं।

पोनो पत्नी का दायित्व नहीं निभा पातीं। पति से दूर वे अलग कमरे में सोती हैं–दोनों के बीच मधुर दांपत्य संबंधों की कोई बात नहीं है। एक परंपरागत भारतीय नारी की तरह पोनो स्वयं को तिल-तिल मरने को मज़बूर कर देती हैं, सिर्फ इसलिए कि समाज की नज़रों में वे अच्छे बने रहें।

मन में लाख इच्छाएँ होने के बावजूद वे वीरेन चाचा के साथ नहीं रह पातीं। उसका अस्तित्व पेंडुलम के समान कभी इधर-उधर डोलता रहता है। मौसी के घर जाने का बहाना कर पोनो वीरेन चाचा के यहाँ जाती है। इस बात का अहसास बाबू को भी है, लेकिन बाबू स्थिति को सँभाले हुए है। पोनो अपने संबंधों की वास्तविकता से बच्ची को अवगत नहीं करना चाहती। वह बच्ची से मिलना चाहती है, लेकिन बाबू कहते हैं–

'' 'नहीं', तुम भीतर नहीं जाओगी।''

''छोड़ो, मेरा हाथ छोड़ दो।''

''पोनो...तुम भीतर नहीं जाओगी।''

''कौन हो तुम मुझे रोकने वाले–छिः, शर्म नहीं आती?''

''पोनो...वह सो रहा है...इस तरह मत चिल्लाओ।''

''मैं चिल्लाऊँगी नहीं, मुझे भीतर जाने दो।''

''नहीं...इस वक़्त नहीं।''

''तुम समझते हो, मैं पागल हूँ...उसे सब कुछ बता दूँगी?''[24]

पोनो का व्यक्तित्व टुकड़ों में बँटा लगता है। अपनी तनहाई को वह वीरेन चाचा की दी हुई किताबों से भरने का प्रयत्न करती हैं, लेकिन प्रयत्न बेमानी हो जाते हैं।

'बानो' अँधेरे में कहानी की बच्ची की हमउम्र दोस्त है। अल्हड़ बचपन, शैतानियों से भरी हुई। शिमले से बाहर की दुनिया उसके लिए स्वप्न है। कहानी में बानो का

चरित्र बच्ची के खालीपन को उजागर करने और पोनो के चरित्र की ओर थोड़ा इशारा करने के लिए आया है।

बानो उम्र की उस दहलीज़ पर कदम रख चुकी है, जहाँ पराये मर्द से किसी शादी-शुदा स्त्री के संबंध होने की बात को बुरा समझा जाता है, समझ आने लगी। वह यह जानती है कि बच्ची की माँ मौसी के घर जाने का बहाना कर कहाँ जाती है–

"दिल्ली जाना पक्का हो गया?"

"माँ आ जाए, तब।"

"कहाँ गई हैं तुम्हारी माँ?"

'मौसी के घर।"

"तुम्हें पक्का मालूम है कि वह मौसी के घर गई हैं?" बानो ने रहस्यभरी आँखों से मेरी ओर देखा। मैं विस्मय से बानो की ओर देखता हूँ–

"क्या बात है बानो?"

"कुछ नहीं, ऐसे ही पूछा था?" बानो ने थूक में भीगी खूबानी को होंठों पर रगड़ते हुए कहा–

"अम्मी ने मना किया है–कहा है तुमसे कुछ न कहूँ।"[25]

निर्मल वर्मा ने बानो का चरित्र महज बच्ची के अकेलेपन को उभारने के लिए किया है और कोई खास बात उसके चरित्र में नज़र नहीं आती।

'पिक्चर पोस्टकार्ड'

'पिक्चर पोस्टकार्ड' कहानी बेरोज़गारी की मनःस्थिति पर लिखी गई है। कहानी के पात्र परेश, निकी, सीडी, विश्वविद्यालय की शिक्षा समाप्त करके शहर दिल्ली में वक़्त गुज़ार रहे हैं। काम के नाम पर उनके पास अखबारनवीसी, आई.ए.एस. की तैयारी, एप्लाई करने के लिए पते नोट करने, कभी-कभी यूनिवर्सिटी लायब्रेरी के चक्कर लगाने, लड़कियों के साथ अपने इश्क की चर्चा करने, रेस्तराँ में बैठकर बियर पीने और जूक बाक्स में सिक्के डालकर मनपसंद रेकार्ड सुनने के अलावा कुछ नहीं है। पूरी कहानी में लगातार वार्ताएँ हैं, एक-दूसरे की कमज़ोरियों की तरफ इशारा है, बेचारगी है। कहानी के बीच-बीच में रोज़गार की चिंता भी है, ओवर-एज़ हो जाने का डर भी।

कहानी शहरी मध्यवर्ग के शिक्षित बेरोज़गार युवकों की जद्दोजहद का लेखाजोखा है। कहानी में मुख्य रूप से दो महिला पात्र हैं–एक तो नीलू और दूसरी प्रभा।

कहानी की प्रमुख महिला पात्र नीलू परेश की प्रेमिका है, लेकिन यह प्यार एकतरफा है। नीलू के मन में परेश के प्रति ऐसी कोई बात नहीं है।

नीलू खुले विचारों वाली लड़की है, हॉस्टल में रहती है, दोस्तों के साथ पिक्चर देखने, रेस्तराँ में बैठकर जूक बॉक्स पर रिकार्ड सुनने, सिगरेट पीने आदि में उसे

कोई हिचक नहीं होती। वह कहती भी है—''पेपर के बाद हम पिक्चर देखने गए थे ' लव इज़ ए मैनी स्पलैंडर्ड थिंग।' जेनीफर जोन्स बिल्कुल चीनी लगती है। और पिक्चर के बाद एस्प्रेसो गए थे। मैंने जूक बॉक्स पर रेकार्ड बजाया था। हमने सोचा था, तुम वहाँ होगे और जब हम बाहर आए तो अँधेरा था और हमने सिगरेट पी, अँधेरे में और मुझे बिल्कुल खाँसी नहीं आई। सच परेश, बड़ा मजा रहा। हॉस्टल में देर से पहुँचे थे, किंतु आखिरी दिन होने के कारण मैट्रन ने कुछ नहीं कहा। तुम कब आए थे?''[26]

नीलू को देखकर लगता है कि वह स्मृतियों में जीने वाली लड़की है। एक तरफ वह परेश को पसंद करती है, लेकिन उस तरह नहीं जिस तरह परेश करता है। दूसरी तरफ वह हॉस्टल से जाते समय परेश से कहती है कि वह बेकार बैठे रहने के बजाय सेलर क्यूँ नहीं बन जाता या ''किसी पेपर का प्रतिनिधि बनकर बाहर क्यूँ नहीं चला जाता—लंदन, न्यूयार्क, पेरिस या कहीं और''—नीलू परेश की यादों से लिपटी रहना चाहती है। वह कहती है—''तुम अगर जाओ तो हर शहर से पिक्चर पोस्टकार्ड भेजना—पिरामिड्स, आइफल टावर, लूव्र...।''[27]

नीलू जीवन को नहीं उसकी स्मृतियों को महत्त्व देने वाली युवती लगती है। वैसे भी निर्मल वर्मा के यहाँ स्मृतियाँ कुछ ज्यादा मुखर हैं।

नीलू पढ़ी-लिखी, समझदार, दिखावटी, साहित्यिक रुचि वाली युवती लगती है। तभी वह परेश से उसकी कहानी पढ़ने को माँगती है, उसके द्वारा लिखी रिव्यू की कटिंग अपने शहर भेजने को कहती है। यहीं एक बात और ग़ौरतलब है कि नीलू बहुत जल्दी बातों को भूल जाती है या जानबूझकर भूलने का प्रयत्न करती है—परेश से कहानी पढ़ने वह स्वयं माँगती है, लेकिन परेश से अगली मुलाक़ात होने पर वह उस बात को भूल जाती है।

नीलू का चरित्र खुले आकाश में उड़ने वाली उस चिड़िया की तरह लगता है, जिसे यह नहीं मालूम रहता कि वह किस डाल पर बैठ जाएगी।

प्रभा नीलू की दोस्त है, जो प्रीवियस का इम्तिहान दे रही है। प्रभा का झुकाव सीडी की ओर है, लेकिन चाहता प्रभा को निकी है। प्रभा का चरित्र कहानी में नीलू की दोस्त की हैसियत से कुछ क्षणों के लिए, नीलू का साथ निभाने और निकी के चरित्र को उजागर करने के लिए आता है और उजागर कर विलीन हो जाता है।

'सितंबर की एक शाम'

'सितंबर की एक शाम' नायक प्रधान कहानी है, जिसका नायक बेरोज़गार है और जो अपने पिता का विरोध कर अपना शहर छोड़कर दूसरे शहर में आ गया है, अपनी इच्छा से अपने लिए बेहतर जीवन की राह तलाशने। लेकिन, राह कहाँ है यह उसे नहीं मालूम।

इसी शहर में उसकी बड़ी बहन बच्ची भी रहती है, जिसके घर कभी-कभार कथानायक चला जाता है और जिसे हर तरह से घर लौट जाने की सलाह वह देती है। दो रुपए आँचल के छोर से निकाल पकड़ा भी देती है, लेकिन नायंक पैसे ले अपनी बेकारी, जीवन की निरर्थकता लिए कोठे पहुँच जाता है। बेहतर जीवन, जिसकी तलाश में वह शहर छोड़ आता है, शायद उस कोठे में वह उसे मिल जाता है।

कहानी में एक ही महिला पात्र है 'बच्ची', जो कथानायक की बहन है। उसकी शादी हो चुकी है, लेकिन अपने भाई की बेकारी से वह परेशान है। वह कहती है—''अगर घर छोड़कर भागना था, तो इस शहर में क्यूँ आए, माँ की चिट्ठियाँ आती हैं, तुम्हारे जीजाजी परेशान होते हैं, मुझे कोसते हैं, बताओ—मैं क्या करूँ? जब तक यहाँ, इस शहर में रहोगे, मुझसे छुटकारा नहीं मिलेगा।''[28]

बच्ची को देखकर लगता है, उसे दुनियादारी की समझ बहुत जल्दी आ गई है। भाई से वह स्नेह तो करती है, लेकिन उसे इस तरह जीवनयापन करते देख दुःखी होती है। हृदय में अथाह प्यार का सागर उमड़ने लगता है। एक तरफ पति से छुपकर वह भाई की पैसों से मदद करती है, दूसरी तरफ भाई को हर तरह से समझाती है ताकि वह सड़कें नापना छोड़ किसी काम धंधे में लग जाए। बड़प्पन का एहसास उसे है, तभी वह कहती है—''तुम्हारे आगे सारी ज़िंदगी पड़ी है, कब तक अपने को ऐसे घसीटोगे?''[29]

कुल मिलाकर बच्ची एक मध्यवर्गीय परिवार की साधारण घरेलू युवती लगती है, जो अपने परिवार वालों की खासकर भाई की दयनीय स्थिति से दुःखी है।

'परिंदे'

निर्मल वर्मा की सशक्त कहानियों में एक नाम है 'परिंदे' का। कहानी प्रेम के कारुणिक स्वरूप को हमारे समक्ष रखती है। कहानी नायिका प्रधान है। 'परिंदे' का प्रतीकात्मक प्रयोग करते हुए निर्मल वर्मा ने लतिका, ह्यूबर्ट और डॉ. मुकर्जी के जीवन की विवशतापूर्ण नियति को अत्यंत सफलतापूर्वक चित्रित किया है। नामवर सिंह के शब्दों में—''देखते-देखते प्रेम की एक कहानी मानव-नियति की व्यापक कहानी बन जाती है और एक छोटा-सा वाक्य पूरी कहानी को दूरगामी अर्थ-वृत्तों से वलयित कर देता है। 'हम कहाँ जाएँगे' यह वाक्य सारी कहानी पर अर्थ-गंभीर विषाद की तरह छाया रहता है।''[30]

कहानी 'परिंदे' मुख्यतः लतिका, डॉ. मुकर्जी और ह्यूबर्ट को लेकर चलती है। इनके अतिरिक्त इस कहानी में गिरीश नेगी, फॉदर एडमंड, मिस वुड, जूली एवं हॉस्टल की अन्य लड़कियाँ हैं।

कहानी लतिका के दुःखद प्रेम को लेकर लिखी गई है। लतिका मेजर गिरीश नेगी से प्रेम करती है, लेकिन मेजर नेगी फ्रंट पर मारे जाते हैं, किंतु लतिका मेजर

गिरीश के साथ गुज़ारे दिनों की स्मृतियों को अपना साथी बना कान्वेंट स्कूल में नौकरी करते हुए दिन व्यतीत करती हैं। मि. ह्यूबर्ट लतिका पर आसक्त हैं और उसे प्रेमपत्र भी लिखते हैं, लेकिन लतिका का अतीत जानकर वे बेहद दुःखी होते हैं और अपना प्रेमपत्र सखेद वापस माँग लेते हैं। डॉ. मुकर्जी इस कहानी में सर्वाधिक अनुभव-विदग्ध और वर्तमान में जीने वाले पात्र की हैसियत से दाखिल होते हैं।

कहानी लतिका की मनःस्थिति को बखूबी उजागर करती है। उसकी प्रतीक्षा न केवल उसकी रह जाती है, वरन परिंदों को प्रतीक्षा करते हुए देख वह सोचती है—"क्या हम सब भी प्रतीक्षा कर रहे हैं—वह डॉ. मुकर्जी, मि. ह्यूबर्ट, लेकिन कहाँ के लिए? हम कहाँ जाएँगे?"[31]

कहानी में मुख्य रूप से तीन महिला पात्र हैं—एक तो कहानी की नायिका लतिका, दूसरी मि. वुड और तीसरी जूली।

कहानी लतिका के जीवन पर केंद्रित है, जो स्वयं तो प्रेम करती ही हैं, अपनी छात्रा जूली को प्रेम करते देख उसे रोकने का साहस नहीं कर पातीं। हालाँकि जूली को समझाने की कोशिश लतिका करती हैं। वे कहती हैं—"जूली, तुम अभी बहुत छोटी हो... ।" जूली के होंठ काँपे—उसकी आँखों में निरीह याचना का भाव घिर आया।

"अच्छा अभी जाओ...तुमसे छुट्टी के बाद बातें करूँगी।"[32] लेकिन बाद में लतिका को लगता है, कहीं वह अपने जीवन की रिक्तता का बदला तो नहीं ले रही हैं। वे कहती हैं—"क्या मैं किसी खूसट बुढ़िया से कम हूँ? अपने अभाव का बदला क्या मैं दूसरों से ले रही हूँ?"[33]

लतिका प्रेम का दर्द समझती हैं, इसीलिए वे जूली के संबंध में निष्ठुर नहीं हो पातीं और सोचती हैं—"शायद...कौन जाने...शायद यह जूली का प्रथम परिचय हो उस अनुभूति से, जिसे कोई भी लड़की बड़े चाव से सँजोकर, सँभालकर अपने में छिपाए रहती है, एक अनिर्वचनीय सुख, जो पीड़ा लिए है, पीड़ा और सुख को डुबोती हुई, उमड़ते ज्वार की खुमारी...जो दोनों को अपने में समो लेती है...एक दर्द...जो आनंद से उपजा है और पीड़ा देता है... ।"[34] यह सोचते हुए लतिका यह भी कहती हैं कि—"यहीं इसी देवदार के नीचे उसे भी यही लगा था, जब गिरीश ने पूछा था—

'तुम चुप क्यों हो?' वह आँखें मूँदे सोच रही थी—सोच कहाँ रही थी, जी रही थी उस क्षण को जो भय और विस्मय के बीच भिंचा था—बहका-सा पागल क्षण।"[35]

लतिका अपने बीते दिनों की दुःखद घड़ियों को भूलना चाहती हैं, लेकिन इस भूलने की प्रक्रिया में वे उन्हीं चीज़ों को ज्यादा याद करती हैं, जिसे वे भूलना चाहती हैं—"लतिका को लगा कि जो वह याद करती है, वही भूलना भी चाहती है लेकिन, जब सचमुच भूलने लगती है, तब उसे भय लगता है कि जैसे कोई उसकी किसी चीज़ को उसके हाथों से छीने लिए जा रहा है, ऐसा कुछ जो सदा के लिए खो जाएगा।"[36]

यहाँ लतिका दोहरी मनःस्थिति में जीती हुई लगती हैं। एक तरफ तो वे अपने प्रेमी नेगी को भूलने का प्रयत्न करती हैं, प्रयत्न में सफल भी होती हैं, पर दूसरे ही पल भरते जख़्मों को पुनः कुरेद देती हैं, ताकि उस मीठे दर्द की पीड़ा से वे मुक्त न हो जाएँ। लतिका उसी तरह पीड़ा को अपनाए रखना चाहती हैं जिस तरह महादेवी वर्मा कहती हैं—"मत मिलन का नाम ले, मैं विरह में चिर हूँ...।" लतिका अपनी पीड़ा में भी आनंद का एहसास करती हैं। वे कहती हैं—"अब वैसा दर्द नहीं होता, सिर्फ उसको याद करती हूँ, जो पहले कभी होता था, तब उसे अपने पर ग्लानि होती है। वह फिर जान-बूझकर उस घाव को कुरेदती हैं, जो भरता जा रहा है, खुद-ब-खुद उसकी कोशिशों के बावजूद भरता जा रहा है...।"[37]

लतिका यह जानती हैं कि मेज़र नेगी इस दुनिया में नहीं हैं, लेकिन फिर भी वे उनके आने की राह देखती हैं, उनकी यादों से जोंक की तरह जान-बूझकर चिपके रहती हैं। इसीलिए डॉ. मुकर्जी उससे कहते हैं—"कभी-कभी मैं सोचता हूँ, किसी चीज़ को न जानना यदि ग़लत है तो जान-बूझकर न भूल पाना, हमेशा जोंक की तरह उससे चिपके रहना भी ग़लत है।"[38]

लतिका वर्तमान में जीने के बजाय, अतीत की यादों में जीती हैं। इसी कारण वे अपने आसपास किसी अन्य को आने नहीं देतीं। चाहे वह मि. ह्यूबर्ट ही क्यूँ न हो। ह्यूबर्ट के प्रेमपत्र को लेकर वह मन ही मन हँसती हैं, लेकिन भीतर ही भीतर उसे प्रसन्नता भी होती है कि उसकी उम्र अभी बीती नहीं है, अब भी वह दूसरों को आकर्षित कर सकती हैं। ह्यूबर्ट के प्रेमपत्र को पढ़कर उसे क्रोध नहीं आता, आई थी केवल ममता...। लतिका जान-बूझकर ह्यूबर्ट की ग़लतफहमी को दूर नहीं करतीं—उसे लगता है कि इस बहाने उसे खुद पर विश्वास बना रहेगा, अपने सुख का भ्रम जो ह्यूबर्ट की ग़लतफहमी से जुड़ा है।

लतिका ने तनहाई को अपनी नियति मान लिया है। एक अजीब-सा, अदृश्य घेरा उसने अपने आसपास बना लिया है, जिसके भीतर वह अपने आपको सुरक्षित मान, ख़ामोशी के अकेले, ठंडे, भुतहे परिवेश में जीने लगती है। लतिका दुनिया से कटकर अपने अतीत की यादों में जीना चाहती हैं। वे अपने अकेलेपन से पूरी तरह अभ्यस्त हो चुकी हैं। इसलिए मि. ह्यूबर्ट के पूछने पर कि वे छुट्टी में कहीं जातीं क्यूँ नहीं—"अब मुझे यहाँ अच्छा लगता है। पहले साल अकेलापन मुझे अख़रा था, अब आदी हो गई हूँ।"[39] लेकिन लतिका जूली के प्रेमपत्र से चौंक पड़ती हैं। वे यह नहीं चाहतीं कि जूली उसको भी मि. वुड की तरह की खूसट बुढ़िया मान ले जो अपनी नाकामयाबियों की सजा दूसरों को देती हैं। और लतिका जूली का प्रेमपत्र उसके सिरहाने छोड़ देती हैं।

मि. वुड प्रिंसिपल हैं—पोपला मुँह, आँखों के नीचे मांस की झूलती थैलियाँ, ज़रा-ज़रा सी बात पर चिढ़ने वाली कर्कश आवाज़ में चीखने वाली बुढ़िया। मि. वुड

को दूसरों के जीवन में झाँकना पसंद नहीं है। यह उनके चरित्र की अच्छाई ही कही जाएगी।

कहानी में मि. वुड का चरित्र एक सहयोगी चरित्र-भर है। वे कोई खास प्रभाव नहीं छोड़तीं।

कहानी का तीसरा महिला पात्र जूली है जो अपना समय पढ़ाई में कम, प्यार में ज्यादा लगाती है। उसका प्रेम आर्मी के एक अफसर से चल रहा है। उसके प्रेमी का पत्र लतिका के हाथ लग जाता है। लतिका के पूछने पर वह झूठ बोलती है और कहती है कि उसके भाई का पत्र है, जो झाँसी से भेजा गया है, लेकिन लतिका उसके झूठ को पकड़ लेती हैं तब वह उस निरीह परिंदे की तरह फड़फाड़ाती खड़ी रह जाती है, जिसके पर कतर दिए गए हों...।

जूली एक सामान्य हॉस्टलर लड़की की तरह है, जो 'फन' की ख़ातिर कोई भी 'रिस्क' लेने को उतावली रहती है।

कहानी संग्रह 'जलती झाड़ी'

'जलती झाड़ी' निर्मल वर्मा का दूसरा कहानी संग्रह है, जो सन् 1965 में प्रकाशित हुआ था। 'परिंदे' संग्रह की तीव्र चर्चा के पश्चात 'जलती झाड़ी' संग्रह की कहानियों पर भी चर्चा का बाज़ार काफी गर्म रहा। नामवर सिंह जी ने इस संग्रह में संकलित 'लंदन की एक रात' कहानी को तो एकमात्र आधुनिक कहानी का दर्जा 'नई कहानी' के दौर में दे दिया था।

'जलती झाड़ी' कहानी संग्रह में कुल जमा दस कहानी संकलित हैं—'लवर्स', 'माया दर्पण', 'एक शुरुआत', 'कुत्ते की मौत', 'पहाड़', 'पराये शहर में', 'जलती झाड़ी', 'दहलीज़', 'लंदन की एक रात' और 'अंतर'। इनमें से कुछ कहानियाँ तो काफी चर्चित रही हैं। जैसे—'माया दर्पण', 'जलती झाड़ी', 'लंदन की एक रात', 'अंतर' इत्यादि।

इस संग्रह की कहानियों में समाए नारी पात्रों पर एक दृष्टि डालते हुए सर्वप्रथम कहानी 'लवर्स' को ही लेते हैं।

'लवर्स'

'लवर्स' एकतरफा प्रेम-कथा है, जिसमें निराशा, नायक को स्त्री के नंगे जिस्म तक ले जाती है। प्रेम की संभावना उसे, जिस अर्द्धनग्न युवती की तस्वीर के पीछे उदासीन बनाए रखती है, उस संभावना का अंत उसे उसी तस्वीर को खरीदने पर मज़बूर कर देता है।

कहानी का वाचक पात्र निंदी एक लड़की को पत्र उसका निर्णय जानने के लिए लिखता है कि वह उससे प्यार करती है या नहीं? लड़की उसे फोन पर 'एल्प्स'

के सामने मिलने का वादा करती है। मिलने की उत्कंठा में कथावाचक को रात-भर बेचैनी रहती है। दूसरे दिन लड़की उसके प्रस्ताव को अस्वीकृत कर जब यह निर्णय देती है कि—"निंदी यह ग़लत है, सच बहुत ग़लत है, निंदी, सच तुम पागल हो, मैंने कभी भी ऐसे नहीं सोचा। 'नाट इन दैट वे।"[40] तो उसको लगता है, जैसे उसके भीतर भी पतझड़ समा गया है। उसकी सारी बेचैनी, चार शब्दों 'नाट इन दैट वे' में हवा में उड़ जाती है। डाल से टूटे पत्तों की तरह, जैसे पतझड़ बाहर ही नहीं हो रहा है, बल्कि उसके भीतर भी पतझड़ समा गया है।

जहाँ तक कहानी में महिला पात्रों का सवाल है, तो इस कहानी में दो ही महिला पात्र हैं, एक तो कथावाचक की 'फियान्स' और दूसरी जार्ज की 'फियान्स'। कहानी के सूत्र कथावाचक और उसकी प्रेमिका के मध्य बुने गए हैं। कहानी की नायिका कथावाचक निंदी से प्रेम नहीं करती है, वह सिर्फ उसके साथ दोस्ती रखना चाहती है, उन्मुक्त, बेलाग दोस्ती। बंधन उसे दरकार नहीं, साथ घूमने-फिरने में उसे कोई बुराई नज़र नहीं आती है, क्योंकि उसका मानना है कि दोस्त तो कोई भी हो सकता है, लेकिन प्रेम तो किसी खास से ही किया जा सकता है और जब वह निंदी (नायक) को अपने विचारों से अवगत कराती है—"निंदी यह ग़लत है। उसने धीरे से कहा, इतने धीरे से कि मैं हँसने लगा।"

"तुम क्या इतनी देर से यही सोच रही थीं?"—मैंने कहा।

"निंदी, सच!" वह भी हँसने लगी, किंतु उसकी आँखें पहले जैसी ही उदास हैं—"मैंने इस तरह कभी नहीं सोचा था।"

"किस तरह?"—मैंने पूछा।

"जैसे तुमने मुझे लिखा था। मैंने उसे कई बार पढ़ा है निंदी...यह ग़लत है, सच, बहुत गल़त है, निंदी।"[41] तो वह निंदी जो उसके जवाब के इंतज़ार की बेचैनी में रातभर सोया नहीं होता, साथ ही वह निर्दिष्ट स्थान पर भी समय से पहले पहुँच गया होता है, और तो और वह उसके आने और जवाब दिए जाने के अंतराल के वक़्फे (अंतराल) के बीच एक अदृश्य भीतरी आवेग में अपने आपको काँपता हुआ महसूस कर रहा होता है, लेकिन ज्यों ही वह लड़की का जवाब पाता है तो अपने आपको वह बेहद खाली और हल्का महसूस करने लगता है।

कहानी की पृ.भूमि दिल्ली है। नायिका पढ़ी-लिखी, उम्र की उस दहलीज़ पर कदम रखती हुई लड़की है, जहाँ समझदारी अपने पग पसारती है। वह निंदी से सिर्फ दोस्ती चाहती है तभी तो वह निंदी से कहती है—"निंदी, वी कैन बी फ्रेंड्स, कान्ट वी?"[42] लेकिन, जब उसे निंदी के विचारों का पता चलता है तो वह साफ शब्दों में संबंधों का खुलासा कर देती है। वह निंदी से दूर के संबंध ही रखना चाहती है।

वहीं दूसरी ओर जार्ज की 'फियान्स' एक ख़ामोश पात्र है, जिसकी कहानी में न तो कोई भूमिका है, अगर वह कहानी में न भी होती तो भी कथानक में कोई फर्क नहीं पड़ता।

एक लिहाज़ से 'लवर्स' की नायिका अपने विचारों से खुली तो है, लेकिन उसने अपने खुलेपन को कहीं-न-कहीं अपनी मर्जी से बाँध भी रखा है। दोस्ती तो सबसे और प्यार तो किसी खास से...। लेकिन इसके बरक्स निंदी 'तू न सही और सही' की कहावत को चरितार्थ करता है, तब ही तो वह लड़की को दो मिनट रुकने के लिए कह बुकस्टाल से अर्द्धनग्न कवर वाली मैगज़ीन तो खरीद लेता है। प्रेम में असफलता कुंठा को जन्म देती है। मधुरेश जी ने इस संबंध में कहा है कि–"प्रेम की उपस्थिति यदि जीवन को पूर्णता देती है तो उसका अभाव अनेक प्रकार की कुंठाएँ पैदा करता है। 'लवर्स' में प्रेम की संभावना उसे जिस अर्द्धनग्न युवती की तस्वीर के प्रति उदासीन बनाए थी, उस संभावना का अंत होने पर वह उसी तस्वीर को खरीद कर लौट आता है।"[43]

'माया दर्पण'

'माया दर्पण' कहानी की मातृ-विहीन नायिका 'तरन' विवाह योग्य हो चुकी है, लेकिन उसे दूसरे का अकेलापन जीना पड़ रहा है। यानी अपने पिता का, जो पुराने सामंती संस्कारों के दंभ में जीते हैं, अतीत वैभव को ओढ़े हुए और इसीलिए वे अकेले हैं। तरन का एक भाई और भी है, जो पिता की रूढ़िग्रस्त मानसिकता के विरोधस्वरूप घर छोड़कर चला गया है। तरन के मन में भी इस स्थिति से छुटकारे की प्रबल भावना है, लेकिन नैतिकता उसके बढ़ते कदमों को रोक लेती है, वह दुविधा के बीच जीती हुई लड़की है जो लगातार एक ही बात सोचती रहती है कि मेरे बाद पिता का क्या होगा और शायद यही वज़ह है कि वह पिता की छाया से बँधे रहती है।

उसे ऐसा लगता है कि जैसे परिवेश का पूरा सन्नाटा, अकेलापन उसके भीतर उतर गया है। यह बात और है कि कहानी नायक इंजीनियर बाबू उसमें एक आशा की किरण जगाते ज़रूर हैं, लेकिन तरन अपनी स्थिति को स्वीकार न करते हुए अकेली दीवारों के बीच सिमटी रहती है, जहाँ उसके बाबू के अकेलेपन की छायाएँ रेंगती रहती हैं।

कहानी 'माया दर्पण' में कुल दो ही महिलाएँ हैं–एक तो नायिका की विधवा बुआ जो भाई की पत्नी के देहांत के बाद घर की देखभाल करने आई हैं। वे अपने भाई से डरी-सहमी रहती हैं और दूसरी नायिका 'तरन' जो कि विवाह योग्य है, लेकिन उसका विवाह सिर्फ इसलिए नहीं हो पा रहा कि उनके बराबर के घराने का लड़का नहीं मिल रहा है। लेकिन यह वजह सिर्फ बताने भर के लिए है। असल में पत्नी की मृत्यु के बाद अकेले रह गए 'दीवान साहब' अपने अकेलेपन से घबराते हैं और इसीलिए वे तरन का विवाह नहीं करना चाहते।

'तरन' युवा है, लेकिन अकेली है। दूर-दूर तक फैला रेगिस्तान, टूटते मकानों के खँडहर, हवा, वीरानी, सन्नाटा और घर के बोझिल वातावरण का असर तरन के

मन पर पड़ा और उसका मन भी कहीं न कहीं थोपे हुए अकेलेपन और अजनबियत से विद्रोह करने लगता है।

उसे उम्मीद की किरण इंजीनियर बाबू से मिलती है, जो कि युद्ध के समय बनाई गई बैरकों को तुड़वाने उस इलाके में आए हुए हैं। इसी के साथ घर छोड़कर चले गए भाई का भी पत्र तरन को आता है कि वह उसके पास चली आए कुछ दिनों के लिए।

तरन को लगता है, निर्णय लेने का समय आ गया है। वह जाने का निर्णय ले लेती है और बुआ के माध्यम से अपने भाई के पास जाने की ख़बर बाबू को देती है। वह सोचनी है–"वह अब इस घर में कभी वापिस नहीं आएगी। वह अपनी ज़िंदगी खुद जिएगी।"[44]

लेकिन बाबू इस ख़बर पर कि वह भाई के पास जाना चाहती है पर माँ के गहनों की पोटली बुआ के सामने फेंककर कहते हैं–"लड़का चला गया तो मैं मर नहीं गया, यह चली जाएगी तो मैं मर नहीं जाऊँगा।"[45]

'तरन का मन विद्रोह करने को आतुर हो उठता है, लेकिन जब दूसरे दिन बाबू उसे बुलाकर पूछते हैं–"सुना है तुम कुछ दिनों के लिए बाहर जाना चाहती हो? × × × यहाँ मन नहीं लगता तरन?"–बाबू के स्वर में एक निरीह अबोध-सी जिज्ञासा थी, मानो उन्होंने पहली बार इस संबंध में सोचा हो। तरन की आँखें एक पल के लिए ऊपर उठीं। उसके भीतर एक अजीब-सी उथल-पुथल होने लगी। शायद बाबू उसे रोक लेंगे, शायद उसके बिना उन्हें भी अकेलापन महसूस होता होगा। उसका दिल तेजी से धड़कने लगा। यदि एक बार भी उसे बाबू रुकने के लिए कहेंगे, तो वह एकदम अपना इरादा बदल देगी। फिर जाने का प्रश्न ही नहीं उठता।× × ×"अच्छा है, जाना चाहती हो तो चली जाओ...। मेरी ओर से चिंता मत करना।" बाबू का स्वर बिल्कुल स्थिर और भावहीन था। कमरे से बाहर जाते हुए तरन के पाँव एक बार देहरी पर ठिठके थे, सोचा था शायद बाबू कुछ कहेंगे, किंतु कमरे में सन्नाटा घिरा रहा।[46]

एक तरल अजनबियत का एहसास तरन को भीतर भिगा गया। उसके बाबू, बूढ़े बाबू जो अपने काँपते हाथों से अपने अतीत की धूल साफ करने में लगे हुए हैं, एक ऐसे मरीज़ की तरह जो निद्रा में चलते हैं, उठते हैं, बैठते हैं, सोचते हैं। तरन के संपूर्ण व्यक्तित्व पर सूक्ष्म नज़र डालने से साफ तौर पर दिखाई देता है कि तरन संस्कारों में बँधी हुई युवा लड़की है, जो संस्कारवश अपनी आकांक्षाओं को अपने बाबू के अकेलेपन को भरने के लिए त्याग देती है, लेकिन उसमें विद्रोह करने की क्षमता भी है।

'एक शुरुआत'

'एक शुरुआत' कहानी का वाचक पात्र भारतीय है। कहानी में वाचक पात्र की एक

समुद्र यात्रा के दौरान एक यूरोपियन से हुई मुलाक़ात का ब्यौरा है। यूरोपियन के चेहरे पर व्याप्त व्यथा और थकन देखकर उसे अपने यूरोप आने की ललक और उससे उपजी ताज़गी असंगत लगने लगती है। यूरोपियन जब उससे पूछता है–"आप पहिली बार यूरोप आए हैं?"

"म्यूज़ियम, आर्ट-गैलरी शायद यही सब आप भी देखेंगे। मुझे लगा जैसे उसके स्वर में हल्का-सा व्यंग्य है।"[47] यूरोपियन उससे कहता है–"हर साल हज़ारों टूरिस्ट आते हैं, आर्ट-गैलरीज़, म्यूज़ियम्स, पुराने चर्च और कैथड्रल वह सब कुछ जो बीत गया है उन्हें आकर्षित करता है और उन्हें देखकर वे वापस लौट जाते हैं, लेकिन वे कभी महसूस नहीं करते कि इससे परे भी एक यूरोप है जिसे कोई नहीं देखता, जो बहुत अकेला है, धीरे-धीरे मर रहा है। 'देयर इज़ हेल, हेल इन ऑल एराउंड' और यह सब द्वितीय महायुद्ध की स्मृतियों की काली छायाएँ हैं।"[48]

वह आगे कहता है–"इंडिया वुड बी ए स्ट्रैन्ज लैंड।"[49] उसकी इस बात पर कथावाचक जो कि भारतीय है, सोचने लगता है–"क्या यूरोप उसके लिए बचाव का ही साधन नहीं है सब विशेषताओं से पलायन जो सोते जागते भुतैली छाया-सी उस पर मँडराती रहती थी। इस पर उसे याद आया था कि किस तरह वह तीन दिन भूखा-प्यासा रहकर वियेना की सड़कों पर भटकने के बाद जब वह होटल लौटा था तो उसे लगा था कि वह गड्ढे के बहुत नीचे है जिसके नीचे और जाना नहीं होता। तब उसने यूरोप का अर्थ धीरे-धीरे जोड़ा था 'टेरर...ऑफ इनलाइटेनमेंट'–ऐसा भय जिसमें मृत्यु और मुक्ति दोनों समाहित हों।"[50]

उपर्युक्त कहानी में कथावाचक और यूरोपियन मात्र दो ही पात्र हैं। इस कहानी में कोई भी महिला पात्र नहीं है।

'कुत्ते की मौत'

कुत्ते की मौत तो एक बहाना है जिसके माध्यम से लेखक ने एक ऐसे परिवार की त्रासदी को समेटा है, जिसका हर पात्र अपने-अपने साये में सिमटा हुआ है। वे एक-दूसरे से ऊबे हुए हैं, नफरत भी करते हैं और कभी-कभी भाग जाने तथा आत्महत्या करने का उपक्रम भी करते हैं।

माँ की वेदना यह है कि उन्होंने आरंभ से ही अपने पति के 'संबंधगत' रिश्ते को स्वीकारा ही नहीं था–इसलिए शुरुआत का अजनबीपन आज तक बना हुआ है।

नितिन सबसे बड़ा है और हो रहा है, लेकिन उसकी किसी को कोई फिक्र नहीं है। बाबू एक बार रेल की पाँतों के नीचे आकर आत्महत्या करने की कोशिश कर चुके हैं और नन्हे की समस्या है कि वह परिवार के बारे में सोचते हैं–तो उन्हें अजीब-सा लगता है कि क्या ये ही पारिवारिक संबंध है–जहाँ वर्षों की घृणा एक बहुत पुराने मोह से जकड़ी हुई है, इस तरह से कि अलग नहीं की जा सकती। कहने

को एक बार नन्हे ने कोशिश की थी इन संबंधों के जाल से छूटने की, लेकिन बाबू की भयाक्रांत आँखें देखकर सहसा नींद की गोलियों की धुंध छितरा गई थी। वहीं दूसरी ओर मुन्नी लूसी की बीमारी को लेकर भयग्रस्त है। वह लूसी की देह को छाती से लगाए सबके चेहरों को टुकुर-टुकुर ताक रही है और इधर रात के गहरे सन्नाटे को तोड़ती हुई लूसी की चीखों को सुन बाबू जी सोचते हैं—यह सुबह तक नहीं बचेगी।

कुत्ते की आसन्न मृत्यु परिवार के सारे सदस्यों की मुमूर्षा को उघाड़कर रख देती है। कहानी 'कुत्ते की मौत' पारिवारिक संबंधों की घुटन को संकेतात्मक ढंग से अभिव्यक्ति देती है।

कुत्ते की मौत कहानी में दो ही महिला पात्र हैं—एक तो माँ और दूसरी मुन्नी। मुन्नी लूसी की बीमारी से भयाक्रांत है। वह रात के गहरे सन्नाटे में बरसाती के बाहर छत पर लूसी को अपनी छाती से चिपकाए टहल रही है और लूसी पीड़ा से चीख रही है। लूसी की नन्ही सी दिल की धड़कन को मुन्नी अपनी छाती पर महसूस कर रही है।

और माँ, वह लूसी की बीमारी को लेकर मुन्नी की हताशा से परेशान हो उठती है।

"देख मुन्नी, इस तरह जी हलकान करने से क्या बनेगा? तू इसे इस तरह छाती से चिपकाए रहेगी, तो क्या इसकी तबीयत सुधर जाएगी...? × × × मुन्नी की आँखों में एक गूँगा प्रश्न सिमट आता है—"इसका क्या होगा...?" माँ सोचती है—"यह छोटी उम्र का पहला पहला दुख है, ज्यादा देर तक नहीं रहेगा।"[51] लेकिन मुन्नी खड़ी रहती है, लूसी की पसीने और गिलगिली-गरमाहट से लथपथ देह को लिए। किंतु उसकी आँखें थिर रहती हैं, आलोक के उस दायरे पर जो गली के लैंप पोस्ट से टूटकर घर की छत पर आ पड़ा था। इसी तरह लूसी भी एक दिन अचानक ही उसके यहाँ आ गई थी। एक अपूर्ण रहस्य की कातरता से भीगी।

माँ का दुःख है उनके और बाबूजी (पति) के संबंधों के बीच फैला अजनबियत का मीलों लंबा सन्नाटा—"जब पहले-पहल घर छोड़ा था एक अजनबी के संग जो आज उनके बच्चों का पिता है, यह वे जानती हैं, लेकिन पूरा विश्वास आज भी नहीं हो पाता। लोग कहते हैं धीरे-धीरे पराये शहर, पराये घर में जी लग जाता है, लग जाता होगा, लेकिन वे तो आज भी अजनबी हैं एक छत के नीचे। जब भी वे अपने बच्चों की तरफ देखती हैं तो उन्हें सिहरन सही होने लगती है कि ये बच्चे कभी उनके पलंग पर उनकी देह से सिमटकर लेटे होंगे। इस ख़याल मात्र से ही उन्हें झुरझुरी आने लगती है। वे सोचती हैं—"है न शर्म की बात?"[52] लेकिन, क्या कोई माँ इसे स्वीकार करेगी?

'पहाड़'

'पहाड़' कहानी एक ऐसे दंपति की मनःस्थिति को रेखांकित करती है, जिसकी पूँजी स्मृति है, जिसमें उन पुराने दिनों की सुनहरी यादें समाहित हैं और जो उन्हें जीने का संबल देती हैं। इन स्मृतियों में पहाड़ों की एक खास जगह है।

"दोनों की पुरानी स्मृतियाँ थीं और ऐसी नहीं कि एक की अलग और दूसरे की अलग बल्कि एक-दूसरे पर टिकी हुई...ताश के घर की तरह जिसमें एक पल दूसरे से जुड़कर ही खड़ा रह पाता है।"[53]

आमतौर पर दो सुखी से सुखी दंपति के जीवन में जब बच्चे का पदार्पण होता है तो उनका केंद्र बिंदु वे स्वयं न होकर बच्चे हो जाते हैं और उनकी चाहत भी बच्चे के माध्यम रूपी पुल से गुजरकर एक-दूसरे के पास पहुँचती हैं।

लेकिन कहानी 'पहाड़' में ऐसा नहीं है। कहानी में बच्चे के आ जाने के बावजूद दोनों के संबंध में कहीं कोई विरक्ति नहीं आती है। बच्चा आया और बड़ा होता गया, लेकिन दोनों के बीच नहीं बल्कि अपने में...।

उनकी स्मृतियों में बच्चे के लिए जगह नहीं है, लेकिन बच्चा उन दोनों से सुन-सुनकर पहाड़ों के लिए अपने मन में एक विशेष आकर्षण पाल लेता है और वह हर पतझड़ की शुरुआत में उनसे पूछता है–"क्या हम इस साल पहाड़ पर जाएँगे...?"[54]

और वे उसे समझाने की कोशिश करते हैं, बच्चा सिर्फ विस्फारित नेत्रों से उन्हें देखता रहता है। उसे लगता है पहाड़ और ऊँचे हो गए हैं। और फिर एक साल जब पत्ते झड़ने लगते हैं तो वे पहाड़ पर आ जाते हैं...। बरसों बाद वही पुराना परिचित होटल, और उसका वही कमरा जहाँ अरसा पहले उन्होंने अपनी सुखद रातें बिताई थीं। बच्चा थकान से सो गया है–वे दोनों बेसुध अपने आप में लेटे हैं–आखिर हम आ ही गए...। बाहर पतझर का हरा पीला आलोक है...लेकिन भीतर उनके यादों की बरसात है–वह अनझिप आँखों से एक-दूसरे को निहार रहे हैं और आसपास तक बोझिल गंध हवा में ऊपर टिक गई है।

बच्चा जागने के बाद पहला सवाल करता है अपने माता पिता से–क्या आज हम जाएँगे? पहाड़ों पर...

पागल–हम आ तो गए–तुमने बाहर देखा नहीं। वे यहाँ हर जगह हैं...।

और बच्चा गुमसुम सा बारी-बारी अपने माता पिता को देखता रहा।[55]

बच्चा पहाड़ों को देखकर आश्वस्त नहीं है–वहाँ पहाड़ों से सीधा साक्षात्कार करना चाहता है–लेकिन उसके माता-पिता अपनी स्मृतियों से बाहर नहीं आना चाहते।

और उसी क्षण उनके भीतर कुछ दरकने लगता है–"सामने बेंच थी–वह खाली थी और उस पर धीरे-धीरे धूल और धूल में सने पत्ते इकट्ठा होते गए थे। वह बहुत साधारण थी–कोई भी नहीं कह सकता कि अभी कोई उस पर बैठा होगा।

लगता था, मुद्दत से वह ऐसे ही खाली पड़ी है। वह दोनों उस खाली बेंच को देखकर किसी बहुत पुरानी पहचान को जिंदा करने की चाह करते हैं–लेकिन न जाने क्यों उस पल चाहने पर भी वे उस क्षण एक-दूसरे को छू नहीं पाते। तब अनायास ही–"मुझे लगता है–हमें इसे यहाँ नहीं लाना था। ××× अरे कुछ भी नहीं...वापस होटल जाने पर सब कुछ भूल जाएगा।"[56] और फिर वे दोनों अपनी स्मृतियों में लौट जाते हैं।

'पहाड़' कहानी में महिला पात्र एक ही है 'पत्नी' जो माँ भी है, लेकिन कहानी के माँ-बाप केवल अपने में केंद्रित हैं। उनका बच्चा उनकी धुरी न होकर कहीं-कहीं उनके लिए बोझ-सा दिखाई देता है। वे दोनों अपने आप में ही पूर्ण हैं...।

पति और पत्नी दोनों ही अपनी स्मृतियों में डूबे रहते हैं। उनके पास स्मृतियों का एक सुखद संसार है। वे उसके मायावी सम्मोहन से बाहर ही नहीं आना चाहते हैं।

कहानी की महिला पात्र (पत्नी) माँ बन जाने के बावजूद अपने बच्चे की तरफ से लापरवाह हैं।

आमतौर से देखा गया है कि माँ अपने बच्चों के प्रति बहुत संवेदनशील होती है बनिस्बत पिता के, लेकिन कहानी पहाड़ की माँ सिर्फ औरत है और पिता केवल मर्द...। उनकी पूरी सोच औरत-मर्द के प्यार के इर्द-गिर्द घूमती है।

कहने को वे एक आत्मकेंद्रित सुखद दंपति की श्रेणी में रखे तो जा सकते हैं, लेकिन वे एक अच्छे माता-पिता तो नहीं कहे जा सकते।

'पराये शहर में'

'पराये शहर में' कहानी का 'मैं' नामक पात्र यानी कथावाचक एक पराये शहर में आया हुआ है। दूसरे दिन उसे चले जाना है। कहानी में उस दिन और दूसरे दिन के बीच के अंतराल के समय के दौरान कथावाचक की मनःस्थिति और उसके अजनबी होने की पीड़ा को रेखांकित किया गया है।

कथावाचक पराये शहर में घूम रहा है। अचानक एक लड़का उसके सामने ढेर सारे पिक्चर पोस्टकार्ड लेकर खड़ा हो जाता है और कुछ खरीदने का आग्रह करता है खासकर 'मेडोना' का, लेकिन वह यह कहकर कि उसके पास पैसे नहीं हैं इनकार कर देता है। यह जहाँ भी जाता है वहाँ कोई न कोई उससे कुछ खरीदने का आग्रह करता है। बल्कि, एक जगह तो एक लड़का उसका कंधा पकड़ के लगभग उसे घसीटते हुए एक पल में ले जाकर एक स्त्री के सामने खड़ां कर देता है और कहता है–"इसके साथ जाओगे–सिर्फ पाँच सौ लीरा–तुम पूरी रात इसके साथ रह सकते हो।" स्त्री कहती है–"बबीनो तुम मुझे नहीं चाहते–मैं खूबसूरत हूँ, मैं मेडोना से भी ज्यादा खूबसूरत हूँ।" ठहाका लगाती हुई भीड़ में से किसी ने कहा–"सिन्योरे...यू लाइक मेडोना?"[57]

कथावाचक भीड़ से निकलकर दुबारा पुल पर चला आता है। इस बार लड़के ने उसे नहीं रोका। अब शायद उसे कथावाचक में दिलचस्पी नहीं रह गई थी। कथावाचक को खुशी हुई कि अब सचमुच वो अकेला है और इस अकेलेपन को पाने के लिए वह उस पिक्चर पोस्टकार्ड वाले लड़के को खोज रहा था जो मेडोना को बेच रहा था। वह भीड़ में कहीं दिखाई नहीं दिया।

कथावाचक के अतिरिक्त कहानी पराये शहर में मात्र एक ही महिला पात्र है जो कि वेश्या है, लेकिन उसकी उपस्थिति कहानी की कथा या उसकी मनःस्थिति पर कोई विशेष प्रभाव नहीं डालती। उसकी उपस्थिति उस शहर की मनःस्थिति को ज़रूर उजागर करती है जहाँ पर्यटकों के मनोरंजन के लिए स्त्रियाँ सहज सुलभ होती हैं—"इसके साथ जाओगे...सिर्फ पाँच सौ लीरा। तुम बोलते नहीं, उसने कहा, मेरा घर बहुत पास है मुझे लगा उसके सामने कुछ भी कहना असंभव है, बवीनो क्या मैं तुम्हारी आँखें चूम सकती हूँ उसने हँसते हुए कहा। गली के गरम अँधेरे में लोगों की हँसी मुझे कुछ अजीब-सी लगी। वे हमारे बहुत निकट चले आए थे। आह...बवीनो तुम मुझे नहीं चाहते...देखो ये मुझे नहीं चाहता स्त्री ने भीड़ की ओर उन्मुख होकर कहा।"[58]

वह स्त्री जो कि वेश्या है, इसलिए उसमें खुलापन होना स्वाभाविक है, लेकिन वहाँ उपस्थित दूसरे लोगों का 'कथावाचक' और 'स्त्री' के वार्तालाप में रस लेना और बात-बात में ठहाके लगाना, उस पराये शहर की मानसिकता को उजागर करता है।

'जलती झाड़ी'

'जलती झाड़ी' कहानी में कथावाचक पात्र 'मैं' पराये शहर में है। वह वहाँ पहली बार आया है और टहलते-टहलते नदी के किनारे बिना किसी उद्‌देश्य के यूँ ही चला आया है।

सामने ही नदी के किनारे एक बूढ़ा मछली के शिकार के लिए काँटा डालकर निश्चित भाव से बैठा है। उस सुनसान से नदी के किनारे पर किसी को बैठे देखकर उसके मन में आत्मीयता की एक भूख जाग जाती है जो पराये शहर में स्वाभाविक ही है, लेकिन बूढ़ा उसकी तरफ बिल्कुल ध्यान नहीं देता। बस सिर्फ एक हल्की-सी हँसी के सिवाय...जब वह उसके सामने के पेड़ के नीचे अपना बैग रखकर बैठा था तब न जाने क्यूँ उसकी वह हँसी उसको बेचैन कर जाती है। आखिर वह क्यों हँसा था? क्या उसका ध्यान कहीं और था? अगर था तो क्या उसने मुझे ठीक से देखा नहीं था? अगर नहीं देखा था तो उसे मेरी ओर उन्मुख होकर हँसने की जरूरत क्यों महसूस हुई?

थोड़ी देर के बाद बूढ़ा अपना सामान समेटकर चला गया, लेकिन वह वहीं बैठा रहा। अचानक दो बच्चे उस तरफ आ निकले। उनमें से बड़ा लड़का उसे बूढ़ा

शिकारी समझ के पूछता है—"आप कैसे हो? आज भी खाली हाथ हो—आज भी तुम कुछ नहीं पकड़ पाए? किंतु तुम्हें ग़लतफ़हमी हुई है, मैं वह नहीं हूँ जिसे तुम खोज रहे हो—वह तो कब का चला गया।"[59]

लेकिन यह बात कहते हुए उसका लहजा अनिश्चित और कमज़ोर हो जाता है और उन लड़कों को उसकी बात का विश्वास नहीं हो पाता।

लड़के चले जाते हैं उसे अकेला छोड़कर। उनके चले जाने पर वह टापू पर अपने आपको अकेला महसूस करता है और जब वह जाने का इरादा कर ही रहा था कि तब ही उसे आभास हुआ कि वह वहाँ बिल्कुल अकेला नहीं है—उसकी दाहिनी तरफ की झाड़ियों में हल्की-सी सरसराहट हुई। "पहले सिर्फ दो धुँधली-सी छायाएँ दिखाई दीं—एक लड़की की और दूसरे लड़के की × × × उसे लगा कि अब उसे यहाँ से चले जाना चाहिए।"[60] यहाँ पर लेखक ने संकेतों के माध्यम से दिखाया है कि झाड़ी के पीछे एक लड़की और लड़का मिथुनरत हैं। लेकिन "जो कुछ भी झाड़ी के पीछे हो रहा था उसके प्रति उसके मन में न कोई जिज्ञासा थी न जुगुप्सा—कौतूहल भी नहीं फिर भी उसके पाँव नहीं उठे और वह जड़वत बैठा रहा।"[61]

लड़की झाड़ी से निकलकर उससे (कथावाचक से) इस तरह बातें करने लगती है कि जैसे वह ही उसके साथ झाड़ी के पीछे था। जब वह प्रतिवाद स्वरूप कहता है कि मैं वहाँ नहीं था तो वह आश्चर्यचकित रह जाती है—वह पूछती है—क्या यह सच है और उस समय कथावाचक को लगता है कि जैसे उस शाम दूसरी बार किसी ने उससे सच का प्रमाण माँगा हो। वह सोचता है उसके लिए जवाबदेही का लम्हा आ गया है—वह जवाबदेह नहीं होना चाहता और भाग खड़ा होता है।

जलती झाड़ी प्रतीक है उस संवेदना और विश्वास का जो कथावाचक के भीतर उगी होती है, लेकिन उस शाम उसका विश्वास दो बार छला जाता है। पहली बार बच्चों के द्वारा और दूसरी बार लड़की के द्वारा, तब उसको लगता है कि संवेदना और विश्वास का वह पौधा जो उसके भीतर है, जलने लगा है। तब वह सोचता है कि आत्महत्या करने के लिए मरना ज़रूरी नहीं होता है।

जलती झाड़ी कहानी में मात्र एक ही महिला पात्र है लड़की। लड़की युद्धोत्तर यूरोप की नई पीढ़ी का प्रतीक है। खुले उन्मुक्त वर्जनाओं रहित जीवन पर विश्वास करने वाली नई पीढ़ी, जो अपनी पुरानी मान्यताओं को पहने हुए कपड़ों की तरह उतारकर फेंक रही थी। लेखक ने 'जलती झाड़ी' कहानी की महिला पात्र के माध्यम से एक ऐसे यूरोप को दिखाने की कोशिश की है जो नया है, लेकिन बिना जड़ों वाला यूरोप है।

'दहलीज़'

'दहलीज़' कहानी में रूनी नाम की लड़की, जो कि अपनी उम्र की संधि रेखा पर

खड़ी हुई है, के जज़्बातों को लेखक निर्मल वर्मा ने रेखांकित किया है।

उम्र का वह मोड़ जहाँ बचपन पीछे छूट रहा होता है, वहीं दूसरी ओर किशोरावस्था की उमंगें बाँहें फैलाए स्वागत कर रही होती हैं। कहानी इसी मोड़ को प्रदर्शित करती है।

कच्चा मन गीली मिट्टी के लोंदे की तरह होता है। वहाँ कुछ भी लिखा जा सकता है, उकेरा जा सकता है। रूनी का मन भी ऐसे ही कच्ची के मिट्टी के लोंदे की तरह है। वह चाहती है कि कोई उसे दुलारे...प्यार करे...लेकिन, कोई उसकी तरफ ध्यान नहीं देता, शम्मी भाई भी नहीं...।

रूनी, जेली (रूनी की बड़ी बहन) और शम्मी भाई, कहानी में कुल जमा तीन ही पात्र हैं और कहानी कुल इतनी ही है कि हर शनिवार को शम्मी भाई अपने हॉस्टल की बहुत सी कहानियों के साथ रूनी के घर आ जाते हैं...। उनके आने का इंतजार न सिर्फ रूनी को ही रहता है, वरन जेली को भी। शम्मी भाई जेली को पसंद करते हैं, उसके साथ घूमते हैं, बातें करते हैं...लेकिन वह बात नहीं कहते जिसको सुनने के लिए जेली के कान तरसते हैं।

कहने को रूनी भी शम्मी भाई को पसंद करती है। वह चाहती है कि वे उसके साथ हँसें, खिलखिलाएँ...प्यार करें...लेकिन शम्मी भाई जेली के आसपास ही रहते हैं...तब वह कुढ़ती है। शम्मी भाई के आते ही जेली की आँखों में धुली-धुली ज्योति को निखरते वह देखती है और वह यह भी देखती है कि शम्मी भाई के आते ही जेली उसको ग्रामोफोन लाने भीतर भेज रही है। वह क्षण उसके लिए बहुत भारी होता है। वह नहीं समझ पाती कि वह जाए या न जाए। जेली उसकी बड़ी बहन है और दोनों के बीच बरसों का सूना फासला है–"उस फासले के एक छोर पर जेली है तो दूसरे छोर पर शम्मी भाई और दोनों उससे अलग जीते हैं–वह दोनों को नहीं छू सकती–यह उसके लिए त्रासद है...।"[62] सोचती है–"जेली में क्या कुछ है कि शम्मी भाई जो उसमें देखते हैं रूनी में नहीं देखते हैं।"[63]

वह जब भी उन्हें साथ देखती...उसके हवास पर एक अजीब-सा मायावी झिलमिला-सा परदा खिंच जाता। वह सोचने लगती–"हवा में उड़ती शम्मी भाई की टाई, उनका हाथ जिसकी उँगली के नीचे कोमल सफेद खाल पर लाल से गड्ढे उभर आए थे...छोटे-छोटे चाँद से गड्ढे...जिन्हें अगर छुओ, मुट्ठी में भींचो, हल्के-हल्के सहलाओ तो कैसा लगेगा?...सच कैसा लगेगा...? वह क्या सोच रही है शम्मी भाई को नहीं मालूम...वह उनकी झिपझिपाती आँखों को देख रही है, वह उनके हाथों को देख रही है, लेकिन उन्हें नहीं मालूम...? लेकिन, अचानक ही उसके आसपास अपरिचित डर की खट्टी-खट्टी-सी खुशबू उसे अपने में धीरे-धीरे घेरने लगती। उसे लगता कि उसमें शरीर के एक-एक अंग की गाँठ खुल-सी जा रही है। मन रुक जाता है और लगता है कि लॉन से बाहर निकलकर वह धरती के अंतिम छोर तक आ गई है और उसके परे केवल दिल की धड़कन है, जिसे सुनकर उसका सिर चकराने लगता

है–(क्या उसके संग ही यह होता है या जेली के संग भी?)''[64]

रूनी उस दोपहर को नहीं भूल पाती जब शम्मी भाई धीरे से उसके सामने आ खड़े हुए थे। उसने घबराकर शम्मी भाई की ओर देखा, वे मुस्करा रहे थे–''जानती हो, इसमें क्या है?'' शम्मी भाई ने उसके कंधे में हाथ रख दिया। रूनी का दिल धौंकनी की तरह धड़कने लगा। शायद शम्मी भाई वही बात कहने वाले हैं जिसे वह अकेले में, रात को सोने से पहले कई बार मन ही मन सोच चुकी है, शायद इस लिफ़ाफे के भीतर एक पत्र है जो शम्मी भाई ने चुपके से उसके लिए, केवल उसके लिए लिखा है। उसकी गरदन के नीचे फ्राक के भीतर से ऊपर उठती हुई कच्ची-सी गोलाइयों में मीठी-मीठी सुइयाँ चुभ रही हैं–मानों शम्मी भाई की आवाज़ ने उसकी नंगी पसलियों को हौले से उमेठ दिया हो...।[65]

लेकिन जब शम्मी भाई ने लिफ़ाफे को खोलकर ढेर से टिकट निकालकर मेज पर बिखरा दिए और बोले–''तुम्हारे अलबम के लिए...'' वह एकाएक समझ नहीं सकी–उसे लगा कि जैसे उसके गले में कुछ फँस गया है–और उसकी पहली और दूसरी साँस के बीच एक गहरी अँधेरी खाई खुलती जा रही है।[66]

कहानी 'दहलीज़' में दो ही महिला पात्र हैं, जिसमें रूनी ही महत्त्वपूर्ण है, क्योंकि सारी कहानी का ढाँचा उसकी मनःस्थिति को लेकर ही बुना गया है। रूनी वयःसंधि की दहलीज़ पर खड़ी एक लड़की है, जो अपनी उम्र के लिहाज से अकेली है। साथिन के बतौर उसकी बड़ी बहन जेली है जो उससे काफी बड़ी है। दोनों बहनों के बीच उम्र का सन्नाटा तो है ही लेकिन अकेलेपन का सूनापन भी है।

उन्हें इंतज़ार होता है शनिवार का, जब शम्मी भाई उनके बीच आते हैं। शम्मी भाई से इन दोनों का कोई पारिवारिक रिश्ता नहीं है लेकिन, बरसों के मेल-मिलाप ने उनको परिवार का एक हिस्सा बना दिया है।

जेली ख़ामोश प्रवृत्ति की लड़की है। वह शम्मी भाई से प्यार करती है और इंतज़ार करती है कि कुछ तो हो–''जेली की आँखों में छोटा-सा बादल उमड़ आया है–क्या आज शाम को कुछ नहीं होगा? क्या ज़िंदगी में कभी कुछ नहीं होगा? उसका दिल रबर के छल्ले की मानिंद खिंचता जा रहा है।''[67] लेकिन, जब उसने देखा कि शम्मी भाई उसकी तरफ से पीठ मोड़े टहनी से रेत पर कुछ लिख रहे हैं, तब उससे रहा नहीं गया–''शम्मी तुम यहाँ मेरे संग क्यूँ आए...?'' और वह बीच में ही रुक गई–उसकी पलकों पर रह-रहकर नरम-सी आहट होती है और वे मुँद जाती हैं, उँगलियाँ स्वचालित सी मुट्ठी में भिंच जाती हैं, फिर अवश-सी आप ही आप खुल जाती हैं।

''जेली सुनो...।''

शम्मी भाई जिस टहनी से जमीन को कुरेद रहे थे वह टहनी काँप रही है। शम्मी भाई के इन दो शब्दों के बीच कितने पत्थर हैं...बरसों...सदियों पुराने...ख़ामोश पत्थर...।[68] लेकिन, जेली इन ख़ामोश पत्थरों की आवाज़ सुनने नहीं आई थी–उस

मार्च की शाम को। जेली यहाँ उन्हीं ख़ामोश लड़कियों की जमात में खड़ी हो जाती है जो अपनी बात स्वयं नहीं कह सकती और शम्मी को कुछ कहने में न जाने कौन-सी शक्ति रोकती है। बहरहाल जेली एक ऐसी लड़की है, जिसे कुछ होने की प्रतीक्षा है। होने के इंतज़ार में वह प्रतीक्षातुर है ख़ामोश...जैसा कि आम तौर पर होता है कि उम्र की उस रेखा पर खड़ी लड़कियाँ जहाँ एक तरफ बचपन विदा हो रहा होता है और जवानी धीमे-धीमे कदमों से पास आ रही होती है, ढेरों सपने होते हैं...कच्चे सपने...उनकी आँखों के आसपास, एक सपनीला आकाश फैल जाता है, जहाँ अपनी पूरी उमंगों के साथ उड़ना चाहती हैं। रूनी भी उन्हीं एक लड़कियों में से है, वह भी उड़ना चाहती है। घर में उसका साथ देने वाला उसका हमउम्र कोई नहीं है–जेली और उसके बीच बरसों का सहमा ठिठका हुआ अंतराल है–तब उसका कच्चा मन शम्मी भाई को अपना साथी मान लेता है, लेकिन शम्मी भाई जेली की तरफ कायल हैं, इसके कारण रूनी को दुःख होता है। उसे लगता है, उसकी किसी को कोई फिक्र नहीं है, अगर वह मर भी जाए तो भी नहीं...रूनी की वर्तमान मनःस्थिति का कारण उसका अकेलापन है, अगर कोई और जो उसका हमउम्र होता तो शायद रूनी के मन में इस तरह के विचार नहीं पनपते। रूनी भूल नहीं पाती है। मार्च की खुश्क शाम को जब शम्मी भाई जेली की तरफ पीठ मोड़ टहनी से धरती पर कुछ लिख रहे थे और जेली उनकी पीठ की तरफ मुँह किए अपनी ख़ामोशी में कह रही थी–"शम्मी भाई प्लीज़...प्लीज़...जो कुछ भी कहना है अभी कह डालो, इसी क्षण कह डालो। क्या आज शाम कुछ नहीं होगा? क्या ज़िंदगी में कभी कुछ नहीं होगा।"[69]

"वे चले गए। उनकी ख़ामोश छायाएँ ढलती हुई धूप में सिमटने लगीं और रूनी बेर की झाड़ियों के पीछे छिपी बैठी वह सब देख रही थी। उसके होंठ फफक उठे, एक क्षण लाल भुरभुरे फनों की ओर से भूला हुआ सपना झाँकता है। गुनगुनी सी सफेद हवा, मार्च की पीली धूप, बहुत दिन पहले सुने हुए रिकार्ड की जानी-पहचानी ट्यून जो चारों तरफ फैली घास के तिनकों पर बिछल गई। सब कुछ इन दो शब्दों पर थिर हो गया जिसे शम्मी भाई ने टहनी से धूल कुरेदकर धरती पर लिखा था–जेली...लव।"[70]

तब रूनी को लगा था जैसे उस शाम को वह मर गई। तभी तो वह अपनी नौकरानी से कहती है, जो रूनी को असमय बिस्तर पर लेटे देखकर अचंभित हो जाती है क्योंकि उसने रूनी को कभी ऐसे न देखा था–"छोटी बीबी, आज अभी से सो गई...।" रूनी चुपचाप आँखें मूँदे लेटी रही।

छोटी बीबी क्या बात है? और तब रूनी ने अपनी पलकें उठा लीं, छत की ओर एक लंबे क्षण तक देखती रही। उसके चेहरे पर एक रेखा खिंच आई मानो वह एक दहलीज़ हो जिसके पीछे बचपन सदा पीछे छूट गया है। मेहरू, बत्ती बुझा दे–उसने संयत निर्विकार स्वर में कहा–"देखती नहीं, मैं मर गई हूँ।"[71]

कुल मिलाकर रूनी का चरित्र किसी भी होनी अनहोनी के लिए आतुर लड़की की तरह है।

'लंदन की एक रात'

'लंदन की एक रात' कहानी में निर्मल वर्मा ने गोरों के द्वारा काले विदेशियों के प्रति किए जाने वाले नृशंस व्यवहार को यथार्थ के परिप्रेक्ष्य में बिना किसी पूर्वग्रह के उठाया है। इस ''कहानी में बढ़ते हुए फासिस्ट खतरों को व्यक्त किया गया है और इतिहास में तपी भूमिका अदा करने वाले नए आज़ाद मुल्कों की मूल चेतना को वाणी दी है।''[72]

इस कहानी में लंदन की रात है, डर है, आतंक है, बेकारी और अजनबीपन की अनुभूति भी है, भूख है, तलब है—सिगरेट पीने की और दुःख है लड़की के पाने का और इस सबसे अलग रंगभेद का अहसास है।

कथावाचक विली और जार्ज लंदन में विदेशी हैं और वहाँ वे रोज़गार की तलाश में इधर-उधर भटक रहे हैं। एक दिन जब वे काफी प्रतीक्षा के बाद भी काम नहीं पाते तो विली के कहने से वह पीने के उद्देश्य से पब में चले जाते हैं।

पब का मालिक इटालियन है, विली बहुत पहले इसी पब में नौकरी कर चुका था, पीते-पीते विली अचानक ही डांस करने के लिए खड़ा हो जाता है और डांस करने के लिए बेसमेंट में उतर जाता है और इटालियन के मना करने के बावजूद वह एक लड़की के साथ डांस करने लगता है। यह जानते हुए भी कि उसके हमजोली उसे उसके साथ नाचते देखकर जल मरेंगे। अचानक पब का मालिक कथावाचक का हाथ पकड़कर उससे आग्रह करता है कि वह विली को यहाँ से ले जाए—

''क्या तुम उसे यहाँ से नहीं ले जा सकते...मेरा मतलब है इस जगह से...? × × × तुम क्यों नहीं कह सकते।''

''मैं उससे कुछ भी नहीं कह सकता...वह मेरी बात नहीं मानेगा।'' × × ×

''लेकिन क्यूँ...?''

''यह ज़रूर उसके लिए ठीक नहीं है।''[73]

लेकिन वह उससे कहता है कि वह उसके लिए कुछ नहीं कर सकता।

इतने में ही बाहर से कुछ लोग आकर अप्रत्याशित रूप से उस पर और जार्ज पर हमला कर देते हैं। कुछ देर के हंगामे के बाद कथावाचक पब से बाहर निकल आता है। वहाँ बाहर वे लोग उसको इस तरह पीटते हैं कि वह बेहोश-सा हो जाता है और ऐसे में उसे बोध होता है कि वे उसे अकेला नहीं छोड़ेंगे और वह बच नहीं सकता क्यूँकि वे हर जगह हैं। ''विली, जार्ज और कथावाचक ने अपने-अपने देश इसलिए छोड़े हैं कि वे देश के लोगों और अन्य चीज़ों से बच सकें। लंदन में वे सुरक्षा की खोज में स्वयं को आरक्षित पाते हैं। यह स्थिति की विडंबना है, लंदन

अरक्षा का प्रतीक बना हुआ है और यह महानगर समूचे संसार का प्रतीक है जिसमें आज का इनसान अपने को अरक्षित अनुभव करने लगा है।''[74]

एक लिहाज से लंदन की एक रात कहानी की आंतरिक लय अरक्षा है–''पब लंदन के भीतर है जो अरक्षित है, बाहर लंदन की रात है जो अधिक अरक्षित है। इस तरह भीतर-बाहर दोनों एक ही स्थिति में हैं। इन व्यक्तियों के लिए कहीं भी रहना खास मतलब नहीं रखता। एक-दूसरे से टूटकर वे अपनी-अपनी राह लेने के लिए मज़बूर हैं।''[75] जार्ज ट्यूब से चला जाता है, विली अलग हो जाता है और कथावाचक प्लेटफॉर्म पर अकेला रह जाता है।

'लंदन की एक रात' कहानी में कोई महिला पात्र नहीं है।

'अंतर'

प्यार के रंगों का अंतर ही 'अंतर' कहानी में निहित है। यूँ तो चाहना के हज़ारों रंग होते हैं, लेकिन मुख्यतः दो ही रंगों पर प्यार की बुनियाद रखी जाती है–समर्पण और विश्वास। लेकिन, 'अंतर' कहानी में समर्पण तो है, लेकिन विश्वास का रंग खोटा है।

पूरी कहानी में दो प्यार करने वाले पिछली गर्मियों में यायावरी करते घूमते रहते हैं। स्वच्छंद खुले आकाश तले उन्हें विचरना ही अच्छा नहीं लगता, वरन सोना भी। दोनों एक ही स्लीपिंग बैग में गुच्छा होकर सो जाते हैं, क्योंकि होटल के बंद कमरों में उन्हें घुटन लगती है...। नतीजा जो होना था वही हुआ...। औरत तो धरती की तरह होती है, जिस तरह धरती बीज को अपने भीतर ग्रहण कर लेती है, वैसे ही औरत भी...। 'अंतर' कहानी की लड़की चाहती है कि उसके प्यार और विश्वास की निशानी को जीवन मिले लेकिन लड़का नहीं चाहता, उसे 'वह' बंधन लगता है...। लड़की, लड़के के बार-बार समझाने और जोर देने के कारण स्थिति से मुक्ति के लिए तैयार होती है...लेकिन इसमें उसके भीतर के विश्वास के आईने पर खरोंच लग जाती है। वह न चाहते हुए भी 'उसको' नष्ट करने में लड़के की सहायक हो जाती है। लेकिन वह लड़के को माफ नहीं कर पाती। तभी तो वह उसके द्वारा लाई गई उन सारी चीज़ों को जो उसे बहुत पसंद थीं एक पुराने तौलिए में लपेट कर बाहर फेंक देती है।

लेकिन, लड़की के मन में अपने इस निर्णय के विरुद्ध आक्रोश है, जिसे चाहते हुए भी वह व्यक्त नहीं कर पाती, सिर्फ एक आँसू, गरम आँसू, उसकी आँखों की कोरों से बहकर उसके बालों के अँधेरों में खो जाता है, मौन श्रद्धांजलि के बतौर...।

'अंतर' कहानी की लड़की की चारित्रिक विशेषताओं को सूक्ष्मता से देखा जाए तो लगता है कि बड़ा अजीब और दुविधाओं में फँसा हुआ व्यक्तित्व है। एक तरफ तो लड़की लड़के पर अत्यधिक विश्वास करती है और उसी विश्वास के सहारे वह

उसे समर्पित होती है, लेकिन जब लड़का समर्पण के परिणाम को नष्ट करने के लिए जोर डालता है तो वह उसे टालती रहती है–

"डाक्टर ने तुमसे कुछ कहा था?"

"नहीं, लेकिन एक महीना पहले आ जाती तो इतनी कमज़ोरी नहीं होती।"

"मैंने तुमसे पहले भी जल्दी आने के लिए कहा था लेकिन तुम टालती रहीं–"

"तुम हर बात पहले से ही ठीक कहते हो।"

वह चुप रहा और दूसरी तरफ देखने लगा–

"तुमने बुरा मान लिया।"[76]

यहाँ पर यह बात साफ तौर पर उजागर हो जाती है कि वह लड़के से इन सारी परिस्थितियों के बावजूद जुड़े रहना चाहती है।

कहने को जब वह प्राग से इस छोटे-से कस्बे में मुक्ति पाने के लिए चली थी तब वह लड़के को मना करके आई थी कि वह न आए लेकिन जब लड़का उससे मिलने पहुँच ही जाता है तो वह कहती है–"मैंने तुमको आने के लिए मना किया था।"[77]

लेकिन इसके विपरीत लड़की कहानी के एक हिस्से में कहती है–"मैंने सोचा था, तुम आओगे।"

वह चुपचाप उसको देखता रहा।

"सुनो–अब हम पहले की तरह रह सकेंगे"–उसके स्वर में हल्का-सा विस्मय था–

"तुम्हे याद है"–उसने उसका हाथ दबाकर कहा–"पिछली गर्मियों में हम इटली जाना चाहते थे–अब हम वहाँ जा सकते हैं।"[78]

लड़की का पूरा व्यक्तित्व एक अजीब तरह की ऊहापोह के बीच झूलता रहता है, क्योंकि इस वार्तालाप को अगर सामने रखकर उसके चरित्र को समझा जाए तो कहानी का अंत कुछ बड़ा ड्रैमेटिक या थोपा हुआ लगता है। क्योंकि वहाँ पर लड़की अपने बच्चे को जो कि पैदा नहीं हो सका है उसकी चीख सुन रही है और उसकी आँखें आँसू गिराकर कहीं-न-कहीं अपनी आत्मा के बोझ को कम कर रही होती हैं।

लेकिन इसके विपरीत कहानी के मध्य में वह 'इस झंझट से' छुटकारा पाने के बाद फिर से उसी रास्ते पर चलने के लिए आग्रह भी कर रही होती है।

इस लिहाज से 'अंतर' कहानी की नायिका एक 'कन्फ्यूज़्ड' चरित्र बनकर रह जाती है।

कहानी संग्रह 'पिछली गर्मियों में'

'पिछली गर्मियों में' निर्मल वर्मा का तीसरा कहानी संग्रह है। इसमें कुल आठ कहानियाँ हैं। जो संवेदना और शिल्प की दृष्टि से बहुत महत्त्वपूर्ण हैं। 'डेढ़ इंच ऊपर' और

'पिछली गर्मियों में' कहानी तो अत्यधिक चर्चित कहानियाँ हैं।

'धागे'

संग्रह की पहली कहानी 'धागे' है। कहानी में परंपरागत कथानक का नितांत अभाव है। कहानी प्रेम और दांपत्य के टूटते-बिखरते रिश्तों को प्रतीकों के माध्यम से बखूबी व्यक्त करती है।

कहानी की रूनी की बहन, मीनू का विवाह केशी के साथ हुआ होता है। रूनी के मन में भी केशी के प्रति आकर्षण था जो अब तक उसके मन में दबा हुआ सुलग रहा था।

रूनी भी विवाहित है। उसकी एक लड़की है 'शैल'। विवाह का एक लंबा अरसा गुजर चुकने के बाद रूनी अपने पति को छोड़ अलग रहने का फैसला करती है। वह हॉस्टल में रहने लगती है। बच्ची शैल बहन मीनू के साथ रहती है। रूनी हॉस्टल से एक दिन बहन के घर रहने आती है। केशी और मीनू दोनों रूनी से पूछते हैं—वह कब तक यूँ ही अकेले ज़िंदगी बसर करेगी?

कहानी 'धागे', धागे के लच्छों की तरह उलझी हुई है, जिसका सिरा कहीं दिखाई नहीं देता। रूनी क्यों पति को छोड़कर आई है? शादी के इतने सालों के बाद अलग रहने का फैसला अंत तक अनसुलझा ही रहता है।

कहानी में दो महिला पात्र हैं—'रूनी' और उसकी बहन 'मीनू'। लेकिन, पूरी कहानी रूनी के इर्द-गिर्द घूमती है।

रूनी स्वभाव से डरी हुई लगती है। एक ऐसी लड़की जिसे अँधेरे से डर लगता है। छोटी थी तब भी, अब तो वह एक बच्चे की माँ लेकिन डर है कि अब भी वहीं खड़ा हुआ है। वह रात भर कमरे की बत्ती जला अँधेरे को दूर भगाने का उपक्रम करती रहती है। अचानक ज़िंदगी में अकेले रहने का फैसला उसने क्यों कर ले लिया, क्यों ज़िंदगी के उजाले से उसे डर लगने लगता है, कहानी में ये प्रश्न अनुत्तरित हैं।

रूनी केशी के साथ बँधना चाहती थी। लेकिन उसकी चाहना, चाहना ही बनकर रह जाती है और केशी उसकी बहन मीनू के साथ धागों में बँध जाता है। रूनी का लगाव अंत तक केशी की तरफ ही रहता है। केशी की याद, केशी की चीज़ों को छूने की उसके मन में बड़ी ललक है। मीनू द्वारा केशी के लिए बुने जाते स्वेटर को पकड़ वह एक मीठे अहसास से गुजरती है। वह कहती है—"मैंने उसे छुआ नहीं, एक लंबे क्षण तक उसे अपने हाथों पर वैसे ही पड़े रहने दिया। मेरे हाथ उसके नीचे दब गए हैं। उसके नीचे दबकर सिकुड़-से गए हैं। मीनू की स्निग्ध, शांत आँखों और मेरे काँपते हाथों के बीच केशी का अधबुना स्वेटर एक लंबे पल तक बिना हिले-डुले पड़ा रहता है।"[79]

रूनी को संबंधों को संबंधों के नाम पर ढोना दरकार नहीं। इसीलिए वह पति से अलग रहने का फैसला ले लेती है, बिना कारण।

रूनी को यह कतई स्वीकार नहीं कि उसके अतीत को कोई कुरेदे। वह कहती है—"क्या मैं कभी अपने अतीत से छुटकारा नहीं पा सकूँगी...वह हमेशा छाया की तरह पीछे आता रहेगा?"[80] रूनी किसी को अपने अलग रहने की सफाई देना नहीं चाहती। वह यह नहीं चाहती कि जिसका उत्तर उसके पास नहीं है, उस बात का जवाब वह हर किसी को देती फिरे। इसलिए शायद उसे अकेले वर्किंग वूमेन हॉस्टल में रहना पसंद है, जहाँ किसी को किसी के अतीत के झरोखों में झाँकने में कोई दिलचस्पी नहीं। वह कहती भी है—"कल शाम को मैं वापस अपने हॉस्टल लौट जाऊँगी...। वहाँ मिसेज़ हेरी हैं, मेरा अकेला कमरा है, निखिल है। ये सब इस बँगले की परिधि से बाहर हैं, केशी के ग्रामोफोन से ग्रामोफोन पर रखे लिफ़ाफे से बाहर हैं...। वे मेरा अतीत नहीं जानते और मुझसे कभी कोई ऐसा प्रश्न नहीं पूछते जिसका कोई उत्तर नहीं है...मेरे पास नहीं है।"[81]

रूनी के पति की चिट्ठी केशी के नाम आती है—उसे बुलाने, लेकिन रूनी को यह पसंद नहीं कि वे किसी और के नाम पत्र लिखें और अपनी बात पहुँचाएँ। वह कहती है—

"तुम्हें क्यों भेजा है?"

"तुम्हें बुलाया है।"

"जानती हूँ।"

"वह एक बार शैल को देखना चाहते हैं।"

"वो शैल के पिता हैं...जब आकर देखना चाहें देख लें...अपने संग ले जाना चाहें ले जाएँ...मैं रोकूँगी नहीं।"[82]

केशी को वह बेहद चाहती है। उसके आसपास रहना भी चाहती है, लेकिन केशी का यह पूछना कि वह कब तक यूँ ही अकेली रहेगी? उसे खल जाता है और वह कह बैठती है—"तुम मेरे बारे में कब से सोचने लगे, केशी?"[83]

रूनी एक ऐसी लड़की है जो प्यार चाहती है, लेकिन प्यार उसे मिलता नहीं और जो मिलता है वह उसे दरकार नहीं और जिसका चाहती है वह छुई-मुई-सा खो जाता है।

वहीं कहानी का दूसरा चरित्र है मीनू का। मीनू रूनी की बड़ी बहन है। मीनू को यह कतई पसंद नहीं है कि केशी उसके कमरे में शराब पिए। मीनू और रूनी के बीच उम्र का लंबा फासला नहीं है, दोनों दोस्त की तरह व्यवहार करती हैं। बावजूद इसके कि मीनू रूनी को नहीं समझा पाती कि वह इस तरह पति को छोड़ अकेले न रहे।

मीनू एक सहयोगी पात्र के रूप में कहानी में आई है, जो रूनी के चरित्र को

उभारने का काम करती है।

'पिता और प्रेमी'

'पिता और प्रेमी' एक ऐसे जोड़े की कहानी है जो कभी एक-दूसरे से प्रेम करते थे। कहानी की नायिका के और भी कई प्रेमी थे। लंबे अरसे बाद कथानायक से उसकी मुलाकात होती है। लड़की के साथ 'पैरम्बुलेटर' में उसका दस महीने का बच्चा भी होता है, जिसका कथानायक से बिछड़ने के समय कहीं कोई पता नहीं था। कथानायक बच्चे के संबंध में पूछता है—"तुम्हारा है?" नायिका कह उठती है—"तुम्हें शक है?" "नहीं...अब...नहीं।" नायिका कहती है—"जब तुम यहाँ थे, तब वह नहीं था।"[84] नायिका यह बात इतने धुँधलेपन से कहती है मानो उसे संदेह बच्चे पर हो, उसकी माँ पर नहीं। कथानायक के यह पूछने पर कि बच्चे का पिता कौन है, नायिका सहज हो कहती है—"तुम उसे जानते नहीं।"

कथानायक और लड़की के साथ ट्राम में सफर करते समय एक औरत उनसे पूछती है, कितने दिनों का हुआ? लड़की जवाब देती है—दस महीने का। औरत उसके प्रेमी की तरफ देख उसे खुश करने के लिए कहती है—"बिल्कुल बाप पर गया है।"[85] आसपास खड़े लोग मुस्कुराने लगते हैं और कथानायक ट्राम की खिड़की की ओर देखने लगता है।

कहानी में एकमात्र महिला पात्र लड़की है, विचारों से खुली, वर्जनाओं से मुक्त, उसके लिए प्रेम सिर्फ कपड़े बदलने जैसा है। कहानी की नायिका के कहने को बहुत से प्रेमी थे, लेकिन कथानायक के लिए वह बहुत संवेदनशील थी। वे रेस्तराँ बार में मिलते थे, लेकिन नायिका जब भी कथानायक के घर उससे मिलने जाती तो उसके मन के किसी कोने में एक डर बैठा रहता था कि कहीं वह किसी और के साथ तो नहीं और जब वह उसे अकेले ही मिलता तो उसके अकेले होने की खुशी उसके लिए बहुत बड़ी खुशी होती थी।

कहानी 'पिता और प्रेमी' की नायिका को इस बात का कोई मलाल नहीं था कि इस बच्चे का पिता उसके पास नहीं है, वह अकेले उसको सम्हाल रही है और उसके देखभाल करने के लिए उसने अपनी नौकरी भी छोड़ दी है। यहाँ पर वह एक समर्पित माँ है केवल माँ और माँ होना उसके लिए सबसे बड़ी खुशी है।

कुल मिलाकर कहानी पिता और प्रेमी की नायिका के माध्यम से कथाकार निर्मल वर्मा ने एक ऐसे समाज का चित्रण किया है, जहाँ पिता के बिना बच्चे की माँ होना दुखद घटना नहीं एक सुखद अनुभूति है।

'डेढ़ इंच ऊपर'

'डेढ़ इंच ऊपर' प्रलापी शैली में लिखी गई प्रभावशाली कहानी है। कहानी का

कथावाचक पात्र एक बार में बैठा हुआ बियर पी रहा है। वह अपने सामने की मेज़ पर अकेले बैठे व्यक्ति को अपनी मेज पर आमंत्रित करता है और शुरू हो जाता है, उस सारे गुबार को निकालने के लिए बातचीत का सिलसिला, जो उसके भीतर भरा हुआ होता है।

कहानी का परिवेश दूसरे विश्व युद्ध के समय का है, जब हिटलकर की गेस्टापो पुलिस किसी भी व्यक्ति को उठाकर ले जाती और उसे यातनागृह में भेज देती, जहाँ मृत्यु से कम जितना भी कष्ट दिया जा सकता है वह देती। कथावाचक कहता है, वे मुझे भी ले गए थे, लेकिन मैंने कुछ कबूल नहीं किया। सच बात तो यह है कि मेरे पास कबूल करने को कुछ था भी नहीं।

कथावाचक की पत्नी को भी गेस्टापो पुलिस ले गई है, उसे पता नहीं है कि वह जीवित भी है या नहीं। वह आगे कहता है—उस रात से पहले वे दोनों एक ही कमरे में एक ही बिस्तर पर सोते थे, प्रेम करते थे। वह औरत और पूरा कमरा उसका जाना हुआ था, लेकिन सच पूछो तो यह मेरा वहम था। उस कमरे में कुछ और चीज़ें थीं जो उसका रहस्य थीं, जिसमें उसका कोई साझा नहीं था। वह आगे कहता है—"क्या आपको यह बात दिलचस्प नहीं लगती कि वे मेरी पत्नी को मुझसे अधिक अच्छी तरह जानते थे।"[86]

कहानी में कोई महिला पात्र नहीं है।

'खोज'

कहानी 'खोज' दो ऐसी बहनों के आसपास घूमती है, जो अपने भाई के बेहद करीब हैं, मानसिक रूप से बस काया ही अलग है। कहानी में भाई के परदेश चले जाने के बाद दोनों बहनें उसी कमरे में, जो उनके भाई का था, इकट्ठी हुई हैं, बिस्तर भी वही है जिस पर उनका भाई सोता था। कहने को भाई कमरे से जा चुका है, लेकिन उसकी स्मृतियाँ शेष हैं। कमरे के पूरे वातावरण में यादें चस्पाँ हैं, दंश की तरह चुभती हुई यादें...। कहानी में कथा के बतौर कुछ भी नहीं है, केवल अनुभूतियाँ हैं जीवंत, त्रासद, स्मृतियों से भरी हुई।

पूरी कहानी में दो ही महिला पात्र हैं—बिन्नो और बड़ी बहन। उन दोनों की बातचीत का केंद्र बिंदु पुतुल भाई है तो अंतिम बिंदु भी पुतुल भाई है, जो इन दोनों की स्मृतियों में मौजूद हैं, उनके बीच नहीं। कहानी का पूरा माहौल रहस्यमय परिवेश से भरा हुआ है, जहाँ रात है, सन्नाटा है, हवा है, ठंड है और उनके बीच विद्यमान हैं पुतुल भाई की यादें। पुतुल भाई यूरोप से लौटने के बाद इस कदर पीने लगते हैं कि उनकी कौन-सी रात आखिरी रात होगी यह कोई नहीं कह सकता था।

कहानी बिन्नो और बड़ी बहन की यादों के लच्छे भर हैं। जो धीरे-धीरे खुलते हैं। लच्छे का पूरा जाल पुतुल भाई के आसपास बुना हुआ है। पुतुल भाई का कमरा,

उनका बिस्तर, उनके टूटे बाल जो तकिए पर बिखरे रह गए थे, उनकी शराब की बाटल, उनकी हर चीज से जुड़ी यादें जो उन दोनों को उनके कमरे में होने का बराबर अहसास कराती रहती हैं। कहानी में कुल दो ही पात्र हैं और वह भी महिला पात्र—बिन्नो और बड़ी बहन।

बड़ी बहन बहुत पहले ही घर छोड़कर चली गई थी ब्याहने। जब वह गई थी तब पुतुल भाई बाहर थे और जब वह लौटी है तब भी पुतुल भाई आकर फिर से चले गए हैं। वे उनके प्रति जिज्ञासु हैं, बहुत कुछ जानना चाहती हैं उनके बारे में।

बिन्नो पुतुल भाई के संग घर के अन्य सदस्यों से अधिक रही हैं। वह उन्हें चाहती भी बहुत हैं। उनकी छोटी से छोटी आदतों और कमज़ोरियों से वाकिफ हैं। वे कब, क्या कहेंगे, क्या करेंगे, यहाँ तक कि वह उनके कदमों की आहट तक से परिचित हैं। बिन्नो उन्हें अपनी निजता के निकट पाती हैं।

"बिन्नो, तुम उन्हें बहुत प्यार करती थीं।" वह इस बार पुतुल भाई का नाम नहीं ले सकीं...कोशिश के बावजूद...।

"लेकिन तुम कर सकती थीं...।"

"पता नहीं...आखिरी दिनों में अगर मैं इस घर में होती...तो शायद उनके लिए सब कुछ कर सकती थी, सब कुछ...।"

"तुम...?" छोटी बहन की आँखों में पागलों की सी चमक उमड़ आई।

"तुम हमेशा इस घर से डरती थीं...विवाह तुम्हारे लिए छुटकारा था...लेकिन मैं...मेरे लिए...?"[87]

सरकती रात का सन्नाटा पुतुल भाई की स्मृतियों को गहरा करता जाता है। दरवाजे पर हवा की हल्की सी दस्तक भी उनको ऐसा एहसास कराती जैसे बाहर पुतुल भाई हों और वे आतंकित हो दरवाज़े की तरफ देखने लगतीं जहाँ कोई नहीं था, केवल रात की हवा थी।

"तुम डर गईं।" वह कुछ भी नहीं बोल सकीं, देर तक दहलीज़ की ओर देखती रहीं, उसका चेहरा रक्तहीन हो गया था।[88]

कहानी 'खोज' के दोनों चरित्र इतने उलझे हुए हैं कि उनका सिरा कहीं दिखाई नहीं देता। जहाँ तक बड़ी बहन का सवाल है वह पीछे घटी घटनाओं का पूरा हाल जानना चाहती हैं जिनका सरोकार पुतुल भाई से है।

और बिन्नो, वह तो पुतुल भाई की स्मृतियों में उलझे रहकर अपने आपको हल्का करना चाहती है। बिन्नो चरित्र कुछ ज्यादा ही उलझा हुआ है, क्योंकि कहानी में कई जगह इशारों से उसके और पुतुल भाई के बीच निजता के संबंधों का संकेत दिया गया है।

"क्या बात है बिन्नो?" मुझे कुछ अजीब सा लगा...वह अब भी खोई-खोई

आँखों से शून्य में देख रही थी।

"वह इसी तरह खटखटाते थे...बिल्कुल इसी तरह।"

"तुम्हारे कमरे में...?"

"हर रात को वे आते थे...एक हाथ में आईकौन होता था—न जाने वह उन्हें क्यों इतना पसंद था, पुतुल भाई...।"

"तुमने मुझे कभी नहीं बताया...?"

"क्या बताती तुम्हें...? क्या यह कि मैं साँकल लगाए बैठी रहती थी और वे दरवाजा खटखटाते थे या तुम सो रही हो...?"

"और बाबूजी, माँ?"

"वे...वे जानते थे और कुछ भी नहीं कहते थे। उन्हें शायद मुझ पर गुस्सा भी आता था...पता नहीं...? एक रात के बाद दूसरी रात...फिर तीसरी रात...कौन सी रात आखिरी होगी हम में से कोई नहीं जानता था लेकिन वह धीरे से हँसी...उसकी प्रतीक्षा हम सब कर रहे थे...हम सब...एक ही छत के नीचे।"[89]

इससे यह बात तो खुलकर सामने आ ही जाती है कि बिन्नो और पुतुल भाई के संबंध निजता के घेरे के भीतर के थे।

'उनके कमरे'

'उनके कमरे' कहानी एक लड़के और लड़की के नेम पर आधारित है। लड़का छात्रवृत्ति पर विदेश पढ़ने आया है और हॉस्टल में रहता है। लड़की अजायबघर में पुरानी तस्वीरों के उड़े रंगों को भरने का काम करती है और एक ऐसी धार्मिक संस्था में रहती है, जहाँ पुरुष नहीं जा सकते और लड़का कभी इतना साहस नहीं जुटा सका कि वह उसे अपने साथ रहने वाले पाँच लड़कों के बीच ला सके। वह रोज रात को प्रार्थना करता कि किसी रात उसके पाँचों साथी शयनशाला में वापिस न लौटें तो वह लड़की के साथ सारी रात एक साथ रह सके।

वे दोनों रोज़ मिलते और सड़कों पर आधी-आधी रात तक घूमते और रोम या पेरिस जाने के ख़्वाब देखते। लेकिन, उन्हें रोम या पेरिस देखने का इतना शौक़ नहीं था, जितना इस बात का था कि वे अपने लिए हॉस्टल में कमरा लेकर साथ तो रह सकेंगे।

एक शाम सड़कों पर घूमते हुए दोनों एक कमरे के सामने खड़े हो गए, जिसकी खिड़की खुली हुई थी और जहाँ एक अधेड़ औरत खड़ी उन दोनों को देख रही थी। उसकी क्लांत, थकी-थकी आँखों में एक भीना-सा मोह झलक आया था। उसके चेहरे पर एक छोटी गरमाई-सी मुस्कान फैल गई थी। एक स्वप्निल-सी मुस्कान, जिसका उसके कमरे की रची-बसी गृहस्थी से कोई संबंध नहीं था। यह देखकर वे दोनों एक क्षण के लिए विचलित हो गए। पहली बार उन्हें यह बात काफी अच्छी लगी कि

उनका कोई कमरा नहीं है और वे घंटों से बाहर सड़क पर चल रहे हैं।

कहानी में एक ही महिला पात्र 'लड़की' है जो एक लड़के से प्रेम करती है। वह उसके साथ अकेले में कुछ क्षण बिताना चाहती है लेकिन, उसके पास अपना कमरा नहीं है तो वे साथ रहने के लिए शहर की सड़कों, गलियों को नापते रहते और जब थक जाते तो किसी पराये घर के अँधेरे जीने में शरण ले लेते...। ऐसे ही जीने में लड़के ने उसे पहली बार चूमा था।

लड़की की सबसे बड़ी आकांक्षा है उसका अपना कमरा हो। वह अक्सर लड़के के साथ दुकानों के बाहर खड़े होकर कमरे के परदों और कालीन के बारे में बातें करते..."कैसा लगता है तुम्हें...?"

"काफी गहरा रंग है...।" लड़के ने झिझकते हुए कहा।

"लेकिन अगर फर्श पर सुर्ख रंग का कालीन हो तो अखरेगा नहीं...।" लड़की ने कहा।[90]

कमरा लड़की के सपनों में हमेशा घूमता रहता फूलों की तरह। कुछ कमरे फूलों से भरे रहते हैं। लड़की के ज़ेहन में हमेशा कमरे का ध्यान रहता बल्कि वह तो यह चाहती थी कि—बात की एक लीक बन जाए, जिस पर वे इधर-उधर भटके बिना चल सकें...।

लड़की के पास अपना कमरा नहीं था, वह उस सुख से दूर थी, इसलिए उसे दूसरों के पास अपने कमरे होने के सुख का पूरी तरह अहसास था। वह अक्सर सोचती कि उसके पास कमरा होगा तो उसमें बहुत से फूल होंगे, स्नानघर में शावर होगा, वो दिन भर घूमने के बाद थकी हुई शावर के नीचे स्नान करके अपनी थकन को मिटा सकेगी। यह सब उसका सपना था, क्योंकि जहाँ वह रहती थी, वहाँ महीने में एक बार नहाने के लिए गरम पानी मिलता था। उस दिन वह अपने काम से छूटकर सीधे घर जाकर नहाती थी, क्योंकि बाकी दिनों में वह ठंडे पानी के कारण नहाती नहीं थी। उस शाम उसे अपने प्रेमी से दूर रहना पड़ता था।

लड़की ख़ामोश अपने में डूबी किस्म की लड़की है। वह लड़के के साथ घूमती, सिनेमा देखती, वह चूमता तो उसे चूमने देती। वे दोनों हाथों में हाथ डाले घूमते रहते। लड़की में बड़प्पन भी है, क्योंकि वह लड़के को खर्च नहीं करने देती, क्योंकि उसका वेतन लड़के की छात्रवृत्ति से अधिक है। वह अक्सर उसे उकसाती, चिढ़ाती...उन लड़कियों की तरह जो आवारा होने का ढोंग करती...पर होती नहीं।

वैसे लड़की को हमेशा लालच होता कि वह उसकी कमज़ोरी का फायदा उठा सके, लेकिन वह यह भी जानती थी कि उसमें सुख नहीं था और क्योंकि उसके पास समय कम होता था इसलिए "वे दोनों ही सँभल-सँभलकर चलना पसंद करते थे बिल्कुल उन लोगों की तरह जो हमेशा संग नहीं रहते। वे एक-दूसरे के सुख के साथ खेलते नहीं, उसे सावधानी से दबोचे रहते।"[91] और लड़की भी उसके साथ

के सुख को दबोचे रहती।

'अमालिया'

'अमालिया' कहानी का परिवेश विदेशी है। कहानी की नायिका अमालिया एक ऐसी लड़की है जो अपने देश में भ्रमण पर आने वाले बाहरी पर्यटकों का मनोरंजन करती है। कहानी के दूसरे सहयोगी पात्र पुरुष हैं। ये तीनों पुरुष पात्र अरब, ब्राजीलियन और कथावाचक (भारतीय) छात्र हैं। वे यूरोप के दूसरे शहरों में जाने के लिए अनुमति के इंतज़ार में उस शहर में एक साथ बेसमेंट में रुके हुए हैं, जहाँ अमालिया और उसके रूप का आकर्षक माया-जाल है, जिसमें हर रोज़ कोई-न-कोई उलझ ही जाता है।

अमालिया पेशेवर होने के बावजूद एक संवेदनशील लड़की है हालाँकि, उसके साथ 'समय' बिताने वाले ज्यादातर लोगों को उसके भीतर की संवेदना से कोई लेना-देना नहीं होता है, उन्हें तो सिर्फ अपने 'काम' से मतलब होता है।

कहानी जिस रोज़ की है उस शाम अमालिया को अरब मिल गया था। वह उसे लेकर सर्द रात के दूसरे पहर बेसमेंट में आ गया, जहाँ ब्राजीलियन और कथावाचक सो रहे थे। उन दोनों को अमालिया के कारण उस सर्द रात में बाहर जाना पड़ा था।

अमालिया में बच्चों की तरह मासूमियत और उत्सुकता है। वह बहुत कुछ जानना और समझना चाहती है इसीलिए रोज़ नित नए लोगों से मिलती है। उस रोज़ वह अरब से मिली थी। जब उसे लगता है कि उसका पेट खाली-खाली-सा है तो वह ब्राजीलियन और कथावाचक से कहती है—"आपके पास पीने को कुछ नहीं है?"

"मेरे पास कॉफी है...आप पीना चाहेंगी?"

लड़की का चेहरा सहसा चमक उठा। "आपके पास अपने देश की कॉफी है...? कहाँ है? ज़रा दिखाओ...यहाँ हमें ब्राजीलियन कॉफी देखने को नहीं मिलती है।"[92]

कथाकार ने चीज़ों के अभाव और लोगों की जिज्ञासा के बहाने उन दिनों यूरोप में जो आर्थिक संकट और बेरोजगारी के साथ-साथ नैतिक पतन का दौर चल रहा था उस पर उँगली रखी है।

अमालिया को हर नई चीज़ के प्रति जिज्ञासा है और जिज्ञासा होना स्वाभाविक भी है, क्योंकि चीज़ें अनुपलब्ध जो थीं वहाँ। अमालिया बहुत जल्दी लोगों के बीच घुल-मिल जाती है। कहने को वह आई तो अरब के साथ थी, लेकिन अब वह ब्राजीलियन और कथावाचक के साथ आत्मीयता से बतिया रही है, बल्कि वह उन्हें वह स्कार्फ भी दिखाती है जो अरब ने उसको दिया था।

अमालिया के जीवन में अभाव है, लेकिन उसके भीतर अपनी ज़िंदगी को अपने

ढंग से जीने की लालसा भी है, लेकिन वह अपने काम और अभाव पर परदा नहीं डालती। वह पूरी तरह से खुली और साफ है। वह जैसी है वैसी है, कोई परदा नहीं है।

"क्या यहाँ तुम्हारे बहुत दोस्त हैं?" ब्राजीलियन ने पूछा।

"हैं और नहीं भी। ज्यादातर वे विदेशी टूरिस्ट होते हैं, एक दिन साथ रहते हैं, दूसरे दिन उनका पता भी नहीं चलता, लेकिन तुम लोग वापस आओगे...नहीं...?"

"कुछ महीनों बाद।"

"सब यही कहते हैं।" उसने उनींदी आँखों से मोमबत्ती की लौ को देखा। "लेकिन अगर मैं उनसे दुबारा मिलूँ तो शायद पहचान भी न सकूँ।"

"मैं तुम्हें हमेशा पहचान लूँगा।" ब्राजीलियन ने काँपते होंठों से कहा।

"सच...।" वह खिलखिलाकर हँस पड़ी।[93]

उसकी हँसी इस बात की तरफ इशारा करती है कि उसे टूरिस्टों की बातों का विश्वास नहीं है, लेकिन वह अपने अविश्वास को जाहिर नहीं करती और तो और वह ब्राजीलियन से विदा होते वक्त उसे वह स्कार्फ भी उपहार में दे देती है जो उसको 'मेहनताना' के रूप में अरब ने दिया था।

अमालिया उन दिनों के यूरोप का प्रतीक है।

'इतनी बड़ी आकांक्षा'

'इतनी बड़ी आकांक्षा' कहानी में अलग-अलग परिस्थितियों में जीने को मजबूर व्यक्तियों की आकांक्षा को व्यक्त किया गया है। वे सब गर्मियों की बरसाती शाम को एक बार में इकट्ठे हुए थे।

पति-पत्नी, अधेड़ महिला और दो फौजी जिनकी उस शहर में वह आखिरी शाम थी। फौजियों की सबसे बड़ी आकांक्षा थी कि वह शहर की इस आखिरी शाम को रंगीन कर लें—और लड़की (पत्नी) अपने आपको वोदका में इतना डुबो देना चाहती थी कि उसे कुछ याद न रहे...घर भी नहीं और पति चाहता था कि पत्नी जल्दी घर चले ताकि वह उससे 'प्रेम' कर सके और अधेड़ महिला की आकांक्षा थी उसके बाल सफेद न हों। उससे बचपन में किसी ने कहा था कि—"अगर बारिश में नंगे सिर चलो और देर तक चलते रहो तो बुढ़ापे में बाल सफेद नहीं होते।"[94]

पूरी कहानी टुकड़ों में बँटी हुई है, जिसका एक टुकड़ा बड़े फौजी के पास है जो एक जिप्सी लड़की के साथ नाच रहा है और उसे मना रहा है कि वह आज की बीत रही शाम उसके साथ सोए..."तेरे साथ...कहाँ?"

"मैं एक जगह जानता हूँ, यहाँ से दूर नहीं है।" फौजी ने आग्रह से कहा।

"मैं तीन रातों से सोई नहीं हूँ।"

"मैं यहाँ फिर नहीं आऊँगा—कल सुबह हम लोग जा रहे हैं।"

"कोई नई बात कह—यह तो मैं हर रात सुनती हूँ।"

"तुमने चार्कलेट और सिगरेट माँगी थी...।"

"तू इतना अकेला बैठा था...इसलिए मैं तेरे साथ आ गई। क्या यह तेरे लिए कुछ भी नहीं?" फौजी चुपचाप उसको ताकता रहा।

"चुप क्यों हो गया? बता क्या यह तेरे लिए कुछ भी नहीं...?"[95]

जिप्सी एक खानाबदोश लड़की है जो सिगरेट, शराब के लिए किसी के साथ भी सो जाती है। जहाँ तक उसके चारित्रिक विश्लेषण का सवाल है...उसके किसी के साथ बाहर जाने में उसकी अपनी इच्छा का समावेश भी होता है। उसका बाहर जाना उसकी मजबूरी न होकर उसकी अपनी इच्छा पर निर्भर करता है। उस फौजी के लगातार आग्रह करने के बाद भी वह उसके साथ नहीं जाती बल्कि उससे उल्टे सवाल ही कर देती है कि उसके अकेलेपन को उस शाम उसने अपने सान्निध्य से भरा, क्या यह उसके लिए कुछ भी नहीं?

लड़की की परेशानी है उसके भीतर उठते सवाल—"प्रेम कितने धीरे-धीरे मर जाता है।"[96] लड़की और उसके पति के बीच प्रेम की गर्मी धीरे-धीरे ठंडक में बदल गई और उसे उसका अहसास भी नहीं हो पाया। नहीं...वह मरता नहीं उसने सोचा। एक दिन सहसा अनुभव होता है कि कोई जगह जो पहले भरी-भरी-सी लगती थी अब खाली है। वहाँ पहले घर था...दरवाजे थे...अब वह बाहर है और मैं किसी दिन वहाँ नहीं लौटूँगी। लड़की को उसका पति अब अजनबी-सा लगता है। वह रोज़ बार में अपने पति के साथ आकर बैठ जाती है और उस वक्त तक वोदका पीती रहती है जब तक उसके भीतर के खौलते सवाल चुप नहीं बैठ जाते...अजनबियत दूर नहीं हो जाती। कहने को पति बार-बार घर चलने का आग्रह करता है, लेकिन वह पति की तरफ मुस्करा कर देखती और कह देती—"मेरे भीतर सब कुछ शांत है। फिर वह धीरे से कुसमुसाई—क्या प्रेम शुरू से शुरू हो सकता है, जैसे वह बिलकुल शुरू में हुआ था...जब आदत के अँधेरे में नहीं डूबा था। सुना क्या तुम मेरी मदद कर सकते हो?"

"अब रहने दो, घर चलो...वे बंद कर रहे हैं।"

"कहाँ चलेंगे?"

"घर और कहाँ?" लड़की ने नीरव आँखों से उसकी ओर देखा, फिर धीरे-से फुसफुसाकर कहा—"घर...वे जल रहे हैं...।"[97]

कहानी की लड़की प्यार की तलाश में भटकती है। कहने को उसका पति है, लेकिन उसके होने के बावजूद उसको लगता है कि पति का प्यार आदत में बदल चुका है और आदत का अँधेरा उसके पूरे वजूद में इस तरह से लिपट गया था कि उसे अपना पति ही अजनबी लगने लगता है और वह अपने आपको तलाशने के लिए वोदका की शरण ले लेती है और इतना पी लेती है कि उसका अँधेरा रोशनी

के जुगुनुओं में बदल जाता है। वह बार-बार अपने पति से मदद माँगती और पूछती है कि क्या तुम मेरी मदद नहीं कर सकते? लेकिन, पति था कि सिर्फ उससे एक ही आग्रह करता रहता है कि अब और मत पियो घर चलो...लेकिन, लड़की के मन की परतों में घर को लेकर वितृष्णा भर चुकी है। वह मन ही मन कहती है—"वहाँ पहले घर था, दरवाज़े थे, अब वह बाहर है और मैं किसी दिन वहाँ नहीं लौटूँगी...।"[98]

लड़की की आकांक्षा है—अपने अस्तित्व की खोज।

अधेड़ महिला रोज़ बार में आकर एक निश्चित टेबिल पर बैठती है जहाँ से बार में चलता हुआ टेलीविज़न साफ दिखाई देता है। वह रोज़ आती, टेलीविजन देखती और लौट जाती जैसे उसकी ज़िंदगी का केवल यह ही मकसद हो। छोटा फौजी अपने रम के गिलास को लेकर 'कुछ' की तलाश में उसके पास चला जाता है और पूछता है—"क्या तुम कुछ चाहती हो?"

"मैं...।" महिला ने आश्चर्य से उसकी ओर देखा।

"हाँ...क्या तुम कुछ...?"

"मैं चाहती हूँ...।" वह झिझकी...फिर इतने धीरे से कहा मानो उसे अपने शब्दों पर ही संदेह हो रहा हो।

"मैं चाहती हूँ मेरी इतनी बड़ी आकांक्षा हो—उसने अपने दोनों हाथ अपनी बरसों पुरानी देह के इर्द-गिर्द लपेट लिए।"[99]

और आकांक्षा थी कि भाग रही थी, दो दीवारों के बीच सूनी, अंधी गली में।

'पिछली गर्मियों में'

संग्रह की अंतिम कहानी है 'पिछली गर्मियों में'। कहानी नायक प्रधान है। कहानी का मुख्य पात्र निंदी तीन साल बाद वियना से भारत लौटा है। छोटा भाई केशी आर्मी में है और बहन नीता ससुराल में। घर में अकेले बूढ़े माँ-बाप हैं। यूरोप जाने से पूर्व निंदी अरुणा से प्रेम करता है, लेकिन वियना जाने के बाद उसे भूल जाता है और वहाँ एक दूसरी लड़की के साथ बिना शादी किए रहने लगता है। यह बात घर में उसकी बहन नीता को पता है। भारत लौटने पर माँ और दोस्त महीप के बार-बार अरुणा से मिलने की बात कहने पर निंदी कुछ नहीं कह पाता।

"तुम अरुणा से मिले थे?" महीप ने पूछा।

"नहीं...वहाँ जाना नहीं हो सका।" उसने कहा।

महीप ने बियर के गिलास से उसकी ओर देखा, "पहले तुम अक्सर उसके घर जाते थे।"

उसने याद करने की कोशिश की। उसे हल्का-सा विस्मय हुआ कि उसे उन दिनों के बारे में पछतावा नहीं है। उसे खुशी हुई कि वह अरुणा से नहीं मिला। "तुम उससे नहीं मिल सकते जिससे तुम कभी बहुत प्यार करते थे—यदि और अब

नहीं करते।''[100]

कहानी में नई और पुरानी सोच का संघर्ष झलकता है। वैसे भी निर्मल वर्मा की बहुत सी कहानियों में पीढ़ियों के अंतराल पर बहस हुई है। वह बहस यहाँ भी है। संबंधों के बीच हल्की सी धुंध छाई हुई है।

माँ का चरित्र निर्मल वर्मा के यहाँ बड़ा डरा-सहमा-सा है। बेटे को शराब पीते देखकर भी माँ कुछ नहीं कहती, जबकि निंदी को माँ का कुछ न कहना बुरा लगता है। माँ निंदी को देखना चाहती है, उससे बातें करना चाहती है लेकिन सामना करने से डरती है। वह अँधेरे में खड़ी रहती है और सामना होने पर लज्जित हो जाती है। बेटे के कमरे में भी जब वे आती हैं तो दबे कदमों से। तीन सालों के इस अंतराल ने माँ और बेटे के बीच काफी लंबी रेखा खींच दी है जिसे पार कर सहज हो पाना उनके बस में नहीं है। ''वे कभी न समझ पाते थे, इन तीन वर्षों के अंतराल के बाद कैसे बात की जाए।''[101]

माँ भी जानती है कि निंदी अरुणा से प्रेम करता है, लेकिन, भारत लौटने के बाद वह उससे मिलने तक नहीं गया। माँ के पूछने पर वह बड़े ही सहज भाव से कहता है–किसी दिन हो आऊँगा। माँ जानती है कि वह झूठ बोल रहा है लेकिन, अधिकारपूर्वक वह निंदी से कुछ नहीं कहती। माँ का बड़प्पन तो जैसे उनमें है ही नहीं। बहुत ही डरी-डरी-सी वे दिखाई पड़ती हैं। अपने बेटे से जब भी वे बात करती हैं अधिकार भावना से नहीं कर पातीं। अरुणा के संबंध में निंदी से कहते समय वे कहती हैं–''एक बात कहनी थी...तुम्हें बुरा तो नहीं लगेगा?–कभी-कभी अरुणा को चिट्ठी लिख दिया करो। वह तुम्हें और केशी को बहुत मानती है।''[102]

कहानी की दूसरी महिला पात्र हैं, निंदी की बहन नीता। नीता शादीशुदा है और एक युवा होती लड़की की माँ है। नीता आम लड़कियों की तरह ही एक लड़की है जो ससुराल में होते हुए भी मायके के लिए चिंतित रहती है। शादी के लंबे अरसे के बाद भी उसे अपने माँ-बाप की चिंता बराबर खलती रहती है। इसीलिए वह निंदी से कहती है–''तुम रुक नहीं सकते?''

''इससे क्या होगा?''

''माँ और बाबू बहुत अकेले हैं। जब केशी था तो मुझे फिक्र नहीं रहती थी।''

''इससे कुछ बनेगा नहीं।'' उसने कहा, ''मैं चाहूँ तो भी घर ऐसा ही रहेगा।''

''तुम चाहते भी नहीं।''

''हाँ शायद मैं चाहता भी नहीं।''[103]

नीता केशी के बहुत करीब रही। उसके मन में केशी की यादों ने घर कर रखा है। उसकी कोई भी बात बिना लेन-देन के न तो शुरू होती है न ही खत्म...।

''निंदी, तुम्हें अजीब सा नहीं लगता...?''

''कैसा अजीब-सा?''

"इस रात...इस रात हम सब घर में हैं, सिवाय केशी के..." उसका स्वर कुछ इस तरह भर सा आया था कि वह दूसरी ओर देखने लगा। उसे अचानक लगा मानो वे दोनों ज़मीन के एक टुकड़े के सामने खड़े हैं...जो बिल्कुल अपरिचित और अनजाना सा है।[104]

अनजानापन पूरी कहानी में बिखरा हुआ है। महीप जो केशी का दोस्त है...उसका नहीं। बहन जो दोनों की बहन है–लेकिन दोनों के बीच...एक मूक सन्नाटा पसरा हुआ है।

बुलु जिज्ञासु लड़की है। वह बहुत कुछ जानना, सीखना चाहती है...। उम्र के लिहाज़ से वह युवा होने की प्रक्रिया के बीच से गुजर रही है। उसका मन खुले आकाश में विचरने की आकांक्षा से भरपूर है। हर बात को जानने की उसके मन में तीव्र जिज्ञासा है–चाहे वह चार्ल्स स्टोन नृत्य हो या अनजानी धरती के रहस्यों से भरपूर कहानियाँ...या फिर सिक्के जमा करने जैसा नीरस कार्य...लेकिन उसको उस नीरस कार्य में भी रस आता है क्योंकि वह बहुत जल्दी उत्तेजित हो जाती है। "मामा तेज़ी से...बुलु धीरे से उसके कानों में फुसफुसाई। उसका चेहरा पीला-सा पड़ गया था। वह बहुत उत्तेजित सी हो आई थी। नाचते हुए उसकी आँखें बहुत उज्ज्वल हो जाती थीं। किसी लड़की की आँखों को सह पाना जब वे बिल्कुल चेहरे के सामने हो और उतनी ही उज्ज्वल हो जैसी बुलु की अक्सर हो जाती थी...उसके लिए...हमेशा यातनामय रहा है।"[105]

कहानी में अरुणा नाम की लड़की का नाम बार-बार निंदी की प्रेमिका/दोस्त के रूप में आता है लेकिन वह अप्रत्यक्ष पात्र की तरह है...परछाईं भर जो सापेक्ष रूप में कहानी में नहीं आता।

कहानी संग्रह 'बीच बहस में'

'बीच बहस में' निर्मल वर्मा का चौथा कहानी संग्रह है जिसमें गिनती की चार कहानियाँ–"छुट्टियों के बाद', 'वीकएंड', 'दो घर' और 'बीच बहस में' संकलित हैं।

'छुट्टियों के बाद'

कहानी 'छुट्टियों के बाद' एक ऐसी लड़की की कहानी है, जो प्यार को महज़ थ्रिल की तरह ग्रहण करती है। शारीरिक संबंध उसकी नज़र में महज़ एक अनुभव है, एक नया अनुभव दूसरे से जुदा।

कहानी की नायिका मार्था पेरिस में एक पेरिसियन लड़के के प्रेमपाश में बँध जाती है। गर्मी की छुट्टियों भर का प्रेम जहाँ मार्था छुट्टियाँ बिताने आई है, छुट्टियाँ ख़त्म होते ही वह अपने शहर बासेल लौट रही है। लड़का उसे छोड़ने स्टेशन आया

हुआ है, दोनों जुदाई की पीड़ा से पीड़ित हैं। वह लड़की, जिसका नाम मार्था है, उस फ्रांसीसी के कंधे पर सिर टिकाकर रो रही है। जुदा होते-होते युवक मार्था को चुंबनों से सराबोर कर जाता है—"हर जगह उसकी आँखों को, बालों को, गरदन को, गरदन के नीचे, ऊपर उसके होंठ यात्रा करते हुए मार्था के मुँह पर टिक जाते, जैसे वह टर्मिनस हो और फिर दुबारा अपनी यात्रा शुरू कर देते।"[106] लड़की युवक की जुदाई में अत्यधिक विह्वल हो उठी है। लेकिन पेरिस की सीमा से दूर होते और बासेल पहुँचते ही पेरिस की मार्था और बासेल की मार्था में जमीन-आसमान का अंतर आ जाता है। "पेरिस के स्टेशन पर मैंने जिस लड़की को देखा था, वह इस सुबह की मार्था से बहुत दूर जा पड़ी थी। वह टॉयलेट से लौटी थी, होंठों पर हल्की-सी लिपस्टिक और पलकों पर नीले लैंपशेड-सा शेड, वहाँ कभी आँसुओं के कतरे रहे होंगे, यह सोचना भी असंगत जान पड़ा।"[107] मार्था बासेल पहुँचते ही अपनी सगाई की अँगूठी पहन लेती है जिसे उसने छुट्टियाँ बिताते समय पेरिस में उतार दिया था। स्टेशन पर अपना बीता कल भूल मार्था उस लंबे पुरुष से लिपट जाती है जो उसका मंगेतर है।

कहानी 'छुट्टियों के बाद' पूर्णतः नायिका प्रधान कहानी है जिसमें दो ही महिला पात्र हैं—एक मार्था और दूसरी उसकी हमराह लड़की जो पेरिस उसके साथ हो लेती है।

कहानी एक ऐसे समाज का चित्रण है—"जहाँ प्रेम शारीरिक अनुभव का स्थानापन्न बन चुका है, जिसके नशे में आदमी अपना आगा-पीछा भूलकर सिर्फ बर्तमान में जीता है—एक वर्जना विहीन उन्मुक्त जीवन जिसे जब, जहाँ और जैसे भी समेटा और पाया जा सके।"[108]

कहानी मार्था के चरित्र को पूरी तरह उजागर कर रख देती है। मार्था एक ऐसी लड़की है जो सुख की प्राप्ति के लिए कहीं कोई बंधन स्वीकार नहीं करती, वह वर्तमान में जीना चाहती है, वर्तमान को सुखकर बनाना चाहती है। सगाई हो जाने के बाद भी किसी पर-पुरुष से संबंध स्थापित करना उसे अनुचित नहीं लगता। प्रेम उसकी नज़र में थ्रिल से बढ़कर कुछ नहीं। एक नए अनुभव की तलाश में वह किसी से भी संबंध जोड़ लेती है। अपने पलों को अनुभवों से सराबोर कर वह अलग भी हो जाती है। एक हल्की-सी टीस कुछ समय के लिए उसके मन में उठती है, लेकिन अगले ही पल साथी मिल जाने पर वह टीस, वह पीड़ा उसी प्रकार काफूर हो जाती है, जिस प्रकार आकाश में छाई बदली हवा के झोंके के साथ आगे बढ़ जाती है कहीं और छाने, कहीं और अँधेरा गहराने।

मार्था एक ऐसे समाज की लड़की है, जहाँ की मान्यताएँ भारतीय समाज की मान्यताओं से भिन्न हैं। यूरोप जहाँ वर्जना का, खासकर यौन वर्जना का कोई स्थान नहीं, मार्था उसी वर्जनाविहीन समाज का प्रतिनिधित्व करती है। यूरोप यूँ भी क्षणजीबी

है। मार्था भी हर क्षण को भरपूर जी लेना चाहती है। इस जीने की कोशिश में कोई बंधन उसे स्वीकार नहीं।

वहीं कहानी की दूसरी लड़की की सोच भी कुछ अलग जान नहीं पड़ती। मार्था से वह पेरिस में मिली थी। मार्था और पेरिसियन के बीच का प्रेम प्रसंग उससे छिपा नहीं है। यह भी वह भली भाँति जानती थी कि मार्था की सगाई हो चुकी है, लेकिन वह मार्था का साथ देती है। मार्था के बासेल उतर जाने पर वह डरती है और कह पड़ती है–"मुझे डर था कि वह कहीं अँगूठी पहनना भूल न जाए।"

"कैसी अँगूठी?"

"सगाई की," उसने कहा–"पेरिस में उसने छुट्टियों के दौरान उसे उतार दिया था।"[109]

लड़की भी कहीं क्षण के सुख को महत्त्व देती है और इस सुख की प्राप्ति के पीछे कहीं किसी वर्जना को शायद वह भी स्वीकार नहीं करती। अन्यथा मार्था के इस तरह प्रेम संबंध बनाने पर एतराज करती।

'वीकएंड'

'बीच बहस में' संग्रह की दूसरी कहानी 'वीकएंड' भी देह-सुख की गाथा है, दो जवान जिस्मों के बीच पसरे सुख के सन्नाटे को तोड़ते, भोगते दो पात्र।

कहानी नायिका प्रधान है। नायिका एक विवाहित पुरुष, जो एक बच्चे का बाप भी है, उससे प्यार करती है। प्यार जो वीकएंड में होता है, जिसका इंतजार दोनों बड़ी शिद्दत से एक-एक दिन गिनते हुए करते हैं। 'वीकएंड' वे हमेशा दूसरे शहर में मनाते, जो बहुत पास था–"लेकिन ट्रेन में बैठकर लगता था जैसे वे दोनों अरसे से साथ रहते आ रहे हैं...वह अपना सिर उसके कंधों पर रख देता और बाहर देखती। × × × कभी-कभी उसका मुँह उसके कंधों से उठकर उसके गले पर आ टिकता, और तब वह सब कुछ भूल जाती, गले पर आग लगती जान पड़ती। जहाँ-जहाँ उसके होंठ जाते, वहाँ-वहाँ साँस गलने लगता, जैसे उसके होंठ मोमबत्ती की लौ हों–छोड़ो, वह धीरे से कहती–लगता, जैसे उसकी झनझनाती नसें खून में भीगे सिग्नल हों समूची देह को चेतावनी देते हुए, जैसे यह ज्वार चढ़ने की घड़ी हो और वह नीचे झुक जाती, ज्वार को अपने ऊपर बह जाने देती और जब ऊपर आती, तो सारी देह भीगी होती।"[110]

नायक और नायिका दोनों छुप-छुपकर चोरों की तरह प्रेम करते हैं। ऐसा प्रेम नायिका को दरकार नहीं। वह कहती है–"क्या हम ऐसे ही मिलते रहेंगे–चोरों की तरह। चोर भी बाहर निकलते हैं। तुम कोई फैसला लो, न इधर न उधर।"[111] लेकिन प्रेमी के खो जाने के डर से वह वस्तुस्थिति को स्वीकार करने के सिवा कुछ कर नहीं पाती। एक खुशी को पाने, भले ही वह कितनी झूठी ही क्यों न हो वह तत्पर

हो जाती। वह कहती है—"मुझे डर लगता है, मुझे उसके सुन्न हो जाने से बहुत डर लगता है, मैं भी उसे खो दूँगी। नहीं, तुम ऐसे ही ठीक हो, मैं धीरे से फुसफुसाती...और वह मुझे खींच लेता। हम दोनों एक-दूसरे को पकड़ लेते। हम छूने लगते हैं, एक-दूसरे की खाली जगहों को, जहाँ भूत बसेरा करते थे। वे मेरे होंठों, मेरे कटकटाते दाँतों के नीचे काँपने लगते। मुझे लगता जैसे मेरे होंठ पहली बार उसके अंगों की यात्रा कर रहे हों...हम ऊपर चढ़ते जाते थे और जब वह शिखर को छू लेता, तो मैं भागती हुई उसे पकड़ लेती थी और कुछ देर तक हम एक-दूसरे की साँसों में ढँके हुए वहीं लेटे रहते, वहीं शिखर पर, वहाँ कोई न होता था, न भूत-प्रेत, न कोई शोर, सिर्फ एक सुख का सन्नाटा।"[112]

नायिका अपने प्रेमी और उसकी बच्ची को पार्क में हँसते-खेलते देखती है, लेकिन कहीं कोई ईर्ष्या का भाव उसके मन की परतों में नहीं पलता, वह जैसे अपनी नियति को स्वीकार कर चली है, जैसे दिन उसका और (बच्ची का) और रात उसकी। बच्ची का हॉस्टल में रहना, पिता से विदा होते रोना, रोने की खबर नायिका को विह्वल करती है और वह रात गए हॉस्टल फोन कर बच्ची के बारे में दरयाफ्त करती है कि वह सो गई या अब भी रो रही है?

नायिका के लिए वीकएंड का अर्थ है—"अँधेरे में अलग-अलग लैंप-पोस्टों की तरह जलते हुए! सुबह होते ही वे बुझ जाते हैं और मैं अपना स्लीपिंग बैग, पर्स और टूथ ब्रश लेकर बाहर आ जाती हूँ। मैं सुबह ही लौट आती हूँ—चोरों की तरह, ताकि दूसरे पड़ोसी मुझे एपार्टमेंट से बाहर आता हुआ न देख सकें।"[113]

नायिका को हमेशा "उन दंपतियों पर हैरानी होती है, जिन्हें एक दिन के बाद दूसरे दिन भी साथ रहना पड़ता है, वे कैसे उन भूरे रंग के खाली अंतरालों को जोड़ पाते होंगे, जिनसे देह की उत्सुकता और पीड़ा उपजती है...वही सोए हुए बिस्तरों की आत्मीयता मेरे लिए नहीं है...ये उन फैसलों की तरह हैं, जिनसे परिवार बनते हैं।"[114]

कहानी की नायिका देह की गंध को तरोताजा रखना चाहती है, बिस्तर पर बिछी हुई अनछुई चादर की तरह साफ सलवटों से रहित। एक नयापन फिर अगले सप्ताहांत उस नए अनछुए पल, उस अनछुई देह के सन्नाटों के सुख के दीमकों की तरह टोहती हुई।

कहानी वीकएंड घर-परिवार की बंधन-विहीन ज़िंदगी के बरक्स, उन्मुक्त, दायित्वों से कोसों दूर खुली ज़िंदगी का प्रतिनिधित्व करती है जहाँ सुख, दो घड़ी का सुख ही ज़िंदगी को नए अर्थ नए मायने देता है, जीने की ललक से मंडित करता है। और कहानी की नायिका में भी यही उन्मुक्तता, यही जिजीविषा है, प्यार से भरी ज़िंदगी के पल को भरपूर जी लेने की।

'दो घर'

कहानी 'दो घर' एक ऐसी महिला की अभिव्यक्ति को रूपांतरित करती है, जिसका अपना घर है, परिवार है लेकिन वह उन सबके बीच होने के बावजूद अजनबी है।

कहानी की नायिका अंग्रेज़ है और उसने एक ऐसे भारतीय पुरुष से विवाह किया है जिसकी पहली पत्नी और बच्चे भारत में पहले से ही हैं।

पुरुष मानसिक रूप से विभाजित है। वह लंदन में रहकर भी वहाँ नहीं होता है। उसकी सोच का पूरा ध्यान अपने पूर्व परिवार में अटका रहता है। कहानी दो घर पुरुष और महिला के अंतर्विरोधों की अभिव्यक्ति है।

कहानी की नायिका के दो बच्चे हैं। बच्चों की कठिनाई यह है कि गोरों के बच्चे उनके साथ खेलते नहीं। वे उन्हें जिप्सी कहकर चिढ़ाते हैं, क्योंकि उनका रंग काला है। अपने ही देश में उन्हें प्रवासियों की तरह जीना पड़ता है। निष्कासित लोगों की तरह जीने की पीड़ा से परिवार का हर सदस्य ग्रसित है। कथावाचक के शब्दों में—"पहली बार मुझे आभास हुआ एक अजीब-सा भ्रम कि परिवार के भीतर रहते हुए भी वे कहीं बाहर हैं। मेरी ही तरह एक मेहमान की मानिंद वहाँ बैठी हैं।"[115]

कहानी का पुरुष पात्र हर आने वाले हिंदुस्तानी से अपने कलकत्ता जाने के बारे में बात करता है, पर अपनी अंग्रेज़ पत्नी से वह कुछ नहीं कहता। पत्नी की पीड़ा है कि पति उससे क्यों नहीं कहता। वह क्या चाहता है, उसे किसी और से कहने की क्या ज़रूरत है।

अंग्रेज़ महिला चाहती है कि उसका पति अपने देश लौट जाए और अपने परिवार और बीवी-बच्चों के साथ खुश रहे। वे यहाँ अकेले अपने बच्चों के साथ रह सकती हैं, लेकिन पति हैं कि न इधर के होकर रहे हैं और न उधर के। उनकी आदत है घर से बिना बताए कहीं भी गायब हो जाने की। उनकी इसी आदत के कारण पत्नी ने उनकी खोज नहीं की और एक दिन वे सेनेटोरियम में मिले और कुछ दिनों बाद ही उनकी मृत्यु हो गई। कलकत्ता से बराबर चिट्ठियाँ आती रहती हैं जिसे पढ़ाने अंग्रेज़ महिला कथावाचक को अपने घर बुला लाती हैं। वे कथावाचक को बताती हैं कि वे दोनों विवाहित नहीं थे। मेरी तरफ से वे मुक्त थे, चाहते तो कलकत्ता जाकर खुश रहते, यहाँ मैं अपने बच्चों के साथ सुखी थी। सुख शब्द कथावाचक को उस रात अँधेरी छत पर बेगाना-सा लगा, जिसका नाम सुना था, देखा कहीं नहीं था।

कहानी में एक ही महिला पात्र है जो कि एक अंग्रेज़ महिला है। पूरी कहानी इन्हीं के आसपास घूमती है। अंग्रेज़ महिला पेशे से नर्स है। स्वभाव से सहिष्णु। खुशी पाने के लिए वे बिना विवाह किए भी किसी पुरुष के साथ जीवनयापन कर सकती हैं, भले ही वह परदेशी क्यों न हो। उनका स्वभाव बड़ा नम्र है, जलेस की भावना तो उनको छूकर नहीं गुज़री है। जब उन्हें मालूम होता है कि उनके पति

की एक और पत्नी और बच्चे भारत में पहले से ही हैं तो भी वे उनसे कहती हैं कि वे भारत लौट जाएँ। यह निश्छलता ऐसे मौकों पर बहुत कम नज़र आती है।

अपने पति के भारतीय होने पर वे भारतीय पहनावे, भारतीय पद्धति की साज-सज्जा पर विशेष ध्यान देती हैं, बिना उनके कहे। ऐसा अक्सर कम होता है कि कोई पश्चिमी महिला पश्चिम में रहकर ही भारतीय पद्धति से जीवनयापन अपनी स्वेच्छा से करे।

उन्हें अपने बच्चों की चिंता है, जो काले होने के कारण अपने ही देश में उपेक्षितों से जीने के लिए मजबूर हैं। एक माँ की ममता यहाँ उभरकर व्यक्त हुई है।

कहानी की नायिका स्वाभिमानी है। उसे यह अच्छा नहीं लगता कि उसका पति अपने देश लौटने की बात उसे न कह कर किसी परदेशी भारतीय से कहे। वे तो यह स्वयं चाहती हैं कि उनके पति अपने देश लौट जाएँ और अपने बीवी-बच्चों के साथ सुख से जीवन बिताएँ।

कहानी की नायिका अंग्रेज़ महिला काफी उदार स्वभाव की दृष्टिगोचर होती हैं।

'बीच बहस में'

'बीच बहस में' निर्मल वर्मा की एक बहुचर्चित कहानी है। कहानी में दो पीढ़ियों के बीच के अंतराल को अभिव्यक्त करने की अच्छी कोशिश निर्मल वर्मा ने की है। कहानी में भावुकता के सारे परदे को चीरकर वर्तमान पारिवारिक संबंधों के खोखलेपन को उद्घाटित किया गया है।

कहानी जिस पात्र की मनःस्थिति के इर्द-गिर्द घूमती है उसका रिटायर्ड पिता बीमारी के कारण अस्पताल में भर्ती है। आरंभिक अवस्था में घर के सदस्यों के साथ वह भी काफी चिंतित है, लेकिन बाद में वह भीतर ही भीतर उनसे छुटकारा पाने की कामना करने लगता है।

कथावाचक की माँ अपने बीमार पति के पास रहने और उनको बर्दाश्त करने का साहस नहीं बटोर पातीं। वे—"कभी-कभी यह भी भूल जातीं कि वर्षों पहले भीतर का मरीज़ उनका पति रह चुका है।"[116] अपने बड़े बेटे से जाते-जाते वे कहती हैं—"दिन-रात जी हलार करता है, पेट में कुछ ठूँस ले, मरते के साथ मरता कोई नहीं, कोई नहीं?"[117]

कहानी संबंधों के ताने-बानों को तार-तार कर देती है। कथावाचक पिता की बीमारी से इतना हतप्रभ है कि एक सीमा पर वह उनसे छुटकारे की सोचने लगता है। माँ कहती हैं—"तुम नाहक दिन-रात जी हलार करते हो...आखिर बीमारी अपने दिन लेगी।"[118] कथावाचक झुंझला उठता है—"कितने दिन?" उसने पूछा—"तुम गिनती हो?" वह माँ की सपाट तटस्थता को भीगे तौलिए की तरह निचोड़ना चाहता

था, ताकि उसमें सलवटें पड़ सकें, खूब ढेर-सी सलवटें..तब उसे सुख होता–"कितने दिन?" उसने दुबारा पूछा।[119]

कहानी में बेसब्री से बूढ़े पिता की अंतिम साँसों की प्रतीक्षा हर पात्र करता है। कथावाचक सोचता है उसके बच्चे "अपने पिता के आने की उसी तरह प्रतीक्षा कर रहे होंगे जैसे वह अपने पिता के जाने की।"[120]

पिताजी को ख़ून दिया जा रहा है। वे अंतिम समय में अपनी पत्नी से मिलना चाहते हैं। वे उठकर जाने के लिए तत्पर होते हैं। पर कथावाचक के रोकने पर वे बरस पड़ते हैं–"आई एम अशेम्ड ऑफ यू। आई हैव आलवेज़ बीन अशेम्ड ऑफ यू–ऑफ यू आल।" इसके बाद वे कुछ नहीं कह पाते–कुछ कहने लायक नहीं रह पाते। वह (कथावाचक) कहने लगता है–"आप इस तरह नहीं जा सकते...बहस के बीच में...आप सुनते हैं, वे घर नहीं हैं, जहाँ से आप कहीं भी जा सकते हैं।" यह कहकर वह हँसने लगता है, तब यह पता लगाना मुश्किल हो जाता है कि इनमें मरीज़ कौन है, मेहमान कौन है? कौन बाकी है, कौन जा चुका है?[121]

कहानी में दो ही महिला पात्र हैं–एक माँ और दूसरी नर्स। नर्स का चरित्र सामान्य नर्सों जैसा है, हाँ इतना ज़रूर है, अपने तनावों को रिलेक्स करने सिगरेट पीने से वह नहीं हिचकिचाती है।

माँ का चरित्र कुछ अलग बन पड़ा है। यूँ भी निर्मल वर्मा के यहाँ माँ-बाप और बच्चों के बीच काफी अंतराल है, जिसे चाहकर भी भरा नहीं जा सकता। पति-पत्नी के संबंधों के बीच हमेशा एक लकीर खिंची रहती है। संबंधों का वह मधुर स्पर्श जो प्रेमी और प्रेमिका के बीच निर्मल वर्मा के यहाँ होता है वह, पति-पत्नी के बीच देखने को नहीं मिलता। 'बीच बहस में' की माँ भी अपने पति की बीमारी से इस कदर परेशान हाल है कि वे भी उनके 'जाने' की राह देखती हैं। कहने को हर भारतीय स्त्री की अदम्य इच्छा होती है सुहागिन बने रहने की, लेकिन उनकी ऐसी कोई तमन्ना नहीं है। संबंधों को ढोते रहने की वे अभिलाषी नहीं लगतीं। इसी से वे यह कह सकती हैं कि–"मरते के साथ कोई नहीं मरता।"[122] कहानी की माँ बूढ़े से छुटकारा चाहती है। संबंधों में आई गहरी दरार को निर्मल ने बखूबी उभारा है।

कहानी संग्रह 'कव्वे और काला पानी'

निर्मल वर्मा का पाँचवाँ कहानी संग्रह है 'कव्वे और काला पानी', जो सन् 1983 में प्रकाशित हुआ था। संग्रह में कुल सात कहानियाँ हैं, जो अपने आप में एक अलग मुकाम पर खड़ी हुई है। संग्रह को साहित्य अकादेमी का पुरस्कार भी मिल चुका है।

'धूप का एक टुकड़ा'

संग्रह की पहली कहानी है 'धूप का एक टुकड़ा', जिसे निर्मल वर्मा ने आत्मकथात्मक

शैली में लिखा है। कहानी में एकमात्र महिला पात्र है, जो अपने अतीत की परछाइयों में डूबी हुई है और जिसे यादों के प्रकाश-वृत्त से वह लगातार नहला रही है।

कहानी नायिका प्रधान है। कहानी की नायिका को आठ सालों बाद अचानक ऐसा महसूस होने लगता है कि उसके और पति के संबंधों में अब वह गर्मी नहीं रह गई है, जो कभी थी। उसके बदन की छुअन अब उसमें ऐसा कोई अहसास नहीं जगाती जिससे वह जलने लगे।

कहानी की नायिका इस अनुभूति के बाद पति से अलग अकेले रहने का निर्णय ले लेती है। उसे इस बात की खुशी है कि उसके और पति के बीच ऐसी कोई मजबूत डोर नहीं बँध पाई है, शादी के इन आठ सालों के बाद भी कि जिसके लिए वह पति का साथ गंवारा करे। वह कहती है–"मेरा कोई बच्चा नहीं–यह मेरा सौभाग्य है। बच्चा होता तो शायद मैं कभी भी अलग नहीं हो पाती। आपने देखा होगा, आदमी और औरत में प्यार न भी रहे, तो भी बच्चे की खातिर एक-दूसरे के साथ जुड़े रहते हैं। मेरे साथ कभी ऐसी रुकावट नहीं रही। इस लिहाज से मैं बहुत सुखी हूँ–अगर सुख का मतलब है कि हम अपने अकेलेपन को खुद चुन सकें।"[123]

पूरी कहानी एक मोनोलाग है। कहानी की नायिका पार्क की बेंच पर बैठ एक काल्पनिक पात्र से बात कर रही है और अपने अतीत के लच्छों को खोल रही है। कहानी की नायिका अपनी अस्मिता के प्रति बहुत शिद्‌दत से चिंतित है। उसे यह कतई स्वीकार नहीं कि उसकी ज़िंदगी रुटीन में बदल जाए, जिसमें कोई नई अनुभूति न हो। उसे अनुभूतियों का ठिठुर जाना पसंद नहीं। कहानी की नायिका अपना अकेलापन चाहती है, इसलिए नहीं कि वह उसे पसंद करती है वरन इसलिए कि वह अपने आपको इस अकेलेपन में बचाए रख सकती है, अपनी महत्ता को बनाए रख सकती है, अपने निजत्व के साथ...।

पूरी कहानी एक दूसरी दुनिया की कहानी लगती है। कहानी की नायिका को संबंधों को, संबंधों के नाम पर ढोना सिरे से नापसंद है। यहाँ निर्मल वर्मा के पात्र अपना एक अनोखा समाज गढ़ते नज़र आते हैं।

'दूसरी दुनिया'

कहानी 'दूसरी दुनिया' एक ऐसे भारतीय छात्र की कहानी है, जो विदेश में अध्ययनरत है। भारतीय छात्रों के विदेशों में व्यतीत हुए प्रारंभिक संघर्षपूर्ण जीवन को निर्मल वर्मा ने इस कहानी में चित्रित किया है। किस तरह विदेशों में रहने वाले भारतीय छात्रों को अकेलापन घेर लेता है और वे अपनेपन की तलाश में इधर-उधर भटकने लगते हैं। अनजान देश और उसका परिवेश उसको अपने में समेटने में तत्काल तो असमर्थ ही होता है और छात्र इस भटकन के दौर में पार्कों, लायब्रेरी और रेस्तराँ में अकेले घूमते रहते हैं।

अपनेपन की बू को तलाशते हुए कहानी दूसरी दुनिया का छात्र भी एक दिन भटकता हुआ पार्क में पहुँच जाता है, जहाँ वह एक ऐसी बच्ची से मिलता है, जिसकी माँ उसे रोज़ पार्क में खेलने के लिए छोड़कर स्वयं अपने काम पर निकल जाती है। बच्ची की दोस्ती कथावाचक पात्र से हो जाती है। कथावाचक को यह घटना आश्चर्यचकित कर जाती है कि बच्ची की अपनी एक अलग रहस्यमयी दुनिया है, दूसरे बच्चों की दुनिया से भिन्न अपना एक अनोखा संसार।

कहानी में एकमात्र महिला पात्र है, जो बच्ची की माँ है। पूरी कहानी कथावाचक और बच्ची के आसपास घूमती है। माँ का उल्लेख तो बस कहानी को आगे बढ़ाने के लिए किया गया है। फिर भी कहानी का यह पात्र एक ऐसा पात्र है जो कहानी की संवेदना की डोर को पूरी तरह से पकड़े हुए है।

कहानी की यह महिला पात्र मिसेज़ पार्कर हैं जो कि अपने बच्चे के साथ लंदन में रह रही हैं। बच्ची के पिता काम की तलाश में दूसरे शहर गए हुए हैं। मिसेज़ पार्कर एक अस्पताल में नौकरी करती हैं। स्वभाव से बहुत मिलनसार मिसेज़ पार्कर एक ममतामयी माँ के रूप में हमारे सामने आती हैं। पिता को काम मिल जाने पर बच्ची उनके साथ चली जाती है और माँ लंदन में अकेले रह जाती है। यह बात कथावाचक को अंत में पीड़ा दे जाती है।

कहानी पूरी तरह पुरुष प्रधान कहानी है। कहानी का यह महिला पात्र अपनी कोई खास पहचान कहानी में नहीं बना पाया है।

'ज़िंदगी यहाँ और वहाँ'

कहानी 'ज़िंदगी यहाँ और वहाँ' में निर्मल वर्मा ने ज़िंदगी के शाश्वत प्रश्न को उठाया है कि मनुष्य मरकर भी क्या मरता है, वो जीता नहीं रहता यादों में? एक नई दुनिया में जाने के बाद अपनी पुरानी दुनिया में पुनः-पुनः लौट नहीं आता है किसी की यादों में?

कहानी का मुख्य पात्र फैटी लंदन से लौटने के बाद अपने पैतृक मकान के पुराने अकेले घर में रहता है, सुख की कामना लिए। लेकिन सुख दीवार से उतरती धूप की तरह खो जाता है और दे जाता है दुख की परछाईं, अँधेरी, भुतैली। कहानी पूरी तरह फ्लैश बैक में चलती है। कथावाचक फैटी और इरा (बिट्टी) के प्रेम प्रसंगों का वर्णन करता चलता है।

"इरा एक शोध छात्रा है। फैटी से उसका परिचय लायब्रेरी में एक स्टेटमेंट में साईन करने के दौरान होता है। परिचय घनिष्ठता में तब्दील हो जाता है, इस सीमा तक कि दोनों एक-दूसरे से अलग होने की कामना करते हैं—"तुमने कुछ माँगा?" उसने उत्सुकता से मेरी ओर देखा—"इस वक्त तुम जो कुछ माँगोगे, वह मिल जाएगा।" × × × "बोलो तुमने क्या माँगा था?" उसने मुझे देखा—इतनी उदास आँखों से...मैंने

मुँह मोड़ लिया और बस की खिड़की से बाहर देखने लगा। उस शाम–मिंटो रोड ब्रिज के नीचे जब ऊपर रेल गुज़र रही थी–उन दोनों ने एक ही इच्छा माँगी थी, एक-दूसरे से अलग होने की...वे जितना ज्यादा एक-दूसरे को चाहते थे, उतना ही एक-दूसरे से छुटकारा पाने के लिए तड़पते थे–जैसे चाहना कोई पाप हो, कोई बुरा स्वप्न हो।"[124]

कहानी की नायिका इरा को यह कतई पसंद नहीं कि फैटी वर्तमान में जीने के बजाय अतीत में जीए। वह कहती है–"तुम यहाँ क्या कर रहे हो फैटी–तुम यह घर बेच क्यों नहीं देते..." वह कहती है, "यह तुम्हारे पिता का घर है और तुम इससे जोंक की तरह चिपके हो।"[125] इरा को लगता है फैटी कभी अपने मृत माँ-बाप की स्मृतियों से मुक्त नहीं हो पाएगा और वह फैटी को बेहद चाहने के बाद उससे इस तरह अलग हो जाती है कि जैसे कोई कपड़े में लगी धूल को साफ कर उससे मुक्ति पा लेता है, लेकिन मुक्ति कहाँ हो पाती है? वह कहती है–"मैं तुमसे ज्यादा भाग्यवान हूँ...मैं अपना घर कभी भी छोड़ सकती हूँ, दिल्ली के बाहर जा सकती हूँ। दूसरी तरफ से देखो–तो तुम मुझसे कहीं ज्यादा भाग्यवान हो–तुम्हारे अपने विज़न हैं, ज़रा-सा स्विच दबाओ–और वे चमकने लगते हैं, रोशनी के दायरे, जिन्हें तुम किसी भी समय बाहर निकाल सकते हो, करीने से सजाते हो–पूरा एक म्यूज़ियम–जो कर्जन रोड से लंदन की विक्टोरिया स्ट्रीट तक फैला है–नहीं, तुम सचमुच मुझसे कहीं ज्यादा भाग्यवान हो, तुम एक दिन अपने घर के कोने में 'उन दिनों' की पोटली भी रख लोगे जो मैंने तुम्हारे साथ बिताए थे।"[126]

इरा की चारित्रिक विशेषताओं की तरफ नज़र डालें, तो पता चलता है कि वह एक ऐसी लड़की है जो अपने ज़िंदगी के फैसले खुद करती है, अपने जीवन साथी के चुनाव की बात हो, या उससे मुक्ति की बात हो। वह कहती है–"मैं इन्हें छोड़ रही हूँ, घर नहीं उनका पैसा नहीं, मैं कहीं भी हूँ, भूखी नहीं मरूँगी...मैं सेफ हूँ सेफ, सेफ्टी फर्स्ट...।"[127] उसे मुर्दों के साथ रहना पसंद नहीं। फैटी जो उसका सब कुछ था, उसे अचानक लगने लगता है, वह भी अपने माँ-बाप की मौत में शामिल है–"लाइफ हियर-एंड-हियर आफ्टर। लेकिन क्या दोनों एक साथ एक ही दुनिया में नहीं हैं, ज़िंदगी यहाँ और वहाँ वे हमारे साथ जी रहे हैं, हम उनके मरने में शामिल हैं?"[128]

'सुबह की सैर'

'सुबह की सैर' कहानी कर्नल निहालचंद के बीते बचपन की परछाइयों का आलोक है। जीवन यात्रा के दौरान बहुत से ऐसे क्षण आते हैं कि व्यक्ति चाहते हुए भी उनसे विलग नहीं हो पाता है–ऐसे ही कर्नल निहालचंद हैं...अकेले, तनहाँ जीवन के अंतिम पड़ाव पर खड़े हैं। लड़का विदेश में है, पत्नी बहुत पहले ही दूसरी दुनिया

के सफर पर निकल गई हैं...बस वह हैं और उनका अकेलापन और पीछे बिता आए जीवन के आलोक...।

कहानी 'सुबह की सैर' में कोई भी महिला पात्र नहीं है, कट्टो केवल छाया की तरह पूरी कहानी में मौजूद रहती है अप्रत्यक्ष रूप से।

'आदमी और लड़की'

कहानी 'आदमी और लड़की' ऐसे समाज की कहानी है, जहाँ विवाहेतर प्रेम संबंधों को बुरा नहीं समझा जाता। कहानी की नायिका एक ऐसे आदमी से प्रेम करती है, जो उम्र में उसके पिता के बराबर है। कहानी का यह पात्र रिसर्च करने के लिए नायिक के देश आया हुआ है। वह पहले से शादी-शुदा है। पत्नी दूसरे शहर में अक्सर बीमार रहती है। कथानायक से लड़की की पहचान एक बुक-स्टॉल पर पुरानी किताबें बेचने के दौरान होती है। पहचान कब शरीर की शिराओं में उतर गई दोनों नहीं जानते।

लड़की यह भली भाँति जानती है कि वह पहले से शादी-शुदा है और उसकी पत्नी भी जीवित है। वह यह भी जानती है कि वह उससे उम्र में बड़ा है। उसे उसकी पुस्तकों पर पड़ी तारीख़ों को देखकर हैरानी होती है कि—"जब वह दुनिया में नहीं आई थी, वह अपने शहर में घूमता होगा, पढ़ता होगा और जब उसका विवाह हुआ होगा वह स्कूल में पढ़ती थी...वह मुस्कराने लगी, लोग मुझे उसकी बेटी समझते हैं, उसने सोचा। शायद इसीलिए वह दिन के उजाले में मेरे साथ चलने में कतराता है। मुझे कभी उसकी उम्र याद नहीं आती। वह जब मेरे साथ होता है, तो मुझे पता भी नहीं चलता कि वह मुझसे कितना बड़ा है। उम्र के बारे में क्या सोचना? वह रात की बर्फ है, सोते हुए पता भी नहीं चलता, सुबह उठो तो फाटक पर ढेर-सी जमा हो जाती है।"[129]

कहानी की नायिका (लड़की), नायक (आदमी) को रिसर्च के काम में पूरी मदद करती है—शारीरिक स्तर पर भी और मानसिक स्तर पर भी। वह आदमी के साथ शारीरिक संबंध बना तो लेती है, लेकिन मन के किसी कोने में उसे यह पाप लगता है, खासकर तब जब उसकी पत्नी जीवित है। वह गिरजे में बूढ़ी औरत से कहती है—"सुनो, क्या यह पाप है? एक आदमी के साथ सोना, जिसकी पत्नी जीवित है।"[130]

कहानी में एक ही महिला पात्र है, जो कहानी की नायिका है। चरित्र से नायिका बहुत खुले विचारों की नज़र आती है। ऐसा शायद उस देश की सामाजिक संरचना के कारण हो, लेकिन लड़की खुलेपन और उन्मुक्त यौन संबंधों की धारा को पसंद करती है। शरीर की माँग को दबाना उसे अच्छा नहीं लगता।

स्वभाव से वह बहुत दयालु, जिज्ञासु लगती है। उसके मन में आदमी की पत्नी के प्रति दया है। वह उससे पत्नी की बीमारी के संबंध में बराबर पूछा करती है।

उसे लगता है, शायद उसने पाप किया है। वह कन्फेशन के लिए गिरजे भी जाती है लेकिन किसी गहरे दुःख से दुःखी नहीं है। उसे इस बात की भी कोई परवाह नहीं है कि आदमी उसके साथ किसी संबंध में बँधेगा या नहीं? वह तो बस एक पल की खुशी के लिए लालायित है, जीवन को खुशियों के साथ जीना, चाहे खुशी जहाँ से मिले।

नायिका बहुत खुले विचारों की लड़की लगती है। उसे समाज की चिंता नहीं, उसका समाज, उसकी नीति उसकी खुद की बनाई हुई है, जिसमें वह खुश है।

'कव्वे और काला पानी'

कहानी 'कव्वे और काला पानी' में भी कोई महिला पात्र नहीं है लेकिन संग्रह की महत्त्वपूर्ण कहानियों में इसका भी एक स्थान है। निर्मल वर्मा ने इस कहानी के शीर्षक के आधार पर संग्रह का नाम भी रखा है।

कहानी में एक व्यक्ति है, जो दिल्ली में अपना घर-बार, माँ-बाप सब छोड़कर पहाड़ी इलाके में संन्यासियों की तरह रहता है। लोग उसे संन्यासी समझते हैं। उसे बाबा कहकर पुकारते हैं, लेकिन वह संन्यासी उस अर्थ में नहीं है जिस अर्थ में संन्यासी की अर्थवत्ता है। उसने तो सिर्फ गृह त्याग किया है, पूजा-पाठ से उसका कोई लेना देना नहीं, अपने में सिमटा हुआ उसका चरित्र है।

उसके भाई दिल्ली में जायदाद का बँटवारा करते हैं, उस वक्त उनकी दस्तख़त की ज़रूरत पड़ती है और छोटा भाई उनसे मिलने कागज़ात ले पहुँचता है। वह भाई के घर एक रात भी नहीं ठहरता, एक अनजान व्यक्ति के साथ उसके घर में ठहरने पर उसे उतनी हिचक नहीं होती है, जितना भाई के साथ रात बिताने में।

निर्मल वर्मा ने इस कहानी में संबंधों के मध्य उभर आई दरार की ओर इशारा किया है। आज पारिवारिक संबंध कितने ठंडे हो गए हैं कि व्यक्ति सब कुछ के होते हुए भी कितना अकेला है। कहानी इस अकेलेपन को बड़ी ही खूबसूरती के साथ अभिव्यक्त करती है।

'एक दिन का मेहमान'

कहानी संग्रह 'कव्वे और कालापानी' की यह एक महत्त्वपूर्ण कहानी है। कहानी में निर्मल वर्मा ने पति-पत्नी के संबंध के बीच उभर आई दरार और उस दरार क़े कभी न भर सकने की पीड़ा को बहुत ही खूबसूरती से उकेरा है।

कहानी में पति-पत्नी के संबंध वर्षों पहले टूट चुके हैं। पत्नी बेटी के साथ लंदन में रहती है। पति अपनी बेटी से मिलने भारत से लंदन आया हुआ है। कथावाचक के मन के किसी कोने में अपनी पत्नी से संबंधों के टूटे धागों को जोड़ने की ललक बची हुई है। वहीं संबंधों में आई खरोंच के प्रति कसक भी है। लेकिन, पत्नी संबंधों

को बनाए रखना तो दूर पति का चेहरा तक देखना पसंद नहीं करती–"क्या तुम्हें इतनी देर के लिए आना भी बुरा लगता है?"

"हाँ।" × × ×

"मैं तुम्हें देखना नहीं चाहती बस।"[131]

कहानी पति-पत्नी के संबंधों की टूटन की नहीं, बल्कि एक ऐसी बच्ची के मानसिक द्वंद्व को रेखांकित करती है जो इन दोनों के बीच संबंधों को जोड़ने के लिए एक कड़ी है। कथाकार ने माँ और बाप के बीच बच्ची के संबंध, उसकी इच्छा, खुशी, पीड़ा को एक नए संदर्भ में व्याख्यायित किया है। निर्मल वर्मा ने एक ऐसी बच्ची की पीड़ा को वाणी दी है, जो चाहते हुए भी माँ-बाप का प्यार एक साथ पाने में असमर्थ है। माँ है, बाप है, लेकिन बच्ची बाप के साथ एक रात भी घर में नहीं रह सकती। उसे टुकड़ों में बँटा प्यार पसंद नहीं, लेकिन वह माँ के गुस्से के कारण बाप को एक रात भी अपने पास रोकने में असमर्थ है। माँ-बाप के संबंधों की इस ठंडक को वह भली भाँति समझ चुकी है, लेकिन उसके हाथ में कुछ भी नहीं है। बच्चे आज उम्र से कितनी जल्दी बड़े हो जाते हैं या परिस्थितियाँ उन्हें कितनी जल्दी बुजुर्ग बना देती हैं, निर्मल वर्मा ने बहुत खूबसूरती से इस कहानी में चित्रित किया है।

"पापा–क्या आपने डे-रिटन का टिकट लिया है?"

"नहीं, क्यों?"

"ऐसे ही यहाँ वापसी का टिकट बहुत सस्ता मिल जाता है।"

"आप रात को कहाँ रहेंगे?" × × ×

"अगर मैं यहीं रहूँ तो?" लड़की ने मुड़कर उसकी ओर देखा, "यहाँ दो-तीन अच्छे दोस्त भी हैं, मैं अभी फोन करके पूछ लेती हूँ।" बच्ची का स्वर बहुत कोमल हो आया।[132]

कहानी में दो महिला पात्र हैं–एक पत्नी जो कहानी की मूल संवेदना से जुड़ी हुई है। जहाँ तक उसके चारित्रिक विश्लेषण का सवाल है, तो यह पात्र एक ऐसा पात्र है जो संबंधों में उभर आई दरार को भरने की कोशिश करने के बजाय उस संबंध से मुक्ति पाने में ज्यादा विश्वास करती है।

संबंधों के बीच दरार यूँ ही नहीं आई। पत्नी को लगता है कि पति ने उसके साथ छल किया है...विश्वासघात किया है।...उसको शक है कि भारत में उसकी एक और पत्नी है और वह उसके साथ रहता है–"क्यों उस लड़की का क्या हुआ? वह तुम्हारे साथ नहीं रहती?" स्त्री के स्वर में कोई उत्तेजना नहीं थी...न क्लेश की कोई छाया थी।

"मैं अकेला रहता हूँ माँ के साथ।"

औरत ने तनिक विस्मय से उसे देखा–"क्या बात हुई...?"

"कुछ नहीं, मैं शायद साथ रहने के काबिल नहीं हूँ।"[133] कहने को पुरुष

के स्वर में दर्द है, लेकिन वह दर्द औरत के ऊपरी आवरण से ही टकराकर गिर पड़ता है। वह न तो आहत होती है और न ही भावुक। जब कोई व्यक्ति नज़र से उतर जाता है तो उसकी हर चीज़ उसे बेकार लगने लगती है। कहानी में पुरुष के साथ भी यही स्थिति है। पत्नी को उसकी हर बात बेकार लगती है–"वह हमेशा से ही उसकी छोटी बेकार सी बातों से नफरत करती आई है, जबकि आदमी के लिए ये कुछ ऐसे तिनके थे जिन्हें पकड़कर डूबने से बचा जा सकता था, कम से कम कुछ देर के लिए...।"[134]

स्त्री उसे अपने घर आने देती है–बच्ची से मिलने देती है, लेकिन वह यह नहीं चाहती कि वह उसके घर में रुके...। क्यों, क्योंकि उसके रुकने से कटुता और बढ़ जाती है...व्यक्ति जब आँखों से ओझल होता है तो उसकी अच्छाइयाँ और बुराइयाँ भी धूमिल पड़ जाती हैं, लेकिन जब वह सामने होता है तो सिर्फ बुराइयाँ ही उभरकर सामने खड़ी हो जाती हैं।

कुल मिलाकर स्त्री पात्रों के बारे में यह कहा जा सकता है कि वह खुले विचारों की होने के बावजूद अपने अस्तित्व के प्रति सचेत है। वह 'साझे की हांडी' नहीं बनना चाहती इसीलिए संबंधों को नकार अपनी स्वतंत्रता को बरकरार रखती है।

जहाँ तक बच्ची का संबंध है, वह किसी भी तकरार के मौके पर अपनी माँ की ओर खड़ी रहना पसंद करती है। वह पिता को चाहती है, लेकिन माँ की स्थिति को भी समझती है। उसे अपने पापा से मिलकर अच्छा लगता है, लेकिन उसे यह भी मालूम है कि जैसे ही मम्मी, पापा सामने होंगे सामान्य-सी बातचीत कब लड़ाई में तब्दील हो जाएगी कहा नहीं जा सकता।

"क्या उन्हें मालूम है कि मैं यहाँ आया हूँ।"

"हाँ मालूम है।"

"क्या वह नीचे आकर हमारे साथ चाय नहीं पिएँगी...मैं ऊपर जाकर पूछ आता हूँ?"

"प्लीज़ पापा–आप फिर उनसे लड़ना चाहते हैं...?"

"लड़ना...क्या मैं दो हजार मील उनसे लड़ने आया हूँ।"

"फिर आप मेरे पास बैठिए...।" लड़की का स्वर भरा हुआ था।[135]

लड़की अपनी माँ के साथ है, लेकिन बाप के प्रति क्रूर भी नहीं है। वह उसे पुचकारती निगाहों से निहार रही थी। "मैं तुम्हारे पास हूँ, क्या यह काफी नहीं है...?"

बच्ची बिल्कुल नहीं चाहती कि माँ और पिता के संबंधों में इतनी क्रूरता भर जाए कि उनका उससे मिलने आना भी बंद हो जाए। वह पेंडुलम की तरह कभी इधर कभी उधर डोलती रहती है।

वह बहुत ही समझदारी से पिता को मना लेती है कि वह आज की रात किसी होटल में टिक जाए, क्योंकि वह जानती है कि अगर पिता इस घर की छत के नीचे

रहेंगे तो माँ से बहस होना स्वाभाविक है और वह नहीं चाहती कि बहस हो...।

बच्ची जानती है कि पिता उसकी वजह से आते हैं। वह यह भी जानती है कि मम्मी को पिताजी का आना पसंद नहीं है लेकिन उसके रहते हुए मम्मी पिता को आने से रोक नहीं सकती।

बच्ची का चरित्र आम बच्चों से अलग है। वह अपनी उम्र से कहीं बड़ी हो गई है।—'पापा' लड़की के हाथ में कागज का पुरजा था। ''यह होटल का नाम...टैक्सी तुम्हें सिर्फ दस मिनट में पहुँचा देगी...।''[136]

बच्ची का बचपना न जाने कहाँ गुम हो गया लगता है, अब वह बुजुर्ग बन चली थी...कब, उसे पता ही नहीं चला।

संदर्भ

1. निर्मल वर्मा : परिंदे, पृ. 11
2. निर्मल वर्मा : परिंदे, पृ. 31
3. निर्मल वर्मा : परिंदे, पृ. 33
4. निर्मल वर्मा : परिंदे, पृ. 16
5. निर्मल वर्मा : परिंदे, पृ. 27
6. निर्मल वर्मा : परिंदे, पृ. 28
7. निर्मल वर्मा : परिंदे, पृ. 21
8. निर्मल वर्मा : परिंदे, पृ. 28
9. निर्मल वर्मा : परिंदे, पृ. 34
10. निर्मल वर्मा : परिंदे, पृ. 40
11. निर्मल वर्मा : परिंदे, पृ. 41
12. निर्मल वर्मा : परिंदे, पृ. 43
13. निर्मल वर्मा : परिंदे, पृ. 46
14. डॉ. नामवर सिंह : कहानी नई कहानी, पृ. 54
15. डॉ. नामवर सिंह : कहानी नई कहानी, पृ. 54
16. निर्मल वर्मा : परिंदे, पृ. 53
17. निर्मल वर्मा : परिंदे, पृ. 57
18. आलोचना, अंक-90, सं. नामवर सिंह, लेख—निर्मल वर्मा की कहानियों का सौंदर्यशास्त्र और समाजशास्त्र, लेखक—वीर भारत तलवार, पृ. 74
19. निर्मल वर्मा : परिंदे, पृ. 75
20. निर्मल वर्मा : परिंदे, पृ. 73
21. निर्मल वर्मा : परिंदे, पृ. 73/74
22. निर्मल वर्मा : परिंदे, पृ. 74
23. निर्मल वर्मा : परिंदे, पृ. 83
24. निर्मल वर्मा : परिंदे, पृ. 89/90
25. निर्मल वर्मा : परिंदे, पृ. 73
26. निर्मल वर्मा : परिंदे, पृ. 109

27. निर्मल वर्मा : परिंदे, पृ. 118
28. निर्मल वर्मा : परिंदे, पृ. 127
29. निर्मल वर्मा : परिंदे, पृ. 127
30. डॉ. नामवर सिंह : कहानी नई कहानी, पृ. 52
31. निर्मल वर्मा : परिंदे, पृ. 169
32. निर्मल वर्मा : परिंदे, पृ. 164
33. निर्मल वर्मा : परिंदे, पृ. 165
34. निर्मल वर्मा : परिंदे, पृ. 165
35. निर्मल वर्मा : परिंदे, पृ. 165
36. निर्मल वर्मा : परिंदे, पृ. 165
37. निर्मल वर्मा : परिंदे, पृ. 166
38. निर्मल वर्मा : परिंदे, पृ. 174
39. निर्मल वर्मा : परिंदे, पृ. 158
40. निर्मल वर्मा : जलती झाड़ी, पृ. 16
41. निर्मल वर्मा : जलती झाड़ी, पृ. 16
42. निर्मल वर्मा : जलती झाड़ी, पृ. 17
43. आलोचना, अंक-90, सं. नामवर सिंह, लेख—कहानीकार निर्मल वर्मा : पुनर्विचार, लेखक—मधुरेश, पृ. 28
44. निर्मल वर्मा : जलती झाड़ी, पृ. 38
45. निर्मल वर्मा : जलती झाड़ी, पृ. 32
46. निर्मल वर्मा : जलती झाड़ी, पृ. 33/34
47. निर्मल वर्मा : जलती झाड़ी, पृ. 44
48. निर्मल वर्मा : जलती झाड़ी, पृ. 47/48
49. निर्मल वर्मा : जलती झाड़ी, पृ. 47
50. निर्मल वर्मा : जलती झाड़ी, पृ. 49
51. निर्मल वर्मा : जलती झाड़ी, पृ. 55
52. निर्मल वर्मा : जलती झाड़ी, पृ. 56
53. निर्मल वर्मा : जलती झाड़ी, पृ. 61
54. निर्मल वर्मा : जलती झाड़ी, पृ. 62
55. निर्मल वर्मा : जलती झाड़ी, पृ. 63
56. निर्मल वर्मा : जलती झाड़ी, पृ. 65
57. निर्मल वर्मा : जलती झाड़ी, पृ. 71
58. निर्मल वर्मा : जलती झाड़ी, पृ. 70
59. निर्मल वर्मा : जलती झाड़ी, पृ. 79
60. निर्मल वर्मा : जलती झाड़ी, पृ. 82
61. निर्मल वर्मा : जलती झाड़ी, पृ. 83
62. निर्मल वर्मा : जलती झाड़ी, पृ. 88
63. निर्मल वर्मा : जलती झाड़ी, पृ. 90
64. निर्मल वर्मा : जलती झाड़ी, पृ. 90/91
65. निर्मल वर्मा : जलती झाड़ी, पृ. 91

66. निर्मल वर्मा : जलती झाड़ी, पृ. 91
67. निर्मल वर्मा : जलती झाड़ी, पृ. 93
68. निर्मल वर्मा : जलती झाड़ी, पृ. 93
69. निर्मल वर्मा : जलती झाड़ी, पृ. 93
70. निर्मल वर्मा : जलती झाड़ी, पृ. 92-93
71. निर्मल वर्मा : जलती झाड़ी, पृ. 94-95
72. नई कहानियाँ, अप्रैल 1965, पृ. 118
73. निर्मल वर्मा : जलती झाड़ी, पृ. 115/116
74. डॉ. इंद्रनाथ मदान, हिंदी कहानी अपनी जुबानी, पृ. 140
75. डॉ. इंद्रनाथ मदान, हिंदी कहानी अपनी जुबानी, पृ. 140
76. निर्मल वर्मा : जलती झाड़ी, पृ. 140
77. निर्मल वर्मा : जलती झाड़ी, पृ. 134
78. निर्मल वर्मा : जलती झाड़ी, पृ. 142
79. निर्मल वर्मा : पिछली गर्मियों में, पृ. 11
80. निर्मल वर्मा : पिछली गर्मियों में, पृ. 16
81. निर्मल वर्मा : पिछली गर्मियों में, पृ. 20
82. निर्मल वर्मा : पिछली गर्मियों में, पृ. 15/16
83. निर्मल वर्मा : पिछली गर्मियों में, पृ. 19
84. निर्मल वर्मा : पिछली गर्मियों में, पृ. 26
85. निर्मल वर्मा : पिछली गर्मियों में, पृ. 32
86. निर्मल वर्मा : पिछली गर्मियों में, पृ. 41
87. निर्मल वर्मा : पिछली गर्मियों में, पृ. 52
88. निर्मल वर्मा : पिछली गर्मियों में, पृ. 53
89. निर्मल वर्मा : पिछली गर्मियों में, पृ. 53
90. निर्मल वर्मा : पिछली गर्मियों में, पृ. 62
91. निर्मल वर्मा : पिछली गर्मियों में, पृ. 65/66
92. निर्मल वर्मा : पिछली गर्मियों में, पृ. 95
93. निर्मल वर्मा : पिछली गर्मियों में, पृ. 99
94. निर्मल वर्मा : पिछली गर्मियों में, पृ. 123
95. निर्मल वर्मा : पिछली गर्मियों में, पृ. 121
96. निर्मल वर्मा : पिछली गर्मियों में, पृ. 113
97. निर्मल वर्मा : पिछली गर्मियों में, पृ. 125
98. निर्मल वर्मा : पिछली गर्मियों में, पृ. 124
99. निर्मल वर्मा : पिछली गर्मियों में, पृ. 118/119
100. निर्मल वर्मा : पिछली गर्मियों में, पृ. 151/152
101. निर्मल वर्मा : पिछली गर्मियों में, पृ. 153
102. निर्मल वर्मा : पिछली गर्मियों में, पृ. 156
103. निर्मल वर्मा : पिछली गर्मियों में, पृ. 147
104. निर्मल वर्मा : पिछली गर्मियों में, पृ. 149
105. निर्मल वर्मा : पिछली गर्मियों में, पृ. 142

106. निर्मल वर्मा : बीच बहस में, पृ. 25
107. निर्मल वर्मा : बीच बहस में, पृ. 31
108. आलोचना, अंक-90, सं. नामवर सिंह, लेख–कहानीकार निर्मल वर्मा–पुनर्विचार, लेखक–मधुरेश, पृ. 35
109. निर्मल वर्मा : बीच बहस में, पृ. 32
110. निर्मल वर्मा : बीच बहस में, पृ. 37
111. निर्मल वर्मा : बीच बहस में, पृ. 39
112. निर्मल वर्मा : बीच बहस में, पृ. 39
113. निर्मल वर्मा : बीच बहस में, पृ. 51
114. निर्मल वर्मा : बीच बहस में, पृ. 50/51
115. निर्मल वर्मा : बीच बहस में, पृ. 73
116. निर्मल वर्मा : बीच बहस में, पृ. 97
117. निर्मल वर्मा : बीच बहस में, पृ. 98
118. निर्मल वर्मा : बीच बहस में, पृ. 111
119. निर्मल वर्मा : बीच बहस में, पृ. 111
120. निर्मल वर्मा : बीच बहस में, पृ. 102
121. निर्मल वर्मा : बीच बहस में, पृ. 124
122. निर्मल वर्मा : बीच बहस में, पृ. 98
123. निर्मल वर्मा : कव्वे और काला पानी, पृ. 12
124. निर्मल वर्मा : कव्वे और काला पानी, पृ. 48
125. निर्मल वर्मा : कव्वे और काला पानी, पृ. 57
126. निर्मल वर्मा : कव्वे और काला पानी, पृ. 60
127. निर्मल वर्मा : कव्वे और काला पानी, पृ. 61
128. निर्मल वर्मा : कव्वे और काला पानी, पृ. 62
129. निर्मल वर्मा : कव्वे और काला पानी, पृ. 94
130. निर्मल वर्मा : कव्वे और काला पानी, पृ. 95
131. निर्मल वर्मा : कव्वे और काला पानी, पृ. 158
132. निर्मल वर्मा : कव्वे और काला पानी, पृ. 162
133. निर्मल वर्मा : कव्वे और काला पानी, पृ. 166/167
134. निर्मल वर्मा : कव्वे और काला पानी, पृ. 157
135. निर्मल वर्मा : कव्वे और काला पानी, पृ. 150
136. निर्मल वर्मा : कव्वे और काला पानी, पृ. 167

षष्ठ अध्याय

समकालीन रचनाकार और निर्मल वर्मा के नारी पात्रों का तुलनात्मक अध्ययन

शायद पहले से पहचान लिए गए सुख हमारे आने से पहले ही इस दुनिया में मर जाते हैं और हम इन मरे हुए सुखों की लालसा में जीने लगते हैं। निर्मल जी का लेखन मर्त्य सुखों का बखान नहीं, अपरिचित सुख का आख्यान है जिसे हर पाठक अपने लिए पहचानता है।

ध्रुव शुक्ल

पिछले अध्याय में निर्मल वर्मा के उपन्यासों तथा कहानी-संग्रहों में मौजूद नारी पात्रों की विभिन्न स्थितियों का परिचय दिया गया है, इस अध्याय में हम निर्मल वर्मा के नारी पात्रों का उनके समकालीन कथाकारों के नारी पात्रों से तुलनात्मक अध्ययन करेंगे। इस अध्याय में जिन कथाकारों के नारी पात्रों से निर्मल वर्मा के नारी पात्रों की तुलना करनी है, वे सब हिंदी कथा-जगत के स्थापित नक्षत्र हैं। ये सारे ही कथाकार ऐसे हैं, जिन्होंने भारतीय समाज में विखंडित हो रहे जीवन मूल्यों को रेखांकित किया है।

पूरी दुनिया के लिए 1939 से 1945 (द्वितीय विश्व युद्ध) तक का समय इतना अस्थिर था कि उस समय कोई भी दिशा निर्धारित करना कठिन था। भारत भी विश्व युद्ध के प्रभाव से अछूता नहीं था। इन वर्षों में भारतीय समाज के विभिन्न वर्गों में चाहे वह सामान्य जनता हो या कलाकार, बुद्धिजीवी हो या साहित्यकार सभी को एक तीव्र झटका-सा लगा था। उस समय पूरा भारतीय समाज आशंका और हताशा के बीच जी रहा था।

यही वो समय भी था, जब कला के सारे प्रतिरूप प्रगतिशील विचारधारा के प्रवाह में एक-दूसरे के करीब आ रहे थे, लेकिन उनमें कहीं कुछ ऐसा भी था, जो उनका अपना नहीं था, आरोपित था, उधार लिया हुआ था और उसे अंतरराष्ट्रीयता के नाम पर स्वीकृत किया गया था। यही वह युग भी था, जब पूरा भारत राजनीतिक

उथल-पुथल से सराबोर था। एक ओर जहाँ राजनीतिक समीकरण बन-बिगड़ रहे थे, वहीं दूसरी ओर भारतीय जनमानस द्वितीय विश्व युद्ध से उपजी मुद्रास्फीति, महँगाई, बेरोज़गारी से जूझ रहा था। मज़दूर, मालिक के रिश्ते नए संतुलन की माँग कर रहे थे। टूटता परिवार अपने भावात्मक रिश्तों के स्रोत खोज रहा था। महायुद्ध की भयानक छाया के कारण अवसाद, अनिश्चय और विपन्नता चारों ओर फैली हुई थी, और ऐसे ही समय आज़ादी आई। आज़ादी के बाद एक स्पष्ट परिवर्तन भारतीय जीवन की मानसिकता में आया। लोगों की आस थी कि अब देश में आर्थिक, सामाजिक और राजनीतिक व्यवस्थाओं में सटीक परिवर्तन होंगे और हम शोषण से मुक्त होंगे। राजनीतिज्ञों ने भी जनता के सामने आर्थिक स्वावलंबन के बड़े-बड़े सपने परोस दिए। कोई दलित पीड़ित कुंठित नहीं रहेगा, लेकिन ये सारे वैचारिक परिवर्तन राजनीति प्रसूत थे, इसलिए जीवन और साहित्य के मूल्यों और प्रतिमानों का निर्धारण भी राजनीतिक व्यक्तियों द्वारा किया जाने लगा। कमलेश्वर के अनुसार 'तब वह—के—आस' उपस्थित हुआ, लेकिन सरकारी छाया को अंगीकार करने के बाद कुछ कथाकारों ने वही कहा, जो उनकी नंगी आँखों ने देखा था। इस संदर्भ में अज्ञेय के 'शरणार्थी' कहानी संग्रह को देखा जा सकता है।

परिवर्तनों का दौर चल रहा था—जमींदारी प्रथा टूट गई, राजे-महराजे ख़त्म कर दिए गए, लेकिन जातिवाद, प्रांतवाद, गुटबंदी, राजनीतिक ब्लैकमेल, घूसखोरी, धोखेबाजी सर्वत्र विद्यमान हो गई। इनके चलते आज का संवेदनशील व्यक्ति घोर निराशा से भर गया और इस फ्रस्ट्रेशन, हीनता की अभिव्यक्ति आज़ादी के बाद की कहानियों और उपन्यासों में बराबर देखने को मिलती है। इसके साथ ही समाज में रह रही नारी, जो कि अब तक परदे की बू-बू थी, वह बाहर आ गई। यह बदलाव शिक्षा और विदेशी चाल-ढाल की नकल के कारण हुआ। पहले जिस नारी को पवित्रता का खिताब मिला हुआ था, अगर वह समाज के निर्धारित मापदंडों के विरुद्ध कोई कार्य करती तो उसको तत्काल अपवित्र कहकर तिरस्कृत कर दिया जाता था, उसे अब, जब वह बाहर आकर पुरुष के बराबर खड़ी हो गई, तो उसके इस उल्लंघन को आधुनिकता का बाना पहनाकर स्वीकृत कर दिया गया। इतना ही नहीं सेक्स की शुद्धता के विचार को पिछड़ेपन की मानसिकता कहकर नकार दिया गया।

नारियों में बदलाव आया, जिसके कारण अब वह पुरुष की संपत्ति बनकर नहीं रहना चाहती। इस मानसिकता को मोहन राकेश की कहानी 'मिसपाल' तथा निर्मल वर्मा की 'धूप का एक दुकड़ा', 'एक दिन का मेहमान' में बड़ी सटीकता से उभारा गया है।

परिवर्तित आर्थिक परिवेश के कारण मनुष्य के ज्ञान और क्रिया क्षेत्र में व्यापक बदलाव आया, स्त्रियों को भी वैज्ञानिक उपकरणों की सुविधा और शिक्षा के कारण खाली समय का मोल समझ में आने लगा, लेकिन उसके घर की चहारदीवारी से

बाहर निकलने के कारण कई समस्याएँ खड़ी हो गईं। जैनेन्द्र ने अपने उपन्यास 'सुखदा' में उन समस्याओं की तरफ लोगों का ध्यान खींचा है। परिवर्तन की इस प्रक्रिया से दूसरे लेखक भी अछूते नहीं रहे और आर्थिक दृष्टि से नारी स्वतंत्रता की बात करने लगे। मोहन राकेश के उपन्यास 'अँधेरे बंद कमरे' की नायिका नीलिमा को पति के लिए एक चीज़ बनकर रहना असह्य है। राजेन्द्र यादव के उपन्यास 'उखड़े हुए लोग' की नायिका जया भी आर्थिक स्वतंत्रता की बात करती है। निर्मल वर्मा के उपन्यास 'एक चिथड़ा सुख' की बिट्टो, घर वालों से विरोध करके अपनी पहचान खोजने दिल्ली चली आती है। इस प्रकार हम यह देखते हैं कि आधुनिक युग की नारी घर तक सीमित न रहकर समाज में अपनी उपस्थिति और अपनी पहचान के साथ सामने आने के लिए छटपटाने लगी है।

अपने अस्तित्व के प्रति मनुष्य हमेशा से ही सचेत रहा है। बीसवीं सदी में उसने बौद्धिकता का सहारा लेकर पुरानी धार्मिक मान्यताओं की प्रासंगिकता पर प्रश्न चिन्ह तो लगा दिया, लेकिन नए मूल्यों की बुनियाद नहीं डाल पाया, क्योंकि मूल्यों का विकास और संरक्षण जिस शिक्षा के माध्यम से होना था, वह तो विदेशी थी, इस कारण वह भारतीय समाज की जटिल सांस्कृतिक विरासत की न तो पोषक ही बन पाई, वरन उसने सांस्कृतिक अंतर्विरोध और पैदा कर दिए। इन अंतर्विरोधी मूल्यों ने मनुष्य के व्यक्तित्व को विभाजित कर दिया। इस विभाजन का परिणाम यह निकला कि वह समस्त मूल्यों के प्रति उदासीन हो गया। आज हालत यहाँ तक पहुँच गई है कि भारतीय समाज का मध्यवर्ग परिस्थितियों के आधार पर अपने मूल्यों का गठन करने लगा है। इस बात को अज्ञेय के 'शेखर : एक जीवनी' में बखूबी देखा जा सकता है। अज्ञेय ने समाज, संस्कृति, धर्म, ईश्वर आदि की अवहेलना कर बौद्धिकता की स्थापना की।

स्वतंत्रता के बाद के उपन्यासों में, भौतिकतावादी संस्कृति के दर्शन होते हैं। यशपाल ने तो विवाह और प्रेम तक को आर्थिक समझौता माना है। निर्मल वर्मा ने भौतिकतावाद को पूरे तौर पर अंगीकार ही कर लिया है। उनके उपन्यासों तथा कहानियों में इस वाद को पूरे तौर पर समझा जा सकता है। अन्य उपन्यासकारों ने भी बदल रहे सामाजिक परिवेश तथा निर्धारित होते हुए मूल्यों को रेखांकित किया है, जिनमें उपेन्द्रनाथ अश्क, नरेश मेहता, जैनेन्द्र, अज्ञेय, राजेन्द्र यादव, मोहन राकेश आदि शामिल हैं।

यह सच है कि आज की नारी काँच की मूरत नहीं रह गई है, वह एक जीवित-हक़ीकत बनकर समाज का अविभाज्य अंग बन चुकी है, लेकिन तिस पर भी वह छली जाती है या यूँ कहा जाए कि अभी उसको मात्र भोग्या ही समझा जाता है, यह अलग बात है कि उषा प्रियंवदा ने अपने उपन्यास 'रुकोगी नहीं राधिका' में यथार्थ धरातल पर पुरानी मान्यताओं को चुनौती दी है। इसी तरह कृष्णा सोबती

ने 'मित्रो मरजानी' की 'मित्रो' के माध्यम से नई पीढ़ी की नारी का अंकन किया है, जो स्वयं मूल्य विघटन का कारण है। निर्मल वर्मा ने अपने उपन्यास 'वे दिन' में 'रायना' के जरिए बिखरते-टूटते मूल्यों की पड़ताल की है।

आर्थिक स्वतंत्रता के साथ-साथ स्त्रियों ने नैतिक स्वतंत्रता भी स्वयं ही प्राप्त कर ली। पहले उसका सारा जीवन परंपरागत नैतिक आदर्शों के साये में पुरुष के प्रति ही समर्पित था, लेकिन नई सामाजिक चेतना के कारण नारी के आचरण की कसौटी में भी फर्क आया। उसे नैतिक स्वतंत्रता मिली। इतना ही नहीं, मनोविज्ञान ने उसके अंतर्मन की परतों को खोलने का प्रयास किया, उसे जानना चाहा—'नदी के द्वीप' की 'रेखा' नैतिक स्वतंत्रता की प्रतीक है।

महानगरीय जीवन अजनबीपन से भरा होता है। वहाँ मानवीय संबंधों का कोई मूल्य नहीं होता है। यह जीवन कितना असुरक्षित, एकाकी और विवशताओं से भरा है—यह मोहन राकेश के 'अँधेरे बंद कमरे' से स्पष्ट हो जाता है। इसी तरह निर्मल वर्मा की कहानी 'लंदन की एक रात' अजनबीपन से भरी हुई रात है—वहाँ बेकारी है, रंगभेद के अत्याचार हैं और नैतिक पतन का खुलासा भी है।

निर्मल वर्मा पर बहुत से आरोप लगते हैं। उनमें से एक है विदेशी प्रभाव। प्रथम विश्व युद्ध के बाद भारत के रिश्ते यूरोप के साथ घने हो गए थे। शिक्षा, समाज, संस्कृति, राजनीति, दर्शन, विज्ञान, कला, साहित्य आदि क्षेत्रों में भारत ने पश्चिम से बहुत-सी बातें ग्रहण की हैं। युद्ध के बाद यूरोप में रोज़ नए-नए विचार उदित हो रहे थे जैसे—मार्क्सवाद, समाजवाद, प्रजातंत्रवाद, फ्रायडवाद। इन सारे वादों का न सिर्फ भारतीय जनमानस पर असर पड़ा, बल्कि भारतीय साहित्य ने तो इन सारे वादों को आत्मसात कर लिया। इनमें अज्ञेय, जैनेन्द्र, नरेश मेहता, निर्मल वर्मा, यशपाल आदि प्रमुख हैं।

बदलते सामाजिक परिवेश, टूटते मूल्य और विखंडित होते संयुक्त परिवार, अकेलेपन के संताप, स्त्री-पुरुष के संबंधों में आई ठंडक को, उस दौर के हर कथाकार ने अपने-अपने दृष्टिकोण से देखा है।

इस अध्याय में परिवर्तित हो रहे सामाजिक मूल्यों के संबंध में निर्मल वर्मा तथा उनके समकालीन कथाकारों के नारी पात्रों का अध्ययन करने का प्रयास किया गया है। अभी तक विभिन्न कथाकारों की लेखनी को टुकड़ों में, बदलते परिवेश के आईने में परखा जा रहा था—अब उन कथाकारों के नारी पात्रों को समग्रता में देखेंगे। इस अध्याय में जिन कथाकारों के नारी पात्रों को अध्ययन के लिए चुना है, वे निम्नानुसार हैं—**कृष्ण बलदेव वैद, राजेन्द्र यादव, श्रीकांत वर्मा, कृष्णा सोबती, उषा प्रियंवदा, नरेश मेहता, अज्ञेय, मोहन राकेश** आदि।

इन कथाकारों के रचना संसार में निहित नारी पात्रों का अध्ययन करना अपने आप में एक उपलब्धि से कम नहीं है। विभिन्न मनःस्थितियों में जीते नारी पात्रों

को इतने पास से देखना कि कई बार तो ऐसा लगता है कि जैसे कोई पात्र उपन्यास से बाहर आकर आपसे बातें करने लगा हो। अकेलेपन की घुटन को जीते पात्र, अपनी पहचान के लिए संघर्ष करते, टूटते-बिखरते परिवार को समेटने की जद्दो-जहद में लगे, अलगाव के अँधेरे में भटकने को मजबूर..., अतृप्त यौन कुंठाओं को झेलते और अपने अस्तित्व की उपस्थिति कराते अनगिनत पात्र जहाँ पात्रों का एक रंगीला संसार भी होता है, वहीं एक अँधेरा भी होता है, जो उनको निगलने के लिए तत्पर होता है। इस अध्याय की शुरुआत में सबसे पहले कृष्ण बलदेव वैद के पात्रों से मिलते हैं।

कृष्ण बलदेव वैद

स्वातंत्र्योत्तर सामाजिक संचेतना की अभिव्यक्ति करने वाले कथाकारों में अलग से जाने जाने वाला एक नाम है कृष्ण बलदेव वैद का। वैद की कहानियों में अनुभूति की गहनता के दर्शन होते हैं। उनकी कहानियों में घुटन, वेदना और एकाकीपन की अभिव्यक्ति दिखाई देती है–"उनके पति और पत्नी ख़ामोशी के शिकार हैं। अजनबीपन उनके मध्य है और इसलिए वे पराये दिखाई देते हैं।"[1]

निर्मल वर्मा की तरह उन पर भी अस्तित्ववादी दर्शन का प्रभाव है। उनके कथा अभिप्रायों में सीधे-सादे सामाजिक या आर्थिक संदर्भ ही दिखाई नहीं देते वरन कई और ऐसे अर्थ भी निहित होते हैं, जो इकहरी यथार्थवादी रचनाओं में नहीं होते। निर्मल वर्मा की तरह लिखने की प्रेरणा उन्हें–"अतीत के उस काले शोर को बार-बार भोगने और बराबर उससे भागते रहने की परस्पर विरोधी विवशताओं से मिलती रही है।"[2]

वैद नगर बोध के चित्रण में अत्यंत सचेत कहानीकार हैं। नगरबोध के प्रेमाचार, पापाचार तथा मजबूरियों को उन्होंने अपनी कहानियों के माध्यम से उभारा है तथा कहीं-कहीं वे उन पर व्यंग्य करते हुए भी दिखाई देते हैं।

उनकी कहानियों और उपन्यासों के नारी पात्रों पर जब नज़र डालते हैं तो साफ दिखाई पड़ता है कि उनकी नायिकाएँ एक तरफ तो अपनी रोज़मर्रा की ज़िंदगी से मुक्ति चाहती हैं, वे एक अजीब तरह की कशमकश के बीच जीती हैं। उनको लगता है कि जीवन के इस पूरे क्रम में उनके पास अपने लिए कोई क्षण है ही नहीं, वहीं दूसरी तरफ एक ऐसी नायिका भी है जो पर-पुरुष के साथ ऐसे समय में जब उनके जिस्म एक-दूसरे को मथ रहे थे, तब सोचती है कि–ऐसे में उसका पति आ जाए तो उसकी प्रतिक्रिया क्या होगी? वह जो यह सब कुछ हो रहा है उससे नाखुश भी नहीं है और न ही पाप बोध से पीड़ित है। इस पूरी घटना के प्रति उसकी अपनी कोई प्रतिक्रिया नहीं है।

आम तौर से मध्यम और निम्न वर्ग की महिलाओं का अपना कोई निजी संसार

नहीं होता है। उनका जो कुछ भी होता है, वह केवल परिवार के लिए होता है, लेकिन कहीं-कहीं कुछ महिलाएँ ज़िंदगी की ऊहापोह के बीच अपने लिए कुछ क्षण निकाल ही लेती हैं, जो केवल उनके अपने होते हैं। कृष्ण बलदेव वैद की कहानी 'उड़ान' उन निजी क्षणों को रेखांकित करती है।

कहानी 'उड़ान' में कुलजमा चार नारी पात्र हैं, जो कि चालनुमा मकान में रहती हैं। एक लिहाज से हर कोई किसी-न-किसी का पड़ोसी है। उनके पति हैं, बच्चे हैं, और घर की जिम्मेदारियाँ भी हैं। एक दिन अचानक शीला को बर्तन माँजते-माँजते ख़याल आता है कि क्या उसकी अपनी कोई ज़िंदगी नहीं है? बस इसी ख़याल के तहत, शीला, रानी, वंती और वीरां घर से खिलखिलाती हुई सैर को निकल पड़ती हैं। तब उनके पति अपने काम-धंधों पर और बच्चे स्कूल जा चुके होते हैं।

पूरी कहानी में चारों महिलाओं के भीतर की दबी इच्छाओं को उकेरा गया है। कहानी का परिवेश आज़ादी के तत्काल बाद का भारतीय महानगर दिल्ली है। उन दिनों की औरतों की सोच का दायरा चूल्हा, पति, बच्चे और घर ही हुआ करता था या फिर खाली समय में आपस में बैठकर एक-दूसरे की अच्छाई-बुराई का बखान करना था। इस पूरे बखान में अच्छाई का पहलू कम ही हुआ करता था।

कहानी में चारों महिलाओं की मनोदशा, परिवेश और उनके भीतर दबी इच्छाओं का बखूबी चित्रण किया गया है। हर पात्र के भीतर घुटन है, इच्छाएँ हैं, जो दायित्वों और सामाजिक ढाँचे के बोझ तले दफन रहती हैं, लेकिन उस दिन सारी कुंठाएँ बाहर निकलने को आतुर हो उठती हैं। किसी को न अपने तन का होश रहता है न अपने कपड़ों का और न ही सामाजिक मर्यादाओं का। वे सारा दिन चीखती-चिल्लाती, खिलंदड़ों की तरह विचरते हुए बिताती हैं।

लेकिन भारतीय मध्यवर्गीय औरत पत्नी और माँ भी होती है। घूमते-घूमते जब उनके पाँव थकने लगते हैं, तो अचानक उनको अपना घर याद आ जाता है, पति, बच्चे, शाम का खाना, तब उनकी सारी स्फूर्ति काफूर हो जाती है और वे भरे-भरे कदमों से घर की तरफ चलने लगती हैं, दमित इच्छाओं का तूफान कर्तव्य के बोझ तले दब जाता है।

एक लिहाज़ से कहानी 'उड़ान' के चारों नारी पात्रों ने कुछ पल अपनी निजता के साथ जीने का साहस तो किया। शायद यही पल उनकी बची ज़िंदगी को संबल देते रहें, कि हमने कुछ पल अपने ढंग से जिए तो सही।

कृष्ण बलदेव वैद की एक और कहानी 'त्रिकोण' की नायिका एक अजीब तरह की मानसिकता को जीती है। कहानी में यौन संबंधों को लेकर एक बिल्कुल नई सोच को उजागर किया गया है। कहने को यौन संबंध अब उस स्तर को प्राप्त कर चुके हैं, जहाँ उनकी पुरानी मान्यताएँ, व्याख्याएँ दम तोड़ चुकी हैं। अब यौन-मुक्ति आवश्यकता बन गई है।

कहानी 'त्रिकोण' की नायिका के संबंध अपने पति के मित्र से अनायास हो जाते हैं। उसमें उसकी न तो पहल है और न ही स्वीकृति। दूसरी 'अहम' बात यह भी है कि न उसका पति विकृत है और न ही वह नपुंसक है। सबसे मजेदार बात यह है कि इस कहानी में तीनों पात्रों की 'घटना' के संबंध में अपनी-अपनी प्रतिक्रियाएँ व्यक्त हुई हैं।

कहानी की नायिका सोचती है कि अगर उसका पति उसे इस हालत में देख ले तो...? इस प्रश्न पर न तो नायिका के भीतर कोई पापबोध है और न ग्लानि, लेकिन वह उस कारण को नहीं सोच पाती जिसके तहत उसने अपने पति के दोस्त को अपना शरीर समर्पित कर दिया, क्योंकि वह अपने पति से पूरे तौर पर संतुष्ट थी, शरीर भी तृप्त था लेकिन 'उन' क्षणों के दरमियान वह लगातार अपने पति के बारे में ही सोचती रही, अगर वह आ जाए, तो वह क्या करेगी...? हँसेगी या कुछ और...। इतना ज़रूर था कि वह इस घटना से क्षुब्ध नहीं है, बल्कि खुश है। वह किसी अपराध बोध से पीड़ित भी नहीं होती, लेकिन इस घटना पर वह कोई खास प्रतिक्रिया भी नहीं करती। जब-जब इस संबंध में वह सोचती, तो उसे इत्मीनान ज़रूर होता, एक मुस्कान होंठों पर रेंगने लगती, जो उसकी अपनी है, उस मुस्कान को कोई नहीं देख सकेगा।

जहाँ तक कृष्ण बलदेव वैद और निर्मल वर्मा के नारी पात्रों की तुलना का सवाल है, वहाँ एक बात अवश्य ध्यान में रखनी होगी कि दोनों कथाकारों की कहानियों का परिवेश नितांत भिन्न है। निर्मल वर्मा के पूरे कथा-साहित्य में निहित महिला पात्र पराश्रित नहीं हैं, वे अपने आप में पूर्ण, स्वनिर्मित और सक्षम हैं, जबकि कृष्ण बलदेव वैद के महिला पात्रों का अपना कोई निजी जीवन नहीं है, वे अपने पतियों पर आश्रित हैं। कहानी 'उड़ान' में चारों महिलाओं के मन में अचानक घर, बच्चे, शाम का खाना घुमड़ने लगता है, जिस रोजमर्रे की ज़िंदगी को वे तोड़कर बाहर आती हैं, उसी में फिर बँध जाती हैं। कहानी 'त्रिकोण' की नायिका एक पढ़ी-लिखी स्वतंत्र विचारों वाली महिला है। अनायास जब उसके संबंध अपने पति के दोस्त से हो जाते हैं, तो पाप बोध से पीड़ित नहीं होती, उसे न तो मूल्यों के टूटने का डर होता है और न ही मान्यताओं के। वह एक ऐसी महिला है, जो अपनी सोच के सारे बिंदुओं को अपनी मुट्ठी में रखती है। यह उसके स्वतंत्र होने का प्रमाण है।

जहाँ तक निर्मल वर्मा के नारी पात्रों से कहानी 'उड़ान' और 'त्रिकोण' के नारी पात्रों की तुलना का प्रश्न है—वहाँ निर्मल वर्मा के नारी पात्रों की ज़िंदगी रोजमर्रे की रुटीन में बँधी हुई नहीं है। उनका जीवन के प्रति एक अलग तरह का दृष्टिकोण है, जो कि वैद के पात्रों से किसी भी तरह से मेल नहीं खाता—हाँ, कहानी 'त्रिकोण' की नायिका की तुलना 'वीकएंड' तथा 'वे दिन' की नायिका से की जा सकती है, क्योंकि वे भी पाप बोध के संत्रास से मुक्त हैं।

श्रीकांत वर्मा

श्रीकांत वर्मा मूलतः कवि हैं। उनकी सोच, संवेदनाएँ एक कवि मन की संवेदनाएँ हैं, लेकिन उन्होंने कुछ कहानियाँ और उपन्यास भी लिखे हैं, लेकिन उनकी पहचान एक कवि के रूप में अधिक है। यहाँ उनके उपन्यास 'दूसरी बार' की नायिका बिंदो की चर्चा की गई है।

'दूसरी बार' उपन्यास भी स्त्री-पुरुष संबंधों के बीच पसरे रेगिस्तान को रेखांकित करता है। स्त्री-पुरुष संबंध, सृष्टि की जिज्ञासा है और जिज्ञासा का कोई अंत नहीं है। पिछले हज़ारों सालों से स्त्री पुरुष को और पुरुष स्त्री को और दोनों ने एक-दूसरे के संदर्भ में अपने आपको पहचानने और टटोलने की अनवरत कोशिश की है, लेकिन कोई भी किसी नतीजे पर नहीं पहुँच सका है।

सच्चाई यह है कि स्त्री-पुरुष संबंध एक असंभव स्थिति है। वह स्वर्ग भी है और नरक भी। कवि, कथाकार श्रीकांत वर्मा ने संबंधों की इसी गुत्थी को अपने लघु उपन्यास 'दूसरी बार' में खोलने का प्रयास किया है।

'दूसरी बार' उपन्यास में एक स्त्री का उसी पुरुष के जीवन में दूसरी बार प्रवेश है, जिसको एक बार वह प्यार करके अपना सब कुछ देकर, अपमानित कर छोड़कर चली जाती है। दूसरी बार में स्त्री के दुबारा आगमन पर पुरुष की प्रतिक्रिया प्रतिहिंसात्मक है। वह प्रेम का एक रूप है या कि सिर्फ एक ऐसा द्वंद्व है जिसके अंतर्गत पुरुष समझता है कि वह इस बार 'स्त्री' को पूरी तरह तोड़ कर रख देगा। दोनों के बीच फिर से एक युद्ध होता है। इस युद्ध में दोनों टूटते हैं। कोई किसी पर हावी नहीं होने पाता, लेकिन इस पूरे द्वंद्वात्मक युद्ध के दौरान एक बात पूरे तौर पर दोनों की समझ में आ जाती है कि दोनों ही एक-दूसरे के बिना नहीं रह सकते।

उपन्यास दूसरी बार में एक ही महिला पात्र है–**बिंदो**। वह नायक (पुरुष) के जीवन में दुबारा प्रवेश तो चाहती है, लेकिन अपने अहम् को बनाए रखकर। वह झुकना चाहती है, लेकिन एक सीमा तक ही। वह परास्त होना नहीं चाहती। दूसरी बार उसका प्रवेश चिट्ठियों के लिए है, लेकिन वह उसका केवल एक बहाना है, उसके (पुरुष) पास आने का, क्योंकि जब पुरुष उसको चिट्ठियाँ वापस करके कहता है–"गिन लो सौ के ऊपर हैं"[3] तो बिंदो ने चिट्ठियाँ तुरंत नहीं लीं, उनके प्रति वह कुछ पल उदासीन रही फिर उसने काँपती उँगलियों से ले लीं। उस समय उसकी आँखों में पीड़ा थी, मानो अब तक जो सिलसिला था, जैसे वह भी खत्म हो रहा हो...। बिंदो एक ऐसी महिला पात्र है, जो पुरुष के बार-बार आहत किए जाने पर भी उसके जीवन में आना चाहती है, क्योंकि संबंधों के फैले हुए अजनबीपन के अँधेरे से वह ऊब चुकी होती है, लेकिन पुरुष उसको आहत करके तोड़ना चाहता है, क्योंकि उसके मन के किसी कोने में अपने लिए हीनता की पौरुष ग्रंथि बैठी हुई है, जबकि बिंदो के साथ वैसा नहीं है। वह किसी भी प्रकार की विकृति का

शिकार नहीं है। एक प्रकार से बिंदो का चरित्र एक सहनशील, समझौतावादी औरत के चरित्र का प्रतिनिधित्व करता है।

जहाँ तक निर्मल वर्मा के और श्रीकांत वर्मा के नारी पात्र की तुलना का प्रश्न है, वहाँ सबसे पहले एक बात को ध्यान में रखना बड़ा ज़रूरी हो जाता है, वह यह है कि निर्मल का कोई भी पात्र 'दूसरी बार' फिर से उसी के जीवन में कभी प्रवेश नहीं करता है, जहाँ से वह चला आया होता है। जहाँ तक 'इगो' का सवाल है, वह पर्याप्त रूप में निर्मल वर्मा के नारी पात्रों में भी विद्यमान है।

निर्मल वर्मा की नारियाँ अपनी ईमानदारी का ढोल नहीं पीटतीं, जबकि श्रीकांत वर्मा की नारियाँ अपनी ईमानदारी का बखान करती हैं। जब पुरुष से बिंदो चिट्ठियाँ वापस माँगती है, तो नायक उसे आहत करते हुए कहता है–"चिट्ठियाँ मुझसे ही वापस लोगी या औरों से भी... ।"[4] तो बिंदो तमतमा कर कहती है–"और किससे?" वह कहती है–"तुम मुझे बदनाम करना चाहते हो...बोलते क्यों नहीं बोलो... ?"[5]

पूरे उपन्यास में आरोप-प्रत्यारोप चलता रहता है। आरोपों के बाद बिंदो के चरित्र का जो रूप सामने आता है, वह उसके ईमानदार होने का ज़रूर है, फिर भी अपनी ईमानदारी का जैसा रूप वह प्रस्तुत करती है, निर्मल के नारी पात्रों में वह बात नज़र नहीं आती।

कृष्णा सोबती

कृष्णा सोबती वैयक्तिक मूल्यों की कहानीकार हैं। उनके यहाँ प्रेम, वासना और वात्सल्य की अभिव्यक्ति मिलती है। उनकी प्रसिद्ध कहानी है 'मित्रो मरजानी' । कहानी दो परिवारों के जीवन पर आधारित है। कहानी की नायिका मित्रो है–"यह न तो रवीन्द्र की ओस जैसी नारी है न शरत या जैनेन्द्र की विद्रोहिणी गुत्थी। मित्रो एक अलग तरह की नारी है। इसे न आदर्श का मोह न समाज का भय न ईश्वर का। इसके लिए किसी विशेषण की आवश्यकता नहीं है। वह मात्र मांस-मज्जा से बनी नारी है, जिसमें स्नेह भी है, ममता भी, माँ बनने की होंस के साथ अविरल बहती वासना सरिता भी।"[6]

मित्रो अपने में संकुचित रहने वाली स्त्री नहीं है, बल्कि अपने आपको खुले आँगन में स्वच्छंद घूमने वाली के रूप में वह पेश करती है। उसे किसी दूसरे पुरुष से संबंध बनाने में कोई परहेज नहीं है। मित्रो वासना, प्रेम, त्याग की मूर्ति का नाम है। वह जेठानी के लिए अगर तलवार है, तो सास के लिए ज़हर से भी कड़वा घूँट है। आज की सामाजिक व्यवस्था के बीच पिसती नारी का प्रतिनिधित्व करने वाली मित्रो हर आग्रह और संस्कारों को न सिर्फ नकारती है, बल्कि थूकती-सी लगती है।

लेकिन मित्रो का एक दुख है कि वह पति की संतान की इच्छा को पूर्ण नहीं कर पाती है। उसका मातृत्व रो उठता है। वह भीतर-ही-भीतर कच्ची लकड़ी की

तरह धुँधवाती रहती है, न जल पाती न बुझ पाती है। अंत में वह अपने पीहर जाकर दूसरे पुरुषों की अंकशायनी बन कर अपने पति की इच्छा पूरी करने का इरादा करती है, लेकिन उसका इरादा सिर्फ इरादा ही रह जाता है। क्योंकि जब वह पर-पुरुष की भोग्या बनने के लिए कदम बढ़ा रही होती है, तब उसे अपने पति की उसके प्रति निष्ठा और प्यार का स्मरण हो आता है और वह अपने बढ़े हुए कदमों को वापस कर लेती है।

मित्रो एक अजीब चरित्र की महिला है। एक तरफ तो वह सामाजिक संस्कारों से विरोध करती दिखाई देती है और संभव है अपने विरोधी चरित्र के कारण ही वह दूसरे पुरुष की बाँहों में जाने के लिए तैयार हो जाती है, लेकिन दूसरी तरफ वह अपने उस पति के प्रति निष्ठावान भी रहना पसंद करती है, जो उसकी वासना के उबाल को शांत नहीं कर पाता है। मित्रो में कई विरोधाभासी दृष्टिकोण हैं। उसका बड़बोलापन, वासना भरी बातें करना, अपने रिश्ते-नातेदारों के अलावा अपनी माँ और पति तक से खुलेपन से बातें करना शायद उसकी 'दमित वासना' के ज्वार का ही प्रतीक है, क्योंकि मित्रो ने एक ऐसे वातावरण में आँखें खोली थीं, जहाँ 'उन्मुक्त कामेच्छा' पर प्रतिबंध नहीं होता है। उसने बचपन से अपने शरीर पर अनगिनत निगाहों को रेंगते पाया था। वह विवाह पूर्व अपनी कामेच्छाओं का दमन करते आई थी। विवाह के उपरांत दमित वासना का ज्वार उमड़ पड़ता है, लेकिन उसका पति उसकी इच्छाओं की पूर्ति करने में अपने आपको असमर्थ पाता है और शायद मित्रो अपनी दमित वासनाओं का निष्कासन अपने बातूनीपन और आत्मप्रदर्शन के द्वारा करती है।

कृष्णा सोबती का एक और उपन्यास है 'सूरजमुखी अँधेरे के', जिसकी नायिका का चरित्र अपने आप में एक मनोवैज्ञानिक गुत्थी की तरह है। उपन्यास की नायिका रत्ती के साथ बचपन में बलात्कार होता है, जिसके कारण उसके मन में अपने जीवन के प्रति घोर निराशा भाव घर कर लेता है। पुरुष के प्रति एक अजीब तरह का आक्रोश उसके भीतर पलने लगता है और उस आक्रोश के पलते वह 'फ्रिजिडिटी' की शिकार हो जाती है। रत्ती को लगता है कि उसकी ट्रेजिडी का कारण उसका शरीर ही है, तो वह अपने आप से, अपने शरीर से बेपरवाह हो जाती है। जब-जब किसी ने उसके समीप आने की चेष्टा की, उसने न सिर्फ उसको नकारा, बल्कि उसको अपमानित भी किया।

मनोवैज्ञानिक आधार पर स्त्री को 'पसेसिव' माना जाता है और पुरुष को 'एग्रेसिव', जबकि रत्ती अपने पसेसिवपन को नकार कर एग्रेसिवनेस को अपनाती है। बचपन में हुए बलात्कार का ज़हर उसके पूरे जीवन में फैल जाता है। वह जहाँ भी जाती बलात्कार के खूनी धब्बे उसके साथ जाते। इसके नतीजे में वह बर्फ हो जाती है। कहने को कई पुरुष उसकी ज़िंदगी में आए, लेकिन बर्फ नहीं पिघली और वे उससे यह कहकर चले गए—"तुम जमे हुए अँधेरे की पर्त हो जो कभी उजागर

नहीं होगी।''[7] लेकिन, दिवाकर का उसके जीवन में आगमन सिर्फ उसकी बर्फ को ही नहीं पिघलाता है, वरन वह उसको उसकी ग्रंथि से भी मुक्ति दिलाता है।

जहाँ तक रत्ती के चरित्र के विश्लेषण का सवाल है, रत्ती एक मनोवैज्ञानिक मरीज की तरह है। उसकी समस्या उसके शरीर का बर्फ हो जाना है। बे-इरादी तौर पर रत्ती न सिर्फ अपने आपसे नाराज़ रहती है, बल्कि समाज से भी। एक तरह से रत्ती एबनार्मल चरित्र है। रत्ती आप ही अपनी सड़क का आखिरी छोर है।

रत्ती की तुलना निर्मल के किसी भी नारी पात्र से नहीं की जा सकती, क्योंकि निर्मल की नारियाँ न तो समस्याग्रस्त हैं और न ही किसी ग्रंथि की शिकार हैं। वहीं मित्रो मरजानी की मित्रो भी अकेली मिलेगी, क्योंकि निर्मल के नारी पात्र अपनी वासनाओं का दमन नहीं करते, चाहे वह 'वे दिन' की रायना या 'रात का रिपोर्टर' की बिंदु हो।

सच्चिदानंद हीरानंद वात्स्यायन अज्ञेय

जीवन को आदर्श बहुत कम लोगों ने समझा है। समाज में व्याप्त मूल्यों और रूढ़ियों को तोड़, नए मूल्यों की स्थापना एक विचार की तरह अज्ञेय ने जिस तरह से की है, उस तरह से शायद ही किसी दूसरे कथाकार ने अपने चिंतन, अपने विचार, अपने पात्रों के माध्यम से समाज के सामने परोसे हों। अज्ञेय ने समाज के प्रचलित ढाँचे से अलग हटकर न सिर्फ जीने का प्रयास किया, बल्कि पुराने मूल्यों के स्थान पर नए मूल्यों की बुनियाद रखी। अज्ञेय ने 'शेखर : एक जीवनी' और 'नदी के द्वीप' में अपनी बात को बखूबी रखा है। अपने विद्रोही स्वभाव के कारण उन्हें विद्रोही कहा गया। 'शेखर : एक जीवनी' का शेखर, उनके विद्रोह का एक जीता जागता उदाहरण है।

अज्ञेय के अनुसार 'शेखर : एक जीवनी'—''एक व्यक्ति का अभिन्नतम निजी दस्तावेज है, यद्यपि वह साथ ही उस व्यक्ति के युग संघर्ष का प्रतिबिंब भी है।''[8] पूरा उपन्यास शेखर के जीवन के आसपास ही घूमता है। उपन्यास में आने वाले अन्य प्रसंग शेखर के व्यक्तित्व को उभारने के लिए आते हैं।

'शेखर : एक जीवनी' का शेखर, सामाजिक धारणाओं के विपरीत जाकर शशि, जो कि उसकी बहन की तरह है, से न सिर्फ प्यार करता है, बल्कि उसको पाना भी चाहता है और शशि वह तो एक तरह से आत्मबलिदानी चरित्र है, वह शेखर को ऊँचे शिखर पर देखना चाहती है। उसकी सोच है कि अगर शेखर उसके प्यार, स्नेह की छाया तले उस विराट पर पहुँच जाता है, जो उसकी कल्पना में है, जहाँ जीवन की इयत्ता उसमें समा जाती है तो इससे बड़ी खुशी और कोई नहीं होगी। वह उसे एक साथ माँ, बहिन, स्त्री का प्यार देना चाहती है और शायद यही वजह है वह अपने प्यार को पाप नहीं समझती है।

उपन्यास में दो-तीन महिला पात्र हैं—सरस्वती, माँ, शारदा और शशि। उपन्यास का प्रमुख पात्र शशि है। शशि शेखर की माँ की मुँहबोली बहन की लड़की है। बचपन से ही शशि और शेखर साथ-साथ खेलकर बड़े हुए हैं। उन दोनों के रिश्तों के बीच संबंधों की एक रहस्यमयी धुंध भी छाई रहती है। शशि एक ऐसी लड़की का प्रतिनिधित्व करती है, जो समाज के बनाए हुए बंधनों के आगे अपने मौन प्यार को वाणी नहीं दे पाती। अज्ञेय वैसे भी अपने दौर से आगे के कथाकार थे। उन्होंने एक तरफ तो जहाँ अपने नायकों से समाज के प्रचलित मूल्यों को तुड़वाया, वहीं अपनी नायिकाओं से भी नारी की स्वतंत्र अभिव्यक्ति के लिए आवाज़ ही उठवाई, बल्कि उनकी पहचान के लिए यौन स्वतंत्रता की बात भी की। इस संदर्भ में 'नदी के द्वीप' की रेखा को ले सकते हैं। इसके अतिरिक्त उनके यहाँ गौरा जैसा चरित्र भी है, जो पुरुष की निजी संपत्ति की तरह नारी को देखती है। जहाँ तक शशि का सवाल है, तो शशि एक बलिदानी नारी पात्र है, उसे इसी में संतोष है कि शेखर उसके प्यार में खोकर अपने आपको तो पा रहा है।

शशि एक ऐसा नारी चरित्र है जो स्वतंत्र विचारों की होने के बावजूद पुरुष में अपनी सार्थकता खोजती है। वह शेखर से कहती है—"एक बार मैंने मन से कहा था, क्या मेरे लिए लिख सकते हो...यह दावा नहीं था कि तुम्हारे जीवन का अर्थ इति हूँ—अपने को अंत मानने का दुस्साहस मैंने नहीं किया..., केवल इतना था कि अपना जीवन नष्ट करके होम कर, राख कर, मैंने माँगा था, कि चाहा था वह तुममें प्रतिफलित हो, तुममें सिद्धि पाए, तुम हो गए थे प्रतीक मेरे लिए, मेरे अपने जीवन के प्रतीक... ।"[9]

अज्ञेय का ही एक और उपन्यास है 'नदी के द्वीप'। पूरा उपन्यास एक प्रणय कथा है, अत्यंत सुकुमार, संवेदनशील, विशिष्ट पर उदार। पीड़ा और प्रेम व्यक्तित्व को कैसे उन्मुक्त और स्वाधीन बनाते हैं, यही अज्ञेय ने मुख्य रूप से इस उपन्यास में चित्रित किया है।

'नदी के द्वीप' की रेखा भुवन का एक द्वीप है। रेखा इस उपन्यास की एक ऐसी नारी पात्र है, जिसकी तुलना में किसी अन्य उपन्यास की नायिका को खड़ा करना मुश्किल सा प्रतीत होता है। एक लिहाज से—"वह हमारे आज के समाज के अमानवीय नीति विधान के विरुद्ध तीखे, किंतु ऊपर से शांत, विद्रोह की मूर्ति है। वह अपने व्यक्तित्व की संपूर्णता की खोज में बड़े आत्मविश्वास के साथ बढ़ी चली जाती है। इसमें कोई संदेह नहीं कि इतनी संवेदनशील, सजग, गौरवमयी और फिर आधुनिक नारी का चित्र हिंदी उपन्यास में दूसरा नहीं है।"[10]

रेखा में नारी जीवन की स्वायत्तता, आत्मनिर्भरता, आत्माभिमान, वरण की दृढ़ता, किसी के मंगल के लिए उत्सर्ग की भावना, सब कुछ एक साथ देखने को मिलते हैं।

रेखा खुले विचारों की यौन वर्जनाओं से रहित स्त्री के रूप में हमारे सामने

खड़ी होती है। वह ईमानदारी से जीवन जीना चाहती है। रेखा एक ऐसा नारी चरित्र है जो अंतर्मुखी है। अपनी हर साँस के औचित्य, अनौचित्य का विचार उसे सताता रहता है। जीवन के हर महत्त्वपूर्ण निर्णयों को वह वैयक्तिक रूप में लेती है। निर्णय के बाद जो भी परिणाम हो, उसे भोगने को वह तैयार रहती है। एक आत्मविश्वासी चरित्र के रूप में रेखा हमारे समक्ष आती है।

रेखा के सारे व्यवहार, उसे क्षणजीवी होने का पक्षधर बनाते हैं। वह, जो पल उसके पास हैं, उन्हें सुंदर से सुंदर बनाने का आह्वान करती है। वह कहती है–''जब तक जो है उसे सुंदर होने दो भुवन! जब वह न हो, तो उसका न होना भी सुंदर है।''[11]

रेखा अत्यधिक संयमित स्वभाव की लड़की है। ऊपर से लगता है कि वह अत्यधिक कामुक किस्म की लड़की है, लेकिन भुवन के साथ उसके संबंध इस बात का अहसास कराते हैं कि उसके चरित्र में कहीं भी स्तरहीनता नहीं है। गौरा के प्रति भुवन का रुझान जानकर वह भुवन से दूरी बनाने लगती है। एक लिहाज से रेखा एक बलिदानी चरित्र है। वह भुवन को बाँधे नहीं रखना चाहती।

आमतौर से देखा गया है कि नारियाँ एक-दूसरे के प्रति घनघोर रूप से शत्रुता निबाहती हैं, लेकिन अज्ञेय की नारियों में इस तरह की प्रवृत्तियाँ नहीं पाई जातीं। नदी के द्वीप की रेखा नायक भुवन से कहती है–''भुवन, मैं तुम्हारे जीवन में आऊँगी और चली जाऊँगी...मैं जानती हूँ अपने भाग्य की मर्यादाएँ पर तुम्हें जो प्रिय है उन्हें प्यार कर सकूँगी, सहज भाव से बिना आयाम के, माँगूँगी नहीं, तुम्हारे जीवन की बाधा नहीं बनूँगी, उलझन भी नहीं बनूँगी...।''[12] और रेखा भुवन की कभी बाधा नहीं बनती।

रेखा के अतिरिक्त 'अज्ञेय' द्वारा सृजित एक और महत्त्वपूर्ण नारी पात्र है 'गौरा' जो 'नदी के द्वीप' का एक द्वीप है, जहाँ भुवन को किनारा मिलता है। गौरा ख़ामोश, एकाधिकार से संपृक्त चरित्र की नारी है। उसके व्यक्तित्व में शीतलता का भाव है। वह विनय, आत्मसम्मान की धनी है·तथा स्वतंत्रतापूर्वक निर्णय लेने की क्षमता भी उसमें है।

अज्ञेय के नारी पात्रों से निर्मल वर्मा के नारी पात्रों की तुलना की जाए, तो कुछ चीज़ें साफ तौर पर सामने आती हैं। अज्ञेय की नारियाँ, पुरुष में अपनी सार्थकता खोजती हैं, उनमें ''पुरुषमोह है, जो स्त्री को सदैव आश्रित (कम से कम मानसिक संस्कार में तो अवश्य ही) देखना चाहता है।''[13] लेकिन निर्मल वर्मा के यहाँ ऐसी बात नहीं है। निर्मल वर्मा की नारियाँ स्वतंत्रता चाहती हैं तो हर क्षेत्र में, मानसिक संस्कार में वे कभी भी बँधी नहीं रहना चाहतीं, भारतीय नारियों की तरह। भारतीय नारियाँ आधुनिकता की दौड़ में खुद को स्वतंत्र तो कर लेती हैं, लेकिन मानसिक रूप से वे उसी 18वीं सदी में जी रही होती हैं, जहाँ पुरुष 'पति देवोभव' होता है, फिर चाहे वह पत्नी पर कितने ही अत्याचार क्यों न करे। जैसे शशि का पति रामेश्वर

बेवजह शक कर शशि को पेट पर सांघातिक वार कर घर से निकाल देता है। निर्मल वर्मा की नारियाँ ऐसी स्थिति बरदाश्त नहीं कर सकतीं। निर्मल वर्मा ने अपनी नारियों को, नैतिकता की रूढ़ियों के बंधन से, परंपरागत संस्कारों की बाध्यता से ऊपर उठा दिया है, जहाँ उनका अपना व्यक्तित्व, अपनी इच्छा प्रमुख होती है। वहीं अज्ञेय ने अपनी नारियों को "नैतिक रूढ़ियों के बंधन से, परंपरागत संस्कारों की बाध्यता से अवश्य मुक्त कर दिया है। उनकी स्त्रियाँ साइमन-द-बुआ की शब्दावली में 'असत् आस्था' में जीने वाली ही हैं—उनकी चरितार्थता का केंद्र पुरुष है, लेकिन इसमें संदेह नहीं कि अज्ञेय भारतीय समाज की स्त्री को स्वतंत्रता के अधिक निकट लाते हैं और अपने देशकाल की अग्रगामी चेतना को प्रकट करते हैं।"[14]

अज्ञेय की नायिकाएँ अपनी नियति का रोना रोती हैं, आधुनिक विचारधारा के होने के बावजूद, लेकिन निर्मल की नायिकाएँ भाग्य को कभी नहीं कोसतीं। रेखा चंद्रमाधव से कहती है—"मेरे आसपास दुर्भाग्य का एक मंडल जो रहता है।"[15]

अज्ञेय और निर्मल के नारी पात्रों में एक समानता है। वह यह कि वे किसी पर बोझ नहीं बनना चाहतीं। जीवन के चरम सुख के क्षणों को वे भरपूर जी लेना चाहती हैं और जीकर उससे अलग भी हो जाती हैं। रेखा और रायना दोनों सुख भोग कर अलग हो जाती हैं। रेखा भुवन के प्रति आकर्षण की अंतिम दुखद परिणति से पहले से अवगत रहती है। वह बार-बार कहती है—"कहीं पहुँचने का लोभ मुझमें नहीं है, ऐसी यात्रा पर हूँ, जो कहीं पहुँचती ही नहीं, अंतहीन है।"[16]

रेखा जीवन को सार्थकता देने वाली, अनुभूतियों को क्षण के लिए ही सही ग्रहण करने की पक्षधर है, उसी प्रकार जिस प्रकार 'वे दिन' की 'रायना', 'एक चिथड़ा सुख' की 'बिट्टो', 'आदमी और लड़की' की 'लड़की', 'छुट्टियों के बाद' की 'मार्था' ग्रहण करती है। रेखा कहती है—"शुक्र केवल शुक्र...चाहे, कितनी जल्दी अस्त हो जाए।"[17]

मोहन राकेश

मोहन राकेश मध्यवर्ग के कहानीकार हैं। उनकी कहानियों के जीवन की परिस्थितियाँ, अनुभव और अनुभूतियाँ मध्यवर्गीय प्रबुद्धता को रेखांकित करती हैं। उन्होंने अपनी कहानियों में नए संदर्भों की खोज की है। उनकी कहानियाँ एक व्यक्ति की कहानियाँ न होकर पूरे समय की कहानियाँ हैं। उन्होंने अपनी कहानियों में असंतोष और विद्रोह की भावना को जन्म दिया है। कमलेश्वर का कहना है मोहन राकेश की कहानियाँ—"उस आग्रह मूलकता में अभिशप्त पात्रों की कहानियाँ नहीं, बल्कि अपने परिवेश में साँस लेते हुए आदमियों की कहानियाँ हैं।"[18]

मोहन राकेश के यहाँ भी निर्मल वर्मा की तरह ही बेकारी, सूनापन, अकेलेपन का संत्रास, आर्थिक संघर्ष, तनाव और नारी शरीर की आवश्यकता का चित्रण मिलता

है। मोहन राकेश के पात्र भी अपनी तरह जीवित रहने की आकांक्षा करते हैं। वे आत्महत्या का मार्ग नहीं अपनाते। क्योंकि उनमें जिजीविषा है। वे जीना चाहते हैं। तभी वे कहते हैं–"मैं तुम लोगों की तरह नहीं जी सकता, क्योंकि जीना अपने में घटिया चीज़ है। जीने के नाम पर तो पेड़-पौधे भी जीते हैं, पशु-पक्षी भी जीते हैं।"[19]

मोहन राकेश की कहानियों के नारी पात्र ठेठ मध्यवर्गीय हैं। उनकी सोच, परिवेश, रहन-सहन यहाँ तक कि उनके बातचीत के विषय तक में उनका वर्ग प्रतिध्वनित होता है। जहाँ तक निर्मल वर्मा और मोहन राकेश के पात्रों की तुलना का प्रश्न है निर्मल वर्मा के पात्र भी मध्यवर्ग के ही हैं, लेकिन वे उस मध्यवर्ग से आते हैं जो उच्च के ज्यादा करीब है। उनके वर्ग में उनकी बौद्धिकता सबसे पहले आगे आकर खड़ी होती है, वर्ग बाद में...।

मोहन राकेश की 'मिस पाल' को ही ले लें तो कई बातें अपने आप साफ हो जाती हैं। मिस पाल की कुंठा यह है कि उनसे कोई प्यार नहीं करता न माँ और न बाप। अलगाव की यातना और कुछ न कर पाने की पीड़ा ने उन्हें घर छोड़ने पर मजबूर कर दिया है। घर छोड़ अकेले रहना और दफ्तर में पुरुषों के बीच नौकरी करना अब उसकी मजबूरी बन गई है। लेकिन, यहाँ वह कुछ ऐसा नहीं कर सकी जिससे उसकी आत्मा को संतोष होता है। कहने को उसने विद्रोह किया था कुछ करने के लिए, लेकिन कुछ किया नहीं। उसको लगता है कि मनुष्य की पशुशक्ति के आगे वह अकेली क्या कर पाएगी? साथी पुरुषों के तानों, अनर्गल बातों से ऊब कर नौकरी छोड़ पहाड़ पर कुछ करने का वहम लेकर चली जाती है, लेकिन वहाँ भी उसकी कुंठा और आत्म पीड़ा साथ रहती है और रहता है अपनी पवित्रता को बनाए रखने का आत्म-गौरव–"मैंने आज तक कितनी-कितनी मुश्किल से अपनी पवित्रता को बचाया है, यह मैं ही जानती हूँ। तुम सोच सकते हो एक अकेली लड़की के लिए यह कितना मुश्किल होता है।"[20]

मिस पाल का डर उसका अपना डर है और उसी डर के कारण उसने किसी भी तरफ स्नेह या प्यार के लिए हाथ नहीं बढ़ाया। इसके अतिरिक्त उसने अपने इर्द-गिर्द अकेलेपन का कुहासा जमा कर लिया है जिसको छाँट कर रंजीत ने जब उसे बाहर लाने की कोशिश की तो भी वह अपने भीतर सिमटती गई। एक लिहाज से मिस पाल आत्महीनता की शिकार पात्र हैं जो हाथ में पकड़े खाली डिब्बे की तरह ही स्वयं भी खाली हैं।

इसी तरह मोहन राकेश के उपन्यास 'अँधेरे बंद कमरे' की नीलिमा को ही ले लें–वह भी अपने अस्तित्व की पहचान के लिए बेचैन है और उसकी यह बेचैनी उसे लंदन तक ले जाती है, लेकिन पहचान की जगह उसके हिस्से में आता है तनाव। वैसे मोहन राकेश के हर पात्र के चेहरे पर तनाव की रेखाएँ साफ पढ़ी जा सकती हैं। उनका हर पात्र एक अँधेरे बंद कमरे में रखने का इतना आदी हो चुका है कि

रिश्तों के बाहर एक नामहीन संबंध की बात वह सोच ही नहीं सकते, सोचना चाहें तो कमरे की दीवारें टूटती हैं। उपन्यास की नायिका नीलिमा इतनी महत्वाकांक्षी है कि पति की वासना पूर्ति का साधन बनने की अपेक्षा उसका घर छोड़कर चला जाना बेहतर समझती है। मोहन राकेश ने उपन्यास में महानगरीय जीवन के अकेलेपन को बखूबी चित्रित किया है। जिस खूबसूरती से उन्होंने मानवीय संबंधों के महल को ताश के पत्ते की तरह ढहते हुए दिखाया है शायद ही इतनी खूबसूरती से किसी और उपन्यास में इसके दर्शन हों।

सामाजिक संतुलन के लिए स्त्री-पुरुष संबंधों में समानता का भाव होना अत्यंत आवश्यक है। असमानता की भावना दोनों के संबंधों को कटु बना देती है—हरबंस और नीलिमा का जीवन इसी कटुता से भर गया है। नीलिमा एक उच्च शिक्षिता स्त्री है, स्वतंत्र तथा खुले विचारों की। पति के बाध्य करने पर वह अपनी नृत्यकला को निखारने के लिए नृत्य सीखती है, एक परफार्मिंग आर्टिस्ट बनने का ख्वाब लिए वह मेहनत करती है। पुरुषों के उठने-बैठने, सिगरेट, शराब पीने, क्लबों में जाने-आने में उसे परहेज रहा है, लेकिन हरबंस के कहने पर वह यह सब भी करती है, लेकिन हरबंस पहले तो उसे उन्मुक्त छोड़ता है और फिर बंधनों में बाँधने की कोशिश करता है। नतीजे में विद्रोह लाजमी है। नीलिमा भी विद्रोह करती है, क्योंकि वह उन्मुक्त गगन में उड़ने की आदी हो चुकी होती है। अब उसे बंधन दरकार नहीं। लेकिन इस पर भी वह तन-मन से पति का साथ चाहती है। वह साथ उसे मिलता नहीं, बिस्तर पर गद्दे की तरह बिछना वह चाहती नहीं। वह कहती है—"विवाहित जीवन में दो व्यक्तियों का शारीरिक संबंध ही सब कुछ नहीं होता और मैं जानती हूँ कि मैं उसके लिए एक शारीरिक साधन से ज्यादा कुछ नहीं हूँ। × × × × × × × × मगर मैं अब उसकी भूख का सामान बनकर नहीं रहना चाहती। उसने आज तक यही नहीं समझा कि मैं एक चीज़ नहीं एक इनसान हूँ और मेरी भी अपनी ज़रूरतें हैं जो ज़िंदगी भर पूरी नहीं होंगी, तो मैं भी उसकी ज़रूरतों का सामान बनकर बिल्कुल नहीं रहना चाहती।"[21]

निर्मल वर्मा के नारी पात्रों से जहाँ इनकी महिलाओं की तुलना का सवाल है तो यह बात सामने आती है कि मोहन राकेश की नायिकाएँ दूसरों के दिखाए मार्ग पर चलती हैं। नीलिमा पति के कहने पर नृत्य सीखती है, शराब, सिगरेट पीती है, क्लबों आदि में आती-जाती है, लेकिन निर्मल की नायिकाएँ कभी भी दूसरों के दिखाए मार्ग पर नहीं चलतीं खासकर पति को जहाँ तक खुश करने का सवाल है तब तो वे ऐसा कतई नहीं करतीं। उनका जो भी कर्म होता है उनके अंदर से प्रेरणा आती है कि ऐसा करो और वे करती हैं। दूसरी बात निर्मल की नायिकाएँ पति को नीचा दिखाने की कोशिश नहीं करतीं जैसा कि 'अँधेरे बंद कमरे' की नीलिमा करती है। निर्मल की नायिकाएँ खुद इतना ऊँचा उठती हैं कि सामने वाला खुद नीचा हो जाए।

निर्मल वर्मा की नारी पात्र न तो आत्महीनता की शिकार होती हैं और न ही स्थितियों से पलायन करती हैं, अगर वे जोखम उठाती हैं तो पूरे विश्वास के साथ। 'जिंदगी यहाँ और वहाँ' की नायिका इरा को ही ले लें, तो इरा अपनी ज़िंदगी के बेहद अहम फ़ैसले खुद करती है। माँ-बाप का घर छोड़ने की ही बात नहीं वरन वह तो अपने प्रेमी का साथ भी छोड़ देती है। वह कहती है–''मैं इन्हें छोड़ रही हूँ, घर नहीं, उनका पैसा नहीं। मैं कहीं भी हूँ, भूखी नहीं मरूँगी। मैं सेफ हूँ, सेफ सेफ्टी फर्स्ट।''[22] इरा को ही क्या, निर्मल की नारियों को अपने द्वारा लिए गए निर्णयों पर कभी पछतावा नहीं होता।

मोहन राकेश की नायिकाओं में एक बात और देखने में आती है कि इनकी नायिकाएँ अपने पति से डरती हैं। 'उसकी रोटी' के सुच्चासिंह ने रखैल रख छोड़ी है। कहानी की नायिका बालो, उससे इस संबंध में बात करते डरती है, पति के डाँटने पर वह चुप हो जाती है। उसके लिए कोसों मील का सफ़र तय कर रोटी पहुँचाने जाती है, घंटों खड़ी रहती है, एक आदर्श भारतीय नारी के चरित्र को चरितार्थ करती हुई। पति जैसा भी हो, है तो आखिर पति, पति के पैरों तले उसे ज़न्नत दिखाई देती है।

वहीं निर्मल वर्मा के यहाँ बात उल्टी दिखाई देती है। निर्मल वर्मा की नायिका यह जानने पर कि उसके सिवा कोई और भी है (एक दिन का मेहमान), यहाँ तक तो ठीक अगर इन्हें ज़रा-सा भी खटका होता है कि पति के बदन से वह गर्मी नहीं मिल रही है तो वे बेदर्दी से संबंध तोड़ लेती हैं। संबंधों को लोकाचार के नाते निबाहना उनकी फितरत नहीं। वहीं मोहन राकेश की कहानी 'एक और ज़िंदगी' की नायिका बानो लोकाचार निबाहती है–''ब्याह के कुछ महीने के बाद ही पति-पत्नी अलग रहने लगते हैं, लेकिन लोकाचार के नाते साल-छह महीने में एक बार मिल लिया करते हैं। वह लोकाचार ही बच्चे को दुनिया में ले आया।''[23] निर्मल वर्मा की नायिकाएँ लोकाचार तो दूर आँखों का भरम तक नहीं रखतीं। 'एक दिन की मेहमान' की नायिका पति के दो हज़ार मील दूर से बच्ची और उससे कभी-कभार मिलने आने पर भी उसके साथ दो पल बैठकर बातें तक नहीं करती। वह तो यहाँ तक कहती है कि वह उसका चेहरा तक देखना नहीं चाहती। संबंधों को संबंधों के नाम पर ढोना उसे सिरे से नापसंद है।

उषा प्रियंवदा

'रुकोगी नहीं राधिका' उषा प्रियंवदा का बहुचर्चित उपन्यास है। ''इसमें एक भारतीय नारी की दुविधा को आधार बनाया गया है, जो अपनी दिशा तय नहीं कर पा रही है।''[24] राधिका विवाह-पूर्व यौन संबंध स्थापित कर भविष्य के लिए प्रश्न चिह्न बन जाती है। ज़िंदगी का लंबा सफ़र वह सुख एवं तृप्ति की खोज में देश-विदेश में गुज़ार

आई है, लेकिन सुख जिस चिड़िया का नाम है, उसे नहीं मिलता।

राधिका एक असामान्य नारी चरित्र है। अपने पिता के प्रति उसका असाधारण झुकाव है। माँ की मृत्यु के बाद वह पिता को ही अपना सब कुछ मान बैठती है। कहीं-न-कहीं वह अचेतन रूप से अपने पिता के साथ दैहिक धरातल पर जुड़ी हुई है। इसीलिए राधिका का मित्र और उसके साथ शारीरिक संबंध रखने वाला डैन उससे कहता है कि–"माँ के मरने के बाद तुम्हारा पिता के प्रति लगाव बहुत कुछ एबनॉर्मल हो गया। यदि भारतीय परिवेश में तुम्हें प्रारंभ से ही युवा मित्र बनाने की सुविधा होती तो ऐसा न होता।... तुमने अपने ही बनाए दुख के घेरे में अपने को बाँध लिया है।... ठीक है पिता ने दूसरी शादी कर ली, तुम भी सीमाओं से निकलो, दुनिया देखो, अपनी संभावनाओं को विकसित करो... ।"[25] लेकिन राधिका ऐसा न करके 'दमन' को अपनाती है, जिसके फलस्वरूप उसमें अनेक मानसिक विचित्रताएँ (मेंटल कॉम्पलेक्सेज) पैदा हो जाती हैं, जो मनोविच्छेद (मेंटल डिसोसीएशन) को जन्म देती है। मनीष में भी उसे पिता की छवि नज़र आती है। मनीष उससे कहता है–"यानी कि तुम पुरुष में प्रेमी या पति नहीं ढूँढ़ती, पिता ढूँढ़ती हो। जीवन के इस संघर्षमय क्षण में डैन ने तुम्हें सँभाला, तुम कृतज्ञता में उसके साथ रहने लगीं। अब अक्षय देखभाल कर रहे हैं, तो शायद विवाह कर लो, क्योंकि तुम जीवन में लंगर चाहती हो।"[26]

राधिका अपने युवा मित्र से शारीरिक संबंध रखते हुए उसे वह गर्मी नहीं दे पाती जो संभोग के समय इच्छित होती है। राधिका का व्यवहार एक हिमकन्या की तरह होता। डैन उसे चिढ़ाते हुए कहता भी है–"हिमकन्या-सी जमी हुई", "संगमरमर की प्रतिमा।"[27] राधिका खुद को इस विकृति से जल्द मुक्त करने की कोशिश भी नहीं करती। वह–"पापा से उसकी संपूर्ण एकाग्रता की कामना करती है।"[28] फलस्वरूप विमाता विद्या को ही वह अपना निकटतम प्रतिद्वंद्वी मान बैठती है।

राधिका स्वतंत्र विचारों की लड़की है। अपनी व्यक्तिगत स्वतंत्रता के लिए वह पापा से भी लड़ पड़ती है। भारत छोड़ विदेश जाने का निर्णय बिना किसी आधार के उसका अपना निर्णय होता है। राधिका का सोचना है कि माँ-बाप की उँगली पकड़ कर चलने के कारण ही लड़कियों का चरित्र पूर्णतः विकसित नहीं हो पाता–"माता-पिता अपने ही विचारों को उन पर थोपते रहते हैं।"[29] वह कहती है–"मैं स्वेच्छापूर्ण जीवन की इतनी आदी हो गई हूँ कि विघ्न सह नहीं पाती।"[30]

राधिका मुक्त आसंग के फलस्वरूप मनोविक्षेप (साईकोसिस) के रोगी की तरह व्यवहार करती है। बाह्य जगत से बहुत कम मतलब वह रखती है। वह अधिकतर कल्पना लोक में ही विचरण करती है। सामाजिक आदान-प्रदान में उसकी कोई आस्था नहीं है। राधिका यह निश्चय नहीं कर पाती कि क्या सही है या क्या गलत।

राधिका अकेलेपन से पीड़ित है। यह अकेलापन उसका अपनाया हुआ है। अपनों के बीच भी उसे अजनबीपन का अहसास होता है। राधिका के अजनबीपन

में आधुनिकता का बोध उजागर होता है। वहीं निर्मल वर्मा की नारियाँ भी अकेलेपन से बुरी तरह पीड़ित हैं। अजनबीयत का मायाजाल उन्हें भी नाच नचाता रहता है। 'वे दिन' की रायना भी अकेले नहीं रह सकती। 'परिंदे' की लतिका का अकेलापन ओढ़ा हुआ अकेलापन है, जिससे मुक्त वह होना नहीं चाहती।

निर्मल वर्मा की नारियाँ अपने अकेलेपन को भरने के लिए किसी के साथ भी रात गुजार सकती हैं, लेकिन उषा प्रियंवदा की नारियाँ ऐसा नहीं करतीं। उनकी नारियों के जीवन में प्ले-ब्वॉय के लिए स्थान नहीं है–"वे संगी चाहती हैं, जिसमें स्थिरता हो, औदार्य हो, जो उन्हें उनके सारे अवगुणों सहित स्वीकार कर ले, उनके अतीत को झेल ले।"[31]

निर्मल वर्मा के यहाँ स्थायित्व की कल्पना (घर के संबंध में) करना ही बेमानी है। उनकी नायिकाएँ स्थायित्व नहीं चाहतीं। 'उनके कमरे' की नायिका को घर की चाहत है, लेकिन घर की एकरसता उसे पसंद नहीं, 'धूप का एक टुकड़ा' की नायिका को ज़रा-सा खटका होता है कि अब उसके पति की देह उसे पहले-की सी गर्मी नहीं दे पाती, उसके छूने से उसके बदन में मोमबत्ती की कोई लौ नहीं काँपती तो नायिकाओं को पति छोड़ देने पर मजबूर कर देती है। वे संबंधों में गर्मी चाहती हैं, चाहे वह थोड़ी देर के लिए ही क्यों न हो।

निर्मल की नारियाँ पुरुष में किसी पिता, प्रेमी या भाई को नहीं ढूँढ़तीं। उनके यहाँ पुरुष मात्र पुरुष होता है, जिसके साथ वे महज गर्मी पाने के लिए संबंध बनाती हैं। गर्मी से उपजा हुआ सुख, जो ध्रुवतारे के अस्तित्व जैसा होता है, उस सुख को पाने के लिए वे संबंधों की डोर का सहारा नहीं लेती हैं। 'आदमी और लड़की' की नायिका अपने पितातुल्य पुरुष से शारीरिक संबंध बनाती है, किस नाते? क्या वह यह कामना करती है कि वह पुरुष उसके साथ शादी करेगा? उसे मालूम है कि उसकी पहली पत्नी है, जो दूसरे शहर में रहती है। बावजूद इसके वह उसके साथ इस स्तर तक जुड़ती है।

"निर्मल की नायिकाएँ अपने से बड़े पुरुषों से संबंध बनाना ज्यादा पसंद करती हैं, उसी तरह जिस तरह राधिका को 'युवा पुरुष' बहुत अपरिपक्व लगते हैं।"[32] उषा प्रियंवदा की नारियाँ अपने से बड़े पुरुषों के साथ जुड़ती हैं, लेकिन उनके यहाँ पुरुष पिता तुल्य बड़ा नहीं होता। इस प्रकार देखा जाए तो उषा प्रियंवदा की नारियाँ भी काफी खुले विचारों की हैं। वे उन्मुक्त जीवन जीने में विश्वास करती हैं।

वहीं उनका दूसरा उपन्यास है–'पचपन खंभे लाल दीवारें'; उपन्यास नायिका प्रधान है। उपन्यास की नायिका सुषमा परिवार के भरण-पोषण हेतु नील के प्रेम को ठोकर मार आजीवन अविवाहिता रह जाती है और स्मृतियों के दंश सहकर मौन साध लेती है। वह एक महाविद्यालय में अध्यापिका है, हॉस्टल सुपरिंटेंडेंट बन लड़कियों के समक्ष वह ऊँचा आदर्श रखती है। लेकिन, नील के जीवन में आते ही अपने आदर्शों,

के प्रति वह चोर साबित होती है। सुषमा भावना से कर्तव्य को ऊँचा मानती है। इसी कर्तव्य भावना के वशीभूत हो वह अपने प्रेमी नील से चाहते हुए भी शादी नहीं करती और उसकी यादों के सहारे जीवन जीती है। उपन्यास में उषा प्रियंवदा ने भावना और कर्तव्यों के बीच की त्रासदी को बखूबी चित्रित किया है। उपन्यास की नायिका सुषमा हार कर एक लाश बनकर जीने को मजबूर हो जाती है।

इसके बरक्स जब हम निर्मल के नारी पात्रों को लेते हैं, तो वहाँ एक बात बड़ी शिद्दत से महसूस होती है, वह यह है कि वहाँ कहीं भी कर्तव्य-भावना जैसी कोई भावना नहीं है। उनका कोई भी पात्र कर्तव्य की भावना से तो बँधा ही नहीं है। वे भावना के वशीभूत हो जीवन जीते हैं, चाहे वह 'वे दिन' की रायना हो या 'एक चिथड़ा सुख' की बिट्टो, इरा हो या उनकी कहानियों के किसी भी महिला पात्र को ले लिया जाए, तो उनमें कर्तव्य जैसी कोई बात नज़र नहीं आती।

राजेन्द्र यादव

समकालीन हिंदी कहानी की विकास-यात्रा में एक महत्त्वपूर्ण नाम है राजेन्द्र यादव का। उन्होंने हिंदी कहानी की रूढ़ रूपात्मकता को तोड़ते हुए, नई कहानी के क्षेत्र में बहुतेरे प्रयोग किए हैं। राजेन्द्र यादव की कहानियाँ, आज़ादी के बाद तेज़ी-से विघटित हो रहे, मानव मूल्यों, स्त्री-पुरुष संबंधों, बदलती हुई सामाजिक और नैतिक परिस्थितियों तथा पैदा हो रही एक नई विचार दृष्टि को रेखांकित करती हैं। उन्होंने व्यक्ति के माध्यम से समाज को समझने की लगातार कोशिश की है। यही कारण है कि उनकी कहानियों में रूपायित व्यक्ति-चेतना सामाजिक चेतना से विरत या निरपेक्ष नहीं है।

"राजेन्द्र यादव किसी स्थापित जीवन-दर्शन को स्वीकृति नहीं देते। वे सभी स्थापित दर्शनों से बचकर भारतीय परिवेश में नगर के मध्यमवर्गीय व्यक्ति के जीवन-दर्शन का चित्रण करते हैं। इस जीवन-दर्शन में पुराने संबंधों की याद, संबंध न रह जाने की स्वीकृति और नए संबंधों की तलाश प्रमुख है।"[33]

राजेन्द्र यादव ने वैयक्तिक नैतिकता के प्रति सत्यनिष्ठा होने के लिए पुराने आचरणों के मूल्यों को टूटते हुए चित्रित किया है, उनकी कहानी 'जहाँ लक्ष्मी कैद है', 'प्रतीक्षा', 'टूटना', 'एक कमज़ोर लड़की की कहानी' इसका सशक्त उदाहरण है। 'जहाँ लक्ष्मी कैद है' कहानी की नायिका लक्ष्मी अपनी मुक्ति के लिए तड़पती है, शिद्दत से किसी राजकुमार की राह तकती है, जो उसे इस कैदखाने से मुक्ति दिलाए। मुक्ति के लिए वह लाला के मिस्त्री, मुंशी गोविंद की पत्रिका में अंडरलाइन करती है—"मुझे छुड़ाओ, मुझे छुड़ाओ", "मुझे यहाँ से भगा ले चलो...।"

"मैं तुम्हें प्राणों से अधिक प्यार करती हूँ।" पत्रिका में वह आगे अंडरलाइन करती है—"मैं फाँसी लगाकर मर जाऊँगी...।"[34] लक्ष्मी मुक्ति के लिए अपने तईं कोशिश करती है, लेकिन दबे स्वरों में उम्र के 25-26 साल वह कैदियों की तरह

जीवन जीती आ रही है। उसमें इतनी ताकत नहीं है कि वह पिता का खुलकर विरोध करे। मुक्ति की चाह तो उसमें है, लेकिन वह मुक्ति भी वह किसी के माध्यम से चाहती है। लक्ष्मी विक्षिप्तों-सा व्यवहार करती है, बेमतलब हँसती-रोती, मारती-पीटती रहती है। कभी सारे कपड़े उतार निर्वस्त्र हो जाती है और जाँघें और छाती पीट-पीटकर बाप से कहती है, "ले, तूने मुझे अपने लिए रखा है, मुझे खा, मुझे चबा, मुझे भोग...।"[35]

लक्ष्मी के एबनार्मल होने का कारण उसकी उद्दाम यौन भावनाओं का दमन है। वह एक अर्से तक अपनी वासनाओं को दबाती रही है, लेकिन जब ज्वार फूटता है तो मानसिक रूप से अस्वस्थ हो जाती है।

राजेन्द्र यादव की नारियों से अगर निर्मल वर्मा की नारियों की तुलना की जाए तो साफ दिखाई पड़ता है कि निर्मल वर्मा की नारियाँ बंधन का जीवन कतई स्वीकार नहीं करतीं। वे उन्मुक्त जीवन जीने की आदी हैं। वे 'जहाँ लक्ष्मी कैद है' की तरह तो बिल्कुल नहीं रह सकतीं। वे अपनी मुक्ति के लिए स्वयं प्रयत्न करती हैं, किसी की बाट नहीं जोहतीं कि कोई राजकुमार आएगा और उन्हें मुक्ति दिलाएगा। कहानी 'माया का मर्म' की तरन स्वयं निर्णय लेती है पिता का घर छोड़कर जाने का। 'ज़िंदगी यहाँ और वहाँ' की नायिका भी बिना किसी सहारे के घर छोड़ देती है। 'एक चिथड़ा सुख' की कहानी की नायिका *बिट्टो* पारंपरिक ख़यालात के घर को छोड़ दिल्ली जैसे महानगर में अकेले रहने का फैसला करती है, बिना किसी आधार के। वे अपने निर्णयों पर अटल रहती हैं, किसी की मदद की चाहत उनमें कभी नहीं होती। वहीं राजेन्द्र यादव के यहाँ ऐसा दिखाई पड़ता है कि उनकी नारियाँ मदद की चाहत रखती हैं।

'जहाँ लक्ष्मी कैद है' की तरह ही कहानी 'प्रतीक्षा' में राजेन्द्र यादव ने जीवन के विराट में फैले अकेलेपन के सन्नाटे को भोगती *गीता* के समस्या को लिया है, जो अपने अकेलेपन को भरने के लिए *नंदा* से समलैंगिक संबंध बनाकर अपने जीवन के अकेलेपन के अँधेरे को भरती है। आज बीसवीं शताब्दी के अंतिम पहर में बैठकर राजेन्द्र यादव की कहानी 'प्रतीक्षा' की उमस भरी प्रतीक्षा को भीतर तक आँकने पर कुछ अप्रासंगिक नहीं लगता, क्योंकि आज के इस दौर में *लैसबियन* होना पाप बोध का पर्याय नहीं रह गया है। लेकिन, जिस पहर में राजेन्द्र यादव ने यह कहानी लिखी थी, तब शायद इस बात को सोचना भी पाप समझा जाता होगा, लेकिन इस बात से इनकार भी नहीं किया जा सकता कि स्वतंत्रता के बाद मानव मूल्यों में जो गिरावट आई वह आज तक जारी है।

कहानी 'प्रतीक्षा' अकेलेपन की त्रासदी को झेलती एक महिला गीता की है, जो बचपन में किए गए एक गुनाह का पश्चात्ताप कर रही है। कहानी की नायिका गीता, जो एक संपन्न परिवार का प्रतिनिधित्व करती है, बचपन में गीता अपने ट्यूटर के साथ संदिग्धावस्था में अपने पिता के द्वारा देख ली जाती है, जिसके परिणामस्वरूप

वे उसको प्रताड़ित करते हैं। गीता ने उस घटना के बाद अपने आपको किताबों में डुबो दिया। नतीजे में उसकी वह उम्र जिसमें सहचर मिलने की संभावनाएँ होती हैं, निकल गई और उसके हिस्से में केवल प्रतीक्षा रह गई।

कहानी दो महिला पात्रों की है—एक गीता है जो अपने उम्र के ऐसे पड़ाव पर है, जहाँ उन्हें कोई सहयात्री नहीं मिल सकता और दूसरी नंदा है जो जवान है, सुंदर है और अकेली भी है। उसका एक प्रेमी भी है, जो शादीशुदा है। वह उससे बेहद प्यार करती है। कहानी की नायिका गीता अपने आपको नंदा के बिना अधूरा पाती है। जब तक नंदा घर नहीं लौटती वह अपने आपको उसकी प्रतीक्षा में पाती है—"बहुत बार एक ही अवस्था से गुजर चुकने पर लोग उसके अभ्यस्त हो जाते हैं, लेकिन गीता के साथ ऐसा नहीं है और प्रतीक्षा करना आज भी उसकी ज़िंदगी की सबसे विकट यातना है। प्रतीक्षा को लेकर वह दो भागों में बँट गई है—एक भाग निश्चित और निरुद्विग्न भाव से प्रतीक्षा करता है, दूसरा नस-नस को तड़फा देने वाले तनावों में हर आहट पर चौंक-चौंक उठता है।"[36] वह हमेशा भयभीत रहती कि कभी नंदा मुझे छोड़कर चली तो नहीं जाएगी।

गीता नंदा से बहुत गहरे तक जुड़ी हुई है। उसने नंदा से यहाँ तक कहा कि मेरे बाद मेरा सब कुछ तेरा है...तू मेरी दोस्त, बेटी, सब कुछ है, और तो और, उसने अपने परिवार (भाभी) से भी नंदा के लिए बुराई मोल ली, क्योंकि परिवार के लोगों का विचार था कि गीता उनके किसी लड़के को गोद ले लेगी, लेकिन उसने नंदा को अपना सब कुछ बनाने का फैसला कर लिया।

गीता का चरित्र कहानी में एक लिहाज से आश्रित-सा लगता है। अगर ध्यान से देखा जाए तो गीता दोहरे चरित्र की मालिक है—एक तरफ तो वह गंभीर नैतिकतावादी प्रिंसिपल है स्कूल में, दूसरी तरफ वह घर में नंदा की बचकानी हरकतों के बावजूद उसको माफ करने वाली दोस्त, सहेली, माँ या प्रेमिका के रूप में। वैसे वह नंदा की मनःस्थिति को समझती है—"कितनी जल्दी बदलती है यह लड़की। जब से हर्ष आया है नंदा तो जैसे बौरा उठी है। अब उसे ध्यान कहाँ कि कोई गीता भी है।"[37]

गीता अपने घर में हो रहे अनाचार का विरोध नहीं कर पाती, बल्कि उसमें उसे एक तृप्त सार्थकता की अनुभूति होती है। अपनी मौजूदगी में भी उन दोनों के बेझिझक और अंतरंग व्यवहार को देख उसे अपने भीतर संतोष होता कि वह किसी की चरम प्रसन्नता में बाधक नहीं है..., "लेकिन वह रोज़-रोज़ अपने आपसे पूछती कि उसके अहम् और अधिकार ने कैसे यह आज्ञा दे दी कि अपने ही घर में अपने को इतना नगण्य बनाकर रखे।"[38] वह अक्सर नंदा से कहती भी है कि—"नंदा तेरे लिए, देख मुझे कितना झुकना पड़ा है, इसलिए मैंने घर पर किसी को भी बुलाना बंद कर दिया है।"[39]

लेकिन इसके बरक्स नंदा एक तरफ तो कहती कि—"दीदी मैं तुम्हें छोड़कर कभी, कभी नहीं जाऊँगी...। वह दोनों बाँहों में गीता का खिचड़ी बालों वाला सिर बाँधे थपथपाती रही जैसे छोटी बच्ची को गिर जाने पर प्यार कर रही हो और उस सात्विक अनुभूति की गहराई में कहीं कोई हिसाब लगा रहा होता दस हज़ार का बीमा है, कम से कम दस बारह हज़ार प्राविडेंट फंड होगा, पंद्रह-बीस बैंक में होगा ही खर्च ही क्या है दीदी का? नौकर है ही नहीं, खाना-पीना भी कोई खास नहीं है। सफेद कपड़े पहनती हैं। फिर अब वह थोड़ा बहुत खुद भी बचाएगी और एक दिन जाकर रौब से हर्ष से कहेगी—लो, पचास हज़ार, फैक्टरी, फार्म जो भी खोलना हो, खोलो। चलो, हम लोग ज़िंदगी को नए सिरे से शुरू करें।"[40]

कहानी के दोनों महिला पात्र अपने-अपने स्तर पर एक-दूसरे के प्रति समर्पण की भावना तो रखते हैं, लेकिन स्वार्थवश। गीता का स्वार्थ है नंदा उसे छोड़कर चली न जाए, अगर वह चली गई तो वह कैसे जीएगी...? दूसरी तरफ नंदा का स्वार्थ है गीता की दौलत और पराये शहर में संरक्षण लेकिन गीता का स्वार्थ, स्वार्थ होते हुए भी निश्छल है वहीं नंदा का स्वार्थ ऐसा नहीं है।

टूटना कहानी में राजेन्द्र यादव ने वर्ग संघर्ष को प्रेम विवाह के माध्यम से उठाया है। कहानी आत्मपीड़न की कहानी है। अगर उसका दो शब्दों में सार देना हो तो कहानी की नायिका *लीना* का कथन ही काफी है—वह बहुत सख्त आवाज़ में बोली—"देखो किशोर आज से—बल्कि इसी क्षण से हम लोग साथ नहीं रहेंगे। मैं भी सोच रही थी कि अब तुमसे बात कर ली जाए। न तुम अंधे हो न बहरे, तुम सिर्फ इनफीरियारिटी कॉम्पलेक्स के मारे हो। इसलिए तुम्हें मेरी हर बात वह नहीं लगती जो होती है। उसके पीछे और-और बातें दिखती हैं। मैं समझती थी, मैनर्स, बातचीत, उठने-बैठने, तौर-तरीके और व्यवहार ऐसी चीज़ें हैं, जिन्हें बहुत जल्दी बदला जा सकता है, सीखा और भुलाया जा सकता है, लेकिन इस कॉम्पलेक्स का कोई इलाज ही नहीं...तुम्हें मेरे हँसने, बोलने-चालने सब में शेखी और दिखावा लगता है।"[41]

कहानी की नायिका एक बड़े घर की लड़की है। उसके आचार-व्यवहार में खुलापन है। उसके पूरे व्यक्तित्व में आभिजात्यपन झलकता है, जबकि उसका पति किशोर अपने वर्ग से बाहर आने को तैयार नहीं है, क्योंकि उसके पाँव में नैतिकता की डोर फँसी हुई है। दोनों का प्रेम विवाह है...इसमें भी लीना की ही पहल है। लीना अपने सारे खुलेपन के बावजूद किशोर के प्रति ईमानदार थी, लेकिन जिस पल उसको लगा कि किशोर और उसके संबंध संबंध न रहकर बोझ हो गए हैं उसने तत्काल किशोर से अलग होने का फैसला कर लिया।

लीना न सिर्फ बोल्ड, बल्कि आत्मनिर्भर रहने वाली लड़की है। जहाँ तक निर्मल वर्मा और राजेन्द्र यादव के नारी पात्रों की तुलना का प्रश्न है, निर्मल वर्मा के पूरे कथा-साहित्य में वर्ग संघर्ष बिल्कुल भी नहीं है और कहीं आया भी है तो केवल

छाया की तरह, लेकिन स्त्री-पुरुष के संबंधों के धरातल पर नहीं। निर्मल वर्मा के पात्र न सिर्फ अपनी दुनिया खुद बनाते हैं, बल्कि जीवन की विसंगतियों के प्रश्नों का जवाब भी स्वयं ही खोजते हैं और अगर किसी भी पल उनको लगता है कि बस अब और नहीं...तब वे कल की न सोच उसी पल एक-दूसरे से अजनबी हो जाते हैं। उदाहरण के बतौर 'एक चिथड़ा सुख' की 'इरा, धूप का एक टुकड़ा' की नायिका, 'एक दिन का मेहमान' की महिला पात्र को ले सकते हैं। महिला पात्रों की मनःस्थिति को, विभिन्न पहलुओं को, दोनों ही कथाकारों ने अपने-अपने नज़रिए से देखा है।

राजेन्द्र यादव ने 'शह और मात' उपन्यास में सुजाता नामक एक युवा लेखिका की मनःस्थिति को रेखांकित किया है। उपन्यास उदय और सुजाता की प्रेम-कहानी है। एक प्रसिद्ध लेखक के संपर्क में सुजाता एक प्रबुद्ध और अपने अहम् के प्रति अत्यधिक सजग होकर आती है। वह समझती है, वह उदय का लेखकीय दृष्टि से अध्ययन कर रही है, उसे जानने की उसकी कोशिश सफल हो रही है, तो वहीं दूसरी ओर उदय सुजाता को माध्यम के रूप में प्रयुक्त करता है। वह सुजाता के साथ प्रिंसेस अर्पणा का भी अध्ययन अपने उपन्यास की विषय वस्तु के लिए करता है। सुजाता समझती है कि उसने उदय को *मात* दी है, लेकिन होता इसका उलटा है। उदय को परखने के चक्कर में सुजाता कब उसके इतने करीब आ जाती है कि उसे खुद पता नहीं चलता। उसके मन के किसी कोने में उदय के साथ गृहस्थी बसाने का ख़्वाब पलता होता है, लेकिन यह ख़्वाब, ख़्वाब ही रह जाता है और उसका विवाह इच्छा के विरुद्ध कहीं और हो जाता है। अपने आपको बचा-बचा कर चलने की वजह से सुजाता और उदय के करीब चली आती है। उपन्यास में एक-दूसरे को शह मात देने का क्रम चलता रहता है—डायरी के पृ.ों पर।

सुजाता का चरित्र दोहरा चरित्र है। एक ओर वह दूसरों से अलग दिखने के चक्कर में 'बोल्ड' बनते हुए उदय को पहली भेंट में घर आने का निमंत्रण देती है और दूसरी ओर निमंत्रण के बाद उपजने वाली पारिवारिक परिस्थितियों से चिंतित है कि लोग क्या कहेंगे? कलाकार सुजाता स्वतंत्र विचारों की, प्रतिभा संपन्न और अपने अहम् के प्रति अत्यधिक जागरूक है तो नारी सुजाता पापभीरु, मध्यवर्गीय संस्कारों से पीड़ित, संकोचशील और अपने नारी व्यक्तित्व के प्रति अत्यधिक सजग है।

सुजाता के चरित्र में लेखिका, नारी और प्रेयसी का त्रिकोणात्मक संघर्ष निरंतर चलता है। लेखिका सुजाता प्रेमी उदय को समर्पित होने से कतराती है। प्रेमिका सुजाता समर्पित होने को तत्पर है, नारी सुजाता उदय के न आने से चिंतित है। नारी सुजाता को भय है "जाने क्यों मुझे हर क्षण लगता था कि वे अभी झपटकर मुझे अपनी बाँहों में बाँध लेंगे और चुंबनों से मेरा मुँह ढक देंगे तब क्या करूँगी? किधर जाऊँगी?"[42] और जब ऐसा नहीं होता तो प्रेयसी सुजाता के मतानुसार—"छिः! यह व्यक्ति तो

बड़ा कमज़ोर और डरपोक है, इसमें तो इतना भी साहस नहीं आया कि आगे बढ़कर मेरे कंधे पर हाथ रख देता।"[43]

उदय के संपर्क में आने के बाद सुजाता के मन की अतिरिक्त कामेच्छा अलग-अलग पद्धतियों से व्यक्त होती है। कभी उसकी इच्छा होती है कि कुछ 'वर्जनीय' कुछ 'निषिद्ध' देखे। कभी वह सोचती है—"कैसा लगता होगा बलात्कार के समय...? क्या एक बार इस अनुभव से गुजरा नहीं जा सकता?"[44]

सुजाता मानसिक रूप से अतिरिक्त कामेच्छा से पीड़ित है। उसमें काम के प्रति एक रहस्यमय, अव्याख्येय तथा अजीब-सा आकर्षण तथा इस काम की पूर्ति के लिए 'मानसिक रति' में प्रवेश की स्थिति दिखाई पड़ती है। हमारा समाज उन्मुक्त काम संबंधों की इज़ाजत नहीं देता। सुजाता में अतिरिक्त यौन भावनाओं की ग्रंथि घर कर जाती है।

निर्मल के नारी पात्रों से जब राजेन्द्र यादव के नारी पात्रों की तुलना का सवाल आता है तो साफ जाहिर हो जाता है कि निर्मल की नारियाँ अतिरिक्त काम इच्छाओं की पीड़ा से पीड़ित नहीं हैं, वहाँ समाज का कोई बंधन नहीं है, न कहीं नैतिकता न कहीं अनैतिकता की लंबी चौड़ी डोर है। किसी से प्रेम है तो खुला हुआ है। भावनाओं का कहीं भी किसी भी पात्र में हमें दमन नहीं दिखाई देता चाहे उनके कोई भी उपन्यास उठा लीजिए 'वे दिन', 'एक चिथड़ा सुख', या 'रात का रिपोर्टर' या कोई भी कहानी 'अंतर', 'आदमी और लड़की', 'अमालिया', 'वीकएंड', 'धूप का एक टुकड़ा', 'पिता और प्रेमी' या और कोई भी, कहीं भी वर्जना नहीं है।

निर्मल की नारियों में दोहरेपन का चरित्र कहीं नहीं है। वे जैसी हैं उसी रूप में वे पुरुषों के समक्ष आना चाहती हैं। अपने आपको छुपाने की और बड़ा दिखाने की कोई प्रवृत्ति उनमें नहीं है। दिखावेपन का तो वहाँ सिरे से अभाव है।

राजेन्द्र यादव के एक दूसरे उपन्यास 'अनदेखे अनजाने पुल' में नायिका निन्नी जो अपनी कुरूपता से दुखी है और इसी कारण जो वह हीनग्रंथि से पीड़ित है, ऐसी कोई बात भी निर्मल के नारी पात्रों में दिखाई नहीं देती। वहाँ कहीं भी हीनता की ग्रंथि किसी भी कारण से उपजती नहीं। वे स्थितियों का सामना बहुत निडर होकर करती हैं चाहे 'डायरी का खेल' की नायिका *बिट्टी* हो या 'अमालिया' की अमालिया हो। सौंदर्य के प्रति इतना रुझान या कहें बाहरी सुंदरता के प्रति वे बहुत आग्रही नहीं दिखाई पड़तीं, उनका आग्रह अगर कहीं दिखाई देता है तो वह शारीरिक संबंधों की गर्मी के प्रति ज्यादा है, अगर यह नहीं है तो कुछ भी नहीं है। लेकिन यादव के यहाँ ऐसी कोई भी बात कहीं नज़र नहीं आती। इनकी नायिकाएँ दोहरे व्यक्तित्व को जीने वाली हैं, सामने कुछ और पीछे कुछ।

नरेश मेहता

'दो एकांत' के कथाकार नरेश मेहता मूलतः प्रयोगवादी कवि हैं। उनकी कृति दो एकांत विरोधी व्यक्तित्व के टकराव के नतीजे से जीवन में उपजे अलगाव को रेखांकित करती है।

अलगाव के कारण जीवन में विवशता और हताशा का आना स्वाभाविक है और इसी कारण दोनों व्यक्तित्व अपने-अपने एकांत में सिमट जाते हैं। नायिका *वानीरा* अपने 'स्व' की तलाश में स्वयं को स्थितियों के सहारे छोड़ देती है, जिसके नतीजे में उसकी दमित वासनाएँ उभर कर उसे दिशाहीन कर देती हैं। कई पुरुष वानीरा के जीवन में आते हैं, लेकिन फिर भी उसका एकांत नहीं मिटता।

'दो एकांत' की नायिका वानीरा पति के अपने काम में उलझे रहने के कारण एकांत को झेलने के लिए विवश है और यही एकांत उसको विद्रोह करने पर उकसाता है। इस तरह से हम देखते हैं कि वानीरा में विद्रोह करने की क्षमता तो है, लेकिन जब उसको लगता है कि विवेक ने उसके और आनंद के संबंधों को जान लिया है तो वह मन-ही-मन पश्चात्ताप की अग्नि में जलती भी रहती है।

एक ओर जब वह अपनी यौन यातना से बौखलाकर विवेक से कुछ कहना चाहती है तभी विवेक उससे कहता है—"ठहरो वानीरा, मुझे कोई जिज्ञासा नहीं इसलिए कि हमारे बीच अब पति-पत्नी का विश्वास नहीं शेष है। मैं सामाजिक मुखौटा उतार फेंकने के लिए नहीं कहूँगा, लेकिन इतना आग्रह अवश्य है कि हम अपने लिए घोषित रूप में संबंधों को उतार फेंकें, लेकिन संबंध के रथ से पहले तुम्हें उतरना होगा...।"[45]

पूरे उपन्यास में वानीरा स्थितियों के हाथों इधर-से-उधर डोलती रहती है। वह न तो अपना कोई स्वतंत्र व्यक्तित्व ही बना पाती है और न परिस्थितियों को अपने अनुकूल ही कर पाती है, बस अतृप्त यौन वासनाओं की पूर्ति का साधन मात्र बन रह जाती है। एक लिहाज से वानीरा का चरित्र एक ऐसी नारी के रूप में उभरकर सामने आता है जो अपने संबंधों को सामाजिक स्वरूप के मुखौटे को बनाए रखकर अनैतिक संबंधों को बनाए रखना चाहती है। उसे अपने क्रियाकलापों के लिए आवरण की जरूरत है, लेकिन जब उसे पता लगता है कि उसके पति ने उसे मेजर आनंद के साथ देख लिया है तो उसे ग्लानि भी होती है और पछतावे का अहसास उसके इर्द-गिर्द, मँडराने लगता है। जबकि निर्मल के नारी पात्रों को अपने संबंधों के लिए आवरण की ज़रूरत नहीं होती है। वे जो कुछ भी करती हैं, वह खुले रूप से करती हैं। 'दो एकांत' की वानीरा की तुलना निर्मल वर्मा के 'वे दिन' की रायना से कर सकते हैं। रायना के कथानायक से संबंध हो जाते हैं। रायना के लिए यह कोई नई बात नहीं है। उसके जीवन में कई पुरुष आ चुके होते हैं। वह इसे शरीर की आवश्यकता समझकर बिना अपराध भाव के स्वीकार करती है। यह बात उसके बच्चे से भी छिपी नहीं होती है।

निर्मल वर्मा और समकालीन कथाकारों के नारी पात्रों को अगर सूक्ष्मता से उनकी पूरी समग्रता में देखा जाए तो निर्मल की नारियों के कई ऐसे रूप सामने आते हैं, जो वर्तमान में प्रचलित सामाजिक मान्यताओं के ढाँचे में एकदम से 'फिट' नहीं होते हैं। निर्मल की नारियाँ 'बोल्ड' हैं, बिंदास भी हैं, लेकिन इस बात पर यह भी कहा जा सकता है कि उनके समकालीन कई ऐसे कथाकार हैं जिनकी नारियाँ भी बोल्ड हैं, लेकिन मैंने पहले भी कहा है कि निर्मल की नारियों की बोल्डनेस उनकी अपनी अस्मिता को लेकर है न कि अपने किसी अधिकार को लेकर संघर्ष करने की हद तक। अगर वे घर की दहलीज के बाहर आती हैं, तो वहाँ उनका मकसद अपनी पहचान होता है न कि घर के खर्चों में कुछ हिस्सेदारी करना। अगर उनके किसी पुरुष से संबंध होते हैं, तो उसमें उनकी अपनी ज़रूरत या चाहत का होना लाजिमी है...। निर्मल की नारियाँ मजबूरी के तहत संबंधों के बारे में सोच ही नहीं सकतीं।

यूँ तो निर्मल की तरह ही उनके समकलीन कथाकारों ने भी नारी के आधुनिक रूप को अपने कथा-साहित्य में जगह दी है। उन्होंने न सिर्फ उसे घर से बाहर निकाला, बल्कि उसे पुरुषों के बराबर लाकर खड़ा किया और उसे आर्थिक स्वतंत्रता दी, लेकिन इतना सब होने के बावजूद उसको पुरुष के अधीन ही रखा।

जहाँ तक हिंदी कथा-साहित्य में नारी की नई भूमिका का प्रश्न है, तो इसकी शुरुआत सबसे पहले जैनेन्द्र ने की। उनके उपन्यासों के पात्रों का विकास मनोवैज्ञानिक पद्धति से होता है। 'परख' में कट्टो की दमित वासना का चित्रण उन्होंने किया है, तो 'त्यागपत्र' की बुआ का चरित्र, सामाजिक परिस्थितियाँ और मानसिक कुंठाओं का परिणाम है। जैनेन्द्र की नायिकाओं में दोहरे रूप भी मिलते हैं--उनके उपन्यास 'सुनीता' की नायिका के परस्पर दो रूप हैं। एक तरफ वह पति परायण भी है तो दूसरी तरफ वह अपने प्रेमी हरीप्रसन्न के प्रति भी समर्पित है। कल्याणी में एक सुशिक्षित नारी के अंतर्विरोध की समस्या को उन्होंने उठाया है। जैनेन्द्र के ज्यादातर उपन्यासों में नारी के जो रूप प्रदर्शित किए गए हैं, उनमें उनकी निराशा, कुंठा, अतृप्त कामवासना और उससे उपजी खीज के कारण हुए विखंडित चरित्र ही उभर कर सामने आए हैं।

जैनेन्द्र के बाद अज्ञेय ने अपने नारी पात्रों को कुछ और आगे बढ़ाकर पेश किया। जहाँ जैनेन्द्र के नारी पात्र अपने किसी दुष्कर्म के प्रति अपने भीतर पापबोध की अनुभूति महसूस करते थे, वहीं अज्ञेय की नायिका शशि (शेखर : एक जीवनी) अपने और शेखर के बीच पनपी संवेदनाओं को अनैतिक नहीं मानती, क्योंकि उसकी सोच है कि जब आपके मन में अपने संबंधों को लेकर कोई पापबोध की भावना नहीं है तो वह संबंध अनैतिक हो ही नहीं सकते।

आज़ादी के बाद के देश में अचानक आए सामाजिक, आर्थिक परिवर्तनों के

कारण मनुष्य के आचार, विचार तथा मूल्यों में बहुत तेजी के साथ गिरावट आई, साथ ही एक नए वर्ग का उदय भी हुआ जिसको मध्यम वर्ग का नाम मिला। आर्थिक तंगी और अभावग्रस्तता ने संवेदनशीलता को मृतप्राय कर दिया। आधुनिक युग की व्यस्तता एवं जटिलता ने रक्त संबंधों पर भी प्रश्न चिह्न लगा दिए, जिसके कारण संबंधों में आई हीनता की भावना ने जीवन में घृणा, तनाव और मूल्य विघटन को जन्म दिया। मूल्यों की टूटन ने दांपत्य संबंधों में न सिर्फ तनाव भरा, बल्कि इसे इस स्थिति तक पहुँचाया कि संबंधों में ऐसी दरारें आईं, जो कि किसी हालत में भी भरने न पाईं। 'आपका बंटी' की शकुन तथा अजय, 'झूठा सच' की कनक और पुरी तथा 'अँधेरे बंद कमरे' के हरबंस और नीलिमा इसी विघटन के शिकार हैं।

समाज में हुए किसी भी परिवर्तन का सबसे पहले असर नारियों पर पड़ता है। उन्होंने भी अपने आपको समाज में हो रहे परिवर्तन के घेरे में डाल दिया। उन्होंने भी नैतिकता के नवीन मूल्यों को न सिर्फ अपनाया, बल्कि अपनी सुविधा के लिए नए मूल्य गढ़े भी। 'मुक्तिबोध' की 'नीला' नए मानवीय संबंधों में विधि-निषेधों का कोई मूल्य नहीं मानती। 'डूबते मस्तूल' की 'रंजना' अपने अस्तित्व की रक्षा के लिए सामाजिकता का विरोध कर नए संबंधों की स्थापना में एक नई दिशा की माँग करती है। इसी तरह 'न आने वाला कल' की 'शोभना' अनौपचारिक संबंधों को निबाहने के स्थान पर पति से मुक्त होने का निर्णय लेती हैं।

समकालीन कथाकारों की नारियों का निर्मल वर्मा की नारियों से तुलनात्मक अध्ययन करने पर एक बात जो साफ तौर पर सामने आती है, वह है उनका अपना डर, डर से मेरा तात्पर्य है 'भविष्य का डर'। अधिकांश कथाकारों की नारियाँ स्वतंत्र होने के बावजूद पुरुष के कंधे की आस रखती हैं। उनका अकेलापन स्वयं निर्मित न होकर किसी पुरुष के कारण होता है। एक बात और भी ग़ौर-तलब है, वह है उनके भीतर का अपराधबोध। नई आधुनिक नारी ने परंपरागत नैतिकता को अस्वीकार कर दिया। इस अस्वीकार ने उसको पति के प्रति एकनिष्ठ नहीं रहने दिया। वह विद्रोही हो गई—'न आने वाला कल' की 'शारदा' अपनी स्वतंत्रता का परिचय देती हुई कहती है—"आजकल कोई ज़माना है मार खाने का...? हम आजकल की औरतें हैं, उस ज़माने की नहीं, जब मरद चद्दर डाल पीट दिया करते थे।"[46] नारी की इस स्वतंत्रता ने पतिव्रत धर्म की मान्यताओं में परिवर्तन उपस्थित किए हैं, उसे कगारों, तटों का बंधन अमान्य नहीं, किंतु बहने की स्वाभाविक स्वच्छंद धारा भी चाहिए, लेकिन इस स्वतंत्रता में भी वह एक ऐसा अदृश्य बंधन चाहती है, जो उसकी सुरक्षा को, उसे हर तरह से भय से मुक्त रखे।

जहाँ तक निर्मल वर्मा की नारियों का समकालीन रचनाकारों की नारियों से तुलना का प्रश्न है, तो वे भी दूसरे कथाकारों की नारियों की तरह ही हाड़-मांस-मज्जा की बनी हुई हैं, लेकिन अगर कोई बात उन्हें दूसरों से अलग खड़ा करती है, तो

वह उनकी व्यक्तिगत सोच और संवेदनशीलता के अतिरिक्त उनकी उन्मुक्तता है। यूँ तो ये सारे तत्त्व समकालीन कथाकारों की नारियों में भी हैं, लेकिन निर्मल की नारियों में संवेदना की इतनी घनी परतों का आवरण चढ़ा होता है कि उनको जानने के लिए आपको धीरे-धीरे आवरण को हटाना होगा, तब ही कहीं जाकर निर्मल वर्मा की नारियों को आप जान सकते हैं।

निर्मल वर्मा के अधिकांश पात्र चाहे वे स्त्री हों या पुरुष अपने भीतर एक भुतेला निर्वासित रहने का अभिशाप लिए घूमते हैं। उनके ज्यादातर पात्रों के रिश्ते कुछ इतने उलझे हुए होते हैं कि उनको समझने के लिए रिश्तों के रेशमी लच्छों को धीरे-धीरे सँभाल कर सुलझाना पड़ता है, क्योंकि निर्मल के यहाँ टूटने का दर्द नहीं है। कोई भी किसी से अगर संबंध जोड़ सकता है, तो उसे उन संबंधों को तोड़ते देर नहीं लगती। वे उनके टूटने या होने का कोई तर्क भी नहीं देते हैं। कहानियों में जब उन पात्रों से परिचय होता है या तो वे संबंध पहले से ही टूटे हुए होते हैं या इन टूटे संबंधों की समाधि पर एक और संबंध टूटने वाला होता है। टूटे संबंध वाले लोग प्रायः अनुपस्थित होते हैं। कभी शारीरिक रूप से या मरकर—शायद यही भुतेला बोध है कि अक्सर न तो पात्रों के फीचर्स होते हैं न नाम। ये व्यक्तिगत चेतना में जीने वाले लोग हैं। उनकी अपनी कोई आइडेंटिटी नहीं है। वे सिर्फ आदमी, औरत, लड़की, वह या वे और मैं की बेनाम स्थिति में जीते लोग हैं।

निर्मल वर्मा के पात्रों की दुनिया मध्यवर्गीय दुनिया है। इस दुनिया में विवाह टूट जाने की कचोट लिए तपेदिक की शिकार युवतियाँ हैं (डायरी का खेल) जिनको घर किसी भुतहा मकान की तरह आतंकित करता है और बाहर की दुनिया जिनके लिए बंद है। 'माया का मर्म' में छोटी सी अबोध बच्ची है, जिसे अपने बच्ची समझे जाने पर सख्त एतराज है। वह चाहती है कि उसे, उसके पूरे नाम लता माथुर के नाम से पुकारा जाए। इसी तरह 'अँधेरे में' कहानी में एक परंपरागत बंद समाज में टुकड़ों में बँटी स्त्री की पीड़ा भरी छटपटाहट देखने को मिलती है। इसी तरह 'तीसरा गवाह' की नीरजा प्रतीक्षा की हताशा और कोर्ट के माहौल से खिन्न होकर आत्मग्लानि से पीड़ित होकर वहाँ से चुपचाप चली जाती है,... अगर वह थोड़ी देर रुकती तो शायद विवाह हो सकता था, लेकिन प्रतीक्षा की पीड़ा वह सहन नहीं कर पाती और वह न सिर्फ कोर्ट बल्कि उसी रात को उस शहर से अपनी बीमार माँ को लेकर कहीं चली जाती है।

निर्मल वर्मा के पात्र नियति के विरुद्ध कोई संघर्ष नहीं करते। उनके पात्र जीवन के ज़रूरी मसलों पर गंभीरतापूर्वक विचार करने के बजाय, उन्हें महत्त्वपूर्ण बनाकर स्मृतियों की दीवार पर टाँगने पर ज्यादा आतुर हैं। 'पिक्चर पोस्टकार्ड' की नीलू परेश की भावनाओं के प्रति क्रूरता की हद तक निस्संग और निर्मम बनी रहती है, जबकि परेश अपनी जेब में रखी कहानी के पन्नों को छूकर प्रतीक्षा कर रहा होता

है कि वह माँगेगी तो मैं दूँगा, लेकिन नीलू को तो सामान पैक करने की जल्दी है, क्योंकि आज ही उसे हॉस्टल खाली करके घर जाना है। हाँ वह परेश से इतना ज़रूर कहती है कि वह खाली बैठने के बजाय सेलर क्यों नहीं बन जाता, क्योंकि तब वह उसे हर नए शहर से पिक्चर पोस्टकार्ड भेजता रहेगा, जो उसे उसकी याद दिलाएँगे...। नीलू जीवन को नहीं उसकी स्मृतियों को महत्त्व देने वाली युवती है।

विरोध निर्मल के पात्र भी करते हैं। 'सितंबर की एक शाम' का युवक अपने पिता से विरोध करके अपने ढंग से जीने के लिए उस शहर में चला आया है जहाँ उसकी बहन रहती है। लेकिन जीया जाने वाला जीवन भी कोई ठोस आधार लिए हुए नहीं था। बहन गहरी पीड़ा और कातर भाव से भाई को घर वापस जाने के लिए रुपए थमाती है, इस आग्रह के साथ कि अभी उसके आगे जीवन पड़ा है, लेकिन वह उन रुपयों से घर जाने के बजाय किसी बाज़ारू लड़की के साथ रात बिताकर कमरे पर लौट आता है।

अकेलापन निर्मल वर्मा के यहाँ की एक खूबी है, लेकिन यह एक ऐसा अकेलापन है, जिसको उनके पात्र स्वयं चुनते हैं, दूसरों के द्वारा उन पर थोपा नहीं गया होता है। 'धूप का एक टुकड़ा' की बूढ़ी महिला के लिए धूप के एक मामूली टुकड़े की तलाश एक अजीब बेचैनी में ढल जाती है। निर्मल वर्मा के पात्रों की दुनिया में गहरी हताशा और भयावह अकेलापन है, लेकिन उनका अकेलापन खाली नहीं है, वहाँ उनका समूचा अतीत है, जो उनके चारों ओर फड़फड़ता रहता है। 'परिंदे' की लतिका भी अपने अतीत को ओढ़कर अपने इर्द-गिर्द अकेलेपन के आवरण को चढ़ा लेती है, जबकि ज़िंदगी उसे फिर से नई शुरुआत के लिए बार-बार आग्रह करती है, लेकिन वह अपने अकेलेपन से बाहर नहीं आती।

निर्मल के पात्र प्रेम को महज थ्रिल और शारीरिक अनुभव या जरूरत के रूप में ग्रहण करते हैं। 'वे दिन' की रायना मात्र तीन दिनों की दोस्ती के मध्य इंदी से शारीरिक संबंध बना लेती है, क्योंकि वह ज्यादा दिनों तक अकेली नहीं रह सकती। सबसे महत्त्वपूर्ण बात यह है कि निर्मल के नारी पात्र अपने संबंधों को निःसंकोच स्वीकारते हैं। सामाजिकता से डर कर कोई आवरण नहीं डालते। रायना ने इंदी के साथ रात गुजारी यह बात उसका आठ साल का बच्चा जानता है। इसी तरह 'वीकएंड की लड़की' भी अपने से अधिक उम्र वाले विवाहित पुरुषों, जिसकी एक बच्ची भी है, से संबंध बनाती है और संबंधों की पूर्ति के लिए अपने शहर से दूर दूसरे शहर में जाकर 'वीकएंड' मनाती है। लड़की पाँच दिन बाद आने वाले क्षण की प्रतीक्षा पहले दिन से ही करने लगती है। वीकएंड के पीछे छिपा निर्बाध उल्लास घर परिवार की ज़िंदगी से भिन्न एक उन्मुक्त जीवन का पर्याय मात्र है।

वीकएंड की तरह ही 'छुट्टियों के बाद' की *मार्था* भी उन्मुक्त प्रेम को पसंद करती है। अपनी छुट्टियों को वह पेरिस में एक अनजान लड़के के साथ पूरी उन्मुक्तता

और संवेदनाओं के साथ बिताती है, जबकि उसकी सगाई हो चुकी होती है। छुट्टियों के बाद वह फिर अपने पूर्व जीवन में लौट आती है, सफर की गर्द झाड़कर। निर्मल के पात्रों का जीवन वर्जनारहित उन्मुक्त जीवन है, जिसे जब, जहाँ और जैसे भी समेटा और पाया जा सके वैसा है।

निर्मल की नारियों को उम्रदराज मरद पसंद आते हैं, फिर वह चाहे अविवाहित हो या विवाहित कोई फर्क नहीं पड़ता। 'एक चिथड़ा सुख' की बिट्टो और डेरी का प्रेम, 'लाल टीन की छत' की पहाड़िन और चाचा का साथ, 'आदमी और लड़की' की कम उम्र *लड़की* बड़ी उम्र के प्रेमी की उम्र के बारे में नहीं सोचना चाहती है–"उम्र का क्या है! रात की बर्फ है...सोते हुए पता ही नहीं चलता, सुबह उठो तो फाटक पर ढेर सी जमा हो जाती है...।"[47] लड़की ही क्या निर्मल के सब ही पात्र उम्र और स्थितियों के बारे में नहीं सोचते...वे सारी बातों से बेखबर बने रहकर, वह जो कुछ भी वर्तमान में है, उसे पूरी शिद्दत और संपूर्णता से पाना चाहते हैं और पाते भी हैं।

निर्मल की कहानियों की पेशेवर लड़कियों में भी कोमलता है। यह निर्मल की खूबी है कि वे अपने पात्रों खास तौर से नारी पात्रों में विपरीत परिस्थितियों के बीच बची रह गई कोमलता और संवेदनशीलताओं को बखूबी उजागर करते हैं। अमालिया उनका एक ऐसा ही नारी पात्र है जो युद्ध के बाद के धीरे-धीरे मर रहे यूरोप में भी अपनी निश्छल हँसी को बचाए हुए थी।

निर्मल की कहानियों में एक उजड़े परिवार की छवि बार-बार उभरती है। बूढ़े अकेले पड़ गए माँ-बाप और दूर-दराज जगहों पर बस चुकी उनकी संतानें, प्रेम की असफलता का दंश और मुद्दत गुजर जाने के बाद भी उसकी गड़ती हुई कनी उजाड़ और वीराने में, माँ की मृत्यु, बूढ़ी बुआ और पिता के साथ रहती युवती बेटी...वैसे यह एक अजीब इत्तफाक ही कहा जाएगा कि निर्मल के ज्यादातर पात्र एक खँडहरी निर्वासित अकेलेपन को साथ लिए जीते हैं और उनके पात्रों के आपसी रिश्तों के बीच पिघली हुई बर्फ फैली दिखाई देती है। खास तौर से माँ-पिता, पति-पत्नी, माँ-बेटे, पिता और बेटे के बीच इस बर्फ को 'लाल टीन की छत', 'रात का रिपोर्टर', 'बीच बहस' में और 'अँधेरे में' में बखूबी महसूस किया जा सकता है।

मैंने पहले भी कहा है कि निर्मल के यहाँ दांपत्य जीवन पर एक अजीब-सी अभिशप्त छाया रहती है। निकट और एक साथ होने पर भी उनके संबंधों की सारी ऊष्मा जैसे चुक गई है। वे साथ रहते हैं, लेकिन उनके साथ उनकी चुप्पी भी चलती है। *इतनी बड़ी आकांक्षा* की पत्नी अपने पति से कहती है–"प्रेम मरता नहीं वह बहुत चुपके से झर जाता है और हमें पता भी नहीं चलता...सुनो! क्या प्रेम शुरू से शुरू हो सकता है जैसे वह बिल्कुल शुरू में हुआ था, जब वह आदत के अँधेरे में डूबा था...।"[48] संबंधों के बीच अँधेरा निर्मल के यहाँ बहुत है। यह अँधेरा पति-पत्नी,

माँ-बेटे के संबंधों के बीच जितना पसरा है उतना प्रेमी-प्रेमिका के बीच नहीं। कहने को अँधेरा वहाँ भी है, लेकिन वह रोमेंटिक अँधेरा है जो संबंधों को घना बनाता है।

निर्मल की ज्यादातर कहानियों की पृ.भूमि विदेशी होने के कारण उनका परिवेश और पात्र भी विदेशी हैं, जिसके कारण उनमें खुलापन भी अपनी सामाजिक मान्यताओं के कारण अधिक ही है, लेकिन उनकी वे कहानियाँ भी जिनका परिवेश और पात्र भारतीय हैं—उनके पात्र भी भारतीय होते हुए भी भारतीय नहीं लगते हैं—कारण शायद यह हो सकता है कि निर्मल ने सामाजिक यथार्थ की वैसी पृ.भूमि को अपनी कहानियों और उपन्यासों में नहीं उठाया है जैसा कि उनके समकालीन लेखकों ने लिखा है। उन्होंने हमारे सामाजिक और पारिवारिक क्षेत्र के उन चिर-परिचित जीवन के अनुभवों को भी अपना विषय नहीं बनाया जिनके अनखुले पक्षों को दूसरे लेखक उद्घाटित करते रहे हैं। इसकी जगह निर्मल वर्मा ने एक छोटे से तबके की विशिष्ट जीवन स्थितियों को चुना और कुछ ऐसे सवालों को उठाया जो पश्चिमी जगत में उठाए जाते रहे हैं। जैसे अकेलेपन और अस्मिता के प्रश्न...।

यही वजह है कि निर्मल के नारी पात्र न सिर्फ अपनी निजता में डूबे एक सामाजिक तबके का प्रतिनिधित्व करते हैं, बल्कि उस तबके के बौद्धिक प्रतिनिधियों की तरह अपनी निजता से उत्पन्न स्थितियों का साधारणीकरण और दार्शनिकीकरण भी करते हैं। अपनी स्थिति को सामान्य मानव स्थिति और अपनी नियति को सामान्य मानव नियति घोषित करते हैं।

संदर्भ

1. धर्मयुग, भूत, 5 नवंबर 1967
2. कृष्ण बलदेव वैद, प्रतिनिधि कहानियाँ, पृ. 8
3. श्रीकांत वर्मा, दूसरी बात, पृ. 61
4. वही, पृ. 51
5. वही, पृ. 51
6. इंद्रनाथ मदान, हिंदी कहानी अपनी ज़बानी
7. कृष्णा सोबती, सूरजमुखी अँधेरे में, पृ. 18
8. सच्चिदानंद हीरानंद वात्स्यायन अज्ञेय, शेखर : एक जीवनी, भाग-1, पृ. 10
9. अज्ञेय, शेखर : एक जीवनी, भाग-2, पृ. 250
10. देवीशंकर अवस्थी (सं.), विवेक के रंग, पृ. 192
11. अज्ञेय, नदी के द्वीप, पृ. 163
12. वही, पृ. 162
13. विश्वनाथ प्रसाद तिवारी (सं.), अज्ञेय, पृ. 14
14. वही, पृ. 97
15. अज्ञेय, नदी के द्वीप, पृ. 47

16. वही, पृ. 102
17. वही
18. कमलेश्वर, नई कहानी की भूमिका, पृ. 119
19. मोहन राकेश, आज के साये, पृ. 23
20. मोहन राकेश, प्रतिनिधि कहानियाँ, पृ. 27-28
21. मोहन राकेश, अँधेरे बंद कमरे, पृ. 466, 473
22. निर्मल वर्मा, कव्वे और काला पानी, पृ. 61
23. मोहन राकेश, प्रतिनिधि कहानियाँ, पृ. 10
24. इंद्रनाथ मदान, आधुनिकता और हिंदी उपन्यास, पृ. 83
25. उषा प्रियंवदा, रुकोगी नहीं राधिका, पृ. 26
26. वही, पृ. 69
27. वही, पृ. 30
28. वही, पृ. 27
29. वही, पृ. 53
30. वही, पृ. 53
31. वही, पृ. 69
32. वही, पृ. 26
33. राजेन्द्र यादव, कहानी स्वरूप और संवेदना, पृ. 168
34. राजेन्द्र यादव, प्रतिनिधि कहानियाँ, पृ. 11
35. वही, पृ. 30
36. वही, पृ. 45
37. वही, पृ. 47
38. वही, पृ. 54
39. वही, पृ. 54
40. वही, पृ. 64
41. डॉ. सुरेन्द्र, नई कहानी प्रकृति और पाठ, पृ. 323
42. राजेन्द्र यादव, शह और मात, पृ. 120
43. वही, पृ. 121
44. वही, पृ. 122-123
45. नरेश मेहता, दो एकांत, पृ. 173
46. मोहन राकेश, न आने वाला कल
47. निर्मल वर्मा, कव्वे और काला पानी, पृ. 94
48. वही

सप्तम अध्याय

निर्मल वर्मा के नारी पात्रों का समीक्षात्मक अनुशीलन

"मैं जिस चीज़ को पुरुष में थोड़ा बहुत समझौते के घेरे में पाता हूँ, वहाँ नारी के चरित्र में वह चीज़ अपनी सीमाओं से अलग, पूरी नग्नता और संपूर्णता में मुझे दिखाई देती है।"

निर्मल वर्मा

निर्मल वर्मा के नारी पात्रों के अध्ययन और उनसे अपने निष्कर्षों की मंज़िल तय करने से पूर्व एक बात उनकी नारियों के संबंध में जान लेना उचित होगा और वह है उनकी अतिरिक्त संवेदनशीलता। यूँ तो नारी नारी है, हाड़-मांस-मज्जा की बनी हुई, लेकिन जब हम निर्मल वर्मा की नारियों की बात करते हैं, उन्हें गुनने का प्रयास करते हैं तो उस समय हमें अतिरिक्त संवेदनशीलता के साथ सँभल-सँभल कर उनके प्रभाव के दायरे में कदम रखना पड़ता है। कारण निर्मल वर्मा की नारियों के इर्द-गिर्द अतिरिक्त संवेदनाओं की घनी पर्तों का आवरण चढ़ा होता है। जब आप उस आवरण की घनी पर्तों का तिलिस्म तोड़ेंगे तब ही आपका निर्मल वर्मा की नारियों से सीधा परिचय होगा।

निर्मल वर्मा के समूचे कथात्मक लेखन में नारी पात्रों की भूमिका प्रमुख है—पुरुष पात्र प्रायः गौण हो जाते हैं। आमतौर से धारणा है कि लेखक अपने पूरे लेखन के दौरान अपने आपको अपने पात्रों के बीच छिपाता है। अमूमन पुरुष लेखक किसी ऐसे पुरुष पात्र की रचना करते हैं जो उनके लेखन में उनका पर्याय होता है, लेकिन निर्मल वर्मा के साथ ऐसा नहीं है। उन्होंने अपने आपको अपने नारी पात्रों के पीछे छिपाया। उन्होंने स्वयं ही पश्चिम के इटालियन फिल्मकार 'अन्तोन्योनी' की फिल्मों का उदाहरण देते हुए कहा है—" 'अन्तोन्योनी' की फिल्मों में भी नारी का चरित्र

तात्विक महत्त्व का है। उनकी फिल्म में इटेलियन मध्यवर्गीय समाज का गहरा और सोशलिस्ट विश्लेषण नारी के माध्यम से होता है। 'अन्तोन्योनी' से किसी ने यही प्रश्न पूछा तो उन्होंने जवाब दिया–"द लोनलीनेस एंड द कंट्राडिकशन ऑफ अवर सोसाइटी कैन बेस्ट बी संडअप इन द कैरेक्टर ऑफ द वूमैन।" इसे पढ़ते हुए मुझे लगा कि उन्होंने मेरे करीब की ही कोई बात कही है। मैं जिस चीज़ को पुरुष में थोड़ा बहुत समझौते के घेरे में पाता हूँ, वहाँ नारी के चरित्र में वह चीज़ अपनी सीमाओं से अलग पूरी नग्नता और संपूर्णता में मुझे दिखाई देती है।"[1]

यह बात तो अब किसी से छिपी नहीं रही है कि निर्मल वर्मा के कथा-साहित्य पर पश्चिम का गहरा प्रभाव है। उन्होंने भारतीय समाज में हो रहे परिवर्तनों को पश्चिमी चश्मे से देखा है। आम तौर से निर्मल वर्मा के समकालीन कथाकारों ने अपनी नारियों को समाज के बदलते मापदंडों के अनुरूप विद्रोही, स्वतंत्र और अपने अधिकारों के प्रति संघर्षशील, यौन स्वतंत्रता का हामी, लेकिन कुंठाओं से भरा हुआ दिखाया है तो वहीं निर्मल वर्मा ने भी नारी को व्यक्ति स्वातंत्र्य के प्रति पूरी तरह सचेत, काम भावनाओं की पूर्ति के लिए पूरी तरह स्वतंत्र, लेकिन किसी भी प्रकार की कुंठाओं से रहित दिखाया है।

निर्मल वर्मा के यहाँ 'प्रतीक्षा' अपनी असीमता में है। उनके चरित्र खास तौर से नारी चरित्र कहीं-कहीं जीवन की व्यर्थता में भी अर्थ खोजने की कोशिश करती दिखाई देती हैं, निरुद्देश्य में भी एक उद्देश्य एक आस्था की तलाश उनमें है और इन तमाम अंतर्विरोध को लिए वे एक भविष्य की प्रतीक्षा करती हैं, क्योंकि भविष्य उनकी प्रतीक्षा कर रहा है।..."निर्मल की यह 'प्रतीक्षा' इतनी विशद है कि प्रेम की कहानी में प्रेम भावना का अतिक्रमण कर जाती है और अपने विस्तार में संपूर्ण मानव नियति का प्रश्न बन जाती है।"[2]

यही शायद आज का सबसे बड़ा प्रश्न है, जिसका सामना आज के हर युवक और युवती को करना पड़ रहा है। इसकी काली छाया कहीं बेरोज़गारी के रूप में है तो दूसरी तरफ वह प्रेम के निजी क्षणों को भी निगल रही है। 'परिंदे' की लतिका भी राह चलते-चलते अचानक सिर के ऊपर पक्षियों का बेड़ा उड़ते देखती है और अपने आप सोचने लगती है–"हर साल सर्दी की छुट्टियों से पहले ये परिंदे मैदानों की ओर उड़ते हैं, कुछ दिनों के लिए बीच के इस पहाड़ी स्टेशन पर बसेरा करते हैं, प्रतीक्षा करते हैं बर्फ के दिनों की, जब वे नीचे, अजनबी, अनजान देशों को उड़ जाएँगे।"[3]

निर्मल वर्मा की कहानियों में एक ऐसी लय है जो आधुनिक मन के तनावों की लयात्मक व्यंजना करती है, अपने सभी अंतर्विरोधों, तनावों, दबावों के बावजूद। निर्मल वर्मा की कहानियों में रागात्मकता के साथ-साथ सक्रियता और स्थिरता भी है जो हिंदी कथा-साहित्य में–"प्रसाद, प्रेमचंद और जैनेन्द्र, अज्ञेय से अलग एक नई

परंपरा की शुरुआत करती है, क्योंकि इन लेखकों की कहानियाँ या तो चरित्र प्रधान हैं या घटना प्रधान और परिस्थिति प्रधान, लेकिन निर्मल वर्मा की कहानियाँ इस मायने में अलग हैं कि वे चरित्र, घटना या परिस्थिति को रचती हुई भी शब्द की बहुआयामी संभावनाओं का सृजनात्मक रूपायन हो जाती हैं—कविता की तरह वे यह ताकत कहानी की शर्तों पर हासिल करती हैं और शायद यही वह पीड़ा है जिसे निर्मल वर्मा कहानी का अपना क्षेत्र मानते हैं।''[4]

निर्मल वर्मा के कथालेखन में 'भीतर के बोझ' के पापबोध के अहसास और उससे मुक्ति की कोशिश पूरे तौर से निहित है। इसके साथ ही एक अधूरापन भी है। यह अधूरापन भीतर के बोझ के पाप से उपजा है जो हमें 'इतर' के साथ पूरी तरह जोड़ नहीं पाता...अकेलापन दरअसल, वह अधूरेपन का तीव्र अहसास और 'पूरा' होने की ललक में है, लेकिन कोई संबंध पूर्ण नहीं है। अधूरापन एक प्रकार की असंप्रेषणीयता है, क्योंकि कोई अपने को पूरी तरह संप्रेषित नहीं कर पाता है, कुछ छूट जाता है और यह अकेलापन उस छूटे हुए अधूरेपन का ही अहसास है।

प्रेम भी अकेलेपन या अधूरेपन के अतिक्रमण का ही एक प्रयास है, लेकिन प्रेम करते हुए भी इस अकेलेपन से मुक्त न हो पाना और मुक्ति के लिए छटपटाहट तथा अपने प्रयास की दुखांत परिणति के बोध की वेदना ही निर्मल वर्मा की कहानियों का केंद्रीय सरोकार है और शायद यही वह अहसास है जो बहुत देर तक हमारे भीतर बना रहता है। कुछ छोटी-मोटी भिन्नताओं के बावजूद निर्मल वर्मा के अधिकांश चरित्र गहराई में एक जैसे ही हैं और अपनी नियति में भी एक जैसे अधूरे और साथ होते हुए भी अकेले। 'परिंदे' की 'लतिका', 'हयूबर्ट', 'पिछली गर्मियों में' की 'माँ', 'बाबू', 'नीता', साथ ही 'दूसरी दुनिया' की 'ग्रेता', 'मिसेस पार्कर' और 'अंतर' की 'लड़की'। उनके चरित्रों को अच्छे या बुरे के खानों में नहीं देखा जा सकता, क्योंकि निर्मल वर्मा खुद कोई फैसला नहीं देते हैं, बल्कि अपनी कहानी की बुनावट से वे पाठकों को यह बोध करा देते हैं कि उन्हें भी कोई फैसला नहीं देना है, सिर्फ अहसास करना है। 'एक दिन का मेहमान' में 'कक्कू' की विवशता भी समझ में आती है और 'मैं' की भी, 'आदमी और लड़की' में 'आदमी' और 'लड़की' दोनों की तथा 'धूप का एक टुकड़ा' में 'औरत' की जो अपना दुःख किसी से नहीं बाँट सकती।

निर्मल वर्मा अपने पात्रों के आपसी रिश्तों को भीतर के बोझ की तरह लेते हैं। उनकी नज़र में यह संबंधों का झूठ है, जिसका उपयोग तो है। चाहे वे पति-पत्नी, भाई-बहन, माँ-बाप हो या प्रेमिका। अपनी इस सोच को वे 'कव्वे और काला पानी' कहानी में उजागर करते हैं—''हमारा परिवार और भाई-बहन आखिरी मौके पर पहुँच कर क्यों हम सब सूखे डंठल की तरह सूख जाते हैं, सारा प्रेम कहीं राख और रेत में दब जाता था और हम एक-दूसरे को अपनी हालत में छोड़ अलग हो जाते थे,

क्या यह उदासीनता अपने में पाप नहीं थी? क्या इसी पाप से आतंकित होकर उन्होंने घर नहीं छोड़ा था?''[5]

घर तो निर्मल वर्मा के कई पात्र छोड़ते हैं। 'एक चिथड़ा सुख' की 'बिट्टो', 'इरा', 'वे दिन' की 'रायना', 'लाल टीन की छत' की 'पहाड़ी औरत', 'परिंदे' की 'लतिका', लेकिन इन सबको पूर्णता नहीं मिलती—एक अधूरापन इन सबके आसपास मँडराता रहता है और यह अधूरापन ही शायद निर्मल वर्मा के अकेलेपन का कारण है।

निर्मल वर्मा की कहानियों और उपन्यासों में अकेलापन बहुत देखने को मिलता है, लेकिन यह अकेलापन आया कहाँ से...? शायद यह आज के मनुष्य की त्रासदी है जो अकेलेपन के रूप में हमारे समक्ष केंद्रीय संवेदना के बतौर सामने आई है।

निर्मल वर्मा के पात्र कहानियों के बीच अपने आपको अकेला और अजनबी पाते हैं—कहीं यह अजनबीपन प्रेम में उभर कर आता है तो कहीं दांपत्य में और कहीं-कहीं तो परिचितों के बीच अपरिचित से हो जाते हैं उनके पात्र...। परायी जमीन पर तो वे हमेशा ही अपने आपको पूरे तौर पर अकेला और अजनबी पाते हैं।

निर्मल वर्मा की कहानियों में कहीं-कहीं तो यह अकेलापन पात्र में अपने अंतर्मुखी होने के कारण मिलता है। जैसे 'तीसरा गवाह' कहानी की नीरजा को ही ले लें—जिसकी ओर रोहतगी साहब इशारा करते हैं—''कहीं कोई अदृश्य दरवाज़ा था, जिसके पीछे नीरजा ने अपनी सूनी अकेली घड़ियों को जोड़-जोड़ कर अपना एक अलग स्वप्न जगत बना लिया था, जहाँ वह दिन-रात सोए हुए प्राणी की तरह चलती रहती थी।''[6] इस तरह के अकेलेपन की मनोवृत्ति के शिकार पात्र ज़रूरी नहीं है कि वह पाठक की सहानुभूति पा सकें...लेकिन, निर्मल वर्मा के शब्दों का जादुई संसार उस निरापद अकेलेपन को अनिवार्य सा बना देता है, अनिच्छित होते हुए भी वह हमारे मन में सहानुभूति की गहरी हिलोरें पैदा कर देता है।

इस अकेलेपन का एक रूप हमें 'परिंदे' कहानी की 'लतिका' में मिलता है—''जब लड़कियों की आखिरी बस चली जाती है तब मन उचाट हो जाता है। खाली कारीडोर में घूमती हुई वह कभी इस कभी उसमें, वह नहीं जान पाती कि अपने से क्या करे, दिल कहीं भी टिक नहीं पाता, हमेशा भटका-भटका सा रहता है।''[7] निर्मल वर्मा के यहाँ अकेलेपन का वह भयानक रूप भी है जिसमें दो व्यक्ति संग चलते हुए भी अकेले हो जाते हैं—'लंदन की एक रात' में वे लिखते हैं—''शायद इससे भयंकर कोई और चीज़ नहीं होगी, जब दो व्यक्ति एक संग होते हुए भी अनुभव कर लें कि उनमें से कोई भी एक-दूसरे को नहीं बचा सकता...।''[8]

आमतौर से यह माना जाता रहा है कि प्रेमी-प्रेमिका के बीच एकात्मकता का एक अटूट सिलसिला होता है, लेकिन निर्मल वर्मा ने इस अटूट सिलसिले के बीच में भी कुछ ऐसे क्षणों की तरफ इशारा किया है जहाँ अकेलापन, अजनबीपन और

अपरिचय के ख़ामोश पल रुके रहते हैं। 'पिक्चर पोस्टकार्ड' का 'परेश' अपनी प्रेमिका 'नीलू' के बारे में सोचता है—"उसने मेरी ओर देखा, क्षण भर अपलक, मानो मैं कोई अजनबी हूँ और वह मुझे पहली बार देख रही है। मुझे लगता है जैसे वह बहुत दूर की निगाह है, जो मुझे बहुत पास से देख रही है।"[9]

कुछ ऐसी ही अनुभूति का अक्स हमें 'लवर्स' कहानी में मिलता है—"जब कभी हम दोनों अकेले होते हैं, जब कभी भी हम दोनों एक-दूसरे के संग होते हुए भी अपने-अपने में अकेले हो जाते हैं और उसे लगता है कि उसकी बात से मुझे तकलीफ होगी तो वह मुझे इसी नाम से बुलाती है।"[10]

निर्मल वर्मा ने अपनी कहानियों और उपन्यासों में पारिवारिक संबंधों के भीतर तनाव और विडंबनाओं को चित्रित किया है। इसका एक पहलू दांपत्य संबंधों में व्याप्त अजनबीपन है। 'अँधेरे में' कहानी में 'पति-पत्नी' कई महीनों से अलग-अलग कमरों में सोते हैं। 'कुत्ते की मौत' की 'माँ' अपने पति को जैसे शुरू में अजनबी पाती थी ठीक वैसे ही नितिन के काफी बड़े हो जाने के बाद भी पाती है। 'बीच बहस में' का केंद्रीय पात्र अपनी माँ के बारे में सोचता है—"माँ कभी-कभी यह भी भूल जाती है कि बरसों पहले भीतर का मरीज़ उसका पति भी रह चुका है।"[11]

माता-पिता और बच्चों के बीच फैले अजनबीपन के सन्नाटे को 'अँधेरे में', 'माया दर्पण', 'कुत्ते की मौत', 'बीच बहस में', 'पिछली गर्मियों में', 'पहाड़', 'लाल टीन की छत', 'वे दिन' आदि कहानियों और उपन्यासों में गहरी आंतरिकता के साथ देखा जा सकता है। निर्मल वर्मा के यहाँ संबंधों में भावुकता नहीं के बराबर मिलती है। वे जहाँ संबंधों में आत्मीयता की गहनता को अपनाते हैं वहीं वे अजनबीपन और परायेपन को भी बड़ी निर्ममता से उजागर करते हैं। 'बीच बहस में' के संदर्भ को ही ले लें—जहाँ एक पुत्र अपने बीमार पिता की देखभाल करते हुए दूसरे शहर में रहते हुए बच्चों को याद करके सोचता है कि—"वे अपने पिता के आने की उसी तरह प्रतीक्षा कर रहे होंगे जैसे वह अपने पिता के जाने की।"[12] 'माया दर्पण' की 'तरन' सोचती है—"वह अकेली रहेगी, किंतु बाबू से बँधी हुई और बाबू का अकेलापन हमेशा ज़िंदगी भर उससे जुड़कर रहेगा।"[13] 'पहाड़' कहानी का 'बच्चा' अपने माता-पिता से अलग बड़ा होता है, "दोनों के बीच नहीं, बल्कि अपने में अलग।"[14]

निर्मल वर्मा अपने पात्रों के किसी भी कर्म से उपजे क्यूँ? का कोई खुलासा नहीं देते हैं—उनके यहाँ दांपत्य जीवन में अलगाव का अकेलापन है या माँ बेटे के बीच दूरियाँ हैं तो क्यूँ हैं, तो क्यूँ का उनके पास कोई तर्क नहीं है, वे इस क्यूँ को पाठक की खोज के लिए उठा रखते हैं। वे इस बात की तरफ इशारा नहीं करते कि उनके पात्रों में कर्तव्य-बोध क्यों नहीं हैं या फिर वे बेरोज़गार होने पर भी बियर कैसे पी लेते हैं...? हाँ इतना ज़रूर है कि उनके पात्र अपने दुखों में किसी को शरीक नहीं करते। 'रात का रिपोर्टर' का 'रिशी' अपनी प्रेमिका 'बिंदु' से केवल प्रेम का

संबंध रखना चाहता है—“इन दुखड़ों का हमारे प्रेम से कोई रिश्ता नहीं, वह हमारी चीज़ है, जो मैंने तुम्हारे साथ अर्जित की है, उसे हमसे कोई नहीं छीन सकता है।”[15] लेकिन बिंदु प्रेम और दर्द दोनों का रिश्ता चाहती है। बिंदु की इच्छा रहती है कि वे दोनों खुले रूप से कहीं घूमने जा सकें। लेकिन रिशी की नजर में यह संभावनाहीन इच्छा है। बिंदु को लगता है उन दोनों के रिश्तों के बीच एक फासला है, जो दोनों की दुनिया को छूने तो देता है, परंतु बहुत नज़दीक नहीं आने देता। दोनों के बीच घनेरे संबंध होने के बावजूद एक अजनबीपन पसरा रहता है। इस अजनबीपन से बिंदु आक्रांत है, अनिश्चितता की स्थिति से परेशान भी है, उसे लगता है कि रिशी अपने जीवन की जो समस्याएँ हैं, घरेलू जीवन की जो ज़िम्मेदारियाँ हैं, उनमें वह उसे सहभागी नहीं बनाना चाहता है—तब उसे लगता है शायद रिशी को उसकी ज़रूरत नहीं है।”[16] “मैं अस्पताल नहीं आ सकती, तुम्हारी पत्नी को देखने के लिए, न मैं तुम्हारे घर आ सकती थी, तुम बस्तर में थे और तुम्हारी माँ घर में अकेली थी...। मैं तुम्हारे लिए कुछ भी नहीं।”[17]

यह कुछ नहीं होने का दर्द रिशी की पत्नी ‘उमा’ का भी है और शायद यही उसकी बीमारी भी है। वैसे निर्मल वर्मा उमा की बीमारी का कोई सटीक कारण नहीं बताते हैं—केवल कुछ संकेत भर दिए हैं उमा और रिशी के वैवाहिक जीवन में ‘सुख’ नहीं है। वह माँ बनना चाहती है, लेकिन रिशी उसके प्रति उदासीन है। कभी वह सोचती कि शायद वह माँ बनने में अक्षम है...। रिशी की उदासीनता के बावजूद वह उससे प्यार करती है, लेकिन रिशी के पास उसको देने के लिए कुछ भी नहीं है। उमा के मन में यह बात भी बैठी हुई है कि रिशी उसके साथ अविश्वास करता है—रिशी का तिरस्कार और स्वयं अपने असमर्थ होने की भावना ने ही उसके भीतर एक अज़ीब तरह का कॉम्पलेक्स पैदा कर दिया है कि वह कुछ भी नहीं है।

निर्मल वर्मा की नारियों का संसार अति संवेदनशील है। वे अपने अंतस् की बात सुनती हैं—‘धूप का एक टुकड़ा’ की स्त्री जो पंद्रह वर्ष पूर्व विवाहित हुई थी, आठ वर्ष पति के साथ रही और एक दिन अचानक पति से अलग रहने का निर्णय ले लेती है—कारण दोनों के संबंध आदत में तबदील हो गए थे और इस आदत ने एक खालीपन को दोनों के बीच फैला दिया था। वह स्त्री जिस समय अपने संबंध में संवेदना को झूठा पड़ता हुआ पहचान लेती है तो *सचेत दायित्व के साथ* अलग होकर इस दुर्घटना के विरोध में खड़ी हो जाती है...स्थायित्व की सुरक्षा और सुविधा खोकर अपनी स्वतंत्रता प्राप्त करती है। निर्मल की नारियाँ ऐसी ही हैं। वे अपनी अस्मिता को गिरवी रखकर जीने के बजाय स्वतंत्र होकर जीना चाहती हैं और जीती भी हैं।

“निर्मल वर्मा की कहानियों में अकेलेपन के अवसाद को छूकर हमें लगता है कि हम आदमी और औरत के रिश्ते को उसके सामाजिक खाँचे से बाहर आकर

देख रहे हैं, बल्कि अनुभव कर रहे हैं। एक स्त्री के लिए पुरुष उसका ईश्वर है–जिसके सुख में डूब कर अपने आपको पाने के लिए वह लगातार उसे खोज रही है। इस खोज में बहुत ही फिजूल कारणों से अपने आपको सामाजिक दुनिया की आत्मनाशी परंपराओं से जोड़ कर जिंदा है। अपने दुःख में वह निहित भी है और जिद्दी भी। कहानियों में इन स्त्रियों और पुरुषों की खोज का कोई सीधा हासिल नहीं है। ऐसा बराबर लगता है कि ईश्वर की खोज में लगे मानवीय संबंधों में बँधे–निर्मल के पात्र शैतान की दहशत को ही ज्यादा जानते हैं।''[18]

निर्मल वर्मा के समकालीन कथाकारों के पात्र आमतौर से प्रतिनिधिक या टाइप्ड हुआ करते थे, एक खास किस्म के साँचे में ढले हुए निर्धारित आदर्शों के आलोक में ही जीवन व्यतीत करते थे, जिनके कारण उनके व्यक्तित्व केवल दोहरे स्थूल और गाढ़े रंगों से रँगे हुए हैं, जबकि निर्मल वर्मा के पात्र अपनी वैयक्तिक विशेषताओं के प्रति जागरूक और संवेदनशील रहते हैं। निर्मल वर्मा इस बात को लेकर बराबर चिंतित रहे हैं कि व्यक्ति और समूह के बीच 'व्यक्ति' का जो दमन हुआ है, उसे कभी संवेदनशीलता के साथ समझने की कोशिश नहीं की गई। वे व्यक्ति और समूह के बीच संतुलन की वकालत करते हैं, लेकिन वे यह भी मानते हैं कि–''कोई भी संश्लेषण या कोई भी विलय तभी तक महत्त्वपूर्ण है जब तक कि व्यक्ति अपनी अस्मिता के प्रति जागरूक हो, उस दुनिया में जिसमें वह रह रहा है।''[19] और शायद यही वजह है कि उनके पात्र जहाँ भी पुरानी रूढ़ियों या अवस्थाओं से टकराते हैं या ख़ामोशी के साथ विरोध में जाते हैं, अपनी अस्मिता के प्रति इसी जागरूकता के कारण।

निर्मल वर्मा की नारियाँ 'बिंदास' हैं, बोल्ड हैं, वे चहारदीवारी के भीतर घुट-घुट कर जीने वाली नहीं हैं, वे प्रेम और त्याग की भी मूरत नहीं हैं। इस संबंध में 'रात का रिपोर्टर' की 'बिंदु', 'वे दिन' की 'रायना', 'एक चिथड़ा सुख' की 'बिटटो', 'इरा', 'लवर्स' की 'नायिका', 'अँधेरे में' की 'पोनो', 'आदमी और लड़की' की 'लड़की', 'धूप का एक टुकड़ा','वीकएंड' की 'नायिका' आदि को देखा जा सकता है। उनकी नायिकाएँ अपने प्रेमियों के साथ सड़कों पर रेस्तराओं और खुले पार्कों में चली आई हैं। वे बहुत भावुक हैं और न परंपरागत त्यागमयी, वे बिल्कुल सच्ची हैं जैसी कि वे हो सकती थीं।

निर्मल वर्मा के पात्रों में कायरता नाम को नहीं है–'डायरी का खेल' की बिट्टो में तपेदिक की मरीज़ होने के बाद भी असहाय मरणोन्मुख कायरता नहीं है। निराशा, बीमारी और मृत्यु की अनिवार्यता के बावजूद उसमें जीवन की आवृत्ति मौजूद है–''मरने से पहले जी भर कर जीना चाहिए।''[20] कहानी 'डायरी का खेल' की 'बिट्टो' से जुड़ी बातों, घटनाओं के सिरे स्मृति की पर्तों में निहित हैं जो अतीत का अंग नहीं है। इसलिए उसे चेतना देते हैं–''हाँ मेरा विवाह होगा और तुम यहीं बैठे देखोगे–कभी-कभी

मैं सोचती हूँ बब्बू, लड़कियाँ जब दुल्हन बनती हैं तो कैसा लगता है, मरने से डर नहीं लगता, लेकिन मरने के बाद क्या होगा, यह सोचते ही लगता है, मरने से पहले जी भर कर जीना चाहिए।"[21] बिट्टो के ये कथन जिस विरोध की सृष्टि करते हैं वह चेतना को कँपकँपा देते हैं। यह अंतर्विरोध में अर्थ खोजने की विफल स्थिति है, लेकिन बिट्टो के भीतर ज़िंदगी की चाहना की तीव्र लहर उसको कायर नहीं होने देती–"निर्मल वर्मा के पात्र उस गलियारे में ठिठके हैं जो एक ओर प्रेम और दूसरी ओर मृत्यु को जोड़ता है, न पूरी तरह प्रेम में ठहर पाते हुए, न पूरी तरह मृत्यु की ओर जाते हुए।"[22]

समकालीन भारतीय परिदृश्य में पीढ़ियों का अंतराल मुखरित रूप से सामने आया है। निर्मल वर्मा के समकालीनों ने पीढ़ियों के बीच फैले अंतराल और संघर्ष को अपने साहित्य में बखूबी जगह दी है, लेकिन उनके यहाँ पीढ़ियों के अंतराल का कुंठित और संघर्ष का विद्रूप रूप ही अधिक उभरा है, लेकिन निर्मल वर्मा के यहाँ पीढ़ियों के अंतराल का संघर्ष खुले रूप में न होकर बंद और लुके-छिपे अंदाज से आया है, क्योंकि निर्मल के पात्र मध्यवर्ग के उस हिस्से के हैं जिसे अभिजात्य कहा जाता है...इसलिए वहाँ संघर्ष नहीं, केवल आक्रोश भर है, जो बहुत धीरे-धीरे दबे पाँव आता है।

आम तौर से पुरानी पीढ़ी की मान्यता है कि उनके पास अनुभव है और नई पीढ़ी तो दिशाहीन है–कुछ इसी तरह का इशारा 'सितंबर की एक शाम' कहानी में है–"घर से जाओगे, अपने पाँव पर खड़े होने जाओ अपनी स्वतंत्रता की पोटली बाँधकर कहाँ-कहाँ भटकते फिरोगे, जब नशा उतर जाए तो वापिस लौट आना... ।"[23] इसी तरह 'कुत्ते की मौत' कहानी का 'नन्हे' इसी संघर्ष को कुछ दूसरी तरह से झेलता है। उसका संघर्ष पीढ़ियों के संबंधों में धीरे-धीरे भरने के कारण उत्पन्न हुआ है। वह इन सबके विरुद्ध संघर्ष करना चाहता है, बाहर आ जाना चाहता है और कहना चाहता है–"यह वह संबंध है, जहाँ बरसों की घृणा एक बहुत पुराने मोह से जकड़ी है, अलग नहीं हो पाती।"[24] 'माया दर्पण' की 'तरन' भी अपने पिता 'दीवान साहब' के अकेलेपन से बँधकर नहीं रहना चाहती, लेकिन उसके मन में अपने पिता के लिए थमी हुई करुणा उसको उनसे अलग भी नहीं होने देती, जबकि उसका भाई दीवान साहब से झगड़ा करके जा चुका है, लेकिन तरन एक गहरे आत्मसंघर्ष में पड़ जाने के बावजूद अपने पिता को नहीं छोड़ पाती। पीढ़ियों के बीच का संघर्ष यहाँ सीधे टकराव के रूप में न होकर, आत्मसंघर्ष का रूप अख्तियार कर लेता है। पीढ़ियों के बीच इस संघर्ष में निर्मल वर्मा के यहाँ किसी एक पीढ़ी को यातना नहीं झेलनी पड़ती, उनके यहाँ यातना दोनों तरफ हैं, कहीं कम कहीं ज्यादा।

निर्मल वर्मा के लेखन में एक व्याकुल आकांक्षा छिपी रहती है। वह मनुष्य के दुख और सुख को पहचानती है। यही आकांक्षा जीवन और मृत्यु के बीच भटकती

अजीब तरह के भ्रम को फैलाती रहती है। 'एक चिथड़ा सुख' की बिट्टो कहती है—"अगर कोई इतना कष्ट झेलकर दुनिया छोड़ता है, तो वे लोग जो दुनिया में रह जाते हैं उन्हें कुछ करना चाहिए।"[25] और कभी बिट्टो इस सवाल को खड़ा करती है कि "मरे हुए लोगों का दुःख कहाँ जाता है।"[26] क्या जीवन, दुःख और सुख के अंतरंग रिश्तों और उनके अलग-अलग तरह के जादू को परखने, परिभाषित करने का सुंदर प्रयत्न नहीं महसूस होता। 'एक चिथड़ा सुख' की बिट्टो का प्रश्न—"सुख क्या होता है...? उनके पूरे अपने लेखन में किसी यायावर की तरह भटकता रहता है।"[27]

सुख की आकांक्षा की भटकन 'लाल टीन की छत' में भी मिलती है—"बड़ी उम्र में सुख को पहचाना जाता है—छोटी उम्र में दुःख भूला जाता है—जिस उम्र में काया थी वहाँ पीड़ा को लाँघकर कब सुख का घेरा शुरू हो जाता था, या खुद सुख पीड़ा में बदल जाता था, यह जानना असंभव था।"[28] इस तरह 'वीकएंड' की नायिका कहती है—"मुझे यह चीज़ पता चली कि दुःख ही एक ऐसी चीज़ है जो अलग-अलग बँट कर छोटा नहीं होता, बड़ा भी नहीं होता, सिर्फ साफ हो जाता है,—चमकीला हो जाता है।"[29] बेघरूपन निर्मल वर्मा के कथा लेखन में पूरी तरह विद्यमान है—"कहीं न बँधने की अनिश्चितता और चलते रहने का टेंप्रेरीपन हर कहीं है। जैसे दृश्य में वैसे ही मानव संबंधों में। 'छुट्टियों के बाद' में प्रेम, प्यार के नाते छुट्टियों की समाप्ति के साथ बल्कि एक स्टेशन और दूसरे स्टेशन के बीच बदल जाते हैं। 'वीकएंड' की प्रेमिका अपने विवाहित प्रेमी से केवल 'वीकएंड' के भागते अंतराल में ही जुड़ पाती है। किसी स्थायित्व पूर्ण रिश्ते की आत्मनिर्भर एकाग्रता में नहीं। 'दो घर' में देश और विदेश के बीच की द्विविधापूर्ण मनःस्थिति में जीने का उखड़ापन है।[30]

निर्मल वर्मा अपने पात्रों की इस भटकन और बेघरूपन का कोई विकल्प नहीं देते—"घर शब्द जब भी आता है किसी खाली जगह को भरने, लहूलुहान मर्म को काँपती उँगलियों से छूने जैसा आता है। 'उनके कमरे' कहानी को ही ले लें।"[31] वे दोनों घर बसाने का मनसूबा लिए तनहा सड़कों पर घूमते रहते हैं, लेकिन जब एक शाम घर की खिड़की से एक अधेड़ स्त्री की मुखमुद्रा में अपनी रची-बसी गृहस्थी के प्रति उदास भाव को देखकर उनमें अजीब-सा परिवर्तन आ जाता है और घर बसाने का मनसूबा मर जाता है। उन्हें इस बात की तसल्ली थी कि उनका कोई कमरा नहीं है। वे घरों के बाहर सड़क पर चल रहे हैं।

निर्मल वर्मा की नारियों में एक अजीब तरह की भटकन है। चाहे 'वे दिन' की 'रायना' हो या 'एक चिथड़ा सुख' की 'बिट्टो', 'इरा'। जैसे उनके जीवन में कुछ खालीपन? जिसे भरने के लिए भटकना अनिवार्य है, लेकिन वह खालीपन भरने के बजाय और भी नंगा और रक्त-रंजित हो उठता है। निर्मल के यहाँ अतीत का बहुत बड़ा महत्त्व है। उनके हर पात्र का अपना अतीत है। एक ऐसा अतीत जो

वर्तमान से जुड़ा हुआ है, एक जादू की तरह स्मृति पुंज बनकर कौंधता रहता है और स्मृति की कौंध पात्र को अपनी तरफ खींचती है, तो दूसरी तरफ वर्तमान भी उन्हें अपनी ओर आकर्षित करता है, क्योंकि वर्तमान में संभावना है। निर्मल वर्मा के नारी पात्र–"तनाव दोनों तरफ से महसूस करते हैं। वर्तमान के प्रति उनमें ललक है पर आधे मन की या शायद आधे से भी कम मन की। वर्तमान का 'खुलापन' उनकी दृष्टि में भटकता है, वहीं भीतर बींधता भी है पर स्मृति का पलड़ा ज्यादा भारी है। वे स्मृति में जिए गए सजीव रेशों से बुनी अपनी दुनिया के पास से पास-तर रहना चाहते हैं।"[32] 'पिक्चर पोस्टकार्ड' की नीलू को ही ले लें–"परेश' 'नीलू' से प्रेम करता है। नीलू से उसकी अच्छी इंटीमेसी है, लेकिन नीलू जीवन के संबंध में गंभीर विचार करने के बजाय उसे सेलर बनकर विदेश जाने की सलाह देती है, क्योंकि तब वह उसे हर जगह से पिक्चर पोस्टकार्ड भेजता रहेगा जो उसे उसकी याद दिलाएँगे। वह जीवन को नहीं स्मृतियों को महत्त्व देती है। इसी तरह 'ज़िंदगी यहाँ और वहाँ' की 'बिट्टो' और 'फैटी' जो एक-दूसरे को प्रेम करते हैं, ने उस शाम "मिंटो ब्रिज के नीचे जब ऊपर रेल गुज़र रही थी–उन दोनों ने एक ही इच्छा माँगी थी, एक-दूसरे से अलग होने की, वे जितना ज्यादा एक-दूसरे को चाहते थे उतना ही एक-दूसरे से छुटकारा पाने के लिए तड़पते थे–जैसे चाहना कोई पाप हो, कोई बुरा स्वप्न हो।"[33] निर्मल के यहाँ अलग होने का मतलब होता है 'याद' हो जाना...। निर्मल की अधिकांश कहानियाँ यादों की कोठरी का प्रलाप हैं...। वैसे निर्मल वर्मा की अधिकांश नायिकाएँ स्मृतिजीवी हैं–"स्मृतियों का ऐसा 'ऑब्लिट्रेटिंग' इस्तेमाल एक पाश्चात्य अवधारणा है, सनातन विचार में स्मृति की ऐसी धारणा नहीं देखने में आती।"[34] निर्मल वर्मा की हर दूसरी कहानी में कोई-न-कोई पात्र कहीं चला गया है और जब कोई कहीं चला जाता है, तो उस रिक्ति के आसपास हम स्मृतियों का जाल बुनने लगते हैं और बुनावट के रेशों से घिरकर हमारे बीच बिखरी अनुपस्थितियाँ उपस्थितियों में रूपांतरित हो जाती है–"निर्मल वर्मा के पात्रों को अनुपस्थितियाँ बहुत कचोटती हैं। वे इनसे लगभग शापग्रस्त से दीख पड़ते हैं।"[35]

निर्मल वर्मा के कथालेखन में "स्मृति की भूमिका सृज़नशील कल्पना से जुड़कर महत्त्वपूर्ण तो है ही, वे उनकी संरचना का प्रमुख घटक भी हैं। समय का अंतराल एक रहस्यमयी दुनिया अपने में छिपाए उनके पात्रों को एक जादुई लोक में खड़ा कर देता है।"[36]

निर्मल वर्मा के पात्र अपनी स्मृति में उस मृत और मुरदा अतीत को नए सिरे से जीने की कोशिश करते हैं, अतीत से जुड़कर, अचल और बेजान-सी लगने वाली चीज़ें भी उनके यहाँ हाड़-मांस की चीज़ों की तरह अपना अस्तित्व रखती हैं–"एक आत्मीय और अवसाद भरा रिश्ता जगाती हुई।"[37]

निर्मल वर्मा के नारी पात्र अपने अकेलेपन को पूरे अहसास के साथ जीते हैं।

वे ख़ामोशी का सफर करते से लगते हैं। उनकी ख़ामोशी रुकती नहीं है, चलती है, टूटती है तो पियानो की आवाज़ से, पत्तों की चरमराने की आवाज़ से। इन आवाज़ों से, ख़ामोशी से उनका रिश्ता बेहद गहरा है। उनके पात्र बहुत ही छोटे-छोटे संवाद बोलते हैं। वे कोई लंबी भूमिका नहीं बनाते। वे जो कुछ करते हैं, कहते हैं, उसे केवल महसूस किया जा सकता है। उसको बाँटा नहीं जा सकता। एक और महत्त्वपूर्ण तथ्य यह भी है कि निर्मल वर्मा के नारी पात्र बहुत मुखर नहीं हैं, अमुखर हैं, खामोश, लेकिन ख़ामोशी में ही सब कुछ कह देती हैं। ऐसा लगता है कि शब्द से ज्यादा उनकी ख़ामोशी बोलती है। एक लिहाज से उनकी कथा बोलती कम है महसूस ज्यादा कराती है और वे अपने पात्रों को उसके अकेलेपन के साथ अभिव्यक्त होने देते हैं। उनके जो भी दूसरे पात्र कथा में आते हैं वे भी शायद आपको अकेला करने तथा आपके अकेलेपन को गहराने के लिए आते हैं। "निर्मल वर्मा के कथालोक में प्रेम एक विडंबनापूर्ण स्थिति में है। ऊपर से देखने पर तो वह अकेली आत्माओं का करीब आना प्रतीत हो सकता है, लेकिन यहाँ ऐसा नहीं है। ये पात्र अपने अकेलेपन से भागने के लिए एक-दूसरे के करीब नहीं आते, बल्कि इसके ठीक विपरीत अपने अकेलेपन के आलोक को पाने के लिए ही ये प्रेम करते हैं।"[38]

निर्मल वर्मा की केंद्रीय विशेषता है, भारतीय समाज की सबसे सुदृढ़ इकाई परिवार और उसके संबंधों को विश्लेषित करने तथा आलोकित करने की, यह विशेषता प्रेमचंद की भी थी, लेकिन जिस खूबसूरती से और जिस संवेदनशीलता और विचारपूर्ण सहजता से निर्मल वर्मा ने उसे विश्लेषित किया है या समझा है, शायद उतना दूसरों ने नहीं।

एक और सबसे महत्त्वपूर्ण बात यह भी है कि निर्मल वर्मा ने अपने कथालेखन में कभी भी विचारधारा का उपयोग नहीं किया है।

निर्मल वर्मा के पूरे कथालेखन में निहित पात्र ऐसे नारी पात्र हैं जो घूम फिर कर बार-बार आते हैं, बिल्कुल उस प्राणी की तरह जिसकी कोई आत्मीय चीज़ उससे अलग हो गई है और वह उस अलगाव का आदी नहीं हो पाया है और अपनी तलाश को जारी रखे हुए वह इस छोर से उस छोर तक चक्कर लगा रहा है।

ये सारे स्त्री पात्र जो घुमक्कड़ी करते फिर रहे हैं, अपने भीतर भुतैला जंगल लिए हुए हैं, अकेलेपन का। उनका यह अकेलापन उनका अपना चुना हुआ है। तकलीफ, उदासी, अजनबीपन की पीड़ा, प्रेम उनके अपने निजी और बहुत आत्मीय अनुभव हैं और इन अनुभवों में वे किसी को भागीदार भी नहीं बनाते।

निर्मल वर्मा के नारी पात्रों में दोहरापन नहीं है। वे खुले हुए भी हैं, लेकिन अपनी इंडिविजुअलिटी के साथ, वे अपनी अस्मिता, अपनी पहचान को खोकर जीना पसंद नहीं करते और न ही स्थितियों से घबराकर पलायन करते हैं, वे संघर्ष करते हैं, लेकिन उनका संघर्ष एक 'मौन' का संघर्ष होता है।

इस प्रकार निर्मल वर्मा के पूरे कथा-साहित्य में चाहे वे उपन्यास हों या कहानियाँ उनमें निहित नारी पात्रों का सूक्ष्म अध्ययन करने पर हमने यह पाया कि निर्मल वर्मा की नारियाँ अपने समकालीन कथाकारों की नारियों की तुलना में अत्यधिक संवेदनशील, वर्जनाओं से दूर, लेकिन कुंठाओं से परे, अपने ही 'मौन' के वृत्त में बंद, स्मृतियों के सहारे अपना जीवन जीती हैं और यह उनकी अपनी विशेषता है।

संदर्भ

1. पूर्वग्रह, अंक-97, सं. अशोक वाजपेयी, पृ. 39-40
2. डॉ. नामवर सिंह, कहानी नई कहानी, पृ. 62
3. निर्मल वर्मा, परिंदे, पृ. 169
4. पूर्वग्रह, अंक-97, पृ. 96
5. निर्मल वर्मा, कव्वे और काला पानी, पृ. 140
6. निर्मल वर्मा, परिंदे, पृ. 57
7. निर्मल वर्मा, परिंदे, पृ. 146
8. निर्मल वर्मा, जलती झाड़ी, पृ. 131
9. निर्मल वर्मा, परिंदे, पृ. 107
10. निर्मल वर्मा, जलती झाड़ी, पृ. 15-16
11. निर्मल वर्मा, बीच बहस में, पृ. 97
12. निर्मल वर्मा, बीच बहस में, पृ. 102
13. निर्मल वर्मा, जलती झाड़ी, पृ. 40
14. निर्मल वर्मा, जलती झाड़ी, पृ. 62
15. निर्मल वर्मा, रात का रिपोर्टर, पृ. 36
16. निर्मल वर्मा, रात का रिपोर्टर, पृ. 55
17. निर्मल वर्मा, रात का रिपोर्टर, पृ. 55-56
18. डॉ. प्रेमसिंह (सं.) निर्मल वर्मा, सृजन और चिंतन, लेख—आत्मीय संसार में कुछ घटता हुआ, लेखक—प्रभात कुमार त्रिपाठी, पृ. 124
19. पूर्वग्रह, अंक-97, सं. अशोक वाजपेयी
20. निर्मल वर्मा, परिंदे, पृ. 29-30
21. निर्मल वर्मा, परिंदे, पृ. 29-30
22. पूर्वग्रह, अंक-97 सं. अशोक वाजपेयी, लेख—होना एक लेखक का, लेखक—उदयन वाजपेयी, पृ. 82
23. निर्मल वर्मा, परिंदे, पृ. 124
24. निर्मल वर्मा, जलती झाड़ी पृ. 57
25. निर्मल वर्मा, एक चिथड़ा सुख, पृ. 125
26. निर्मल वर्मा, एक चिथड़ा सुख, पृ. 125
27. पूर्वग्रह अंक-97, अशोक वाजपेयी, विकल तीर्थयात्री के साथ जयशंकर, पृ. 90
28. वही, अंक-90, पृ. 90
29. निर्मल वर्मा, बीच बहस में, पृ. 50
30. मलयज, संवाद और एकालाप, पृ. 16

31. मलयज, संवाद और एकालाप, पृ. 16
32. मलयज, संवाद और एकालाप, पृ. 15
33. निर्मल वर्मा, कव्वे और काला पानी, पृ. 48
34. पूर्वग्रह 97, अशोक वाजपेयी, निर्मल वर्मा तकनीक और वाक्य, शिरीष ढोबले, पृ. 70
35. पूर्वग्रह, अंक-97 निर्मल वर्मा तकनीक और वाक्य, शिरीष ढोबले, पृ. 70
36. आलोचना 90, कहानीकार निर्मल वर्मा, एक पुनर्विचार, मधुरेश, पृ. 40
37. वही, पृ. 40
38. पूर्वग्रह अंक-97, होना एक लेखक का, उदयन वाजपेयी, पृ. 79

अष्टम अध्याय

समकालीन लेखन में निर्मल वर्मा का प्रदेय और मूल्यांकन

"मनुष्य को अंत में वहीं लौटना पड़ता है, जहाँ से वह शुरू होता है। इसी में उसकी सार्थकता निहित है।"

कार्ल क्रौस

तलाश अपने आप में एक दुरूह प्रक्रिया होती है और फिर जब किसी लेखक की मनःस्थिति को समझने के लिए उसके लेखन के झरोखों से उसके मन की परतों को खोलने का प्रयास हो, तो वह अपने आप में और भी जटिल हो जाता है।

और फिर जब लेखक निर्मल वर्मा सरीखे हों तो...आपको बहुत ही धीमे-धीमे, चुपचाप उनके भीतर प्रवेश करना होगा और गहराई को नापने के लिए सात समंदर के नीले, काले पानी तथा तेज़ चलती हवाओं के बीच धुंध और कोहरे को पार करना होगा, तब ही कहीं आप उनको समझने का साहस कर सकते हैं।

निर्मल वर्मा के समूचे कथा-साहित्य में एक अजीब तरह का माहौल मिलता है। उनके यहाँ चमकीली धूप है जो सरकती है, फुदकती है रोएँदार खरगोश की तरह...। इस धूप में इंद्रधनुष के सारे रंग घुले-मिले रहते हैं। अगर वे तितीरी तीखी गर्मियों की धूप को अपने पास बुलाते हैं तो वह भी बियर की तीखी गंध की तरह नशीली होकर आती है।

निर्मल वर्मा के लेखन का पूरा परिवेश कुछ एक कहानियाँ और एक उपन्यास 'रात का रिपोर्टर' को अगर छोड़ दिया जाए तो पात्र तथा परिवेश विदेशी भूमि ही है, लेकिन मज़ेदार बात यह है कि उनकी कहानियों के ज्यादातर पात्र आप्रवासी भारतीय हैं। हो सकता है अपने लंबे विदेश प्रवास के दौरान उन्होंने आप्रवासी भारतीयों की समस्याओं को बहुत करीब से देखा हो, समझा हो और फिर हम यह भी क्यों भूल

जाते हैं कि निर्मल वर्मा स्वयं भी तो आप्रवासी भारतीय ही की तरह एक लंबे समय तक विदेश प्रवास पर रहे।

उनके यहाँ संगीत है, बियर पब हैं, हॉस्टल हैं, बेरोज़गारी की समस्या से जूझते युवा हैं और अपने दुखों को, घरों की याद को बियर, वोदका और रेडवाइन की बोतलों में डुबोते युवा छात्र भी हैं, जिनमें आक्रोश है, चाहना है और कुछ कर गुजरने का हौसला भी है...लेकिन...?'

यह 'लेकिन' निर्मल जी के यहाँ बहुत बार आता है। 'परिंदे' की 'लतिका' भी अपने आपको सवालों के घेरे में कैद करके, सब तरफ से काटकर पहाड़ों पर उतरती शाम और बसेरों को लौटते परिंदों को ताकती रहती है और सोचती है—सबका अपना-अपना डेरा है, लेकिन मेरा...?

निर्मल वर्मा जी के यहाँ प्यार है—वर्जनाओं रहित, एक खुला-खुला वातावरण है, पेड़ हैं, पहाड़ हैं, गिरजे हैं, बजती घंटियाँ हैं, बर्फ है, मोसार्ट हैं, पुरानी जर्जर होती मान्यताओं की टूटन हैं, खिड़कियाँ हैं और उनमें फँसा अख़बार का टुकड़ा है और लड़कियाँ हैं जो किसी के साथ सो सकती हैं सिर्फ एक दिन की पहचान की खातिर और इन सब से अलग प्यार के टूटने का दर्द भी है। संबंध जिस तरह से बनते हैं उसी तरह से टूट भी जाते हैं, लेकिन साफ तौर पर तो नहीं लगता कि संबंध टूटने की पीड़ा कहीं दोनों के बीच विद्यमान है। वे टूटने के बाद भी अंदर से कहीं जुड़े रहते हैं।

निर्मल वर्मा अपने लेखन में सत्य की दुहाई देते हुए बाइबिल के उदाहरण को सामने रखते हैं कि—जब रोमन पायलट ने जीजस से पूछा—तुम अपने को सत्य का मसीहा कहते हो, तो मुझे बताओ कि सत्य क्या है? बाइबिल में लिखा है, जीजस क्राइस्ट से जब यह प्रश्न पूछा गया तो वे चुप रहे, उसको कोई उत्तर नहीं दिया। वे जो अंतिम क्षण तक सत्य के लिए संघर्ष करते रहे सत्य के सामने उनका मौन एक दूसरे मौन को याद नहीं दिलाता—बुद्ध का मौन जब किसी ने उनसे ईश्वर के अस्तित्व के बारे में प्रश्न पूछा था।

निर्मल वर्मा का पूरा लेखन एक 'मौन' का दूसरे 'मौन' से वार्तालाप है, जहाँ शब्द नहीं मौन बोलता है..., देखता है..., समझता है...।

"निर्मल वर्मा के लेखन के भीतर तक पहुँचने के लिए उनको सामान्य से अधिक मौका देना पड़ता है। उनके बीच एक घनिष्ठता बनानी पड़ती है।"[1] तब कहीं जाकर हम उनके लेखन की विभिन्नताओं को आत्मसात कर पाते हैं।

निर्मल वर्मा ने लेखन से समाज को क्या दिया है और समाज से क्या पाया है ये दो अलग-अलग सवाल हैं। जहाँ तक पाने का प्रश्न है—इसके संबंध में स्वयं निर्मल वर्मा ने 'दूसरी दुनिया' की भूमिका में कहा है "यदि कोई अचानक मुझसे पूछ बैठे कि इन वर्षों के दौरान मैंने लिखने से क्या पाया है? तो मेरा उत्तर बिल्कुल असंदिग्ध होगा—उसके द्वारा मैंने एक ऋण चुकाया है, इस धरती पर जन्म लेने का

चमत्कार जो केवल एक दूसरे चमत्कार को जन्म देने से ही चुकाया जा सकता है।"[2]

जहाँ तक देने का प्रश्न है तो अगर हम आलोचना के दृष्टिकोण से देखें तो ऐसा लगता है कि उन्होंने जो कुछ भी साहित्य रचा है, या जो विचार उन्होंने अपनी लेखनी के माध्यम से समाज को दिए हैं, वे अद्वितीय हैं।

"निर्मल वर्मा हमारे समय के महत्त्वपूर्ण कथाकार और चिंतक हैं। उनका चिंतन एक रचनात्मक मस्तिष्क द्वारा प्रस्तुत चिंतन का बेहतरीन नमूना है। कला, जीवन, समाज, संस्कृति से जुड़े महत्त्वपूर्ण और ज़रूरी मुद्दों और सवालों को उन्होंने उठाया है और समुचित गहराई से विश्लेषण प्रस्तुत करते हुए निष्कर्षों की मंज़िल तय की है।"[3]

निर्मल वर्मा ने दुनिया को देखा, परखा और टटोला है। उन्होंने न सिर्फ देश-विदेश को अंदर बाहर से देखा है, बल्कि खुद को भी अंदर बाहर से देखा-परखा है। "यही उनकी बड़ी खूबी है कि वे बड़ी सहजता से अंदर से बाहर और बाहर से अंदर हो आते हैं।"[4] और शायद ये अंदर और बाहर का ही सूक्ष्म-सा फर्क है जो उन्हें भीड़ से कहीं अलग खड़ा करता है।

यहीं यह प्रश्न खड़ा हो जाता है कि लेखक का समाज से क्या कोई सरोकार नहीं होता? आखिर निर्मल जी किस प्रकार के लेखक हैं जिन्हें एक तरफ से बड़े आलोचक नामवर सिंह—"दूसरी दुनिया के लेखक मानते हैं, जिसके लिए ज़रूरी है इस दुनिया को छोड़ना, कलाकार होने के लिए भी। परित्याग कला का भी धर्म है... ।"[5] हर लेखक छोटा-बड़ा त्याग करता है...एक लिहाज से हर कोई अपनी दुनिया बनाता है और मिटाता भी है, लेकिन इस बनाने और मिटाने की विध्वंसक प्रक्रिया के बीच मोहमाया भी भाग जाती है—स्वयं अपने ही सृजन को विध्वंस की यात्रा के बीच देखना एक लेखक के लिए त्रासदीपूर्ण क्षण होता है। शायद "निर्मल ने भी कभी अपने 'अहं' को छोड़कर 'मैं' को बचा लेना चाहा था और इसके लिए 'अहं' और 'मैं' के बीच बारीक-सा अंतर करने का प्रयास भी किया है।"[6] जिसको उनकी 'दूसरी दुनिया की भूमिका' तथा 'ढलान से उतरते हुए' में साफ महसूस किया जा सकता है।

बहुत कम लेखक ऐसे होते हैं जो अपनी रचनाओं के माध्यम से अपने निजी संसार को गढ़ने की आकांक्षा रखते हैं और उनमें भी ऐसे बहुत कम लेखक होते हैं जो अपने स्वप्न को जी पाते हैं। निर्मल वर्मा निश्चय ही उन रचनाकारों में आते हैं जिनका अपना आत्मीय जादुई निराला संसार बन चुका है।

निर्मल वर्मा के लेखन में एक व्याकुल आकांक्षा जीवित रहती है। वह मनुष्य के दुःख और सुख को पहचानना चाहती है। वैसे भी निर्मल वर्मा का दुःख और सुख दोनों ही शब्द अलग-अलग अर्थों और आयामों के साथ बार-बार आए हैं।

संसार के समस्त मनुष्यों की अदम्य इच्छा होती है मुक्ति की। निर्मल वर्मा भी मुक्ति की छटपटाहट से बेचैन हैं। लेकिन, निर्मल वर्मा की मुक्ति कुछ अलग तरह की है। वे अपनी डायरी में लिखते हैं—"जिस दिन कोई ऐसा क्षण आएगा,

जब मैं यह सोच सकूँगा कि न यह मैं हूँ, न यह क्षण मेरा है, न मेरी अपनी कोई जगह है, न मैं जीवित हूँ, न मनुष्य हूँ...इसलिए जो नहीं हूँ उसे कौन मुझसे छीनकर ले जा सकता है। जिस दिन मैं यह सोचूँगा, उस दिन मैं मुक्त हो जाऊँगा, अपनी स्वतंत्रता से मुक्त, जो अंतिम गुलामी है...।''

'मुक्ति और स्वतंत्रता में कितना महान अंतर है।'[7] अपनी डायरी में उन्होंने आगे लिखा है ''अपने 'मैं' से मुक्ति पाने का सिर्फ एक ही रास्ता है अपने मनुष्यत्व से मुक्ति पा सकना।''[8] कितने हैं जो पा पाए हैं—अपने मनुष्यत्व से मुक्ति...? स्वतंत्रता में गुलामी...यह प्रश्न है शायद केवल निर्मल वर्मा के लिए, दूसरों के लिए तो स्वतंत्र होना ही पर्याप्त होता है। ''स्वतंत्रता निर्मल जी को गुलामी शायद इसलिए मालूम होती है कि वे पहले 'स्व' से बँधे थे अब यदि मुक्ति चाहते हैं तो इसलिए कि खोज से 'आत्मन' मिल गया है।''[9]

निर्मल वर्मा की चिंताओं में न सिर्फ मनुष्य, बल्कि उसकी कला और सौंदर्य भी हैं। लेकिन, वे सौंदर्यवादी नहीं हैं। उनकी चिंताएँ सौंदर्यवादियों की चिंताओं से थोड़ी भिन्न हैं। ''वे उन सौंदर्यवादियों की तरह नहीं हैं जो गरीबी की यातना के भीतर भी इतना रस, इतना संगीत, छक सकता है।''[10] उनका सौंदर्यवादी वह है जो केवल मनोहर चीजों का रसास्वादन करता है।

कला की मुक्ति को लेकर भी निर्मल वर्मा कम चिंतित नहीं हैं। 'कला का जोखिम' की भूमिका में उन्होंने स्पष्ट लिखा है—''कला का जोखिम शायद यही है कि वह आज भी जड़ित, पराधीन होती हुई सभ्यता में संपूर्ण रूप से स्वतंत्र रह सके और स्वतंत्र रहकर भी अपने अलगाव का अतिक्रमण कर सके।''[11]

कला की मुक्ति की बात कहकर निर्मल वर्मा ने कोई नया अध्याय नहीं जोड़ा, ''नई बात तो यह है कि अब साहित्यिक कृति का सत्य में वे कला को एकदम मनुष्य से भी छुटकारा दिलाकर उसे 'अंतिम गुलामी' से मुक्त करना चाहते हैं।'' उन्हीं के शब्दों में—''कलाकृति का सत्य मानव केंद्रित नहीं है, बल्कि यूँ कहें कि वह मानवीय तभी हो पाता है जब वह मनुष्य केंद्रित नहीं होता है।''[12]

निर्मल वर्मा अब कला में 'अतिमानवीय' सत्य की बात करते हैं, जो कलाकृति के भीतर लौ की तरह जलता रहता है। इसके साथ वे यह भी कहते हैं—''कलाकृति का सत्य यदि उसका कोई सत्य हो सकता है—तो वह है मनुष्य को उसकी स्मृति में लौटाना।''[13]

अंतर्द्वंद्व निर्मल वर्मा के भीतर है और शायद यही कारण है उनकी हैरानी का। हैरानी तो बहुतों को होती है। उनके पात्रों के बीच आधे-अधूरे-से रिश्तों पर...बिल्कुल पियानो के नोट्स की तरह जहाँ लहरें होती हैं...हवा में तैरती हुई...और निर्मल के उपन्यासों, कहानियों के चरित्रों के बीच भी आपसी रिश्तों की गंध भी कुछ इसी तरह हवा में उड़ती रहती है, कभी बहुत नज़दीक और कभी बहुत दूर...।

यह भी सही है कि निर्मल वर्मा अपनी कोई भी कहानी, चरित्रों को बीच में रखकर नहीं लिखते। उनका पूरा रचना संसार बिंबों के सहारे रचा जाता है, यह और बात है कि पात्र उन बिंबों के पारदर्शी हिस्से होते हैं।

और शायद यही वजह है कि निर्मल वर्मा की कहानियों के पात्र बहुत देर तक स्मृति-पुंज में जमे रह नहीं पाते, वहाँ रहता है उनका परिवेश, कविता की लय की सी भाषा और पारदर्शी बिंब... । नामवर सिंह का भी कहना है कि—"चरित्र वहीं याद आते हैं जहाँ भाव कमजोर होता है।"[14] निर्मल की कहानियों की संरचना की तुलना अक्सर संगीत से की जाती रही है। लेकिन, अगर ध्यान से देखा जाए तो वे अपने भाषिक टैक्स्चर के कारण आधुनिक मूर्तिशिल्प के अधिक करीब ल ाती हैं।

निर्मल वर्मा की कहानियों की सबसे बड़ी खूबी है कि—'अनुपस्थिति का भौतिक धरातल पर प्रवेश।' "जब कोई नहीं होता है तो हम क्या करते हैं...? शायद हम उस रिक्त के या नहीं होने के उस वियोग के आसपास स्मृतियों का एक जाल बुनते हैं। हमें लगता है कि यह जाल जितना सहज होगा उतनी ही उत्कटता से हम उस अनुपस्थिति को एक अनुभव की जा सकने वाली उपस्थिति में बदल सकेंगे।"[15] और होता भी वैसा ही है—स्मृतियों के रेशमी रेशों के बीच घिर कर अनुपस्थितियाँ, उपस्थिति में रूपांतरित होकर आसपास बिखर जाती हैं...। निर्मल वर्मा इस कला के माहिर हैं। इस बात को उनकी कहानियों 'परिंदे', 'सुबह की सैर', 'डायरी का खेल', 'सितंबर की एक शाम', 'तीसरा गवाह' और उपन्यास 'वे दिन' में देखा जा सकता है। कहने को—"स्मृतियों का ऐसा उपयोग एक पाश्चात्य अवधारणा है...सनातन विचार में स्मृति की ऐसी धारणा नहीं देखने में आती।"[16]

अलगाव से निर्मल को बहुत प्रेम है। उनकी कई कहानियों में अलगाव के दर्शन होते हैं। उनकी कहानी 'धूप का एक टुकड़ा' की नायिका एक जगह कहती है—"और तब मुझे पता चला कि अलग होने के लिए कोर्ट-कचहरी जाना ज़रूरी नहीं है।"[17] इसी कहानी में थोड़ा आगे चलकर वह कहती है—"मुश्किल यह है, जो एक व्यक्ति आपकी दुखती रग को सही-सही पहचान सकता है, उसी से हम अलग हो जाते हैं।"[18]

निर्मल वर्मा की कहानियों में पात्रों के आपसी संबंधों की जमीन पर एक विशिष्ट तनाव फैला दिखाई देता है। कई जगह यह तनाव शायद संबंधों की सतह के नीचे बहते अलगाव और कभी-कभी उन संबंधों की अनिश्चितता के चलते होता है। चाहे वह 'परिंदे' का गुमनाम-सा डॉक्टर का तनाव हो जिस पर अजनबी की हैसियत से परायी जमीन पर मरने का खौफ़ काबिज़ है या फिर 'दो घर' कहानी के गैरमुल्क में पहले बसने वाले और फिर मरने वाले हिंदुस्तानी का दुख भरा तनाव हो। "निर्मल वर्मा की कहानियों में अजनबी भाषा, अजनबी लोग, अजनबी शहर, अजनबी देश खोजना नहीं पड़ते।"[19]

निर्मल वर्मा की कहानियाँ और उपन्यास हिंदी कथा-साहित्य की ज़मीन को असंदिग्ध विस्तार देते हैं। वहीं उनमें यह चेतावनी भी निहित होती है कि सारी ज़मीन पर होने के लिए पैरों तले अपनी ज़मीन होना ज़रूरी है। हमने निर्मल वर्मा की रचना-दृष्टि के भूगोल की खोज करते हुए उसमें नव-औपनिवेशिकता के तत्व देखे हैं। वस्तुतः यह तीसरी दुनिया का सांस्कृतिक अभिशाप है जो सामाजिक, आर्थिक, राजनीतिक प्रक्रियाओं से जुड़ा है।

यह चिंता इस बात की तरफ इशारा करती है कि निर्मल वर्मा के पूरे हवास पर औपनिवेशिकता के तत्त्व पूरे तौर पर छाए हुए हैं। आज जब हम स्वतंत्र हैं तब भी। वे इस चिंता से मुक्त नहीं हैं। उनका मानना है कि—"यूरोपियों द्वारा भारत की खोज एक दुर्भाग्यपूर्ण घटना थी, एक ऐसी दुर्भाग्यपूर्ण घटना जो भारत के लिए पूर्व के अन्य देशों की तुलना में कहीं अधिक घातक सिद्ध हुई, क्योंकि उन देशों के पास ऐसी कोई अतीत संपदा नहीं थी जिसमें वे लौट सकते या जिसका उन्हें स्मरण कराया जा सकता।"[20] शायद यही वज़ह है कि उनकी कहानियों और निबंधों में औपनिवेशिकता के कारण हुए सांस्कृतिक, वैचारिक हानि की तरफ अक्सर इशारे मिलते हैं। वैसे एक बात और भी गौरतलब है कि निर्मल वर्मा अपनी कहानियों और उपन्यासों में पश्चिमी सभ्यता और संस्कृति से अत्यधिक प्रभावित हैं। इसी कारण उनके पात्र खासकर नारी पात्र इतने बोल्ड हैं, वर्जना रहित। किसी से संबंध बनाने में वे किसी प्रकार की हिचक महसूस नहीं करते। वहीं निर्मल वर्मा अपने निबंधों में भारतीय संस्कृति की वकालत करते हैं, लेकिन क्या हमारी भारतीय संस्कृति में आधुनिक कही जाने वाली नारी को निर्मल वर्मा की नारी की तरह छूट है? क्या वह पर-पुरुष से इस तरह से संबंध बना सकती है जिस तरह 'रायना', 'बिंदु' बनाती हैं?

"निर्मल वर्मा के चरित्रों की विशिष्ट उपनिवेशोत्तर भारतीय स्थिति, 'समय' के साथ उनके संबंध में देखी जा सकती है। × × × निर्मल वर्मा के समूचे साहित्य में समय के विविध प्रत्ययों की सतत आवृत्ति को याद कर सकते हैं। समय, स्मृति, शाश्वत, कालातीत, क्षण, अतीत, परंपरा, इतिहास, आधुनिक, काल, प्रासंगिकता, शताब्दी और मौसमों, महीनों आदि के नाम इस साहित्य में अतिव्याप्त रहते हैं।"[21] निर्मल की कहानियों, उपन्यासों में समय प्रभावी रूप से उपस्थित है। "अक्सर ही 'समय' निर्मल के पात्रों को न सिर्फ उपस्थिति के स्तर पर अनुभव होता रहता है बल्कि वे इस उपस्थिति का एक अतिरिक्त दबाव भी महसूस करते हैं। दूसरों शब्दों में पात्रों के बीच समय की यह उपस्थिति एक अनाविष्ट (न्यूट्रल) उपस्थिति न होकर इस तरह एक 'आविष्ट' उपस्थिति है कि वह पात्रों के कार्य और कर्मफल का मात्र अधिष्ठान होने के बजाय दोनों को प्रभावित करने वाली शक्ति की तरह प्रतीत होती है।"[22]

निर्मल वर्मा की अधिकांश कहानियों में एक भुतहा वीरानापन छाया रहता है। ये वही कहानियाँ हैं जिन पर विदेशी होने का ठप्पा लगता है। अपनी इन कहानियों

के संदर्भ में निर्मल वर्मा लिखते हैं—"बरसों विदेश में रहने के कारण मेरी कुछ कहानियों में शायद एक वीराने किस्म का 'प्रवासीपन' चला आया है। मुझे नहीं मालूम यह इन कहानियों को अच्छा बनाता है या बुरा। कुछ भी हो, इन्हें विदेशी कहानियाँ कहना शायद ठीक न होगा, यूँ भी मुझे कहानियों, कविताओं को भौगोलिक खंडों में विभाजित करना अरुचिकर और बहुत हद तक अर्थहीन लगता है।"[23]

यह बात किसी हद तक सही भी है कि उनके यहाँ कहानी सीधी गति से न बढ़कर छोटे-छोटे खंडों और अनेक वक्रताओं में बढ़ती और विकसित होती है। "अपनी कहानियों में विदेशी पृ.भूमि का इस्तेमाल निर्मल वर्मा न तो उषा प्रियंवदा की तरह दो संस्कृतियों की संस्कारगत टकराहट के रूप में करते हैं और न ही कृष्ण बलदेव वैद की तरह आधुनिकता से सम्मोहित होकर, वहाँ की स्थितियों को अपने परिवेश पर थोपने की कोशिश करते हैं।"[24]

जबकि निर्मल वर्मा की कहानियों में परिवेश की भूमिका सबसे महत्त्वपूर्ण होती है। चूँकि वे अपनी कहानियों में एक स्वतंत्र चमत्कार से परिपूर्ण संसार की रचना करते हैं, तो यह ज़रूरी हो जाता है कि वे उसमें निहित परिवेश के छोटे-छोटे ब्यौरे देकर ही उसे वास्तविकता के धरातल पर खड़ा करें और वे ऐसा करते हैं। "यह अकारण नहीं है वे अपने प्रिय लेखक नाबोकोव की साहित्य संबंधी जिन शिक्षाओं को महत्त्व देते हैं, उनमें छोटे-छोटे ब्यौरों का महत्त्व सर्वाधिक है। निर्मल हमें बताते हैं सिद्धांत की नई तफसीलें, डिटेल, छोटी-छोटी बातें—नाबोकोव की दृष्टि में एक उपन्यास के प्राण उसके सूक्ष्म ब्यौरों में वास करते हैं, कमरे का फर्नीचर या आँखों का रंग, कपड़े, बातचीत का तरीका और रहन-सहन का ढंग—ये वे महीन तंतु हैं जिससे एक मास्टरपीस का ताना बुना जाता है।"[25]

निर्मल के पात्रों के इर्द-गिर्द एक अजीब-सा रहस्यमयी जादुई अँधेरा-उजाला बिछा रहता है, जिसमें उनके पात्र मूर्त और वास्तविक दुनिया और जीवन की चिंताओं से मुक्त अमूर्त और दार्शनिक-सी लगने वाली चिंताओं की चिंता में जीने का प्रयास करते दिखाई देते हैं। "निर्मल के पात्रों की जीविका के क्या साधन और सरोकार हैं यह आप कभी नहीं जान सकते। वे बेकार हों या कारोबारी, इस बात का उन पर कोई दबाव नहीं है। बेकारी के दिनों में भी वे गिन-गिनकर पैसे खर्च करते हैं, योजनाएँ बनाते हैं, सैंडविच खाते हैं या बियर पीते हैं। बहुत बोर होने पर पार्कों या एकांत बेंचों पर मुँह ढककर सो जाते हैं। उत्पादन की किसी भी कड़ी से न जुड़े हुए ये लोग अपनी ही मानसिकता में कैद रहते हैं और बाहरी-भीतरी, होने-न-होने के बीच भटकते रहते हैं।"[26]

एक और खास बात जो निर्मल जी की कहानियों और उपन्यासों में जगह-जगह दिखाई देती है वह है—'एक उजड़े परिवार की छवि।' बूढ़े अकेले पड़ गए माँ-बाप और दूर-दराज जगहों पर बस गई उनकी संतानें प्रेम की असफलता का दंश और

मुद्दत गुजर जाने के बाद उसकी गड़ती हुई कनी, उजाड़ और वीराने में, माँ की मृत्यु के बाद बूढ़ी बुआ और पिता के साथ रहती युवती बेटी—यह उस दुनिया का एक खाका है जो निर्मल ने अपनी कहानियों में रचा है।

न सिर्फ परिवार बल्कि घर की परिकल्पना भी निर्मल के यहाँ कुछ अधूरी-सी है। अधूरी इस मायने में कि उनका कोई भी पात्र 'घर' को लेकर गंभीर नहीं है चाहे वह नित्ती भाई हों या डेरी, इरा, बिंदु, बिट्टो सब ही अपने-अपने ढंग से जीते हैं, लेकिन उनके बीच 'घर' नहीं होता है, एक बिखराव है...। हाँ इतना ज़रूर है कि 'घर' शब्द उनकी कई कहानियों में एक गंभीर चिंता की तरह आया है। धूप का एक टुकड़ा, उनके कमरे, एक दिन का मेहमान, ज़िंदगी यहाँ और वहाँ, परिंदे, एक चिथड़ा सुख, वे दिन आदि कहानियों और उपन्यासों में घर की इस परिकल्पना को महसूस किया जा सकता है। "इन कहानियों के पात्रों का कोई घर नहीं है, कोई आत्मीय जगह जो बचपन में घर की रसोई हुआ करती थी, कोई आत्मीय बिस्तर, कोई जगह जहाँ जाया जा सके, सिर्फ लौटा नहीं। घर की यह अनुपस्थिति ही घर को मुखर रूप से उपस्थित बनाती है। लगता है वही इन कहानियों का केंद्रीय चरित्र है।"[27]

"कुछ लोग छुट्टियों के बाद भी घर नहीं लौटते सिर्फ दूसरों को देखकर उन्हें विश्वास होता है कि छुट्टियाँ खत्म हो रही हैं।" (छुट्टियों के बाद)

"घर कहीं नहीं था, इसलिए घर की आवाज़ अच्छी लगती है।" (वीकएंड)

"आप घर क्यों नहीं लौट जाते...?"

"घर"...उन्होंने भयभीत दृष्टि से मेरी ओर देखा, "कौन-सा घर...? मैं आपका मतलब नहीं समझा।" (दो घर)

"घर लौटने के लिए तो ज़िद नहीं करते?"

"कैसा घर...?"

"अपना घर और कैसा घर...?" माँ ने झुँझलाते हुए कहा। (बीच बहस में)

" 'घर' शब्द जब भी आता है, किसी खाली जगह को भरने, लहूलुहान मर्म को काँपती उँगलियों से छूने जैसा आता है और जितनी उत्कट अर्थ-संपृक्ति के साथ आता है उतनी ही उत्कटता से अपने छूछेपन का अहसास करा जाता है, खालीपन बजाय भरने के और भी नंगा और रक्तरंजित हो उठता है।"[28]

निर्मल वर्मा के लिए इस घर का कोई विकल्प नहीं है। घर को वे किसी दूसरी चीज़ से बदल नहीं सकते। इस घर की ज़रूरत को पूरा करने के लिए कोई दूसरी चीज़ रच नहीं सकते, क्योंकि इस रचने के लिए उन्हें अपनी स्मृति के बंद कमरे से बाहर आना होगा। निर्मल वर्मा बंद कमरे के कहानीकार हैं। स्मृति जो एक बंद कमरे में रहती है, उस बंद कमरे में उनका अपना आपा है, उनकी अपनी अस्मिता है। "स्मृति पर जो निर्मल वर्मा इतना ज़ोर देते हैं वह इसलिए मकान का घर बनाने

के लिए, जो उखड़ा-उखड़ा संसारहीन और ओछा है। उसे परिष्कृत, गरिमायुक्त, सुसंस्कृत सौंदर्य की आंतरिकता से समृद्ध बनाने के लिए। जहाँ स्मृति है वहीं निर्मल वर्मा अपने को सुरक्षित महसूस करते हैं। उसके बाहर वे एक मरुस्थल, एक विषाद और अंतहीन ऊब देखते हैं, जिनसे उन्हें सिर्फ डर लगता है। उस खुले और क्रूर वर्तमान में जिसकी खटखटाहट वे कमरे के दरवाजे पर सुनते हैं। यह वर्तमान निर्मल वर्मा के लिए एक मकान है, एक ऐसा मकान जिसमें कोई प्राइवेसी नहीं है, अँधेरे व्यक्तिगत कोनों का कोई रहस्य नहीं है, जिसमें आसपास स्मृतियाँ नहीं जुड़ी हैं। और शायद ये डर भी उन्हें खुलने नहीं देता, क्योंकि स्मृति के बाहर बेलौस जलते ऊबड़-खाबड़ प्रदेशों में भटकने और रमने नहीं देता। उनमें खुलेपन के प्रति एक ललक ज़रूर है। गलियों और चौराहों की खुली जीवनधारा की चर्चा वे ज़रूर करते हैं, पर जब भी वे अपनी स्मृति के कमरे से बाहर आने की कोशिश करते हैं तो उन्हें धूप, पिकनिक और हवा में हँसती, खिलखिलाती लड़कियाँ याद आती हैं।''[29]

निर्मल वर्मा की ज्यादातर कहानियों में अक्सर दो ही पात्र हैं, जो घूम-फिरकर बार-बार आते हैं, अपनी किसी बहुत आत्मीय चीज़ से अलग हो गया प्राणी, जो इस अलगाव का आदी नहीं हो पाया,–''किसी चीज़ का आदी न हो पाना, इससे बड़ा कोई दुर्भाग्य नहीं। वे लोग जो आखिर तक आदी नहीं हो पाते या तो घोड़ों की तरह उदासीन हो जाते हैं या मेरी तरह धूप के एक टुकड़े की खोज में एक बेंच से दूसरी बेंच का चक्कर लगाते रहते हैं।''[30]

और शायद यह तलाश निर्मल वर्मा के समूचे लेखन में विद्यमान पात्रों के बीच है। हर कोई किसी-न-किसी चीज़ की तलाश की जद्दोजहद की गिरफ्त में है, लेकिन यह तलाश अकेलेपन की है...और शायद यही वजह है कि ''निर्मल वर्मा के पात्रों की दुनिया में भीतर कुछ नहीं बदलता, सिर्फ हम अलग-अलग कोणों से यही झलक पाते रहते हैं कि भीतर कहीं कुछ बहुत आत्मीय है जिसे खोलते हुए प्रमुख पात्र खुद डरता है..., उसको लगता है कि एक भुरभुरी-सी मिट्टी की मूर्ति जो हाथ लगाते ही बिखर जाएगी और यह नायक उस मूर्ति वाली पिटारी या कब्र से न दूर हो पाते हैं, न झाँककर उसमें देख पाते हैं, बस तकिया लगाए वहीं धूप, लोबान जलाते हैं, यह एक प्रकार की अवरुद्ध मानसिकता के रुके हुए लोग हैं, जिन्हें कोई 'बीच बहस में' ऐसी जगह छोड़ गया है कि वे अगले संवाद की प्रतीक्षा में बैठे हैं और शायद उन्हें इस बात का खयाल या ज़रूरत भी नहीं रह गई है कि कोई अगला संवाद होना भी था।''[31]

और ''शायद यही वज़ह है कि निर्मल वर्मा की कहानियों और उपन्यासों का लोकेल अकेले गिरजे, भुतहे कब्रिस्तान, एकांत पार्क, सूनी सड़कें, अकेला कमरा, खाली बियर पब होते हैं और उनके पात्रों को पहाड़ों का अकेलापन बहुत रास आता है–जहाँ वे अकेले निष्क्रिय बैठे रहते हैं या वक़्त की काई से भरी दीवार पर अपने नाम

को तलाशते रहते हैं। कहने को उनके सामने जीवित पात्र होते हैं, लेकिन उनका उसके साथ एटीट्यूट वही भुतहा और खँडहरी एकांत का होता है। मैं उसी तरह उसकी देह टोह रही थी जैसे कुछ लोग पुराने खँडहरों पर अपने नाम खोजते हैं जो मुद्दत पहले उन्होंने दीवार पर लिखे थे—लेकिन मेरा नाम वहाँ कहीं नहीं था।''[32]

'एक चिथड़ा सुख' की बिट्टो को भी तलाश है, वह भी कुछ चाहती है पाना...लेकिन...उसे भी नहीं मालूम कि उसे क्या चाहिए...लेकिन वह उसी चाहना के लिए अपना घर छोड़कर महानगर आ जाती है, जहाँ डेरी है, जो अपनी उम्र के सुनहरे दिन बिहार के जंगलों में बिता आए...कुछ नए की तलाश में और अब थिएटर कर रहे हैं...मानों जैसे नक्सलवादी विचारों और आदर्शों के कफन को थिएटर में उतार रहे हैं, बिना यह सोचे कि उनके पीछे उनके परिवार ने क्या भोगा है, उनके नक्सलवादियों के बीच चले जाने पर। डेरी की छोटी बहन को एकदम पागल तो नहीं कहा जा सकता, लेकिन वह शॉक में ही रहती है...उसको अभी भी उन दिनों की यादें सताती रहती हैं...जब 'वे' रातों में कभी भी तलाशी लेने आ धमकते थे...वह सो नहीं पाती, उसे हर समय डर लगता रहता है कि वे आ न जाएँ। इसी कारण वह जागती आँखों से उनके आने का सपना देखती रहती है, सिरहाने चाकू रखकर...? वह डेरी के साथियों को पागल समझती है। उसकी नज़र में सब—''दे आर रूइनिंग देयर लाइफ...? वे बरबाद कर रहे हैं...ख़त्म कर रहे हैं अपनी ज़िंदगियों को...।''[33] शायद यह सही भी हो...क्योंकि निर्मल के पात्रों के सामने कोई निश्चित मकसद नहीं होता है अपने जीने का, बस वे जिंदा हैं, लेकिन, ज़िंदगी को पीते हुए घूँट-घूँट...? 'एक चिथड़ा सुख' के नित्ती भाई को ही ले लें। आखिर उन्होंने ब्लेड और टब के पानी का सहारा लिया क्यों? क्या उनकी नज़र में जीवन का मकसद सिर्फ इतना ही होता है कि वह इरा से दूर नहीं रह सकते थे। इरा से दूर रहने का मतलब यह तो नहीं होता कि सबसे दूर हो जाएँ। और 'इरा' या 'वे दिन' की 'रायना' दोनों ही क्या सिर्फ इसलिए जिंदा हैं या भटक रही हैं कि वे ज्यादा दिनों तक अकेली नहीं रह सकतीं।...लेकिन किससे...? शायद एक लिहाज से सभी अकेले होते हैं...साथ रहने के बावजूद...।

उपेक्षित बच्चे निर्मल के यहाँ बहुत हैं चाहे वो 'लाल टीन की छत' की काया हो या 'माया की मर्म' की लड़की हो या 'एक दिन का मेहमान' की लड़की या 'वीकएंड' और 'दूसरी दुनिया' की लड़की या 'रात का रिपोर्टर' की वह पहिया घुमाती लड़की...सब ही अपने-अपने कोणों से उपेक्षित और अकेले हैं...। काया का अकेलापन हो सकता है पहिया घुमाती लड़की से अलग हो...लेकिन है तो वह भी अकेली...।

निर्मल वर्मा के पूरे कथा-साहित्य को देखने के बाद एक बात बहुत साफ तौर पर दिखाई देती है कि उनकी ज़्यादातर कहानियाँ 'यहाँ और वहाँ' के बीच घूमती रहती हैं। ज़िंदगी के दो रूप, दो आयाम, दो ज़मीन और दोहरी मानसिकता है। निर्मल

वर्मा का आप्रवासी भारतीय एक ऐसे वृक्ष की तरह है जिसकी जड़ें पूरब में और शाखें पश्चिम में...। वह साँस तो पश्चिम में लेता है लेकिन, साँस लेने की ऊर्जा के लिए पूरब की तरफ देखता है, वह एक अधूरेपन में जीता है। चाहता तो वह है कि अपने आपको उन जड़ होते हुए संस्कारों से काटना, लेकिन वह काट नहीं पाता।

निर्मल वर्मा की ज़्यादातर कहानियाँ प्रवास के दौरान लिखी गई हैं और उन कहानियों में एक आप्रवासी भारतीय का दर्द, उसकी समस्याएँ, उसकी उलझनें, मानसिक धरातल पर दो संस्कृतियों के बीच टकराव से उत्पन्न हुई स्थितियों का बहुत ही बारीकी के साथ चित्रण हुआ है। जैसे 'लंदन की एक रात', 'एक दिन का मेहमान', 'दूसरी दुनिया'...प्रभृति कहानियाँ इस दृष्टि से देखी जा सकती हैं।

निर्मल वर्मा के पूरे कथा-साहित्य पर सूक्ष्मता से नज़र डालने पर एक चीज़ बड़े साफ तौर पर नज़र आती है वह है 'पीढ़ियों का अंतराल'। माँ-बाप और बेटे के संबंधों के बीच एक ठंडी लकीर खिंची रहती है। 'पिछली गर्मियों में' कहानी का बाप अपने बेटे से बात करने से झिझकता है, जबकि बेटा बरसों के बाद विदेश से लौटा है और दूसरे दिन फिर चला जाने वाला है। इसी तरह 'रात का रिपोर्टर' की माँ अपने बेटे से बात करते हुए एक दूरी बनाए रहती है। वहीं दूसरी तरफ 'पिछली गर्मियों में' कहानी संग्रह की 'खोज' कहानी की दो बहनें अपने परदेश गए भाई के बारे में इतनी सूक्ष्मता और संवेदना के साथ बात करती हैं, कि वहाँ भाई का रिश्ता पीछे चला जाता है—सामने रहता है तो केवल पुरुष, जो उनके बीच से अचानक उठकर चला गया है और छोड़ गया है अपनी कुछ स्मृतियाँ उनके लिए...। या फिर 'बूलू' को ही ले लें, (पिछली गर्मियों में) नीली नशीली आँखों वाली बूलू जो अपने मामा के साथ नृत्य करना चाहती है और नृत्य करते समय वह केवल लड़की होती है, जो एक पुरुष के साथ नृत्य कर रही है, इतनी घनिष्ठता से जहाँ दोनों की साँसें आपस में घुलमिल रही हैं। निर्मल वर्मा की यह खासियत है कि वे साँसों के घुलने-मिलने की बारीकियों और उससे उपजी ऊष्मता और संवेदनाओं को बहुत ही गंभीरता के साथ चित्रित करते हैं कि पता ही नहीं चलता कि रिश्ते कब औरत-मर्द में बदल जाते हैं।...लेकिन, ये बारीकी प्रेमिका, भाई-बहन और दोस्तों तक ही सीमित है।

दूरियाँ पति-पत्नी के बीच भी हैं। उनकी कोई भी कहानी उठाकर देख लीजिए, जहाँ भी पति-पत्नी का जिक्र है वहाँ एक तनाव, एक तीखापन दो कदम पहले आता है, चाहे 'एक चिथड़ा सुख' के नित्ती भाई की पत्नी हो या 'रात का रिपोर्टर' के रिशी की पत्नी या 'पिछली गर्मियों में' की माँ और बाबूजी के बीच की दूरियाँ, किसी भी कोण से उन रिश्तों की गर्मी को उजागर नहीं करते जो कि एक पति-पत्नी के बीच के होते हैं।

निर्मल वर्मा के यहाँ नैतिकता और अनैतिकता में फर्क करना बड़ा मुश्किल हो जाता है। नैतिक और अनैतिक को विभाजित करने वाली कोई सीमा रेखा निर्मल वर्मा के यहाँ नहीं है। वे संबंधों की ज़रूरत पर जोर देते हैं, नैतिकता पर नहीं। नाग बोडस का कहना है कि—"मर्यादाओं की नैतिकता-अनैतिकता के पैमाने कलाओं पर इसलिए नहीं लगाना चाहिए कि मनुष्य के लिए महत्त्वपूर्ण होने के बावजूद कलाएँ कमोबेश अनुपयोगी होती हैं।"[34] इसी संदर्भ में निर्मल वर्मा खुद कहते हैं—"कलाएँ सिखाती नहीं, सिर्फ जगाती हैं, क्योंकि उसके पास 'परम सत्य' की ऐसी कोई कसौटी नहीं, जिसके आधार पर वह ग़लत और सही, नैतिकता और अनैतिकता के बीच भेद करने का दावा कर सके।"[35] वहीं दूसरी ओर वे अपने निबंधों में कहते हैं—"मैं सौंदर्य और नैतिकता को पूरी ईमानदारी से निभाता हूँ।" लेकिन अपनी कहानियों और उपन्यासों में पात्रों के संबंधों के बीच में किसी भी प्रकार की कोई वर्जनाएँ नहीं रखते या फिर यूँ कह लें, उनके यहाँ अनैतिक और नैतिक संबंधों के बीच संबंधों के फर्क को विभाजित करती हुई कोई विभाजन रेखा नहीं है।

ऐसा क्यों है? क्योंकि अनैतिक वह होता है जो छुपाया जाता है और निर्मल जी के यहाँ कुछ भी छुपा हुआ नहीं होता। 'इरा' और 'नित्ती भाई' के बीच का रिश्ता सबको मालूम है। इसी तरह 'डेरी' और 'बिट्टो' के रिश्ते भी किसी से छिपे नहीं हैं और 'लाल टीन की छत' की 'पहाड़ी औरत' और 'चाचा' का रिश्ता। इसी तरह 'वे दिन' की 'रायना' का अपने 'बेटे' से कुछ भी छिपा नहीं होता। निर्मल वर्मा के यहाँ जो कुछ भी है वह सब खुला-खुला है, लेकिन वह सारा खुलापन इतनी स्वाभाविकता और संवेदना से भरा होता है, उन संबंधों में इतनी गर्मी होती है कि लगता है कि अगर हम उनको अनैतिकता की परिधि में घसीटेंगे तो शायद अपनी उँगलियाँ जला बैठेंगे।

निर्मल वर्मा के ज़्यादातर नारी पात्र वर्तमान जीवन के बजाय बीते जीवन की स्मृतियों को महत्त्व देते हैं। जीवन का वह हिस्सा ही उन्हें सार्थक लगता है, जिसमें स्मृति बन जाने की संभावना उन्हें ज्यादा दिखाई देती है। 'पिक्चर पोस्टकार्ड' की नीलू, परेश की यादों से लिपटी रहना चाहती है, उसके साथ वर्तमान जीवन में जीना शायद वह नहीं चाहती इसीलिए वह परेश से कहती है, बेकार खाली रहने के बजाय वह सेलर क्यों नहीं बन जाता, क्योंकि तब वह उसे हर शहर से पिक्चर पोस्टकार्ड भेज सकेगा।

निर्मल वर्मा की नारियाँ एक उदासीन, आत्मलीन और मूल्य निरपेक्ष जीवन जीती हैं, जबकि निर्मल वर्मा के समकालीन कथाकारों की नारियाँ आत्मलीन होती हैं, लेकिन मूल्य निरपेक्ष जीवन और उदासीन जीवन नहीं जीतीं। निर्मल वर्मा ने जितने खुले रूप से अपनी आधुनिक नायिकाओं को शराब और सिगरेट पीते दिखाया है, उतना उनके समकालीन कथाकारों ने दिखाने का साहस नहीं किया है। मोहन राकेश

ने नीलिमा के माध्यम से प्रयत्न ज़रूर किया, लेकिन नीलिमा अपने मन से कभी सिगरेट और शराब को हाथ नहीं लगाती, एक दूरी का भाव इन चीज़ों के प्रति उसके मन में बराबर बना रहता है, लेकिन निर्मल वर्मा के यहाँ तो शराब पानी की तरह पी जाती है। निर्मल वर्मा के पात्र अपनी हताशा और ऊब से बचने के लिए सिगरेट और शराब का सहारा लेते हैं।

एक बात जो उनके नारी पात्रों में विशेष रूप से देखने को मिलती है, वह है उनका जीवन के प्रति गहरा लगाव...। जीवन की दुःखांत स्थिति को भी वे खुशी-खुशी जीती हैं...। बिट्टो तपेदिक की मरीज़ है। उसे मृत्यु कभी भी अपने शिकंजे में जकड़ सकती है, बावजूद इसके वह कहती है–"मरने से पहले बहुत जीना चाहिए बब्बू, जैसे हम पहली बार जी रहे हों, जैसे हमसे पहले कोई न जिया हो।" जीवन की यह लालसा एक ओर मृत्यु की भयंकरता को उग्र करती है तो दूसरी ओर अजेय जीवनशक्ति का भी आभास दिलाती है और यह जीवनशक्ति उनके नारी पात्रों में है जो उनके समकालीन कथाकारों के नारी पात्रों में देखने को नहीं मिलती। निर्मल की नारियाँ दुख को सिगरेट के कशों की तरह पी जाती हैं, कभी आत्महत्या का विचार भी मन में नहीं लातीं, वहीं उनके पुरुष पात्र दुख से घबराकर पलायन कर जाते हैं; नित्ती भाई आत्महत्या कर लेते हैं, लेकिन निर्मल वर्मा जी की नारियाँ अंत तक लड़ती रहती हैं।

निर्मल वर्मा की नायिकाओं में एक बात और साफ तौर पर दिखाई देती है कि उनके यहाँ मध्य वर्ग की प्रदर्शनप्रियता नहीं है। उनके समकालीन कहानी और उपन्यासकार राजेन्द्र यादव की नायिका सुजाता में हमें मध्यम वर्ग की प्रदर्शनप्रियता दिखाई देती है, लेकिन निर्मल वर्मा की नायिका इस ओर से बिल्कुल ही बेखबर हैं।

उनकी नायिकाएँ कभी भी दोहरी मानसिकता में नहीं जीतीं, जबकि उनके समकालीन कथाकारों की नायिकाओं की ज़िंदगी में दोहरापन है, अंदर कुछ और बाहर कुछ।

निर्मल वर्मा की नायिकाएँ काफी बिंदास हैं। उनमें किसी भी प्रकार की वर्जनाएँ नहीं हैं। सुख की खातिर वे किसी से भी संबंध बना सकती हैं। फिर वहाँ घर, परिवार कुछ भी देखना मायने नहीं रखता। वे कभी भी इस बात की आकांक्षिणी नहीं दिखाई देतीं कि सामने वाला उससे शादी कर घर बसाए। समकालीन कथाकारों के कथा-साहित्य में नारी के इस सपने के दर्शन नहीं होते, वहाँ भविष्य पहले होता है, लेकिन निर्मल वर्मा के यहाँ भविष्य कहीं नहीं होता, जो भी है वह वर्तमान है, सारा सुख अभी भोग लो, कल किसने देखा है की मानसिकता की वे पक्षधर हैं।

निर्मल वर्मा की नारियाँ कर्तव्य भावना के वशीभूत होकर पति, बच्चे के साथ रहना गवारा नहीं करतीं। वे संबंधों में तनाव की स्थिति में घर से, पति से दूर हो अलग जीने लगती हैं। वे पति के आसरे की कामना नहीं करतीं, खुद अपने पर

उन्हें भरोसा होता है, घर छोड़ने में उन्हें ज़रा भी देर नहीं लगती। 'धूप का एक टुकड़ा' की नायिका, 'अँधेरे में' कहानी की पोनो, 'एक दिन का मेहमान' की पत्नी को इस संबंध में देखा जा सकता है।

निर्मल वर्मा के पात्र चाहे वे स्त्री हों या पुरुष—ऐसा लगता है जैसे वे सब अपने भीतर एक घना भुतैला जंगल लिए घूम रहे हैं—अभिशप्त से...शायद भटकने के लिए ही छोड़ दिए गए हैं, घाटियों में...। पात्रों के आपसी रिश्ते किसी भी तरह से साफ दिखाई नहीं देते चाहे वह पति, पत्नी के रिश्ते ही क्यों न हों...। निर्मल वर्मा के यहाँ किसी भी स्त्री पात्र के संबंध पहले से तय नहीं होते और अगर होते भी हैं तो टूट कर अतीत बन चुकने में कोई बहुत देर नहीं लगती। मुख्य पात्र से अन्य पात्रों के संबंध की बात को ले लें तो संबंधों के रिश्तों की गाँठें इतने हौले-हौले खुलती हैं कि लगता है कि वे प्राणी किसी दूसरी दुनिया से आए हुए हैं। निर्मल वर्मा अपनी कहानियों या उपन्यासों के पात्रों के बीच संबंधों के होने या टूटने का कोई तर्क नहीं देते हैं।

निर्मल वर्मा अपनी कहानियों और उपन्यासों में पात्रों के चरित्रों के व्यवहार और भावों को कई जगह 'अनक्लासीफाइड' रखते हैं, यानी आचरण और भाव के अर्थ को निश्चित करने के लिए आवश्यक जानकारी वे अक्सर नहीं देते, पात्रों के माध्यम से हो रहे परस्पर वार्तालाप से यह बिल्कुल भी आभासित नहीं होता कि दोनों के बीच का संबंध क्या है? जैसे सूखा कहानी में शकुन और डॉ. देव के मध्य के वार्तालाप को देखें—''मैंने धीरे से उनके कंधों को छुआ।''

''मैंने हड़बड़ाकर उनका हाथ पकड़ लिया। जाने क्या सोचकर मैंने उनका हाथ खाली गिलास से हटाकर अपने हाथ में भर लिया।'' इन संवादों को देखकर कहीं नहीं लगता कि दोनों के बीच किस तरह के संबंध हैं। शकुन जैसी लड़की के शील और चरित्र से खुलेपन के इस व्यवहार का कहीं मेल नहीं है।[36] इसी प्रकार कहानी 'पिछली गर्मियों में' की 'बूलू' और 'नायक' के बीच के मध्य का वार्तालाप एक स्त्री और पुरुष के मध्य का वार्तालाप लगता है। वहाँ कहीं नहीं लगता कि बूलू कथानायक के बहन की लड़की है। चार्ल्स स्टोन करते हुए दोनों की साँसें प्रेमी और प्रेमिका की तरह घुल-मिल रही थीं।

निर्मल वर्मा की यह प्रवृत्ति रही है कि वे भावों और आचरण की ही तरह प्रसंगों, स्थितियों यहाँ तक कि मूल कथ्य तक को रहस्यात्मक बना देते हैं। निर्मल वर्मा बारीक अनुभूतियों के कलाकार हैं। सूक्ष्म अनुभूतियों को शब्दबद्ध करना उन्हें खूब आता है। निर्मल वर्मा की कहानियाँ एक खुमारी की तरह छा जाती हैं।

''निर्मल वर्मा कई बार, विभिन्न स्थानों पर अपनी यात्राओं के अपने जाने-पहचाने अनुभवों को किसी पात्र के माध्यम से प्रकट करने के लिए चरित्र पर आरोपित कर देते हैं, जबकि चरित्र की सामाजिक, पारिवारिक पृ.भूमि, सांस्कृतिक परिवेश और

गुण स्वभाव को देखते हुए वे अनुभव संगत नहीं लगते।"[37] एक व्यक्तिगत चर्चा में 'भारत भवन' में मदन सोनी जी ने भी इस बात को स्वीकारा था। "उदाहरण के लिए छोटे शहर में रहने वाली शकुन को, जिसको अभी दुनिया देखनी हैं, अपने शहर के पास का होटल किसी 'स्विस कॉटेज' की तरह लगता है और सेमीनार के लिए आए डेलीगेटों की देखभाल के लिए अपनी उपस्थिति की तुलना वह अँग्रेज़ी वार्ड के बटलर से करती है जो आँख उठाते ही प्रकट हो जाता है और नज़र मोड़ते ही अंतर्धान हो जाता है। कहने की ज़रूरत नहीं कि ये अनुभव निर्मल जी को ही जँचते हैं, शकुन जैसी स्थिति की लड़की को नहीं। वह लड़की छोटे शहर की है, जीवन अनुभव अभी कम है, अपनी नई-नई नौकरी की पहली परीक्षा में पास होने की चिंता है। रजत से उधार माँगी जींस और जर्सी पहनकर सेंचुअरी में घूम आती है पर इसी पोशाक को अपने शहर में पहनने की बात कभी सोच नहीं सकती, होटल के बेसमेंट में रजत उसके साथ छिपकर रह सकता है, खुले आम नहीं। × × × इस लड़की को निर्मल वर्मा कभी-कभी ऐसे सांस्कृतिक वातावरण में सधा हुआ अभ्यस्त व्यवहार करते हुए दिखाते हैं जो वातावरण उसकी स्थिति से मेल नहीं खाता। कलक्टर द्वारा दी गई पार्टी में बेहिचक डॉ. देव के लिए व्हिस्की का पेग बनाना और अपने लिए बियर के दो गिलास ढालना ऐसा ही व्यवहार है।"[38]

अंत में निर्मल के पूरे व्यक्तित्व को समझने के लिए उनकी कहानी 'सूखा' को परखने की ज़रूरत है–'सूखा' पर टिप्पणी करते हुए राजेन्द्र यादव ने लिखा है कि–"यह देखकर अच्छा लगता है कि कम से कम इस कहानी में निर्मल अपने खँडहरी आत्मनिर्वासन से बाहर आए हैं।"[39]

जिस प्रकार कहानी 'सूखा' का नायक भारत के किसी समूचे वर्ग का नायक नहीं है, इसी प्रकार निर्मल वर्मा का लेखन समूचे वर्ग का लेखन नहीं है। आज़ादी के बाद देश के कुछ महानगरों में शिक्षित मध्यम वर्ग के ऊपरी हिस्से के बीच विकसित हुए एक छोटे-से तबके के लेखक हैं–बिल्कुल उसी तरह जिस तरह सूखा कहानी का नायक डॉ. देव एक खास बुद्धिजीवी वर्ग का प्रतिनिधित्व करते हैं। डॉ. देव का सूखा कहाँ है? वह सूखा जो उनके ऊपरी जीवन में बिखरा हुआ है, अपनी ज़िंदगी से हताश टूटा हुआ इनसान जो कहानी की नायिका 'शकुन' को अपने टूटे हुए जीवन के संकेत बिना किसी प्रसंग के देता चलता है, जबकि शकुन से उसका परिचय बहुत पुराना भी नहीं होता है–"वह जितना रहस्यात्मक लगता है उतना ही कुंठित भी। उसके बावजूद शकुन उसकी देखभाल आदर और श्रद्धा से करती रहती है।

'सूखा' कहानी की असली चिंता है, डॉ. देव की रचनात्मक ऊर्जा के सूख जाने की। उन्होंने पिछले दस सालों में कुछ नहीं लिखा है–और जो कुछ भी पहले लिखा था–वह उन्हें अब बचकाना लगता है। डॉ. देव अपनी रचनात्मकता को वापस पाना चाहते हैं–जो दस वर्ष पहले उनमें थी ताकि वे अब नए सिरे से सत्य की

खोज कर सकें। यानी वे इतना चलने के बाद फिर से वहीं लौटना चाहते हैं जहाँ से चले थे। पर ग़लती कहाँ हुई...? इस सवाल से जूझे बिना जीवन के कठोर सत्य को, कोमल भावों से ढंक देना चाहता है। "डॉ. देव चाहकर भी जीवन के उल्लास और रचनात्मकता को वापस नहीं पा सकते, निर्मल वर्मा चाहकर भी व्यापक जनसमुदाय के जीवन के सूखे तक नहीं पहुँच सकते।"[40] "डॉ. देव के सूखे को निर्मल वर्मा के वैचारिक निबंधों से मिलाकर देखें तो उनके रचनात्मक सूखे की गुत्थी का कुछ तात्पर्य खुलता देखाई देता है। मनुष्य को अंत में वहीं लौटना पड़ता है, जहाँ से वह शुरू होता है।"[41]

निर्मल वर्मा ने कार्ल क्रौस के इस उद्धरण का उपयोग वादों और आदर्शों से हुई अपनी हताशा के प्रसंग में (शब्द और स्मृति के प्राक्कथन में) किया है। 'दूसरी दुनिया' की भूमिका में वे अपने लेखन के संबंध में कहते भी हैं–"मैं आज जब कभी अपने पिछले वर्षों के लेखन को देखता हूँ तो अपने पर कभी आश्चर्य और निराशा सी होती है। यदि इमरजेंसी के इक्कीस महीने छोड़ दिए जाएँ तो मेरे लेखन काल के वर्ष अपेक्षाकृत अधिक स्वतंत्रता के वर्ष रहे हैं। यह सुविधा आज के भयावह, तानाशाही युग में कितने लेखकों को मिल पाती है? ऐसे देश हैं जहाँ एक स्वतंत्र शब्द के लिए लेखकों को देश निर्वासन, लेबर कैंप, पागलखानों में अपनी ज़िंदगी के सर्वश्रेष्ठ वर्ष गुजार देने पड़ते हैं। मैं अन्य लेखकों की बात नहीं जानता, किंतु स्वयं एक भारतीय लेखक होने के नाते मुझे लगता है कि मैंने स्वतंत्रता के इन दुर्लभ संयोग को बहुत हद तक हाथ से निकल जाने दिया। मुझे समझ में नहीं आता कौन-सा अदृश्य सेंसर अपनी सुर्ख, जासूसी आँख मुझ पर गड़ाए रहता था कि मैंने अपने भीतर के अनेक तालों को खोलने का साहस नहीं किया। एक लिखे हुए शब्द में इर्द-गिर्द गूँगे अनुभवों की कितनी व्यापक भूखी, तपती ज़मीन हमेशा के लिए ऊसर और वीरान पड़ी रही। मैं अपने को यह झूठी सांत्वना भी नहीं दे सकता कि जो लिखा गया है, वह कम से कम 'अनलिखे' का थोड़ा बहुत प्रतिनिधित्व तो करता ही है, साहित्य की 'संसद' में कोई भी रचना किसी दूसरी रचना का प्रतिनिधित्व नहीं कर सकती।" यह बात दूसरी है कि अनलिखी रचनाओं की प्रेत छायाएँ लिखी हुई रचनाओं के आसपास मँडराती रहें। शायद यही कारण है कि जब कोई लेखक संपूर्ण हताशा में एक कहानी के बाद दूसरी कहानी लिखता है, तो सिर्फ नए अनुभवों को मूर्त करने नहीं, बल्कि पुरानी रचनाओं के भीतर दबी हुई 'प्रेतात्माओं' से भी सीधा-सादा साक्षात करने का साहस बटोरना चाहता है।'[42]

निर्मल वर्मा पूर्व में घोर मार्क्सिस्ट थे। मार्क्सवादी आस्था से प्रेरित हो उन्होंने कुछ रचनाएँ भी लिखीं, लेकिन अब उनका मार्क्सवाद से मोहभंग हो गया है और अब उन्हें वे रचनाएँ कुछ खास अच्छी नहीं लगतीं, उसी प्रकार जिस प्रकार 'सूखा' कहानी के डॉ. देव को अपनी पुरानी किताबें और उनका लेखन अब अच्छा नहीं

लगता। "निर्मल वर्मा जिस छोटे से तबके के बुद्धिजीवियों की हताशा को कहते हैं, इनके पास जनता के लिए कोई विकल्प नहीं है। वे पिछली शताब्दी से हर यूरोपीय देश में रहे हैं और मार्क्सवाद की क्रूरता, जड़ता और नियति की घोषणाएँ करते रहे हैं, पर कहीं भी विकल्प नहीं दे पाए। आज भी उसकी हताशा सिर्फ अध्यात्मवाद, मिश्रित नव अराजकतावाद की ओर ले जाती है।"[43]

कैथरीन मेन्सफील्ड की बात जो उन्होंने असीम कष्ट भोगते हुए अपनी डायरी में लिखी थी—"मैं मरने से पहले यह दर्ज कर देना चाहती हूँ कि मनुष्य की पीड़ा असीम है, किंतु उसका अतिक्रमण किया जा सकता है, प्रश्न उस पीड़ा के परे जाने का नहीं है। हमें उसे स्वीकार करना होगा, उसे अपनी ज़िंदगी का हिस्सा बनाना होगा।" को याद करते हुए निर्मल वर्मा अपनी हताशा के संबंध में कहते हैं—"मेरे लिए लिखना इस पीड़ा को अपना 'हिस्सा बनाने' की कोशिश रही है—इससे एक अजीब कृतज्ञता का अहसास होता है।"[44]

लेकिन कहानी 'सूखा' तक आते निर्मल वर्मा को पुनः लगता है कि उन्होंने कोई रचनात्मक लेखन नहीं किया। जनसामान्य के दिलों में पसरे सूखे को वाणी नहीं दी। इस प्रकार लगता है, कहानी 'सूखा' के डॉ. देव और स्वयं निर्मल वर्मा में कोई भेद नहीं है। कुछ नया सृजन न कर सकने की पीड़ा निर्मल वर्मा को परेशान किए हुए है।

संदर्भ

1. आलोचना, अंक-90, संपादक नामवर सिंह, लेख—खरगोश के रोएँ जैसे गद्य को सहलाते हुए, लेखक—कुँवर नारायण, पृ. 17
2. निर्मल वर्मा : दूसरी दुनिया, पृ. 12
3. डॉ. प्रेमसिंह (सं.) : निर्मल वर्मा : सृजन और चिंतन, पृ. 131
4. आलोचना, अंक-90, संपादक नामवर सिंह, पृ. 82
5. आलोचना, अंक-90, संपादक नामवर सिंह, पृ. 3
6. आलोचना, अंक-90, संपादक नामवर सिंह, पृ. 3
7. आलोचना, अंक-90, संपादक नामवर सिंह, पृ. 4
8. आलोचना, अंक-90, संपादक नामवर सिंह, पृ. 4
9. आलोचना, अंक-90, संपादक नामवर सिंह, पृ. 4
10. आलोचना, अंक-90, संपादक नामवर सिंह, पृ. 5
11. निर्मल वर्मा : कला का जोखिम, भूमिका से
12. आलोचना, अंक-90, संपादक नामवर सिंह, पृ. 5
13. आलोचना, अंक-90, संपादक नामवर सिंह, पृ. 5
14. नामवर सिंह : कहानी—नई कहानी, पृ. 55
15. पूर्वग्रह, अंक-97, संपादक अशोक वाजपेयी, लेख—निर्मल वर्मा—तकनीकी और वाक्य, लेखक—शिरीष ढोबले, पृ. 70

16. पूर्वग्रह, अंक-97, संपादक अशोक वाजपेयी, लेख निर्मल वर्मा–तकनीकी और वाक्य, लेखक शिरीष ढोबले, पृ. 70
17. निर्मल वर्मा : कव्वे और काला पानी, पृ. 15
18. निर्मल वर्मा : कव्वे और काला पानी, पृ. 15
19. पूर्वग्रह, अंक-97, संपादक अशोक वाजपेयी, पृ. 71
20. पूर्वग्रह, अंक-97, संपादक अशोक वाजपेयी, लेख–भारत और यूरोप : प्रतिश्रुति के क्षेत्र की खोज, लेखक–निर्मल वर्मा, पृ. 9
21. पूर्वग्रह, अंक-97, संपादक अशोक वाजपेयी, लेख–भारत और यूरोप : प्रतिश्रुति के क्षेत्र की खोज, लेखक–निर्मल वर्मा, पृ. 34
22. पूर्वग्रह, अंक-97, संपादक अशोक वाजपेयी, लेख–भारत और यूरोप : प्रतिश्रुति के क्षेत्र की खोज, लेखक–निर्मल वर्मा, पृ. 64
23. आलोचना, अंक-90, सं. नामवर सिंह, पृ. 33
24. आलोचना, अंक-90, संपादक नामवर सिंह, लेख–कहानीकार निर्मल वर्मा : पुनर्विचार, लेखक–मधुरेश, पृ. 33
25. आलोचना, अंक-90, संपादक नामवर सिंह, लेख–निर्मल वर्मा की कहानियों का सौंदर्य शास्त्र और समाजशास्त्र, लेखक–वीर भारत तलवार, पृ. 59-60
26. आलोचना, अंक-90, संपादक नामवर सिंह, लेख–धूप के एक टुकड़े की तलाश, लेखक–राजेन्द्र यादव, पृ. 24
27. मलयज : संवाद और एकालाप, पृ. 18-19
28. मलयज : संवाद और एकालाप, पृ. 18-19
29. मलयज : संवाद और एकालाप, पृ. 19
30. निर्मल वर्मा : कव्वे और काला पानी, पृ. 12
31. आलोचना, अंक-90, संपादक नामवर सिंह, लेख–धूप के एक टुकड़े की तलाश, लेखक–राजेन्द्र यादव, पृ. 23
32. आलोचना, अंक-90, संपादक नामवर सिंह, लेख–धूप के एक टुकड़े की तलाश, लेखक–राजेन्द्र यादव, पृ. 23
33. निर्मल वर्मा : एक चिथड़ा सुख, पृ. 79
34. आलोचना, अंक-90, संपादक नामवर सिंह, लेख–समय की गंदगी के बीच, लेखक–नाग बोडस, पृ. 84
35. निर्मल : ढलान से उतरते हुए, पृ. 15
36. डॉ. प्रेमसिंह (सं.), निर्मल वर्मा : सृजन और चिंतन, पृ. 258
37. डॉ. प्रेमसिंह (सं.), निर्मल वर्मा : सृजन और चिंतन, पृ. 261
38. डॉ. प्रेमसिंह (सं.), निर्मल वर्मा : सृजन और चिंतन, पृ. 261
39. डॉ. प्रेमसिंह (सं.), निर्मल वर्मा : सृजन और चिंतन, पृ. 252
40. डॉ. प्रेमसिंह (सं.), निर्मल वर्मा : सृजन और चिंतन, पृ. 263
41. डॉ. प्रेमसिंह (सं.), निर्मल वर्मा : सृजन और चिंतन, पृ. 256
42. निर्मल वर्मा : दूसरी दुनिया, पृ. 11-12
43. डॉ. प्रेमसिंह (सं.), निर्मल वर्मा : सृजन और चिंतन, पृ. 257
44. निर्मल वर्मा दूसरी दुनिया, पृ. 12

परिशिष्ट

परिशिष्ट

एक

'मेरे पात्र अपनी दुनिया खुद तलाशते हैं : निर्मल वर्मा'

(एक मुलाकात)

अगस्त की तीखी धूप अब सँवला रही थी। चिपचिपे पसीने को रूमाल से पोंछ हम सामने गली में मुड़ गए, किसी ने बताया था कि इस नंबर वाला मकान इस तरफ होना चाहिए। गली सुनसान थी, बस कुछ बच्चे शोर मचाते हुए सन्नाटे को तोड़ रहे थे।

गली का आखिरी मकान ही हमारी मंज़िल था। जैसे ही 14-ए/20 नज़रों के सामने आया अपने आप राहत की साँस निकल गई। आधे घंटे की धूप और उमस भरी खीज अपने आप खारिज हो गई। सामने ही छोटा-सा दोमंज़िला मकान था जहाँ शब्दों के संत निर्मल वर्मा रहते हैं। ये और बात है कि उनको अपने ही मोहल्ले में कोई जानता-पहचानता नहीं।

पीछे मुड़कर देखा, गली फिर सुनसान हो गई थी। बच्चे शायद दूसरी तरफ चले गए होंगे। गली के मुहाने से धूप बड़ी मुश्किल से भीतर आ पा रही थी। ऊँचे मकानों के बीच से आसमान की नीली पट्टी दिखाई दे रही थी। गली ज़हाँ खत्म होती है वहीं एक सड़क उससे मिलती है—उस सड़क के दूसरे किनारे पर के मोटर वर्कशाप में लगातार खट्-खट् का सिलसिला जारी था।

सीढ़ियाँ ऊपर ले जाती हैं। खट्-खट् की आवाज़ें बराबर पीछा कर रही थीं, कुछ सीढ़ी ऊपर ही कालबेल लगी थी। हल्के से पुश करने से ही भीतर कहीं घंटी बज उठी, उँगली हटाते ही ख़ामोशी ने अपना पहरा फिर बिठा दिया। बाहर भी खट्-खट् बंद हो गई थी, सन्नाटा...कुछ पल..., फिर धीमे-धीमे कदमों की आहटें दरवाज़े के करीब आईं और दूसरे ही पल एक सौम्य-सी मुस्कुराहट लिए शब्दों के संत का चेहरा सामने था।

जिस्म पर ढीली-ढाली-सी कमीज़ और जींस, पैरों में हवाई चप्पल और होंठों पर अपरिचित होने के बावजूद अपनेपन का अहसास लिए हुए मुस्कुराहट...ये थे निर्मल वर्मा...।

आइए...।

हम ड्राइंगरूम में आ गए। ड्राइंगरूम सादा पर रंगीन, सामने सोफा, ठीक पीछे किताबों की रैक, उसके ऊपर छोटी-छोटी आबनूसी मूर्तियाँ...दरवाज़े के साथ लगी हुई खिड़की के सामने की खुली टेरेस पर टू-इन-वन, खिड़की के ठीक नीचे दीवान और उससे लगी तिपाई पर टी.वी. और वहीं पर ऐश-ट्रे सफेद बिल्लौहरी के काँच की। ड्राइंगरूम के पिछले सिरे पर डाइनिंग टेबिल, नक्काशीदार कुर्सियाँ, आतिशदान के साएबान पर भी क़िताबें नफासत से सजी हुई थीं और वहीं रखा था हड़प्पा युग की याद दिलाता हुआ काली मिट्टी का मटका, छत से लटकते हुए लैंप शेड और धीमे-धीमे घूमता हुआ सीलिंग फैन...।

ये नक्शा था निर्मल वर्मा के उस कमरे का जिसमें हम लोग आकर बैठे थे। भीतर ठंडक थी, खिड़की से आती धूप डाइनिंग टेबिल के कोने पर टिकी हुई थी, लगता था किसी भी पल वह टेबिल से नीचे कूद जाएगी बिल्ली की तरह...।

हम बैठ चुक थे..., ख़ामोशी का एक धीमा पल धीरे-से गुजर गया। बात कहाँ से और किस तरह से शुरू की जाए, सवालों के लच्छे लगता था उलझ गए हैं, सिरा दिख नहीं रहा था और बीच में ख़ामोशी दुबकी बैठी थी और सामने निर्मल जी बैठे मुस्करा रहे थे...।

यूँ तो निर्मल वर्मा पर कई इल्ज़ाम लगते हैं, जैसे कि उनके उपन्यास और पात्र भारतीय पृ.भूमि से जुड़े हुए नहीं लगते, लगता है किसी और ही दुनिया के पात्र हों। कहने को उनके कई उपन्यासों की पृ.भूमि और पात्र भारतीय ही हैं, लेकिन पृ.भूमि भारतीय होने के बावजूद उनके पात्रों की बिल्कुल निजी दुनिया होती है। वे न तो किसी के प्रति प्रतिबद्ध होते हैं और न ही उन्हें समाज से सरोकार होता है, वे केवल अपने प्रति जवाबदेह होते हैं, अपने निजी अस्तित्व के लिए। ऐसी ही बहुत सारी जिज्ञासाओं का खुलासा निर्मल जी से करना था। अब वे सामने बैठे हैं, सवाल ज़ुबान की नोक पर टिके हैं...मुश्किल पहले सवाल की ही थी।

प्रश्न : क्या कारण है कि आपकी रचनाओं में अतीत का प्रतिबिंब लगातार परिलक्षित होता रहता है? मैंने शुरुआत कर ही दी...।

निर्मल वर्मा : मैं कोई निश्चित संकल्प लेकर नहीं चलता। लेकिन, व्यक्ति के अनुभवों का पुंज स्मृति में एक तरह की स्थिरता ग्रहण कर लेता है। स्मृति परिवेश है, जहाँ एक मनुष्य अपने अनुभवों को तटस्थ और वस्तुगत दृष्टि के साथ परख सकता है कि वह कब कौन-से मोड़ पर मुड़ा था, कब कौन-से निर्णय लिए थे, कौन-से रास्ते को उसने नकार दिया था और वह सारे फैसले भी जो उसे बीते हुए जीवन

के घुमावदार पड़ाव का बेरहमी से आत्मपरीक्षण करने में मदद करते हैं।

जहाँ तक मेरी रचनाओं का सवाल है, मेरी रचनाओं में अतीत और वर्तमान के बीच कोई विभाजन रेखा नहीं है। वर्तमान के अनुभव अतीत की स्मृतियों में और अतीत की स्मृतियों के अनुभव वर्तमान के उजाले में एक-दूसरे के साथ मिलते हैं और मेरे ख़याल से ये भी आनंद का बिंदु है।

प्रश्न : आपके पात्र पलायनवादी हैं? (एक चिथड़ा सुख के नित्ती भाई के संदर्भ में)

निर्मल वर्मा : मेरे पात्र पलायनवादी नहीं हैं। वे निगेटिव डिसीजन लेकर जीते हैं। अगर पलायन करते तो नित्ती भाई 'इरा' से शादी कर लेते, वे अपनी पत्नी, बच्चे को नहीं छोड़ते...। मेरे पात्र अपनी दुनिया खुद तलाशते हैं। इसी तरह 'बिट्टो' भी अपने माँ-बाप से झगड़कर दिल्ली आती है, अपनी दुनिया खुद तलाशने...। हमारी असमर्थता पलायन का एक महत्त्वपूर्ण कारण है, जब हम अपनी कामनाओं को क्रिएट होते नहीं पाते तो टूटने लगते हैं। यह अपनी मनोकामना का अंतर्विरोध है।

प्रश्न : आपके कथा-साहित्य में अकेलेपन और अंतर्द्वंद्व की पीड़ा बहुत ही मुखरित है? ऐसा क्यूँ है और उसके कारण क्या हैं? ज़रा रोशनी डालिए।

निर्मल वर्मा : क्या दूसरे उपन्यासकारों में आपको अंतर्द्वंद्व नहीं दिखाई देता। सबसे महत्त्वपूर्ण बात तो यह है कि बिना अंतर्द्वंद्व के कोई पात्र क्रिएट हो ही नहीं सकता है। हाँ, किसी-किसी का स्वरूप अलग हो सकता है, लेकिन अंतर्द्वंद्व तो पात्र का जीवन होता है। इस स्वरूप की भिन्नता के कारण ही कोई कथाकार दूसरे कथाकार से अलग पहचान बनाता है। रही बात अकेलेपन से जूझते पात्रों की, तो कहने को मैं भी अकेला नहीं हूँ, मेरा परिवार, घर सब कुछ है, लेकिन इसके बावजूद हम कहीं-न-कहीं जीवन में अकेले खड़े होते हैं। हम भारतीय, संबंधों से चिपके रहते हैं। अगर संबंध खोखला या झूठा पड़ गया है तो उससे चिपके रहने का निर्णय भी खोटा होगा। चाहे भारतीय संदर्भ हो या यूरोपीय संदर्भ में, भारतीय संदर्भ में अक्सर देखा जाता है कि हम संबंधों को ढोते रहते हैं। कारण—हमारे भीतर कुछ परिवार की, कुछ कुटुंब की और कुछ अपने से बाहर की अतिरिक्त कर्तव्य भावना काम करती रहती है, जिनका कि यूरोपीय समाज में पूरी तरह लोप हो चुका है। संबंधों के तोड़ने की पीड़ा वहाँ भी होती है, लेकिन वहाँ यदि पति-पत्नी, बाप-बेटी ये समझ लें कि अब साथ-साथ आगे चलना बेकार है, तो बेहिचक वे संबंधों को तोड़ देते हैं। उस समाज में वे उस पीड़ा को भुगतने के लिए तैयार रहते हैं जबकि हमारे यहाँ ऐसा नहीं होता है। मैंने संबंधों से चिपके रहना स्वीकार नहीं किया है। यही कारण है कि मेरे यहाँ अकेलापन मुखरित हुआ है और शायद यही मेरी विशेषता भी है।

प्रश्न : आपके कथा-साहित्य में परिवेश का चित्रण काफी सूक्ष्मता से होता

है, इस संबंध में आप कुछ कहना चाहेंगे?

निर्मल वर्मा : हाँ यह बात तो है। मेरी ऐसी सोच है कि पात्र जिस परिवेश और माहौल में जीता है, जिस कमरे में बैठता है, सोता है, उसके पूरे व्यक्तित्व पर उन अमूर्त वस्तुओं का भी प्रभाव रहता है। कहानी या उपन्यास लिखते समय मैं पात्रों पर पड़ने वाले उन अमूर्त चीज़ों के प्रभावों को नज़रअंदाज़ नहीं कर पाता हूँ और यही कारण है कि मेरे यहाँ वातावरण का चित्रण बड़ी मुखरता से होता है। क्या आप कभी ऐसा नहीं सोचतीं कि पात्र जहाँ रहता है, सोता है, खाता है, पीता है वह भी पाठक जानें, परिवेश भी एक अहम चीज़ होती है। हम अक्सर उस परिवेश को नज़रअंदाज़ कर देते हैं, लेकिन मैं ऐसा नहीं कर पाता। मेरे यहाँ कहानी में परिवेश ही सब कुछ होता है।

प्रश्न : आपके पात्रों पर अभारतीय होन्ने का ठप्पा क्यों लगा रहता है जबकि कहानी और उपन्यास की पृ.भूमि भारतीय ही रहती है?

निर्मल वर्मा : 'वे दिन' के अलावा जो भी पात्र हैं उपन्यासों के, वे भारतीय पृ.भूमि के ही हैं लेकिन पता नहीं क्यूँ आलोचक मेरे कथा-साहित्य के पात्रों को अभारतीय कहते हैं। शायद इसकी वजह मेरे पात्रों की जीवन शैली, उनकी भाषा आदि हो सकती है। एक वजह उनकी सोच में यह भी हो सकती है कि मैं ज्यादा समय तक भारत की धरा से दूर विदेशों में रहा हूँ जिसके कारण वे सोचते हैं मेरे पात्र यहाँ के नहीं हो सकते।

प्रश्न : आपके नारी पात्र बहुत 'बोल्ड' लगते हैं?

निर्मल वर्मा : मैं ऐसा नहीं समझता। और मुझे यह भी समझ नहीं आता कि 'बोल्ड' और 'अबोल्ड' का केंद्रीय बिंदु कहाँ पर आता है, जहाँ पात्रों के बीच में विभाजन रेखा खींची जाती है। मैं मानता हूँ कि कथा में एक ऐसा बिंदु ज़रूर आता है, जहाँ हम एक अनिवार्य गहरी अनुभूति से रचना को महसूस करते हैं। मेरी समझ में नहीं आता कि हिंदी आलोचना का कनसेप्ट क्या है? बोल्ड किसे कहते हैं? जब हम किसी से प्यार करते हैं या उसके साथ सोते हैं, तब हम एक अनुभव से गुजरते हैं, तो उसे अपनी रचना से बहिष्कृत या तिलांजलि देने का क्या तात्पर्य है। वह हमारे अनुभव का अनिवार्य अंग है। अगर हम उसको चित्रित नहीं करते हैं तब हम अपने साथ अन्याय करते हैं, अपने लेखन के साथ धोखा करते हैं और यह मैंने नहीं किया है। मैं अपने अनुभवों को पाठकों से शेयर करना चाहता हूँ, चाहे वह किसी लड़की के साथ गुजारी रात ही क्यों न हो।

उसी दम मुझे लगा कि निर्मल वर्मा के नारी पात्रों में जो जीवंतता है उसका कारण शायद उनकी अपने लेखन के प्रति ईमानदारी है। थोड़ी देर हम दोनों के बीच सन्नाटा पसरा रहा...। कमरे में अँधेरा उतर आया था। निर्मल जी ने उठकर लैंप रोशन पर दिया...अँधेरा कमरे से बाहर हो गया...लैंप शेड से निकलने वाली रोशनी

कई तरह के पैटर्न बना रही थी...।

निर्मल जी आकर सामने बैठ चुके थे। उनके चेहरे पर एक हल्की-सी मुस्कुराहट बैठी हुई थी जो बहुत कुछ कहती हुई लग रही थी। तभी डोर बेल बजी...निर्मल जी क्षमा माँगते हुए दरवाजा खोलने चले गए। लौटे तो गगन जी साथ में थीं...। तब लगा कि मुझे भी अब उठ जाना चाहिए, दोनों सहयात्रियों को समय देने के लिए...।

परिशिष्ट

दो

23 मई
नई दिल्ली

प्रिय दुर्गा जी,

मैं बीस दिन पहले ही अमेरिका से लौटा था। दिल्ली की गर्मी कुछ ऐसी थी, कि सब अच्छे काम (जिसमें पत्र लिखना मुख्य है!) टलते गए। अब कुछ होश में लौटा हूँ, तो आपके प्रश्नों को देखकर एक बार कुछ बदहवासी-सी होने लगी है।

मुझे यह लगता है, कि आपके प्रश्न जितने सुचिंतित और सार्थक हैं मेरे उत्तर उतने ही अनर्गल और निरर्थक होंगे। आपने मेरी कहानियों में 'घर' का जो बेघरीपन देखा है—वह ठीक है। आपको उसे अपनी व्याख्या में उकेरना चाहिए। जिस 'घनेरेपन' की अपेक्षा आप रखती हैं, उसका अभाव ही कुछ पात्रों को सताता है—यह 'अलगाव' एक मानसिक स्थिति है, जिसे पुरुष-स्त्रियों के बीच तक सीमित नहीं रखना चाहिए।

आपने 'भाई-बहिन के बीच रिश्तों की गंभीरता' के अभाव के बारे में पूछा है—क्या सचमुच ऐसा है? यह एक बिल्कुल नया कोण है, जिसकी ओर मेरा ध्यान नहीं गया था। इसे आपको थोड़ा खुल कर विश्लेषित करना चाहिए—मैं सोचता हूँ, आप शायद इसके कहीं छिपी Incest भावना का उल्लेख कर रही हैं—आप यदि इसे अधिक तर्कसंगत रूप से प्रस्तुत करेंगी, तो आप कुछ ऐसा कह सकेंगी, जिसकी ओर अभी तक किसी का ध्यान नहीं गया। मुझे आपकी जिज्ञासा बहुत संगत जान पड़ती है—लेकिन वह बहुत अस्पष्ट है। मध्यवर्गीय परिवारों में भाई-बहिन के संबंध बहुत सीधे-सरल नहीं होते कभी-कभी तो उनके बीच एक पीड़ा युक्त निषिद्ध आकर्षण छिपा रहता है, जो 'गंभीरता का अभाव' नहीं है...कुछ ऐसा है, जो एक हद तक अपरिभाषित रहता है और उसकी अभिव्यक्ति बहुत अवरुद्ध ढंग से होती है—आप चाहें, तो इस पर पूरी एक थीसिस लिख सकती हैं!

मुझे मालूम है, मैंने आपकी जिज्ञासाओं का संतोषप्रद उत्तर नहीं दिया है—न ही मैं दे सकता हूँ। आपको स्वयं कहानियों के text से उन समाधानों को ढूँढ़ना पड़ेगा, जहाँ से आपकी जिज्ञासाएँ उपजी हैं...

आशा है, आप ठीक होंगी।

गगन जून के आरंभ में अमेरिका से लौटेंगी।

सस्नेह,
आपका,
निर्मल

प्रिय दुर्गा जी,

आपको जवाब देने में थोड़ी-सी देर हो गई है। मैं परोक्षतः आपके ही काम में लगा हूँ : निर्मल जी के कृतित्व पर लेख लिख रहा हूँ जो मुझे लगभग चिढ़ाता हुआ लंबा होता चला जा रहा है और मैं उसके बीच में उसी तरह खड़ा हूँ जैसे विराट मरुस्थल में कोई अकेला आदमी—ऊँट के इंतज़ार में। न जाने कब इस लेख का सिरा दिखाई पड़ेगा। आपने परिचित परिवेश में अपरिचय की बात अच्छी कही। यह ठीक है—लेकिन ऐसा क्यों है : क्यों उनके पात्र अपने ही पर्यावरण में अजनबी हो जाते हैं बिल्कुल अकेले। अब मेरे लिए कोई उम्मीद बाकी नहीं है, उनका एक पात्र कहीं कहता है उम्मीद का डेरा कहाँ है? मेरी दृष्टि में उनका संबंध उनके अपने उन निर्णयों में है, जो वे लेते हैं और जिसके लेते ही वे एकदम 'बाहर' हो जाते, बाहर अपने से, अपने समय से, अपने पर्यावरण से। इन निर्णयों में सबसे महत्त्वपूर्ण प्रेम का निर्णय है। अगर गगन जी से उनका ब्याह निर्मल जी को और बाद ले गया है तो शायद इसका कारण भी उनके इसी निर्णय में छिपा है।

देखिए यह चिट्ठी भी फैलने लगी है। मुझे डर है मैं दूसरे मरुस्थल में पहुँच जाऊँगा, आदमी एक बार में दो समयों में तो रह सकता है। (वर्तमान और स्मृति) लेकिन दो मरुस्थलों में नहीं!

सस्नेह,
उदयन वाजपेयी

11 जून को भोपाल में निर्मल जी पर 'पूर्वग्रह' का अंक-लोकार्पित किया जाएगा। इस अवसर पर निर्मल जी भी यहाँ होंगे? पुनश्च चिट्ठी लिखी पड़ी रही आज तक, और आज मैं कुछ और लिख सकने की स्थिति में हूँ इसलिए लिखता हूँ :

हम कब अपने को अजनबी महसूस करने लगते हैं? एक तो जब हमें अपने परिवेश में फ़र्क दिखाई देने लगे; आपने ख़याल किया होगा कि जब हम 'किसी पराये शहर' में अचानक सो कर उठते हैं तो थोड़ी देर तक हम यह तय नहीं कर पाते कि हम कहाँ हैं लेकिन हमें अपने उठने की जगह जितनी अजनबी लगती है उससे कहीं अधिक हमें 'स्वयं हम' अजनबी जान पड़ते हैं, इसलिए परिवेश की अजनबियत अंततः अपनी ही अजनबियत ही महसूस होती है।

अजनबी होने का एक दूसरा रास्ता भी है, हमें अपने में ही कुछ बदलाव नज़र आने लगें। हम वह न रह जाएँ जो हम कल तक थे। निर्मल जी की कहानियों में इन दोनों तरह की अजनबियत हैं। आपको इस विषय पर और सोचना चाहिए। मैं एक रास्ता सुझा रहा हूँ जिस पर चलकर देखें शायद कुछ मिले। आप उनकी कहानियों में इन दो तरह की अजनबियत के कारण खोजें और फिर अपनी 'खोज' मुझे लिखें। शायद कुछ बने।

—उदयन वाजपेयी

प्रिय दुर्गा जी,

अकेलेपन का कारण ढूँढ़ना ईश्वर के कारण को ढूँढ़ने जैसा है : जितना अधिक सम्मोहक उतना ही निस्सार। गुरुनानक की एक उक्ति है : 'आपे आप निरंजन सोई!' विचित्र बात है! निरंजन याने वह याने ब्रह्म 'अपने होने' से है। उसका कोई कारण नहीं वह सिर्फ है लेकिन अगर नानक को इस पर आत्यंतिक विश्वास होता तो वे यह लिखते नहीं। 'यह कैसे हुआ होगा' शायद हर प्रक्रिया के विषय में मनुष्य की सख्त प्रतिक्रिया है। लेकिन जल्द ही यह बात समझ में आ जाती है कि दरअसल समझने लायक बात 'कार्य' है 'कारण' नहीं। अकेलेपन का कारण नहीं 'कार्य' क्या है। क्योंकि अगर उसका कारण जाना जा सकता तो निर्मल जी जान चुके होते और उसे दूर कर चुके होते। गालिब का एक प्रसिद्ध शेर है :

डुबोया मुझको होने ने/न
होता मैं तो क्या होता।

यह 'होने' का प्रश्न सबसे विस्मयकारी प्रश्न है : सबसे उलझन भरी समस्या। कितने पास (हमारे 'होना' हमारे किस कदर क़रीब होता है) लेकिन तब भी कितनी छिपी हुई (क्या है हमारा 'होना'?) और दूर (मनुष्य आखिर किसे ढूँढ़ने यहाँ-वहाँ भटकता फिरता है, अंतहीन, एक कोलंबस क्यों भारतभूमि की खोज में जान पर खेलता है और क्यों एक निर्मल वर्मा प्राग की भूलभुलैयों-सी गलियों में भटकता है?) अगर कोई 'है' तो अकेलापन है। इसका संबंध न विदेश से है न संयुक्त परिवार से। अगर ऐसा होता तो कोई भी देशी आदमी अकेलापन अनुभव नहीं करता। रेणु के उपन्यास की 'ताजमनी' अकेलापन महसूस नहीं करती। 'लाल टीन की छत' का 'छोटू' ऐकांतिक

अनुभव न रहता। अकेलेपन का कारण कुछ अधिक गहरा है। इतना कि वह पाया नहीं जा सकता। तब फिर क्या किया जाए? अकेलेपन को मूर्तिवान किया जाए। हम अपने होने के उस कोने पर खड़े हो जाएँ जहाँ से यह अकेलापन अपने समूचे एकांत में दृश्यमान हो जाए। एक ठिठक-ठिठक चलती 'लतिका', एक होस्टल के ठंडे कमरे में छत को ताकती 'रायना', लाना की मौत के परे लानाको ढूँढ़तीएक काया...। हमारी सभ्यता की यह परेशानी है कि वह अकेलेपन को दूर करने के उपाय खोजती है, लोगों को एक-दूसरे को जोड़ने की कोशिश में संप्रेषण के साधनों की कैंसर की कोशिकाओं की तरह गहराती जाती है। इस सभ्यता की दृष्टि में अकेलापन निराकरणीय रोग है। उसे दूर किया जाना चाहिए, लेकिन प्रश्न यह है कि अगर अकेलापन का ताल्लुक 'होने' मात्र से तो बिना 'होने' को नष्ट किए यह अकेलापन दूर होगा नहीं। क्या पृथ्वी को पूरी तरह नष्ट कर देने की मनुष्य की परियोजना (आणविक हथियारों की मदद से) इसी दृष्टि की तार्किक परिणति नहीं? निर्मल जी के पात्र अकेलेपन से कैसा संबंध बनाते हैं?

दिल्ली में आपने क्या-क्या देखा? क्या आप अगस्त में गई थीं? क्या आप पहली बार महानगर गई थीं?

सस्नेह,
उदयन वाजपेयी

ध्रुव शुक्ल
2/2 शिरीन ऍपार्टमेंट्स
कोह-ए-फ़िज़ा
भोपाल 462001 (म.प्र.)
18 जून 90

प्रिय दुर्गा जी

आज ही आपका पत्र मिला। मुझे बराबर आपकी याद है, भूला नहीं हूँ। आप कुछ ही माह पहले तो यहाँ आई थीं। आपने निर्मल जी के नारी पात्रों को अपने शोध का विषय बनाया है यह बहुत ही महत्त्वपूर्ण है। निर्मल जी की सभी पुस्तकें तो आपने निश्चय ही जुटाई होंगी। अब उन पर आलोचनात्मक लेखन के लिए आपको 'पूर्वग्रह' पत्रिका के कुछ अंक-देखना चाहिए। इन्हें आप भोपाल आकर ले सकती हैं। 'पूर्वग्रह' का एक समग्र विशेषांक इसी 29 जून को निर्मल जी पर जारी हो रहा है। इस मौके पर निर्मल जी भी भोपाल आ रहे हैं। वे अपनी रचनाओं का पाठ भी करेंगे। समारोह शाम को 7 बजे भारत भवन में होगा। यदि आप निर्मल जी से मिलना चाहें तो इस अवसर पर भोपाल आ सकती हैं। वह विशेषांक भी आपको मिल जाएगा। उसमें करीब सौ पृष्ठों की सामग्री है। निर्मल जी से उनके लेखन को

लेकर लंबी बातचीत भी है।

एक किताब निर्मल जी पर श्री प्रेमसिंह ने संपादित की है। इसमें उन पर अनेक महत्त्वपूर्ण आलोचकों के निबंध हैं । यह पुस्तक आप अवश्य ही मँगवाकर पढ़ें। प्रकाशक का पता दे रहा हूँ–

फिफ्थ डायमेंशन पब्लिकेशंस
बी-86, आनंद विहार
दिल्ली 110092

जहाँ तक मेरे अनुभवों से लाभ उठाने का प्रश्न है, मैं भी आप ही की तरह निर्मल जी का एक पाठक हूँ। आप जब कभी भी भोपाल आएँ मुझसे निस्संकोच बातचीत कर सकती हैं। आप सानंद होंगी। शुभकामना

ध्रुव शुक्ल
भोपाल से
मदन सोनी

प्रिय दुर्गा जी,

आपका पत्र मिला था। कुछ पारिवारिक कारणों से लंबे समय तक मुझे बाहर रहना पड़ा, इसलिए तत्काल उत्तर नहीं दे सका। इस बीच आपका दूसरा पत्र भी मिला।

तो, न तो मैं यह भूला हूँ–जैसा कि आपने लिखा है–कि आप 'दुर्गा हैं' और न ही उस शाम की बातचीत, जिसमें हमारे बीच निर्मल वर्मा का कथा-साहित्य था–इतना पर्याप्त कि हम अलग-अलग दिखाई दें, और इतना पारदर्शी भी कि हम एक-दूसरे को 'देख' और 'सुन' सकें। मुझे उस शाम की आपकी आवाज़ याद है। यह प्रसन्नता की बात है कि आपकी पी-एच.डी. का काम समापन की ओर है। आशा है, यह जल्दी ही पूरी होगी और आपको इसमें सफलता मिलेगी।

आपका यह ऑब्जर्वेशन सही है कि निर्मल वर्मा अपने कहानी, उपन्यासों और निबंधों में बिल्कुल अलग-अलग व्यक्तित्वों में प्रगट होते हैं। लेकिन इसमें असहज क्या है? एक लेखक के अनेक 'सेल्फ' होते हैं और इन सारे 'सेल्व्स' से मिलकर ही उस लेखक की समग्र छवि (अगर ऐसी कोई छवि संभव है तो) बनती है। निर्मल जी के निबंध उनके मतों और विश्वासों के सीधे वाहक हो सकते हैं, लेकिन उनकी कहानियाँ और उपन्यास उनके इन विश्वासों और मतों को उसी तरह वहन करें, यह कतई ज़रूरी नहीं है। ऐसा अक्सर होता है कि एक लेखक का सृजनात्मक लेखन उसके विश्वासों से छल करता है, उसके विपरीत चला जाता है।

निर्मल वर्मा का एकाकीपन और खुलापन भारतीय मध्यवर्गीय परिवारों में अगर दिखाई नहीं देता, तो यह विस्मय की बात नहीं है। आप उनकी अध्येता हैं और आप जानती हैं कि वे एक 'यथार्थवादी' लेखक नहीं हैं। ऊपरी तौर पर हम ऐसे परिवारों में जो देखते हैं, वही इन परिवारों की सच्चाई हो, ऐसा हम क्यों कर मानें? शायद उनकी कहानियों के पात्रों का एकाकीपन भारतीय मध्यवर्गीय जीवन की भूलभुलैया में भटकते और उससे मुक्ति के लिए छटपटाते भारतीय का एकाकीपन हो। ज्यादा बेहतर यह है कि हम उनके पात्रों के इस एकाकीपन को उन स्थितियों में परखने की कोशिश करें, जिन स्थितियों में कहानियों, उपन्यासों के भीतर ये पात्र जीते हैं या जीने को विवश हैं। अगर इस सिलसिले में निर्मल जी अपने समकालीन कथाकारों के बीच बेमेल लगते हैं, तो यह उनकी विशिष्टता ही है।

निर्मल जी की कहानी में घर का जो मुद्दा आपने उठाया है, वह महत्त्वपूर्ण है, लेकिन यह सही नहीं है कि उनकी कहानियों में घर अनुपस्थित है। अक़्सर महत्त्वपूर्ण साहित्य सिर्फ़ उन चीज़ों के बारे में नहीं होता, जिन चीज़ों का उसमें बहुतायत से ज़िक्र होता है। इसके विपरीत किसी लेखन में जिन किन्हीं चीजों का सायास विस्मरण या अभाव होता है, उन्हीं चीज़ों की अनुपस्थिति उस साहित्य का मर्म होती है। ईरा, बिट्टो, डैरी, नित्ती आदि सभी पात्र जिस एक चीज़ की सबसे अधिक याद दिलाते हैं, वह घर ही है, यद्यपि ये पात्र बेघर हैं। लेकिन इसका एक दूसरा पक्ष भी है। मुझे अनुभव हुआ है कि घर की जिस पारंपरिक अवधारणा में हम विश्वास करते आये हैं, समकालीन मध्यवर्गीय जीवन में उसके तार-तार हो जाने, उसके नष्ट हो जाने, उसके लुप्त हो जाने की स्थिति भी निर्मल वर्मा के कथा-साहित्य का एक महत्त्वपूर्ण प्रतिपाद्य है। उनके बेघर पात्र मानो हमारी बेघर असलियत को आलोकित करते हैं।

यही बात हम उन मानवीय संबंधों के बारे में भी सोच सकते हैं, जिनकी ओर आपने संकेत किया है। पिता-पुत्र, माँ-बेटा, पति-पत्नी और प्रेमी-प्रेमिका के बीच जो तनाव या दूरी उनकी कहानियों में हमें दिखाई पड़ती है, वह इन मानवीय संबंधों के प्रति इन पात्रों के अत्यांतिक रूप से सजग होने के नतीजे में है। वे इन संबंधों के 'औपचारिक' घनेपन और गरमाहट को जैसे बेनक़ाब करते हैं।

प्रेमी-प्रेमिका के बीच आप किस तरह के 'डिवोशन' को मॉडल मानकर सवाल उठा रही हैं? आपके प्रश्न से ऐसा लगता है कि आपके मन में इस तरह के संबंधों का कोई लोकप्रिय (फिल्मी?) मॉडल है। मुझे तो ऐसा नहीं लगता। प्रेम का जितना मांसल और आवेगपूर्ण अनुभव उनकी कहानियों में है, उतना शायद उनकी पीढ़ी के किसी कथाकार में नहीं है। लेकिन वे वयस्क और उत्तरदायी प्राणी हैं, जो प्रेम को अपने अस्तित्व और स्वतंत्रता के प्रश्नों से जोड़कर देखते हैं। वे अक़्सर इस शब्द (प्रेम) का उच्चारण नहीं करते; और आप जानती हैं कि हमारे समाज में इस शब्द का किस क़दर लापरवाही के साथ अपव्यय होता है।

उम्मीद है, यह सब आपकी जिज्ञासाओं का शमन नहीं कर देगा। मैं चाहता हूँ कि आपकी जिज्ञासाएँ कभी भी शांत न हों। यही एक तरीका है कि आप पी-एच.डी. करने के बाद भी निर्मल जी से अपना प्रेम जारी रख सकें।

शुभकामनाओं के साथ,
मदन सोनी
29/6/93

मैंने आपका पत्र उदयन वाजपेयी तक पहुँचा दिया था।

ग्रंथ सूची

आधार ग्रंथ

निर्मल वर्मा, **परिंदे**, राजकमल प्रकाशन, 1974

निर्मल वर्मा, **जलती झाड़ी**, राजकमल प्रकाशन, 1979

निर्मल वर्मा, **पिछली गर्मियों में**, राजकमल प्रकाशन, 1968

निर्मल वर्मा, **बीच बहस में**, संभावना प्रकाशन, हापुड़ 1976

निर्मल वर्मा, **कव्वे और काला पानी** राजकमल प्रकाशन, 1989

निर्मल वर्मा, **वे दिन**, राजकमल प्रकाशन, 1976

निर्मल वर्मा, **लाल टीन की छत**, राजकमल प्रकाशन, 1977

निर्मल वर्मा, **एक चिथड़ा सुख**, राजकमल प्रकाशन, 1979

निर्मल वर्मा, **रात का रिपोर्टर**, राजकमल प्रकाशन, 1989

निर्मल वर्मा, **हर बारिश में**, राधाकृष्ण प्रकाशन, 1970

निर्मल वर्मा, **चीड़ों पर चाँदनी**, राजकमल प्रकाशन, 1978

निर्मल वर्मा, **शब्द और स्मृति**, राजकमल प्रकाशन, 1979

निर्मल वर्मा, **कला का जोखिम**, राजकमल प्रकाशन, 1984

निर्मल वर्मा, **ढलान से उतरते हुए**, राजकमल प्रकाशन, 1985

निर्मल वर्मा, **दूसरी दुनिया**, संभावना प्रकाशन, हापुड़, 1978

निर्मल वर्मा, **भारत और यूरोप : प्रतिश्रुति के क्षेत्र की खोज**, राजकमल प्रकाशन 1990

संदर्भ ग्रंथ

अनर्स्ट फिशर, **कला की ज़रूरत**, अनु. रमेश उपाध्याय, राजकमल प्रकाशन, 1990

अज्ञेय, **जयदोल**, भारतीय ज्ञानपीठ प्रकाशन

अज्ञेय, **शरणार्थी**, भारतीय ज्ञानपीठ प्रकाशन

अज्ञेय, **शेखर : एक जीवनी**, भाग-1, सरस्वती प्रेस, इलाहाबाद, 1966

अज्ञेय, **शेखर : एक जीवनी**, भाग-2, सरस्वती प्रेस, इलाहाबाद, 1980

अज्ञेय, **नदी के द्वीप,** सरस्वती प्रेस, इलाहाबाद, 1966
अज्ञेय, **अपने-अपने अजनबी,** भारतीय ज्ञानपीठ प्रकाशन, 1978
अज्ञेय, **आत्मनेपद,** भारतीय ज्ञानपीठ प्रकाशन, 1960
आशारानी व्होरा, **भारतीय नारी : दशा दिशा,** नेशनल पब्लिशिंग हाउस, दिल्ली, 1983
डॉ. इंद्रनाथ मदान, **आधुनिकता और हिंदी उपन्यास,** राजकमल प्रकाशन, 1981
डॉ. इंद्रनाथ मदान, **हिंदी कहानी पहचान और परख,** लिपि प्रकाशन, दिल्ली, 1973
डॉ. इंद्रनाथ मदान, **हिंदी कहानी अपनी ज़बानी,** राजकमल प्रकाशन, दिल्ली, 1968
उषा प्रियंवदा, **रुकोगी नहीं राधिका,** राजकमल प्रकाशन, 1988
उषा प्रियंवदा, **पचपन खंभे लाल दीवारें,** राजकमल प्रकाशन, 1961
उषा प्रियंवदा, **शेष यात्रा,** राजकमल प्रकाशन, 1984
उषा प्रियंवदा, **ज़िंदगी और गुलाब के फूल,** भारतीय ज्ञानपीठ प्रकाशन, 1969
उषा प्रियंवदा, **एक कोई दूसरा**
उषा प्रियंवदा, **मेरी प्रिय कहानियाँ**
उषा चौहान, **नई कहानी के कहानीकारों की आलोचनात्मक दृष्टि,** हिमाचल पुस्तक भंडार, दिल्ली, 1990
ओम अवस्थी, **प्रेमचंद के नारी पात्र,** नेशनल पब्लिशिंग हाउस, दिल्ली, 1962
कमल कुमार जौहरी, **हिंदी के स्वच्छंदतावादी उपन्यास,** रामचंद्र एंड कंपनी, दिल्ली, 1966
कमलेश्वर, **नई कहानी की भूमिका,** अक्षय प्रकाशन, दिल्ली, 1969
कमलेश्वर, **बयान तथा अन्य कहानियाँ,** लोक भारती प्रकाशन, इलाहाबाद, 1972
कमलेश्वर, **मेरी प्रिय कहानियाँ,** राजपाल एंड संस, दिल्ली, 1972
कमलेश्वर, **डाक बंगला,** राजपाल एंड संस, दिल्ली, 1976
कमलेश्वर, **खोया हुआ आदमी,** हिंद पॉकेट बुक्स, दिल्ली, 1967
कमलेश्वर, **बदनाम गली**
कृष्णा सोबती, **मित्रो मरजानी,** राजकमल प्रकाशन, दिल्ली, 1981
कृष्णा सोबती, **सूरजमुखी अँधेरे के,** राजकमल प्रकाशन, दिल्ली
कृष्णा सोबती, **बादलों के घेरे,** राजकमल प्रकाशन, 1985
कृष्णा सोबती, **डार से बिछुड़ी,** राजकमल प्रकाशन, दिल्ली
कृष्णा सोबती, **यारों के यार तीन पहाड़,** राजकमल प्रकाशन, 1976
कृष्णा सोबती, **हम हशमत,** राजकमल प्रकाशन, 1977
कृष्ण बलदेव वैद, **गुजरा हुआ ज़माना,** राधाकृष्ण प्रकाशन, 1981
कृष्ण बलदेव वैद, **मेरा दुश्मन,** राजकमल प्रकाशन, 1966
कृष्ण बलदेव वैद, **दूसरे किनारे से,** राधाकृष्ण प्रकाशन, दिल्ली, 1970
कृष्ण बलदेव वैद, **उसका बचपन**

डॉ. कुँवरपालसिंह, **हिंदी उपन्यास : सामाजिक चेतना,** राजकमल प्रकाशन, दिल्ली
कैल्विन एस हाल, **फ्रॉयड मनोविज्ञान,** अनु. बी. डी. भट्ट, राजकमल प्रकाशन, 1973
गार्डन चार्ल्स रोडरमल, **हिंदी कहानी अलगाव का दर्शन,** अक्षय प्रकाशन, 1982
डॉ. गीता लाल, **प्रेमचंद का नारी चित्रण**, हिंदी संसार, दिल्ली, 1965
डॉ. चंडीप्रसाद जोशी, **हिंदी उपन्यास : समाजशास्त्रीय विवेचन,** अनुसंधान प्रकाशन, कानपुर, 1962
डॉ. चंद्रभानु सोनवणे, **हिंदी उपन्यास विविध आयाम,** पुस्तक संस्थान, कानपुर, 1977
जैनेन्द्र, **परख,** हिंदी ग्रंथ रत्नाकर, बंबई, 1941
जैनेन्द्र, **त्यागपत्र,** पूर्वोदय प्रकाशन, दिल्ली, 1970
जैनेन्द्र, **सुनीता,** पूर्वोदय प्रकाशन, दिल्ली, 1964
डॉ. देवराज उपाध्याय, **आधुनिक हिंदी कथा साहित्य और मनोविज्ञान,** साहित्य भवन प्रा.लि. इलाहाबाद, 1956
डॉ. देवराज उपाध्याय, **साहित्य का मनोवैज्ञानिक अध्ययन,** एस. चांद एंड कंपनी, दिल्ली, 1964
देवीशंकर अवस्थी (सं.) **विवेक के रंग,** भारतीय ज्ञानपीठ, वाराणसी, 1965
डॉ. धनराज मानधाने, **हिंदी के मनोवैज्ञानिक उपन्यास,** ग्रंथम प्रकाशन, कानपुर, 1971
नरेश मेहता, **डूबते मस्तूल,** आत्माराम एंड संस, दिल्ली, 1954
नरेश मेहता, **यह पथ बंधु था,** हिंदी ग्रंथ रत्नाकर, बंबई, 1982
नरेश मेहता, **दो एकांत,** लोक भारती प्रकाशन, इलाहाबाद, 1976
डॉ. नामवर सिंह, **कहानी : नई कहानी,** लोक भारती प्रकाशन, 1976
डॉ. पदमा अग्रवाल, **मनोविश्लेषण और मानसिक क्रियाएँ,** मनोवैज्ञानिक प्रकाशन, बनारस, 1953
परमानंद श्रीवास्तव, **हिंदी कहानी की रचना प्रक्रिया,** ग्रंथम प्रकाशन, कानपुर, 1965
डॉ. प्रभा खेतान, **सार्त्र का अस्तित्ववाद,** सरस्वती विहार, दिल्ली, 1984
डॉ. प्रभा वर्मा, **हिंदी उपन्यास : सामाजिक परिवर्तन की प्रक्रिया और स्वरूप,** क्लासिक पब्लिशिंग हाउस, नई दिल्ली, 1990
प्रेमचंद, **गोदान,** सरस्वती प्रेस, बनारस, 1972
प्रेमचंद, **निर्मला,** सरस्वती प्रेस, बनारस
प्रेमचंद, **प्रेमाश्रम,** सरस्वती प्रेस, बनारस
डॉ. प्रेमकुमार, **हिंदी उपन्यास अंतरंग पहचान,** गिरनार प्रकाशन, गुजरात, 1983
डॉ. प्रेमसिंह (सं.), **निर्मल वर्मा : सृजन और चिंतन,** फिफ्थ डायमेंशन पब्लिकेशन, 1989
डॉ. प्रमिला कपूर, **भारत में विवाह और कामकाजी महिलाएँ**
बटरोही, **कहानी संवाद का तीसरा आयाम,** नेशनल पब्लिशिंग हाउस, दिल्ली, 1983

डॉ. बलरामसिंह राणा, **उपन्यासकार जैनेन्द्र के पात्रों का मनोवैज्ञानिक अध्ययन**, संजय प्रकाशन, दिल्ली, 1978
बिंदु अग्रवाल, **हिंदी उपन्यास में नारी चित्रण**, राधाकृष्ण प्रकाशन, 1968
डॉ. भगवानदास, **कहानी संवेदनशीलता और प्रयोग**, ग्रंथम प्रकाशन, कानपुर, 1972
मलयज, **संवाद और एकालाप**, राजकमल प्रकाशन, 1984
मधु संधु, **कहानीकार निर्मल वर्मा**
मृदुला गर्ग, **उसके हिस्से की धूप**, राजकमल प्रकाशन, 1987
महेन्द्र भल्ला, **एक पति के नोट्स**, राजकमल प्रकाशन, 1967
मन्नू भंडारी, **आपका बंटी**, अक्षर प्रकाशन, 1981
मोहन राकेश, **आज के साये**, राधाकृष्ण प्रकाशन, 1967
मोहन राकेश, **एक और ज़िंदगी**, राधाकृष्ण प्रकाशन, 1961
मोहन राकेश, **प्रतिनिधि कहानियाँ**, राजकमल प्रकाशन, 1979
मोहन राकेश, **अँधेरे बंद कमरे**, राजकमल प्रकाशन, 1972
मोहन राकेश, **न आने वाला कल**, राजपाल एंड संस, दिल्ली
मोहन राकेश, **अंतराल**, राजकमल प्रकाशन, 1973
डॉ. रमेशचंद्र लवानिया, **हिंदी कहानी में जीवन मूल्य**, अमित प्रकाशन, 1973
डॉ. रणवीर रांग्रा, **हिंदी उपन्यास में चरित्र चित्रण का विकास**, भारतीय साहित्य प्रकाशन दिल्ली, 1961
डॉ. रामस्वरूप चतुर्वेदी, **अज्ञेय और आधुनिक रचना की समस्या**, भारतीय ज्ञानपीठ प्रकाशन, 1990
रामदरश मिश्र, **हिंदी कहानी अंतरंग पहचान**
रामविनोद सिंह, **हिंदी के मनोवैज्ञानिक उपन्यासों में नारी चरित्र**
डॉ. रामकुमार राय, **असामान्य मनोविज्ञान**
राजेन्द्र यादव, **कहानी : स्वरूप और संवेदना**, नेशनल पब्लिशिंग हाउस, दिल्ली, 1968
राजेन्द्र यादव, **किनारे से किनारे तक**, राजपाल एंड संस, 1963
राजेन्द्र यादव, **खेल खिलौने**, भारतीय ज्ञानपीठ प्रकाशन, 1964
राजेन्द्र यादव, **मेरी प्रिय कहानियाँ**, राजपाल एंड संस, 1976
राजेन्द्र यादव, **सारा आकाश**, अक्षर प्रकाशन, 1931
राजेन्द्र यादव, **उखड़े हुए लोग**, अक्षर प्रकाशन, 1970
राजेन्द्र यादव, **शह और मात**, राजकमल प्रकाशन, 1989
राजेन्द्र यादव, **अनदेखे अनजाने पुल**, अक्षर प्रकाशन, 1984
लक्ष्मीसागर वार्ष्णेय, **हिंदी उपन्यास–उपलब्धियाँ**, राधाकृष्ण प्रकाशन, 1978
लक्ष्मीसागर वार्ष्णेय, **आधुनिक कहानी का परिपार्श्व**, साहित्य भवन, इलाहाबाद, 1966

लक्ष्मणदत्त गौतम, **आधुनिक हिंदी कहानी साहित्य में प्रगति-चेतना**, कोणार्क, दिल्ली, 1972

डॉ. विजयमोहन सिंह, **आधुनिक हिंदी उपन्यासों में प्रेम की परिकल्पना**, रचना प्रकाशन, इलाहाबाद, 1964

डॉ. विमल सहस्रबुद्धे, **हिंदी उपन्यासों में नारी का मनोवैज्ञानिक विश्लेषण**, पुस्तक संस्थान, 1974

विश्वनाथ प्रसाद तिवारी, **अज्ञेय**, नेशनल पब्लिशिंग हाउस, दिल्ली, 1978

डॉ. विरेन्द्र सक्सेना, **काम संबंधों का यथार्थ और समकालीन हिंदी कहानी**, साहित्य भारती, दिल्ली, 1975

डॉ. संतबक्श सिंह, **नई कहानी नए प्रश्न**, साहित्य लोक, कानपुर, 1981

सीमोन द बोउवार, **द सेकेंड सेक्स**, अनु., प्रभा खेतान, हिंद पॉकेट बुक्स, 1991

डॉ. सुरेश सिन्हा (सं.), **हिंदी कहानी : उद्‌भव और विकास**, अशोक प्रकाशन, दिल्ली, 1967

डॉ. सुरेश सिन्हा, **हिंदी उपन्यास में नायिका की परिकल्पना**, अशोक प्रकाशन, दिल्ली 1964

डॉ. सुरेश सिन्हा, **हिंदी उपन्यास**

सुल्तान अहमद, **कहानीकार निर्मल वर्मा**, संस्कृति प्रकाशन, अहमदाबाद, 1984

सुरेन्द्र (सं.), **नई कहानी प्रकृति और पाठ**, परिवेश प्रकाशन

सुरेन्द्र, **नई कहानी : दशा दिशा संभावना**, अपोलो पब्लिकेशन, जयपुर, 1966

डॉ. शंकर प्रसाद, **सामाजिक उपन्यास और नारी मनोविज्ञान**, 1975

शरद देवड़ा (सं.) **सातवें दशक की हिंदी कहानियाँ**, अपरा, कलकत्ता, 1967

डॉ. शैल रस्तोगी, **हिंदी उपन्यासों में नारी**, विभु प्रकाशन, साहिबाबाद, 1977

श्रीकांत वर्मा, **दूसरी बार**, राजपाल एंड संस, दिल्ली, 1982

ज्ञानरंजन, **फेंस के इधर और उधर**, अक्षर प्रकाशन, 1968

पत्र-पत्रिकाएँ

पत्र

जनसत्ता, दिल्ली, 7 अगस्त 1988

नवभारत टाइम्स, बंबई, 1 फरवरी 1992

नवभारत टाइम्स, बंबई, 7 दिसंबर 1992

संडे ऑबजर्वर, दिल्ली, 15 दिसंबर 1991

संडे मेल, दिल्ली, 7 अगस्त 1988

पत्रिकाएँ

आलोचना, सं. नामवर सिंह, जनवरी-मार्च—1974, जुलाई-सितंबर 1979
इंद्रप्रस्थ भारती (कथा विशेषांक) सं. नारायणदत्त पालीवाल, अप्रैल-जून 1990
इंद्रप्रस्थ भारती, सं. विजयमोहनसिंह, जनवरी-मार्च 1992
इंडिया टुडे (साहित्य वार्षिकी) सं. अरुण पुरी, 1992-93
कलावार्ता, सं. राकेश श्रीमाल, अगस्त 1988
धर्मयुग, सं. धर्मवीर भारती, अप्रैल 1976
धर्मयुग, सं. गणेश मंत्री, अप्रैल 1989
पूर्वग्रह, सं. अशोक वाजपेयी, अंक-1, 3, 5, 25-26, 27-28, 37, 38, 42, 46-47, 54, 55, 61-62, 66, 68, 72, 78-79, 80 और 97
वर्तमान साहित्य (कहानी महाविशेषांक), सं. रवींद्र कालिया, भाग 1-2, 1991
समकालीन भारतीय साहित्य, सं. शानी, जनवरी-मार्च 1989
सारंगास्वर, सं. विजयकुमार मिश्र, 23 अप्रैल 1988
सारिका, सं. कन्हैयालाल नंदन, जून 1968, जनवरी 1980
हंस, सं. राजेन्द्र यादव, 1988

□□